David Goeßmann

KURS KLIMAKOLLAPS
Das große Versagen der Politik

Das Neue Berlin

Inhalt

Vorwort
Luisa Neubauer: Wir lassen nicht locker! 9

Einleitung
Kurs Klimakollaps: Wer ist verantwortlich? 13

Teil I
Das Versagen der Politik

Der globale Termitenbefall (1859–1987)

Der Klimawandel wird entdeckt und ignoriert 21

Wissenschaftler mit Blackout: Keine Panik! 28

Wenn Realwissenschaft auf Realpolitik trifft 31

Der Ölpreis-Schock: Energiewende später 35

Das Klima betritt die Weltbühne (1980–2015)

Houston, wir haben ein Problem 43

Als der Bundestag die Welt retten wollte 52

Von Bremsern und Solarrebellen 64

Operation »Luxusstrom«: Die Energiewende wird abgewrackt 71

Kohl, Schröder, Merkel: Die Legende vom Vorreiter 80

Wir Klimaschmutzmitläufer 87

Einstürzende Klimaneubauten (1995–2015)

Von Berlin nach Kyoto: Kurs Klimakollaps 92

Die schicksalhafteste Phase der Menschheit beginnt 104

Notprogramm: Der deutsche Klimabankrott 117

Industrielobby gegen Wissenschaft: Die Klimaziele der EU 123

Gezähmte Forscher: Frisierte 2°C-Szenarien 128

Die nackte Wahrheit 2035 137

Fallstrick Politikberatung: Gefesselte Klimaschützer 140

Auf Tauchstation: Medien und Umweltschützer 146

Teil II
Die Krise der großen Illusion

Truman Show im Treibhaus (2015)

Der Paris-Effekt: Jubelnd in den Klimakollaps 153

»Copenparis«: Das neu vermarktete Scheitern 157

Umweltschützer: Händler der Hoffnungen 160

Misstöne von Konservativen: Sündenbock China 171

Gipfelzirkus: Ausbleibende Tempelreinigung 176

Des Kaisers neue Kleider: Der erpresste Klimadeal 182

Desaster-Klimapolitik ohne globalen Kompass (2009–2020)

Unter Tabu: Extreme Kohlenstoffungleichheit 194

Radau im Regierungsbezirk: Die »Kohlenstoffinsolvenz« 196

Blackbox Klimaschulden 200

Kein Skandal: Die Zahlungsverweigerung der Industriestaaten 207

Kenias Windpower: Klimagelder für Investoren 217

Die Neuerfindung der Klimapolitik (2015–2020)

Nach Paris: Lunte an die Klimabombe legen 223

Von Trump zur AfD: Rechter Kulturkampf 234

Spiel nicht mit den »Öko-Terroristen« 240

Generation Alarm: Kurswechsel Jetzt! 247

Klimanotstand und Sonnenaufgang 257

Epilog
Sind wir noch zu retten?

Von Gelber Wut zum Green New Deal 267

Machbar? Ein paar Fakten zur Verhinderung der Katastrophe 273

Für Energiewende-Skeptiker: Ökostrom oder Verzicht? 278

Wir sind die Energie-Revolution 287

Dank 297

Anmerkungen 299

Vorwort

Wir lassen nicht locker!

Es ist so hart, zuversichtlich zu bleiben in diesen Zeiten, in denen Kalifornien brennt oder Australien oder Griechenland oder Brasilien. In denen es flutet, in denen es schmilzt. In denen es stirbt. Krass hart ist es, da zuversichtlich zu bleiben, in dieser 1,2°C wärmeren Welt, die tobt, die eskaliert. Und wir fragen uns: Was soll denn da noch kommen? Was sollen denn 1,5°C noch werden? Und es ist krass hart, zuversichtlich zu bleiben, wenn wir hören, was unsere Regierung macht, mit einer 3-bis-5°-Politik, was soll denn da noch kommen? Und in den Momenten, wenn wir hören, dass man verhandeln muss, wie viel Klimaschutz wir uns noch leisten können – obwohl wir doch wissen, dass das Einzige, was unbezahlbar ist, kein Klimaschutz ist. In diesen Momenten ist es hart, zuversichtlich zu bleiben. Und wir möchten schreien und rufen und sagen: Macht die Augen auf!

Und wir fragen uns, wie viele Katastrophen braucht es noch? Wie viele Stürme, wie viele Fluten, wie viele Brände, wie viele Gletscher müssen denn noch schmelzen? Und dabei kennen wir die Antwort. Keine! Es braucht keine weiteren Katastrophen, es braucht keinen weiteren Brand, es braucht keine weitere Kriseneskalation. Und schon gar nicht ein weiteres Grad, bevor wir handeln können. Denn wir können handeln. Wir sind nicht hier, weil die Klimakrise gefährlich ist. Wir sind hier, weil wir wissen, dass es nicht so bleiben muss. Wir sind nicht hier, weil es brennt, sondern weil wir wissen, dass man löschen kann. Wir sind hier, weil wir wissen, dass eine klimagerechte Welt möglich ist, solange wir für sie kämpfen. Und weil wir wissen, dass es möglich ist, lassen wir nicht locker. Weil wir wissen, dass es möglich ist, lassen wir die Verantwortlichen nicht aus ihrer Pflicht. Und weil wir wissen, dass es möglich ist, machen wir weiter.

Wir haben in den letzten 1,5 Jahren Unmögliches geschafft. Wir haben eine Diskussion verändert. Und jetzt kommen wir zu dem Punkt, an dem wir Taten einfordern und Taten brauchen. Und auch da werden wir nicht locker lassen. Natürlich nicht. Was jetzt kommt, was im nächsten Jahr kommt, hin zur Bundestagswahl, das wird hart. Es wird unbequem. Und Menschen wollen sehen, wie wir daran untergehen. Menschen wollen sehen, dass wir aufgeben. Menschen wollen sehen, dass wir scheitern. Menschen wollen sehen, dass wir aufhören, unbequeme Fragen zu stellen. Menschen wollen sehen, dass wir aufhören, für unsere Zukunft zu kämpfen. Menschen wollen unsere Resignation. Aber das kriegen sie nicht. Wir werden im nächsten Jahr alles tun, was in unserer Macht steht, dass diese Bundestagswahl die erste wird, in der jede demokratische Partei einen 1,5°C-Plan hat. Wir werden für effektive Reduktionen kämpfen. Wir werden für Klimagerechtigkeit kämpfen. Wir werden für 1,5°C kämpfen, denn wir wissen, dass es möglich ist, solange wir da sind. Und wir sind da, und zwar sowas von!

Und wie das geht – 1,5°C? Wie das geht – Klimagerechtigkeit? Es geht durch uns! Es geht durch uns, die immer mehr wissen. Es geht durch uns, die wir wissen, dass wir auf der Seite der Geschichte stehen, von den Menschen, die interveniert haben, als es noch nicht zu spät war. Wir sind die, die rechtzeitig »Stopp!« rufen. Deshalb sind wir hier. Nicht weil es schlimm ist, sondern weil es besser werden kann. Nicht weil es ungerecht ist, sondern weil es gerechter werden kann. Nicht weil die Klimakrise eskaliert, sondern weil es nicht so bleiben muss. Deshalb sind wir hier. Und deshalb werden wir bleiben.

Sie wollen unsere Resignation, und sie bekommen sie nicht. Sie wollen, dass wir mit der Coronakrise untergehen, aber das tun wir nicht. Sie wollen, dass wir von der Straße fernbleiben, aber wir kommen. Denn wir haben etwas, das niemand anderes hat. Es ist die Gewissheit, dass wir unsere eigene Zuversicht sind. Die Hoffnung wird uns nicht präsentiert. Nicht über die Medien und die Politik. Nein, die Hoffnung ist unter uns. Ihr alle seid Grund zur Hoffnung. Wir alle sind ein Grund der Zuversicht. Wir alle sind jemand, der jemand anderem die Hoffnung gibt, weiterzumachen. Und wir werden immer mehr. Wir lassen nicht locker! 1,5°C sind möglich, eine klimagerechte Zukunft ist möglich, solange wir dafür kämpfen.

Luisa Neubauer

(Leicht gekürzte Rede beim globalen Klimastreik vor dem Brandenburger Tor, Berlin, 25. September 2020)

Einleitung

Kurs Klimakollaps: Wer ist verantwortlich?

Der Traktor dreht sich quer zur Straße und droht zu kippen. Sein Anhänger, mit Bruchsteinen beladen, drückt unerbittlich. Mein Vater löst die Bremse, es ruckelt mächtig, während ich versuche, mich festzuhalten. Gerade noch fängt sich der Trecker. Wir rollen vorsichtig den Rest des abschüssigen Feldwegs hinunter.

Ich war damals wohl dreizehn Jahre alt. Einige werden ähnliche Erinnerungen haben an Geschehnisse, bei denen alles hätte schiefgehen können. Wenn einem klar wird, dass die Erwachsenen nicht alles unter Kontrolle haben. Dass es Kräfte gibt, mit denen man sich nicht anlegen sollte. Aber auch, dass mit geistesgegenwärtigem Handeln die Katastrophe verhindert werden kann.

Ich erinnere mich der Szene noch aus einem anderen Grund. Wir kamen damals aus einem Steinbruch und hatten den Abfall, der kommerziell für den Betreiber nicht verwertbar ist, eingesammelt und aufgeladen. Mit Grünsand- und Feldsteinen baute mein Vater die Außenwände des Hauses, in das wir später einziehen sollten. Er verwendete Naturmaterialien: Altpapier, Kork, selbst die Wolle seiner Schafe für die Isolierung, Baumstämme für die Konstruktion. Er weißte die Wände mit Kalk.

Wir lebten zu großen Teilen von dem, was der Bauerngarten hergab, und von den eigenen Schafen. Verschwendung gab es nicht, alles wurde in einem Kreislauf möglichst verwertet. Auch, weil meine Eltern noch Krieg und Nachkriegszeit erlebt hatten. Die Essensreste kamen auf den Kompost oder wurden an die Schafe verfüttert. Dinge reparierte man. Mein Vater, der von Bauer auf Bildhauer und Möbelbauer umgesattelt hatte, verwendete keine Nägel und Schrauben, er verzapfte das Holz. Später pflanzte er einen kleinen Wald an. »Das, was ich der Natur entnommen habe, will ich ihr zurückgeben.« Ich verbrachte Kindheit und Jugend in den 1970er und 1980er Jahren in einem kleinen Dorf in Westfalen. Sicher lebten nicht alle Familien wie wir in unserer »Burg«. Aber der Geist der Nachhaltigkeit war überall vorhanden. Zwar wurde den Leuten auch damals schon eingeredet, dass sie Produkte »verbrauchen«. Aber ich habe noch keinen getroffen, der einen Fernseher kauft, um ihn zu verbrauchen statt zu nutzen und zu pflegen. In Wahrheit versucht eine Marketingmaschinerie, die allein in den USA jährlich ein bis zwei Billionen US-Dollar umsetzt – Kosten, die im Übrigen den Produkten draufgeschlagen werden –, Menschen zu Konsumenten zu degradieren. Die »geplante Obsoleszenz«, das künstliche Verkürzen der Lebensdauer von Produkten, ist nur die Spitze des Eisbergs.[1]

Das Bemühen um ein nachhaltiges Leben wie das meiner Eltern war in gewissem Sinn aber auf Sand gebaut. Jedenfalls, was den Klimawandel angeht, der heute zu Recht Klimakrise oder Klimakatastrophe genannt wird. Meine Mutter musste als Lehrerin jeden Tag mit dem Auto in die zehn Kilometer entfernte Stadt zur Schule fahren. Zum Einkaufen ohnehin. Das Haus wird bis heute mit einem Kachelofen beheizt, also durch Verbrennen von Holz, in der Küche stocherte mein Vater lange den Ofen mit Kohle, später kam eine Gasheizung dazu. Wir fuhren mit dem Auto nach Italien. Meine Eltern flogen, wenn auch erst spät und dann selten, mit dem Flugzeug in den Urlaub.

Meine drei Geschwister und ich haben gewiss einen größeren CO_2-Fußabdruck als meine Eltern. Das ist nicht das Resultat von bewussten Entscheidungen, sondern durchs Leben bedingt. So arbeitete ich eine Zeit lang als Journalist in den USA. Wenn ich richtig zähle, habe ich dabei in gut zwei Jahren fünf Transatlantik-Flüge gemacht. Das allein sind insgesamt rund 20 Tonnen Kohlendioxid. Der durchschnittliche jährliche CO_2-Verbrauch eines Deutschen lag damals bei rund 11 Tonnen. Heute versuche ich nur noch zu fliegen, wenn es sich nicht vermeiden lässt. In den letzten Jahren hat das geklappt. Meine Frau will nicht ganz auf Fernreisen verzichten. Ich möchte irgendwann mal meine Freunde in den USA wiedersehen. Es ist nicht leicht.

Zudem hat unser Verzicht, der nie genug scheint, keinen Einfluss auf die globale Klimakrise. Er ist natürlich wichtig, für einen selbst, als Signal. Aber die Schwierigkeiten verweisen auf ein Paradox, mit dem wir alle leben. Da Kohlendioxid in allem steckt, was uns umgibt, ist der kalte Entzug nicht vergleichbar mit der Bekämpfung anderer Bedrohungen wie der des sauren Regens oder der schwindenden Ozonschicht. Die konnten quasi per Knopfdruck abgeschaltet werden.

Die Klimakrise ist zudem um ein Vielfaches bedrohlicher. Die Vorhersagen der Wissenschaft sind heute derart vernichtend, dass einem schwindlig wird. Die Hitze, die wir bereits jetzt schon nahe der Erdoberfläche durch das menschengemachte Kohlendioxid in der Atmosphäre einfangen, entspricht der von 400 000 Hiroshima-Bomben jeden Tag oder vier pro Sekunde. Im Durchschnitt ist die Erdtemperatur bisher um 1,2°C gestiegen. Studien zeigen, dass auch dann schon ein Drittel des Gletschereises schmelzen wird, wenn wir sofort aufhören, Treibhausgase zu produzieren. Aber bisher steigt die globale Emissionsmenge jährlich weiter an. Vorausgesetzt, alle Staaten tun, was sie zum Schutz des Klimas beim Gipfel in Paris versprochen haben, wird die Erde dennoch um 3–4°C aufgeheizt. Bei einem menschlichen Körper bedeutet ein derartiges Dauerfieber den Tod.[2]

Für uns Bewohner auf dem Planeten wird es bedeuten: In 80 Jahren werden die niedrigen und mittleren Lagen der Erde wegen des Hitzestresses sowie der Dürren nicht mehr bewohnbar sein und die meisten Bevölkerungen kaum noch Zugang zu Trinkwasser haben. Während die Zahl der Menschen zunimmt, wird die Landfläche schrumpfen. Elf Milliarden anstelle der gegenwärtigen knapp acht prognostiziert man für das Ende des Jahrhunderts. Johan Rockström, Direktor des Potsdam-Instituts für Klimafolgenforschung (PIK), stellt vor diesem Hintergrund fest: »Es ist kaum vorstellbar, wie es möglich sein soll, acht Milliarden Menschen oder selbst die Hälfte davon zu versorgen.« Also werden in den kommenden Jahrzehnten viele, wahrscheinlich Milliarden Menschen sterben, wenn es keine Kursänderung gibt. »Eine reiche Minderheit mit modernem Lebensstil wird sicherlich überleben können, aber es wird eine chaotische, von Konflikten angetriebene Welt sein.« Mein Sohn, wie alle, die heute geboren werden, müsste in dieser Welt zurechtkommen. Wenn zudem sogenannte Kipppunkte im Erdsystem bei der weiteren Erhitzung in Gang gesetzt werden, was zu einer nicht mehr kontrollierbaren Selbstverstärkung führt, heißt es auf lange Sicht sogar Game-over für die Spezies Mensch.[3]

Wer ist aber verantwortlich, wenn nicht wir, die Konsumenten, unsere menschliche Natur, die unablässig nach Verbrauchen trachtet? Die Zahlen sind eindeutig. Die Industriestaaten vor allem in Europa und Nordamerika haben die Klimakrise verursacht, nicht Indien, China oder Afrika. Um genau zu sein: das Geschäftsmodell einer Reihe von Konzernen. So listet eine Studie die großen Profiteure des Kohlenstoffzeitalters auf: fünfzig privatwirtschaftliche Unternehmen, 31 Staatskonzerne und neun zentralistische Staaten, die als fossile Produzenten auftreten. Das Climate Accountability Institute hat die sogenannten Carbon Majors untersucht, die zwischen 1854 und 2010 für die meisten CO_2- und Methanemissionen auf der Welt verantwortlich waren. Bis auf sieben Unternehmen, die Zement herstellen, sind alle Öl-, Gas- und Kohleproduzenten. Zusammen setzten sie ungefähr zwei Drittel der anthropogenen Treibhausgase frei.

Die sechs größten Emittenten dieses Clubs der Neunzig, mit fast 17 Prozent, heißen: Chevron (USA), Exxon-Mobil

(USA), Saudi Aramco (Saudi-Arabien), BP (Großbritannien), Gazprom (Russland) und Royal Dutch/Shell (Niederlande). Der deutsche RWE-Konzern und seine Vorgängerunternehmen haben zu rund 0,5 Prozent auf das Klima eingewirkt. Auch ein Batzen, aber nicht ausreichend für die Top 20.[4] Der Klimajournalist Bill McKibben bezeichnet diese Konzerne als »Schurkenindustrie«. Denn sie haben bereits in den 1970er Jahren gewusst, dass das Verbrennen von Kohle, Gas und Öl zu einem katastrophalen Klimawandel führen wird. Diese Erkenntnisse hielten sie aber unter Verschluss. Seitdem hat man viel Geld mit der toxischen Ware gemacht, während die Öffentlichkeit mit Kampagnen überzogen wurde, um den notwendigen Umstieg auf erneuerbare Energien (Wind, Sonne, Wasser, Geothermie) zu verlangsamen.

Etliche Untersuchungen zeigen, wie die »Klimaschmutzlobby« (der Titel eines gut recherchierten Buchs von Susanne Götze und Annika Joeres) immer wieder politisch intervenierte, um Klimaschutz auszuhebeln: vom Bauernverband über die Auto- und Luftfahrtindustrie bis zu den energieintensiven Branchen wie Stahl, Chemie und Bergbau, im Schlepptau stets die jeweiligen Gewerkschaften. Was nicht überrascht. Wenn man den Sumpf trockenlegt, beginnen die Frösche zu quaken.

Denkt man einen Schritt weiter, ist das aber nur die halbe Geschichte. Und jetzt wird es etwas ungemütlich für uns. Warum haben wir das zugelassen, vor allem jene, die über Einfluss verfügen? Warum siegte bei einer derart existenziellen Krise die Schurkenindustrie und konnte eine politische Kursänderung verhindern? Parlamente und Regierungen werden ja nicht von RWE und VW gewählt, sondern von uns.

Und was ist mit der Presse, den Kontrolleuren der Mächtigen? Was ist mit den öffentlich-rechtlichen Sendern, die finanziert werden von den Gebühren der Bürger, nicht vom Bundesverband der deutschen Industrie (BDI)? Allein in Deutschland arbeiten über 80 000 Journalisten. Sie berichten fast im Stundentakt über das, was in unserem Namen geschieht. Warum schlug niemand Alarm? Auch andere Gruppen könnten Einfluss nehmen: Professoren, Vertreter zivilgesellschaftlicher Verbände, Kirchen. Niemand von ihnen arbeitet für die fossilen Industrien.

Und schließlich, was ist mit mir? Als ich in den 1990er Jahren studierte, war Klimawandel kaum ein Thema – jedenfalls nicht in meinem Umfeld. Ich hielt ihn für ein weiteres Problem wie das Ozonloch. Dann wurde das Kyoto-Abkommen beschlossen. Die Industriestaaten vereinbarten verbindliche Klimaziele. Alles sah gut aus. Ich half mit meiner Stimme, die Grünen in Regierungsverantwortung zu bringen. Ich überzeugte sogar meine Eltern, dasselbe zu tun. Schließlich brachte das Erneuerbare-Energien-Gesetz (EEG) Wind und Sonne als Energiequelle in Fahrt. Wenn ich nun von Berlin zu meinen Eltern fuhr, konnte ich vom Garten aus sehen, wie Windräder aus dem Boden sprossen und Bauern ihre Scheunen mit Solarpanelen bestückten.

In den Redaktionen, in denen ich als Journalist arbeitete, wurde über alles Mögliche geredet, nicht aber über die Klimakrise. Ich kann mich noch an einen Pressetermin erinnern. Das war im nordrhein-westfälischen Ibbenbüren. Der damalige Bundeskanzler Gerhard Schröder (SPD) flog mit dem Helikopter ein. Die Zechen-Kapelle spielte. Er versprach den Bergleuten Unterstützung. Aber bei einer Untertagefahrt erfuhr ich, dass der Kohlebergbau ein teures Zuschussgeschäft ohne Zukunft sei. Man halte ihn nur noch am Leben, um den Export von Bergbautechnologie zu befördern. Das Ende der Kohle schien schon besiegelt. Die Umweltverbände forderten zwar mehr Ambition von der Regierung. Aber das war ja selbstverständlich. Bei jeder Tarifverhandlung fordern die Gewerkschaften mehr, als die Arbeitgeber anbieten. Es roch nicht nach Katastrophe, jedenfalls für mich.

Meine Sorglosigkeit sollte aber Risse bekommen. In den USA begegnete ich immer mehr warnenden Stimmen wie der vom Klimaforscher James Hansen, der zum Aktivisten wurde.

Sie mahnten: Wir rasen sehenden Auges auf den Abgrund zu. Die Öl-Politik der Bush-Cheney-Administration brachte zudem radikale Klimabewegungen auf den Plan. Barack Obama versprach dann zwar, eine Energiewende einzuleiten und Millionen grüner Jobs zu schaffen. Doch unter seiner Führung blockierten die USA 2009 auf dem Klimagipfel in Kopenhagen erneut eine Kursänderung. Ich sah das und war zum ersten Mal besorgt.

Zu der Zeit kannte ich bereits wissenschaftliche Berichte des Weltklimarats (IPCC). Vor allem die sogenannte Budgetrechnung schockierte mich. Sie gibt an, wie viel Treibhausgase global noch in die Atmosphäre ausgestoßen werden können, ehe wir über die gefährliche Schwelle von plus 2°C kommen. Die Zahlen des Wissenschaftlichen Beirats der Bundesregierung Globale Umweltveränderungen (WBGU) von 2009 sowie der Klimaforscher Alice Larkin (früher Bows-Larkin) und Kevin Anderson vom britischen Tyndall Centre wirkten wie der durchdringende Ton eines Rauchmelders: Ab 2035 dürfen die Industriestaaten keine Kohle, kein Öl und Gas mehr für die Energiegewinnung nutzen, soll das Schlimmste noch verhindert werden. Da erschien die gleichzeitige Ankündigung der EU, erst nach 2050 zu dekarbonisieren, also auf Null-Emissionen zu fahren, wie eine planetare Angriffserklärung.

Die Krise der Erdatmosphäre ist heute längst eine politische. Immer mehr Leute wachen auf und sehen, dass etwas schiefläuft. Im Jahr 2019 gingen Millionen gegen die Klimapolitik ihrer Regierungen auf die Straße. Sie fürchten den drohenden Klimakollaps und fordern einen Green New Deal. Sie wissen: Nur eine Energierevolution in den nächsten Jahren kann uns noch retten. Ob die Verantwortlichen dazu gebracht werden können, den Kurs rechtzeitig zu ändern, lässt sich nicht sagen. Sicher ist jedoch: Die nächste Protestwelle wird kommen, und sie wird größer sein als die letzte.

Vor diesem Hintergrund erzählt das Buch die Geschichte der globalen Klimapolitik. Es zeigt am Beispiel Deutschlands und der USA auf, wie die Welt auf Kurs Klimakollaps gebracht und über Jahrzehnte gehalten wurde. Wie die Regierungen der Industriestaaten die wissenschaftlichen Erkenntnisse seit den 1970er Jahren ignorierten und weiter auf fossile Brennstoffe setzten. Wie die Entwicklungsländer mit der Energiewende alleingelassen wurden und Konzerne Klimaschutz in den USA und der EU blockierten. Wie Medien am Thema vorbeigingen, Klimaschützer attackierten und mit der Erzählung vom »Klimavorreiter Deutschland« die Bürger beruhigten. Und wie selbst wissenschaftliche Politikberater und Umweltschützer die Situation schönfärbten.

Es sind Protokolle eines historischen Versagens, aber auch verpasster Chancen. Zugleich ist es eine Geschichte von unten, die beleuchtet, wie zurückgedrängte Bewegungen neue Wege suchten und dabei an Stärke gewannen. Sie erzählt von mutigen Klimaschützern und Vorreiter-Politikern. Die Kursänderung ist nach wie vor möglich, auch wenn Energiewende-Skeptiker das Gegenteil behaupten und Fatalismus verbreiten. Dazu braucht es 100 Prozent Erneuerbare in kurzer Zeit und viel Geld für die globale Kehrtwende.

Der Blick zurück mahnt aber auch zu Realismus. Die Politik – und das bedeutet nicht nur Regierung und Parlament – muss für die Kursänderung massiv unter Druck gesetzt werden. Wie Martin Luther King vor streikenden Arbeitern sagte: »Was ist Macht? Der Gewerkschaftsführer Walter Reuther sagte einst, dass ›Macht die Fähigkeit von Gewerkschaften (...) ist, den mächtigsten Konzern der Welt – General Motors – dazu zu bringen, ja zu sagen, wenn er eigentlich nein sagen will‹.«[5]

Die Protestbewegungen haben die Industriestaaten bereits gezwungen, ihre Treibhausgase etwas schneller zu reduzieren. Die Klimaschmutzlobby ist nicht allmächtig. Lässt man sie weitermachen, droht nicht nur ein Traktor umzustürzen, sondern es wird, wie Bill McKibben sagt, das »menschliche Spiel« auf der Erde infrage gestellt.

Teil I

Das Versagen der Politik

Der globale Termitenbefall
(1859–1987)

Der Klimawandel wird entdeckt und ignoriert

Stellen Sie sich vor, ein Bauprüfer teilt Ihnen mit, dass Termiten ihr Haus befallen haben und das Dach einstürzen wird. Sie wären ein Dummkopf, wenn Sie nicht handeln würden. Die Entdeckung des Klimawandels sei zwar, so Spencer R. Weart, lange nicht derart klar gewesen. Aber es habe seit den 1950er Jahren ausreichend Berichte gegeben, die auf den, um im Bild zu bleiben, Befall hingewiesen hätten.[6]

Schon im 19. Jahrhundert hatten der britische Naturwissenschaftler John Tyndall und der schwedische Nobelpreisträger Svante Arrhenius den Zusammenhang von Kohlendioxid-Produktion und Erderwärmung entdeckt. Tyndall beschrieb in einer Vorlesung an der Royal Society in England 1862 den Treibhauseffekt mit einem prägnanten Bild: »So wie ein Staudamm ein lokales Anschwellen eines Flusses bewirkt, so erzeugt unsere Atmosphäre, die als Barriere für die von der Erde kommende Strahlung wirkt, einen Anstieg der Temperaturen an der Erdoberfläche.«[7]

Tyndall berechnete, dass eine Verdopplung des Kohlendioxid-Gehalts der Atmosphäre die Temperatur um 4–6°C ansteigen lässt, da dadurch die Sonnenrückstrahlung von der Erde wie in einem Treibhaus eingefangen wird. Nach dem Prinzip: mehr CO_2, mehr Wärme. Der Brite Guy Stewart

Callendar in den 1930er Jahren und der US-amerikanische Klimaforscher Charles David Keeling in den 1950er Jahren fanden schließlich heraus, dass die CO_2-Konzentration in der Atmosphäre durch das Verbrennen von Kohle, Gas und Öl stark ansteige. Der menschengemachte Klimawandel wurde seitdem mehr und mehr anerkannt als ein ernstes Problem.

1956 nutzte der kanadische Physiker Gilbert Plass erstmals einen Computer, um die zu erwartende Erwärmung zu kalkulieren. Er konnte dabei auf Daten der Johns Hopkins University zurückgreifen. Seine Berechnungen ergaben, dass sich die Erde bei Verdoppelung der atmosphärischen CO_2-Konzentration um 3,6°C erwärme. Für das Jahr 2000 ging er davon aus, dass der Gehalt in der Atmosphäre um 30 Prozent ansteige. Daraus resultiere eine globale Erwärmung von etwa 1°C.[8]

Die Erderwärmung lag nach Plass' Berechnung also in der unmittelbaren und nicht, wie früher noch gedacht, ferneren Zukunft. Der renommierte US-Klimatologe und Ozeanograf Roger Revelle, der bedeutende Forschungsarbeiten über den ansteigenden CO_2-Gehalt veröffentlicht hatte und vor den Gefahren des Treibhauseffekts frühzeitig warnte, folgerte: »Die Menschheit hat ein großangelegtes geophysikalisches Experiment begonnen, das es in dieser Form weder in der Vergangenheit gab noch in der Zukunft ein zweites Mal geben wird.«[9]

1956 berichtet das US-Magazin *Time* auf Grundlage von Revelles Forschung über den Treibhauseffekt. Die weitere Verbrennung von Kohle, Gas und Öl werde, so Revelle, »einen gewaltsamen Effekt auf das Erdklima« haben. Im internationalen geophysikalischen Jahr 1957/58 konnte schließlich nachgewiesen werden, dass die Verbrennung fossiler Brennstoffe die atmosphärische Konzentration von CO_2 tatsächlich ansteigen lässt.[10]

Eine angesehene Wissenschaftler-Vereinigung befand 1965, dass »ab dem Jahr 2000 der Anstieg von CO_2 in der Atmosphäre (...) vielleicht ausreiche, um nachweisbare und eventuell deutliche Änderungen im Klima zu erwirken«.

Der britische Meteorologe John Stanley Sawyer sah 1972 im Magazin *Nature* einen Anstieg um 0,6°C bis 2000 voraus. Eine ziemlich exakte Prognose. Sawyer mahnte, der Erwärmung mehr Beachtung zu schenken. In den 1960er Jahren ergaben zudem diverse Simulationen einen Anstieg von 2–4°C, wenn der CO_2-Anteil in der Atmosphäre sich verdoppeln sollte. Dieser Unsicherheitsfaktor besteht bis heute. Das liegt an der sogenannten Klimasensitivität, die Schwankungen zulässt.[11] In den 1970er Jahren rückte der Treibhauseffekt immer mehr in den Fokus verschiedener Forschungsfelder. Modelle wurden entwickelt, die den künftigen Anstieg der Erdtemperatur genauer berechneten. Der Geochemiker Wallace Smith Broecker, als »Dekan unter den Klimawissenschaftlern« bezeichnet, prägte 1975 schließlich den Ausdruck »globale Erwärmung«. »Es wurde für die Forscher zunehmend schwierig, sich nicht um den Treibhauseffekt zu sorgen«, schreibt Spencer Weart. »1979 bestätigten die leistungsstärksten Computer, dass es unmöglich ist, ein Klimamodell zu konstruieren, bei dem sich die Temperatur nicht um einige Grad erhöht, wenn der CO_2-Gehalt sich verdoppelt.«[12] Zu dieser Zeit warnte auch die renommierte Wissenschaftsorganisation National Academy of Sciences in den USA vor der globalen Erwärmung. Sie ging davon aus, dass eine CO_2-Verdopplung die Temperatur um 1,5–4,5°C ansteigen lassen werde.

1981 warnten Klimawissenschaftler zudem: »Die Auswirkungen von CO_2 sind vielleicht noch nicht bis zur Jahrhundertwende feststellbar. Dann jedoch könnte die atmosphärische CO_2-Konzentration bereits so hoch sein (und weiter ansteigen), dass klimatische Änderungen, die deutlich größer sind als jemals zuvor im letzten Jahrhundert, nicht mehr aufzuhalten sind. Um das zu verhindern, wäre es notwendig, Entscheidungen zu treffen (zum Beispiel die Reduktion menschengemachter CO_2-Emissionen), und zwar einige Zeit, bevor ein eindeutiger ›Beweis‹ über den Effekt von CO_2 auf das Klima vorliegt.«[13]

Die sich verdichtenden Erkenntnisse zum Klimawandel waren auch der Grund, warum Öl-Konzerne wie Exxon oder Shell in den 1970er Jahren zunehmend besorgt waren und intern Forscherteams beauftragten, den für sie alarmierenden Befund zu prüfen. Die Wissenschaftler kamen zu dem Ergebnis, dass die fossile Energienutzung nachweislich einen Treibhauseffekt erzeuge mit am Ende katastrophalen Folgen. Die Studien wurden den Vorständen präsentiert, jedoch unter Verschluss gehalten, bis sie vor einigen Jahren durchsickerten. Es war aber nicht so, dass Exxon den Gutachten keinen Glauben schenkte. So erhöhte der Konzern seine Ölplattformen, um für den prognostizierten Anstieg des Meeresspiegels gewappnet zu sein. Zudem schickte man ein Forscherteam nach Alaska, um die Effekte des Klimawandels zu untersuchen. Es stellte fest, dass die Exploration von Ölfeldern in der Region durch die globale Erwärmung kostengünstiger werde und sich die Bohrsaison von zwei auf fünf Monate verlängere, was auch eintrat.[14]

Sicherlich gab es lange Unsicherheiten, auch unterschiedliche Einschätzungen, was den Treibhauseffekt und seine Auswirkungen betrifft. Im Gegensatz zum Termitenbefall ist der Klimawandel ein komplexes Phänomen, bei dem wissenschaftliches Neuland betreten wurde. Doch es kristallisierte sich im Verlauf heraus, dass man es mit einem planetaren Problem bisher unbekannter Dimension zu tun hat. Die Daten zeigten, dass die Erwärmung zu nicht revidierbaren Konsequenzen führen werde.

Früh stand also fest, dass die Natur des Problems es erfordert, umgehend zu handeln und nicht erst auf einen absoluten Beweis und allgemeinen Konsens zu warten. Denn dann könnte es zu spät sein, wie Forscher immer wieder betonten. So verwies der Club-of-Rome-Bericht »The Limits to Growth« (Grenzen des Wachstums) 1972 darauf, dass, auch wenn nicht genau klar sei, wann die CO_2-Verschmutzung zu irreversiblen Schäden des Erdklimas führen wird, die begrenzte Fähigkeit der Erde, Schadstoffe zu absorbieren, Grund genug sei, äußerste Vorsicht walten zu lassen. Vor allem auch, weil »die Gefahr, solche Grenzen zu erreichen, besonders hoch ist, da es üblicherweise lange dauert, bis sich die negativen Effekte der in die Umwelt eingebrachten Schadstoffe auf das Ökosystem zeigen«.[15]

Die politisch Verantwortlichen reagierten nicht, obwohl sie unterrichtet waren. In einem Bericht an das Weiße Haus etwa hieß es schon 1965: »Bis zum Jahr 2000 wird es 25 Prozent mehr CO_2 in unserer Atmosphäre geben als heute. Das wird das Wärmegleichgewicht der Atmosphäre derart modifizieren, dass deutliche Änderungen im Klima auftreten müssen, die nicht mehr durch lokale oder selbst nationale Anstrengungen unter Kontrolle gebracht werden können.«[16]

Das wissenschaftliche Beratungsgremium in den USA ging von einem Anstieg zwischen 0,6 und 4°C bis zur Jahrhundertwende aus. Wenn künftig nur die Hälfte der verbleibenden fossilen Rohstoffe verbraucht und damit die CO_2-Konzentration in der Atmosphäre verdoppelt würde, lande man bei 2–12°C. Der Bericht warnte zudem vor sich selbst verstärkenden Prozessen (den erwähnten Kipppunkten im Erdsystem) wie die erhöhte CO_2-Freisetzung bei sich erwärmenden Ozeanen. Es drohe ein Meeresspiegelanstieg von 12 Metern pro Jahrhundert, sollte das Antarktische Eisschild in einem Prozess von 1000 Jahren abschmelzen. Die Wissenschaftler sprachen von einem »gewaltigen geophysikalischen Experiment«, das die Menschheit hier durchführe. Die US-Regierung setzte aber weiter auf fossile Energien.[17]

Ein anderer Bericht von 1977 nun an das Energieministerium der USA zeigte, dass die fossilen Energien zu unerträglichen und unumkehrbaren Katastrophen führen werden. Zwei Jahre später verschickten Elite-Forscher der amerikanischen Geheimdienste eine Studie mit dem Titel »Die langfristigen Umweltfolgen von CO_2 für die Atmosphäre« nicht nur ans Weiße Haus, sondern auch an das Energieministerium,

Dutzende von Wissenschaftlern in den USA und im Ausland, Interessenverbände, Ministerien, Umweltbehörden sowie das Pentagon. Sie warnten vor Dürren, Ernteausfällen, Migrationsbewegungen, Abschmelzen der Polkappen und einem Meeresspiegelanstieg von mehr als fünf Metern.[18]

Auch auf der anderen Seite des Eisernen Vorhangs gab es Forscher, die dem Treibhauseffekt und der globalen Erwärmung nachgingen. Ein Team aus Wissenschaftlern der DDR, UdSSR und ČSSR fuhr Mitte der 1970er Jahre an den Äquator, zur Arktis und in Gebirgsregionen, um klimatische Veränderungen zu erkunden. Das Fazit der Forscher: »CO_2 kann auf Grund des Treibhauseffektes zur Erwärmung führen.« Der Meteorologe Karl-Heinz Bernhardt von der Humboldt-Universität Berlin gehörte zu dem Team. Ihm und seinen Kollegen war klar: »Die Jahresmitteltemperatur der Erde steigt. Es kann sogar zu einer sehr drastischen Zunahme kommen.«[19] Doch auch die Regierungen der sogenannten Ostblock-Staaten hatten andere Prioritäten, als auf den Klimawandel zu reagieren. In der DDR führte der starke Anstieg des Ölpreises in den 1970er Jahren dazu, dass die Regierung zunehmend auf Braunkohle setzte.

Auch in der Bundesrepublik war früh bekannt, was der Treibhauseffekt anrichten wird. So erschien »Weather« von Philip D. Thompson und Robert O'Brien 1966 auf Deutsch. Die Autoren warnten darin: »Die Öfen und Verbrennungsmaschinen der Menschen stoßen etwa 12 Milliarden Tonnen Kohlendioxyd pro Jahr in die Erdatmosphäre ab. In den nächsten fünfzig Jahren wird sich die Menge vervierfachen. Eine solche Wachstumsrate könnte die mittlere Temperatur auf der Erde um etwa 1°C erhöhen und dadurch, auf lange Sicht gesehen, das Grönlandeis und die ausgedehnten arktischen Eisfelder zum Schmelzen bringen, den Meeresspiegel um fünfzig Meter anheben und alle Häfen und Küsten in der Welt unter Wasser setzen.«[20] Fünfzig Jahre später sollte sich die Erde tatsächlich, wie vorhergesagt, um gut 1°C erwärmen.

Die Bundesregierung hätte ihre Politik auch an den Erkenntnissen des Klimatologen Hermann Flohn ausrichten können. Der sagte 1979 auf der World Climate Conference in Genf, es sei sehr wahrscheinlich, dass »kurz nach der Jahrhundertwende ein Niveau erreicht werden könnte, dass alle Warmperioden der letzten 1000 bis 1200 Jahre übersteigt (...) Dieses Risiko muss selbst bei sehr hohen Kosten vermieden werden«.[21] Der Temperaturanstieg falle in den Polarregionen sogar um das Dreifache höher aus. Daher sei es möglich, dass der weitere CO_2-Ausstoß »ziemlich schnell zu einem eisfreien Arktischen Ozean führe«. Das werde nicht nur einen steigenden Meeresspiegel zur Folge haben, sondern auch einen starken Rückgang an Regenfällen um das Mittelmeer, im Nahen Osten und im Südwesten der USA sowie eine Zunahme von Sommerdürren in den heißen und subtropischen Regionen.

Die Weltklimakonferenz in der Schweiz verabschiedete am Ende einen Bericht und eine Deklaration. Es sei »die profundeste und umfassendste Darstellung des Klimas und seiner Beziehung zur Menschheit«, schrieb David Arthur Davies, Generalsekretär der World Meteorological Organisation (WMO). Der menschengemachte Klimawandel wurde darin als plausible Tatsache anerkannt. Schon Ende des Jahrhunderts werde eine globale Temperaturerhöhung nachweisbar sein, die sich bis Mitte des nächsten Jahrhunderts zu einem »bedeutsamen Ereignis« entwickeln könnte. Daher müsse man, um »ernsthafte Umweltprobleme« zu vermeiden, »einige Aspekte der Weltwirtschaft (...) umbauen«. Es wurde zugleich ein Weltklimaforschungsprogramm und das Intergovernmental Panel on Climate Change (IPCC), der sogenannte Weltklimarat, initiiert und 1988 dann offiziell ins Leben gerufen.

Wissenschaftler mit Blackout: Keine Panik!

Zur selben Zeit begannen politische Beratungsgremien das Thema herunterzuspielen. So beauftragte US-Präsident Jimmy Carter 1979 die National Academy of Science mit einem Bericht zum CO_2-Problem. Eine Million Dollar wurden dafür bereitgestellt. Im Oktober 1983, mittlerweile unter Ronald Reagan, dem jeglicher Umweltschutz verhasst war, veröffentlichte man die Ergebnisse. In der 496 Seiten langen Untersuchung »Changing Climate« werden die dramatischen Folgen geschildert, bis zu Handelskriegen und politischen Revolutionen. Der Vorsitzende William Nierenberg kommt im Vorwort zu dem Schluss, dass auf der Stelle gehandelt werden müsse, und zwar bevor alle Details überprüft seien.

Die bis dahin teuerste Studie zur Klimakrise wurde auf einer großen Gala in der Wissenschaftsakademie in Washington D.C. vorgestellt. Auch die Vize-Präsidenten der mächtigen Gas- und Ölkonzerne waren anwesend. Sie hatten die Kommission beraten. Auf der Pressekonferenz ereignete sich dann Bemerkenswertes. Die Wissenschaftler behaupteten auf einmal, dass es gar keinen dringenden Handlungsbedarf gebe, ihrem eigenen Bericht widersprechend. Nierenberg stellte fest: »Vorsicht, keine Panik.« Auch Roger Revelle, der seit Jahrzehnten vor der Erderwärmung gewarnt hatte, beschwichtigte: »Wir stellen die Ampel auf Gelb, nicht auf Rot.« »Es handelt sich keineswegs um eine absolute Katastrophe. Es geht um einen Wandel.« Nathaniel Rich fragt in »Losing Earth« zu Recht, warum Klimaforscher, die alle Präsidenten seit Eisenhower gewarnt hatten, den Klimawandel plötzlich herunterspielten. »Aus alldem zu folgern, dass nichts unternommen werden solle, war nicht bloß wahnsinnig, sondern schlicht falsch.«

Warum sie es trotzdem taten, kann Rich nicht aufklären. Doch er gibt Hinweise. So gehörte der Vorsitzende Nierenberg zum »quasi-königlichen Rat« von Wissenschaftlern, der seit

Franklin D. Roosevelt das Weiße Haus beraten habe. Er sei konservativer Republikaner, Reagan-Anhänger, marktgläubig zudem und ein Vertreter des amerikanischen Exzeptionalismus, der von einer Sonderstellung der USA überzeugt ist. Alle beteiligten Wissenschaftler hatten ferner die Technikgeschichte Amerikas maßgeblich geprägt, an der Atombombe mitgebaut, für das Militär im Zweiten Weltkrieg gearbeitet, die Raumfahrt entwickelt und die Computerindustrie ermöglicht. Sie seien durchdrungen von technokratischem Optimismus.

Die Medien sprangen sofort auf die Beschwichtigung an. »Nierenbergs Presseerklärung zu Changing Climate, die hundertmal kürzer war als die Studien (...), erhielt hundertmal so viel Medienaufmerksamkeit«, so Rich. *Washington Post* und *New York Times* brachten Schlagzeilen wie »Weckruf zum Nichthandeln« und »Wachsender Widerstand gegen Übereilung bei Erderwärmung«. Dabei griffen sie auf vom Weißen Haus überarbeitete Aussagen zurück.

Der menschengemachte Klimawandel wurde in den folgenden Jahren von der Presse fallengelassen. Die Industrie zog sich von dem Thema ebenfalls zurück. Es drohte keine Gefahr mehr für ihr Geschäftsmodell. Aktivisten und Umweltpolitiker wie Al Gore mussten von vorne anfangen, um politische Öffentlichkeit für das Thema zu erzeugen. Erst mit dem Ozonloch viele Jahre später fanden wieder Anhörungen zum Klimawandel im Kongress statt.

Auch in Deutschland wurden von politisch beauftragten Wissenschaftlern in den 1980er Jahren Beruhigungspillen verteilt. Angesichts diverser Umweltkrisen und Proteste hatte die Bundesregierung bereits 1972 einen Sachverständigenrat für Umweltfragen (SRU) ins Leben gerufen, angegliedert an das Bundesinnenministerium. Ein Umweltministerium gab es zu der Zeit noch nicht. Das Gremium arbeitete aber nicht wirklich unabhängig. Die Mitglieder wurden vom Ministerium handverlesen, Vertreter der Regierung nahmen an den Sitzungen teil. Die Berichte waren vor allem in der Anfangszeit darauf bedacht, nicht in Konflikt zu geraten mit dem politischen Kurs und den ökonomischen Interessengruppen, wie u. a. Gerhard Timm gezeigt hat. Die Untersuchungen zeichneten die Umweltkrisen meist weich und endeten mit »politisch akzeptablen« Empfehlungen im Einklang mit den Industrie- und Unternehmerverbänden.[22]

Am deutlichsten war die Tendenz des Rats, Umweltkrisen und deren Folgen herunterzuspielen, im Fall der globalen Erderwärmung. So fasste der SRU in seinem Sondergutachten »Umwelt und Energie« von 1981 den Kenntnisstand zum Klimawandel zusammen, basierend auf einem Gutachten des Meteorologen Heinz Fortak. Es heißt in dem Bericht, dass sich der CO_2-Gehalt der Atmosphäre durch die Nutzung fossiler Energien nach Forschungskonsens voraussichtlich von 336 Teilchen pro Millionen (ppm) schon in 50 Jahren verdoppeln werde. Die Klimamodelle zeigten, dass sich damit die mittlere Lufttemperatur in der Nähe der Erdoberfläche um 2,8 °C erhöhen wird (Schwankung zwischen 1,5 und 4). Die Erwärmung sei am größten über den Polarkappen. Doch trotz dieser wissenschaftlichen Erkenntnisse gab man Entwarnung: »Der Rat mißt nach Abwägung aller bekannt gewordenen Fakten der CO_2-Belastung aus dem Verbrauch fossiler Brennstoffe keine wesentliche Bedeutung für das globale Klima zu. Der vielschichtige Problemkreis sollte aber weiterhin aufmerksam verfolgt werden.«[23]

Ein fehlgeleitetes Umweltvotum, das der wissenschaftlichen Einsicht, wie sie u. a. der Klimatologe Flohn acht Jahre zuvor geäußert hatte, diametral widersprach. Kein einziger Meteorologe, Ozeanograf oder mit dem Klimathema vertrauter Wissenschaftler saß damals im 12-köpfigen Gremium des Bundesinnenministeriums. Dafür ein Wirtschafts- und Finanzwissenschaftler sowie Experten für Lärmpsychologie, Landesplanung und Umweltrecht.

Die Zusammensetzung des Gremiums sowie das Relativieren der drohenden Klimakrise änderten sich auch sechs

Jahre später nicht. Im SRU-Umweltgutachten 1987 spielte der durch die hohen Treibhausgas-Emissionen erzeugte Klimawandel wie zuvor kaum eine Rolle. Drei von 677 Seiten sind dem »gewaltigen geophysikalischen Experiment« gewidmet. 13 Seiten dagegen beschäftigen sich allein mit den Belastungen von Immissionen auf wildlebende Tiere in Deutschland. Die großangelegte Untersuchung ging nicht einmal darauf ein, was eine globale Temperaturerhöhung von bis zu 4°C bis Mitte des nächsten Jahrhunderts bedeuten würde. Vielmehr fokussierten die Politikberater noch stärker als zuvor auf Ungewissheiten.[24]

Wenn Realwissenschaft auf Realpolitik trifft

Damit hatte sich der SRU vollends ins wissenschaftliche Nirwana verabschiedet. Er ignorierte bewusst die immer lauter werdenden Forderungen von Experten. So warnte etwa Ende 1985 der Arbeitskreis Energie der Deutschen Physikalischen Gesellschaft (DPG) vor den weltweiten Klimaänderungen. Man diskutierte Gegenmaßnahmen, die aber von den politisch Verantwortlichen nicht ergriffen wurden. Darum veröffentlichte die DPG ein Jahr später gemeinsam mit der Deutschen Meteorologischen Gesellschaft (DMG) einen Aufruf.

Klimawandel sei »eine der größten Gefahren für die Menschheit«. Bei Überschreitung einer globalen Erwärmung um 1°C im Vergleich zum Durchschnittswert vor der Industrialisierung sei mit schwerwiegenden Folgen zu rechnen. Sie würden sich nicht spektakulär ankündigen, doch wenn sie einmal auftreten, werde es zu spät sein.[25] Um die Temperaturerhöhung einigermaßen einzudämmen, müssten alle Treibhausgase sofort »stetig und kontinuierlich« vermindert werden, dass »in spätestens 50 Jahren (also 2037 – D.G.) die Emissionsraten insgesamt im weltweiten Mittel höchstens noch ein Drittel der heutigen Emissionsraten betragen.

Das bedeutet ab sofort eine Verminderung aller Emissionsraten um im Mittel ca. 2 Prozent pro Jahr, und zwar weltweit. Würde mit den Einschränkungen erst nach ein bis zwei Jahrzehnten begonnen, nachdem bereits deutliche Klimaänderungen sichtbar geworden sind, müßte die Reduktion der Emissionsraten innerhalb von zwei bis drei Jahrzehnten auf ein Viertel der heutigen Werte erfolgen. Dies bedeutet eine Verminderung der Emissionsraten um ca. 7 Prozent pro Jahr; eine solche Reduktion ist nicht realisierbar.«

Die Wissenschaftler empfahlen Gegenmaßnahmen wie drastische Energieeinsparungen durch Effizienzsteigerung und den schnellen Ausbau der erneuerbaren Energien, inklusive der weiteren Erforschung technologischer Möglichkeiten. Sie forderten zudem die Festlegung von Limits für noch tolerierbare Treibhausgase, die Erarbeitung von Szenarien, um diese Obergrenzen zu erfüllen, und die Erstellung von Quoten für die USA, EG-Länder, Japan, UdSSR und China, die zusammen die Hälfte des fossilen Kohlenstoffs förderten und verbrauchten. Die Lösung der Krise sei nur international möglich und erfordere einen klaren Plan. Die Experten der DPG und DMG wussten dabei, dass die Klimakrise eine mathematische Gleichung ist, mit einem festen CO_2-Budget und entsprechenden Reduktionskurven, die sich nicht um Willensbekundungen kümmert. Der Aufruf wurde mit einer Auflage von 2500 Exemplaren gedruckt und an Politiker, Journalisten, Vertreter der Wirtschaft sowie die Mitglieder der DMG verschickt.

Die Forderungen basierten im Prinzip auf dem, was man in den Klimawissenschaften heute Budgetrechnung nennt. Danach gibt es ein begrenztes globales Treibhausgasbudget bei einer festgelegten maximalen Temperaturerhöhung. Dieser »CO_2-Kuchen« muss auf die einzelnen Staaten der Welt verteilt werden. Was für die Industriestaaten wiederum bedeutet, ihren Ausstoß ab 1986 schnell zu minimieren, um im 1°C-Budget zu bleiben – vorausgesetzt, es findet eine einigermaßen faire, gleichmäßige Verteilung je nach Bevölkerungsgröße statt. Denn die reichen Länder müssen von einem extrem hohen pro-Kopf-Emissionslevel aus starten, so dass ihr Kuchenstück schnell aufgegessen wird. Die Bundesrepublik etwa hatte Ende der 1980er Jahre einen Pro-Kopf-Verbrauch von 14 Tonnen, Indien dagegen 0,6 Tonnen, China 1,9. Die Budgetrechnung enthält also eine ziemlich unangenehme Nachricht für die Industriestaaten: Ihr müsst sofort handeln, Energie einsparen, aus den Fossilen aussteigen und sie ersetzen durch erneuerbare Energien.

Solch eine globale Rechnung mit nationalen Budgets wurde aber, wie wir noch sehen werden, in den Industriestaaten über Jahrzehnte hinweg aus der politischen und massenmedialen Arena verbannt beziehungsweise mit irreführenden und getunten Zahlen aufgehübscht. Es gab daher gar keinen Druck für Staaten wie Deutschland, budgettreu zu reduzieren. Später verkaufte man mit korrumpierten nationalen Zielen eine fehlgeleitete Politik als »ambitioniert«. Heute liegen die globalen Emissionen über 60 Prozent höher als damals, nicht wie gefordert 60 Prozent niedriger. Das Worst-Case-Szenario trat ein, vor dem die deutschen Meteorologen gewarnt hatten.

Dabei war der Politik früh klar, dass gehandelt werden muss. Eine Untersuchung von Daniela Russ (Universität in Toronto) zeigt, dass in den 1980er Jahren alle Parteien in Deutschland, Österreich und der Schweiz den Klimawandel in ihren Wahlprogrammen zum Gegenstand machten. Sie leugneten ihn keineswegs, obwohl das damals noch leichter möglich gewesen wäre als heute. Russ kommt zu dem Schluss: »Der anthropogene Klimawandel war und ist in den drei untersuchten Ländern nicht sachlich umstritten. Diese grundlegende Problembeschreibung, die Geschichte des Treibhauseffektes, zieht sich mehr oder weniger stark durch alle Wahlprogramme. Damit wird nicht nur das Problem parteiübergreifend definiert, sondern auch eine bestimmte Lösung präferiert, nämlich die Reduktion der Treibhausgase. Beim

Klimawandel handelt es sich damit in erster Linie, und auf dieser grundlegenden Ebene, um das seltene Phänomen einer parteiübergreifend geteilten Problembeschreibung.«[26]

Jedoch bestand die Einigkeit zu dieser Zeit vor allem darin, kaum über die globale Erwärmung zu sprechen. Anfänglich war es die deutsche FDP, die sie zum Thema machte. In ihrem Programm hieß es: »Die Verbrennung von Erdöl, Erdgas und Kohle, der Gebrauch von Fluor-Chlor-Kohlenwasserstoffen, z. B. in Spraydosen oder das Abholzen großer Waldgebiete inner- und außerhalb Europas können zu unübersehbaren Gefahren der Klimaveränderung bis hin zur Veränderung unserer Atmosphäre führen.« Die Liberalen forderten »die Untersuchung der Auswirkungen dieser Gefahren und die Erarbeitung notwendiger Gegenmaßnahmen, die weltweit getroffen werden müssen«.

Die drohende Umweltkatastrophe war aber auch für die FDP letztlich ein vernachlässigbares Problem. Als die Grünen 1983 in den Bundestag einzogen und das Thema besetzten, ließ die FDP es mehr und mehr fallen. Russ spricht von einem politischen Value-Thema: Die Parteien schmückten sich mit Klimaschutz-Rhetorik. Sie signalisierten nach außen Umweltbewusstsein, um Punkte bei den Wählern zu erzielen.

Daher blieben die Programme in Sachen Gegenmaßnahmen vage und beliebig. Das gilt für Deutschland, Österreich und die Schweiz gleichermaßen. Man riet zu Steuern und Anreizen, meist ohne Hinweis, auf welche Bereiche das konkret abzielen sollte. Auch Atomkraft galt in den 1980er Jahren noch als Lösung für eine CO_2-freundliche Energiegewinnung. Das änderte sich infolge des großen Reaktorunglücks von Tschernobyl.

Im Bundestag kam Klimaschutz auch schon zur Sprache, aber ebenfalls nur als Randthema. So zeigt eine Recherche der *Süddeutschen Zeitung*, dass mit dem Einzug der Grünen erstmals Begriffe wie »Treibhauseffekt« oder »Erderwärmung«

in den Reden auftauchten. 1994 wurde der Begriff »Klimawandel« in einer Rede benutzt. Die Autoren kommen zu dem Schluss: »Das gesellschaftliche Interesse an Umwelt- und Naturschutz brachte die Grünen in den Bundestag, aber das Interesse war nicht stark genug, um eine nachhaltige Veränderung beim Klimaschutz anzustoßen. Zunächst galt das Klima als eines von vielen Umweltthemen. Eine gemeinsame internationale Anstrengung war lange Zeit undenkbar. Die Politik konnte sich nicht auf Lösungsvorschläge verständigen und diese verfolgen. Bis heute wird das Problem bagatellisiert oder sogar geleugnet.«[27]

Der Ölpreis-Schock: Energiewende später

Der erste, der auf das Phänomen des Klimawandels im Bundestag einging (wenn er es auch noch nicht beim Namen nannte), war Bundeskanzler Helmut Schmidt (SPD), nach einem Wirtschaftsgipfel in Tokio 1979. Vor dem Hintergrund der Ölkrisen sorgten sich die Industriestaaten um die zunehmend unsicheren, verteuerten Ölimporte aus den OPEC-Ländern. Schmidt teilte den Bundestagsabgeordneten mit, dass auf dem Gipfel ein Konsens erreicht worden sei. Es werde eine dauerhafte Ölverknappung geben, so die einhellige Meinung dort. Daher müssten die Verbräuche gesenkt sowie Kohle und Kernkraft als alternative Energiequellen ausgebaut werden. Auch umweltfreundliche Quellen sollten mehr Aufmerksamkeit bekommen. In diesem Zusammenhang erwähnte Schmidt auch den Klimawandel: »In den letzten drei Jahrzehnten haben sich die Emissionen an Kohlendioxid auf der ganzen Welt verdreifacht. Die möglichen Konsequenzen für das Klima auf dem ganzen Erdball – nicht allein, aber z. B. auch in der Sahel-Zone – sind noch nicht sicher abzuschätzen, aber sie werden bei den langfristigen energiepolitischen Entscheidungen berücksichtigt werden müssen.«[28]

Am Ende seiner ökonomisch ausgerichteten Rede kündigte er an, Einsparbemühungen wegen der steigenden Ölpreise zu verstärken, die Priorität auf deutsche Kohle und Atomenergie zu setzen und neue Nutzungstechniken für Kohle zu erforschen: »Obwohl die massive Nutzung von Kohle trotz modernster Techniken auf Grenzen stößt, nämlich durch die damit verbundene Umweltbelastung, so wird die Kohle bei der Verstromung doch weiterhin Vorrang haben müssen. (Beifall bei der SPD und der FDP) Deshalb wird die deutsche Steinkohle jährlich mit 6 Milliarden DM unterstützt. Wir tun das, obwohl die Kohle auf diese Weise teurer wird, weil sie der einzige gewichtige Energieträger ist, bei dem wir uns von ausländischen Entscheidungen weitestgehend unabhängig machen können. (...) Die Bundesregierung wird die neuen Techniken zur Verflüssigung und Vergasung von Kohle von 1977 bis 1980 mit insgesamt 650 Millionen DM fördern.«[29]

Otto Graf Lambsdorff (FDP), Minister für Wirtschaft, bekannte sich ebenfalls zur Kohle, da trotz Einsparungen der Energieverbrauch im Jahr 2000 um »etwa ein Drittel höher sein wird als jetzt« und »die neuen Energien, wie z.B. Sonne, Wind und Erdwärme, nur einen um 5 Prozent liegenden Anteil des Gesamtverbrauchs beisteuern können«, so die Prognose des Ministeriums. »Für dieses unverzichtbare Mehr an Energie ist die Kohle unumstritten eine tragende Säule. Unsere Politik, der deutschen Kohle trotz hoher Kostennachteile ihren angemessenen Platz zu sichern, werden wir konsequent fortführen.«[30]

Die Prognose zeigt, wohin die Regierung energiepolitisch Ende der 1970er Jahre steuerte: mehr Energieverbrauch mittel- und langfristig, größtenteils gedeckt durch subventionierten Kohleeinsatz, während die Erneuerbaren ihrem Schicksal überlassen werden sollten. In einem Szenario der Regierung von 1980 spielen Wind und Sonne folgerichtig bis zum Jahr 2000 keine Rolle, während die Energiegewinnung aus Kohle-, Erdgas- und Atomkraftwerken kontinuierlich ansteigt.[31]

Man wollte also nicht nur nichts gegen die steigenden Treibhausgase unternehmen, sondern plante, über die nächsten zwei Jahrzehnte den Ausstoß weiter voranzutreiben. Das ist die realpolitische Bedeutung der »Energieunabhängigkeit« und »Berücksichtigung« des Klimawandels, wie sie nicht nur von der deutschen Regierung, sondern von den Führungen aller Industriestaaten in Tokio ausgerufen wurde. Im deutschen Parlament stimmte auch die Union, damals in der Opposition, in den Beifall ein.

Den Prognosen und Ankündigungen folgten entsprechende Taten. Eine Analyse der Forschungs- und Entwicklungsgelder (R&D) für Energiequellen zeigt, dass seit 1973 in Deutschland durchgehend deutlich mehr Mittel in fossile und nukleare Energien flossen als in klimaneutrale Erneuerbare. 1983 waren es 400 Millionen DM bei den fossilen. Die Gelder für Kernkraft wuchsen schon seit den frühen 1960er Jahren massiv an und gipfelten 1983 auf einen jährlichen Wert von 1,5 Milliarden Mark. Forschungsmittel für Erneuerbare gab es dagegen erst ab Anfang der 1980er Jahre, und die machten lediglich 4 Prozent aller R&D-Ausgaben für Energie aus. 1983 erreichten die Mittel mit 80 Millionen DM ihr Maximum, um dann abzusinken und erst in den 1990er Jahren wieder leicht zu steigen. Selbst 2001 flossen noch 80 Prozent mehr Gelder in Atomkraftforschung. Rolf Wüstenhagen und Michael Bilharz schreiben daher 2003: »Der Erfolg der erneuerbaren Energien in Deutschland konnte sich vollziehen, obwohl die Regierung in den letzten fünfzig Jahren bei der Forschungs- und Entwicklungsförderung stark auf Atomenergie fokussiert war.«[32]

In den 1980er Jahren gab es wegen fehlender Entwicklungsprojekte dann auch keine nennenswerte Energie aus erneuerbaren Quellen in Deutschland – abseits der schon bestehenden Wasserkraftwerke, die aber nur einen kleinen Teil der Energie für die Stromgewinnung abdeckten. Die 100 Meter hohe Growian-Windkraftanlage, die 1983 in Betrieb genommen worden war, riss man schon 1988 wieder ab. In der Mitte des Jahrzehnts sind einige kleinere Windräder entstanden, die aber kaum einen Effekt erzielen konnten. Denn 1979 hatten der Energieverband VDEW und der Bundesverband der Deutschen Industrie (BDI) zwar eine Vereinbarung geschlossen, Strom aus erneuerbaren Energien in die Netze aufzunehmen und entsprechend zu vergüten. Die meisten Versorger verweigerten allerdings die Abnahme. Die Vergütung lag mit weniger als zehn Pfennigen pro Kilowattstunde zudem weit unter den Erzeugungskosten von Windrädern oder gar Solaranlagen.[33] In der Darstellung des Sachverständigenrats zur Begutachtung der gesamtwirtschaftlichen Entwicklung (der sogenannten Wirtschaftsweisen) werden deswegen beim Primärenergieverbrauch nach Quellen Erneuerbare wie Photovoltaik, Windkraft und Biogas auch erst ab 1995 aufgeführt. Sie waren davor eine unbedeutende Größe.[34]

Das lag aber nicht daran, dass Windkraftanlagen oder Solarpanels in Deutschland zur Stromgewinnung noch nichts beitragen konnten. Der durch das Anwachsen der Anti-Atomkraftbewegung aufgeschreckte Bundestag setzte zum Beispiel 1979 die Enquete-Kommission Zukünftige Kernenergiepolitik aus Abgeordneten und Wissenschaftlern ein. Ein Jahr später kam die Kommission in einem Zwischenbericht mehrheitlich zu der Überzeugung, dass ein Ausstieg aus der Atomwirtschaft möglich sei, wenn der Energiebedarf gesenkt und Erneuerbare ausgebaut würden. Zu dieser Zeit erzeugten deutsche Atomkraftwerke jährlich über 400 Petajoule, das sind 3,5 Prozent des damaligen Primärenergieverbrauchs. Den Erneuerbaren wurde vom Bundestagsgremium also deutlich mehr zugetraut als energetische Totgeburten zu erzeugen.

Und das war noch eine konservative Schätzung. Das Ökoinstitut sah deutlich mehr Potenziale für Erneuerbare, die selbst der SRU zum Anlass nahm, die Politik zum Handeln aufzurufen.[35] In »Die Energiewende – Wachstum ohne Erdöl und Uran« errechneten die Umweltwissenschaftler 1980, dass die Erneuerbaren in den nächsten Jahren 10 Prozent des

Verbrauchs abdecken könnten. Durch weiteren Ausbau der alternativen Energien und gesteigerte Effizienz lasse sich der fossile Anteil bis 2030 um 75 Prozent gegenüber 1980 reduzieren. Die Hälfte der gesamten Energie Deutschlands würden dann die Erneuerbaren erzeugen.[36] Das Ökoinstitut war mit dieser Ansicht nicht allein. Es gab bereits eine Reihe wissenschaftlicher Szenarien, die eine Komplettumstellung berechneten. 1975 wurde das erste 100-Prozent-Szenario für Schweden erstellt (»Solar Sweden«). Weitere folgten. 1978 für Frankreich (ohne Zieljahr), 1980 für die USA mit dem Zieljahr 2050, 1982 für Westeuropa mit dem Zieljahr 2100 und 1983 für Dänemark für 2030. Man hätte daran anknüpfen und entsprechende Maßnahmen ergreifen können, aber wie Hermann Scheer beklagt: »Keines dieser Szenarien wurde jedoch öffentlich wahrgenommen, selbst wenn sie – wie 1980 in den USA – von Regierungsorganisationen (wie in diesem Fall von der Federal Emergency Management Agency, FEMA) veröffentlicht und mit Hilfe der Union of Concerned Scientists, einer unabhängigen Wissenschaftsorganisation mit zahlreichen Nobelpreisträgern unter ihren Mitgliedern, erstellt wurde. Im Mainstream der Energiediskussion waren solche Szenarien tabu. Selbst ein deutscher Greenpeace-Vertreter antwortete mir noch im Jahr 2006 auf die Frage, warum seine Organisation sich in ihren Veröffentlichungen nicht auf solche Szenarien beziehe: ›Wir wollen ernst genommen werden.‹ Mittlerweile veröffentlicht Greenpeace selbst 100-Prozent-Szenarien.«[37]

Solche Skepsis prägte von Anfang an die Debatte in Deutschland und blockierte die Wende. So erklärte 1977 Hans-Karl Schneider, der damalige Direktor des Energiewirtschaftlichen Instituts der Universität Köln und Vorsitzende der »Wirtschaftsweisen«: »Mehr als fünf Prozent sind bei Sonnenenergie, Windenergie, Erdwärme und anderen ›exotischen‹ Energien einfach nicht drin.« Er sollte mit seiner Annahme wie die Pessimisten nach ihm Unrecht behalten (dazu im Epilog mehr). Obwohl erst seit dem Jahr 2000 mit dem Erneuerbare-Energien-Gesetz (EEG) Wind, Sonne und Biomasse den Markt wirklich betreten durften, waren es 2010 bereits 10 Prozent. Bis 2030 hätten durch mehr Energieeffizienz und Ausbau der Alternativen 100 Prozent erreicht werden können, wie Berechnungen zu jener Zeit zeigen.[38]

Den erneuerbaren Energien standen tatsächlich schon in den 1950er Jahren »große technologische Möglichkeiten« offen, mehr als der Atomenergie, wie Hermann Scheer rekapituliert. Der dänische Schulmeister Paul la Cour zum Beispiel habe bereits 1891 die erste Windkraftanlage in Betrieb genommen und daraus Strom erzeugt. In den 1930er Jahren arbeiteten mehrere Millionen Windräder in den Farmregionen der USA. Wie man Strom in solarthermischen Kraftwerken produziere, sei von Frankreich früh demonstriert worden. Auch Photovoltaik machte ab Mitte der 1950er Jahre erste Fortschritte. Sie wurde in der Raumfahrt eingesetzt. »Dass Strom mit von Wasser angetriebenen Turbinen produziert werden kann, war ohnehin Allgemeingut, denn die Geschichte der Stromproduktion begann mit vielen kleinen Wasserkraftwerken, bevor der Trend zu Großwasserkraftwerken mit immer größeren Stauseen einsetzte. Dezentrale Anlagen in Fließgewässern stellten längst ein großes Potenzial dar, das jedoch zunehmend vernachlässigt wurde. Auch für die Nutzung von Biogas gab es schon viele Beispiele, ebenso wie für Kraftstoffe aus Biomasse. Die technologischen Erfordernisse, um aus solchen Optionen ein zuverlässiges System der Stromversorgung zu machen, waren stets weniger komplex und aufwendig als bei der Atomenergie.«[39]

All das wurde aber nicht vorangetrieben, man tat das Gegenteil, förderte weiter Kohleabbau und Kohlekraftwerke, obgleich diese Energieform auch wirtschaftlich immer irrationaler wurde. Viele Atomkraftwerke baute man gegen den Willen der Bevölkerung und den Rat der Enquete-Kommission des Bundestages. Und auch diese Energieform war von Anfang an außerordentlich teuer und unwirtschaftlich, von den Risiken und der fehlenden Endlagerung mal abgesehen.

Zudem fand in den 1970er und 1980er Jahren eine ölbasierte Verkehrswende statt. Der öffentliche Nah- und Fernverkehr wurde gedrosselt und der fossile Verkehr (PKWs, Güter-LKWs und Flugverkehr) weiter ausgebaut. In der Landwirtschaft setzte man weiter auf intensive Bewirtschaftung und Agrarindustrie einschließlich Kunstdüngung, Gülleeinsatz, Massentierhaltung, transportintensive Lieferketten und Überschuss-Exportproduktion. All das belastete die Treibhausgasbilanz Deutschlands.

Bis Anfang der 1980er Jahre stiegen daher die Emissionen kontinuierlich an. Danach gingen die CO_2-Werte für einige Jahre leicht zurück, was aber nicht die Folge von Klimaschutz war. So schreibt Manuel Berkel: »Die Ölkrisen von 1973 und 1979 verteuerten Ölimporte, führten zu Konjunktureinbrüchen und verdeutlichten die Abhängigkeit des Wohlstands von fossilen Energien. Ohne dass die Politik eingreifen musste, bestärkten die Preissteigerungen Unternehmen und Verbraucher darin, Energie zu sparen und effizienter zu wirtschaften, die Automobilwirtschaft senkte den Kraftstoffverbrauch ihrer Fahrzeugmodelle.«[40]

Nach der kurzen Öl-Verschnaufphase kletterten die Treibhausgase in der BRD wieder und lagen in den alten Bundesländern noch in den frühen 2000er Jahren über dem Niveau von 1990.[41] Die gesamtdeutsche Bilanz sieht für diesen Zeitraum zwar besser aus: Die Treibhausgase gingen zurück. Aber das hatte mit dem sogenannten Wall-Fall-Profit, der Stilllegung und Abwicklung großer Teile der ostdeutschen Industrie nach der Wiedervereinigung, zu tun, auf den wir noch zu sprechen kommen.[42]

Dabei waren die Bedingungen für eine Energiewende günstig. Das Wissen über den Komplex nahm zu. Die Anzahl wissenschaftlicher Publikationen verdoppelte sich in den 1980er Jahren gegenüber dem Jahrzehnt zuvor. Studien belegten großes Potenzial und Vorteile der erneuerbaren Energien. In der Bevölkerung etablierte sich Umweltbewusstsein. Massenproteste nicht nur gegen Atomkraftwerke, sondern auch gegen Luftverschmutzung, Lärm und Smog waren an der Tagesordnung. Mit dem Einzug der Grünen in den Bundestag kam die Umweltbewegung auf den höheren Ebenen der Politik an. Auch in den Medien wurde das Problem Klimawandel erstmals thematisiert.

Ähnlich war es in anderen Industriestaaten. Die Sorge um die Stabilität der Ökosysteme durch Übernutzung der natürlichen Ressourcen hatte seit den 1970er Jahren stark zugenommen. Das belegen nicht nur der große Erfolg des Club-of-Rome-Berichts, sondern auch die in den USA und Europa stattfindenden Massenproteste, etwa der Earth Day, bei dem zwanzig Millionen Amerikaner u. a. für einen Ausstieg aus der fossilen Energieproduktion demonstrierten. Den Kundgebungen und politischen Forderungen schlossen sich Prominente wie die US-Schauspielerin Jane Fonda an, die sich bis heute für einen Wechsel zu erneuerbaren Energien einsetzt.

Doch die Regierungen brachten, wenn überhaupt, wenig mehr als symbolische Akte zustande. Jimmy Carter etwa ließ 1979 Solarpanels auf dem Weißen Haus anbringen, sein Nachfolger Ronald Reagan baute sie umgehend wieder ab. Erst Anfang der 1990er Jahre, als der Druck der Zivilgesellschaft, von Forschern wie einzelnen Politikern immer größer wurde, gaben die Führungen der Industriestaaten dem Drängen nach und begannen, wenn auch viel zu spät, Klimawandel auf die Agenda zu setzen. Die Klimakrise betrat die Weltbühne. Der Termitenbefall avancierte zum globalen Politikum. Die Zeit der Dummköpfe, die ihn so lange ignoriert und die Hände in den Schoß gelegt hatten, schien sich dem Ende zu neigen. Tatsächlich standen die Zeichen für eine Kursänderung nicht schlecht. Nur der Energiekompass musste neu ausgerichtet werden.

Das Klima betritt die Weltbühne
(1980–2015)

Houston, wir haben ein Problem

Anthony Scoville trat 1980 vor die Wissenschaftskommission des Repräsentantenhauses. Er saß dort als Vertreter der Republikaner. Nun wollte er sich über einen Bericht zur Erderwärmung äußern. Die Untersuchung zeige, dass es da ein Problem gebe: »Allerdings, und es ist kein atmosphärisches. Es geht hier um das politische Problem der Trägheit des politischen und des wirtschaftlichen Systems und um die Zeit, die es braucht, bis Beschlüssen Taten folgen.« Erstaunt sei er über die Ankündigung des US-Präsidenten Jimmy Carter, 80 Milliarden Dollar für die Entwicklung synthetischer Brennstoffe zu investieren. »Mein Gott, für achtzig Milliarden bekäme man eine Photovoltaik-Industrie, die die Nachfrage nach synthetischer Energie für alle Zeit überflüssig machen könnte.«[43]

Am 31. Juli 1981 fand die erste Anhörung zum Treibhauseffekt in einem Unterausschuss auf dem Washingtoner Kapitol statt, geleitet unter anderem von einem 33 Jahre alten Demokraten aus Tennessee mit Namen Albert (»Al«) Gore. Er hatte schon zwölf Jahre zuvor in Harvard bei Roger Revelle vom menschengemachten Klimawandel erfahren. Seither ließ ihn das Thema nicht mehr los. Nun sollte die politische Öffentlichkeit darüber informiert werden und entsprechend handeln. Doch Anfang der 1980er Jahre zeigte sich erst einmal, dass nicht nur das politische und ökonomische System träge ist, sondern auch das der Massenmedien. Die US-Bürger erfuhren nichts von der Anhörung. Die Abendnachrichten gingen über das historische Ereignis hinweg.

So dauerte es weitere sechs Jahre, bis schließlich Timothy Wirth, ein demokratischer Senator aus Colorado, sich aufmachte, ein umfassendes Gesetzespaket zum Klimawandel zu entwerfen. Es sollte eine Art New Deal gegen die Erderwärmung werden. Wirth forderte Präsident Reagan auf, einen internationalen Vertrag nach dem Vorbild des Ozon-Abkommens anzustreben. Aber es fehlte ein Plan, wie man aus den fossilen Energien aussteigen könne, und die US-Regierung unternahm nichts, daran etwas zu ändern. So versandete die Initiative. Selbst Al Gore zog sich zeitweise vom Thema zurück, während er sich erfolglos als Präsidentschaftskandidat bewarb.

Wirth und Gore aber sollten ein Jahr später mehr Erfolg haben. 1988 luden sie zusammen mit einer Reihe von Senatoren den NASA-Forscher und Klimaexperten vom Goddard Institut James Hansen vor den Kongress. Ein Senator sprach bei der Anhörung von der Gefahr, den einzigen Planeten zu »versauen«, den wir haben, ein anderer von der Angst, gegen Industrieunternehmen vorzugehen, die die Atmosphäre belasten, von »konkurrierenden Interessen, während es auf der anderen Seite um unser nacktes Überleben geht«. Und es wurde gemahnt, dass die Anhörung »morgen früh für Schlagzeilen in ganz Amerika sorgen« solle, denn man brauche Berichterstattung in den Medien.

Nach der Anhörung sagte James Hansen zu Reportern: »Es ist Zeit, mit dem Gequassel aufzuhören und festzuhalten, dass die Beweise überwältigend sind und der Treibhauseffekt nicht mehr zu übersehen ist.« Die Aussagen schafften es in die landesweiten Medien. Die TV-Sender spielten die Bilder von Hansens Vortrag in Millionen amerikanische Wohnzimmer. Die *New York Times* titelte: »Globale Erwärmung hat begonnen«. Die Berichterstattung erzeugte eine Art Quantensprung in der politischen Beschäftigung mit der Klimakrise.

Nathaniel Rich schildert in seinem Buch, wie nur »vier Tage nach Hansens Rockstar-Auftritt« alles auf den Höhepunkt zulief, und das in der kanadischen Stadt Toronto. Sie wurde für einige Tage zum »Woodstock des Klimawandels«. In seiner Eröffnungsrede forderte Wirth eine »weltweite Reduzierung der Emissionen um zwanzig Prozent bis zum Jahr 2000 und als nächsten Schritt eine Reduzierung um fünfzig Prozent«. Es war der erste konkrete Richtwert, der bei einer großen internationalen Konferenz ins Spiel gebracht wurde – und er stimmte ziemlich genau mit dem 1°C-Kurs überein, der in Deutschland schon 1985 von den Verbänden der Meteorologen und Physiker gemeinsam eingefordert worden war. Mit leichter Abweichung wurde der Richtwert im Abschlussdokument der Konferenz, das alle teilnehmenden vierhundert Forscher und Politiker unterzeichneten, als Forderung wiederholt: zwanzig Prozent Reduzierung der CO_2-Emissionen bis zum Jahr 2005.

Die Botschaft war nun kraftvoll in der Welt, unüberhörbar und die Gesellschaft der Industriestaaten so aufrüttelnd, dass sie den parallel laufenden US-Wahlkampf beeinflussen sollte. Der Republikaner George H. W. Bush präsentierte sich plötzlich als Umweltschützer. »Wer glaubt, wir können uns gegen den Treibhauseffekt nicht wehren, der vergisst, dass es auch einen Weißes-Haus-Effekt gibt.« Man sei entschlossen, die globale Erwärmung anzugehen. Das Industriemagazin *Oil & Gas Journal* schrieb: »Für viele Leute auf dem Capitol Hill ist der Treibhauseffekt das bestimmende Thema der Neunziger.« In Unternehmenskreisen befürchtete man politische Maßnahmen, eine Benzinsteuer, wenn Bush Präsident werden sollte.

Die Klimapolitiker waren bemüht, das für sie günstige Window-of-Opportunity zu nutzen. 32 Gesetze wurden 1988 im Kongress eingebracht, darunter vor allem der Global Warming Protection Act und der National Energy Policy Act, den dreizehn Demokraten und fünf Republikaner unterstützten. Beide forderten ein internationales Abkommen für die Atmosphäre bis 1992. Wirth verlangte zudem eine CO_2-Reduzierung um zwanzig Prozent bis 2005, wie in Toronto beschlossen.

Doch die Befürchtungen der fossilen Brennstoffindustrie sollten sich nicht bewahrheiten. Die siegreiche Bush-Regierung machte schnell klar, dass die Wahlkampf-Kampagne und der Weißes-Haus-Effekt eine Politshow waren. In seiner ersten

Rede als Außenminister sagte James Baker noch: »Wir können es uns wahrscheinlich nicht leisten, erst zu handeln, wenn die letzte Ungewissheit hinsichtlich des weltweiten Klimawandels beseitigt ist. Das Problem wird nicht von allein verschwinden.« John Sununu, Stabschef des Präsidenten, erklärte Baker darauf hin: »Überlassen Sie die Wissenschaft den Wissenschaftlern. Lassen Sie die Finger vom Treibhauseffekt. Sie haben ja doch keine Ahnung davon.« Baker sprach das Thema danach nie wieder an.

Aussagen von Wissenschaftlern wie James Hansen wurden nun vom Weißen Haus zensiert. Den Delegierten, die zum Weltklimarat nach Genf reisten, erklärte man, dass die US-Regierung keine Verpflichtungen in Sachen Emissionsminderung eingehen werde. Am 6. November 1989 trafen sich die Umweltminister aller Länder in Noordwijk in den Niederlanden, um über Maßnahmen zu beraten. Die Delegierten zeigten sich bereit, die Treibhausgase ihrer Länder bis zum Jahr 2000 auf den Stand von 1990 einzufrieren und darüber einen Vertrag zu schließen. Die USA, Großbritannien, Japan und die Sowjetunion blockten das ab. Nur eine allgemeine, unterm Strich lächerliche Erklärung kam am Ende zustande. Greenpeace sprach von einer »Katastrophe«, Timothy Wirth bekundete: »Ich schäme mich.« William Reilly, Vorsitzender der Environmental Protection Agency (EPA) und Verfechter für engagierten Klimaschutz, verteidigte pflichtschuldig die offizielle Politik, die ihm aufgezwungen worden war. Der ansonsten kompromisslose Umweltschützer Rafe Pomerance vom Umweltverband Friends of the Earth wollte Optimismus verbreiten, wie andere auch. Er sprach gegenüber der *Washington Post* von »brauchbaren Bausteinen«.

Am Ende eines quälend langsamen Prozesses, in dem die Klimakrise im Zeitraum eines Jahrzehnts die politische Bühne in den Vereinigten Staaten betrat, würgte die Realpolitik des Weißen Hauses, unterstützt von anderen Großmächten, nicht nur den Klimaschutzaufbruch kurz vor dem Mauerfall in

Berlin ab. Die Blockierer lösten zugleich einen fatalen Prinzip-Hoffnung-Effekt bei denen aus, die für Klimaschutz kämpften. So schreibt Nathaniel Rich in seiner historischen Analyse: »Pomerance wollte darin unbedingt einen Fortschritt sehen, was aber nur möglich war, wenn er alles vergaß, was er erfahren hatte, seit er die ersten Seiten des Kohleberichts aufgeschlagen hatte. Er war mutig genug, um dem Kongress, drei Präsidenten, der ganzen Welt die Wahrheit über die Zukunft der Erde zu sagen, aber es gab eine Grenze bei dem, was er sich selber zu sagen wagte.«

Die Gründe für das Versagen der US-Politik Ende der 1980er Jahre und dann immer wieder sind vielfältig und komplex. Seit Reagan hatte die neoliberale Wende im Politikbetrieb und vielen gesellschaftlichen Einrichtungen Fuß gefasst. Danach wurde jeglicher Umweltschutz als Behinderung der freien Märkte angesehen. Ökologische Auflagen wies man als Gefährdung der »wirtschaftlichen Gesundheit« ab – ein Codewort für die Profiterwartungen von Konzernen. Der Staat wurde mehr und mehr umgebaut zu einer Geldmaschine für die wohlhabenden Schichten und Unternehmer. Normalverdiener hatten das Nachsehen, ihr Wohlergehen zählte offenbar nicht zur ökonomischen Gesundheit. Infolge des Umbaus nahm die Kaufkraft der Mittel- und Unterschichten ab, der Sozialstaat wurde demontiert, während Umweltregulierungen dahinschwanden.

Zudem ist die amerikanische Volkswirtschaft stark auf fossile Energien ausgerichtet. Eines der größten Unternehmen der Welt, der Ölkonzern Exxon (heute Exxon Mobil), hat nicht zufällig seinen Sitz in den USA. Bis in die 1950er Jahre waren die Vereinigten Staaten der größte Öl-Produzent der Welt. Zugleich richtete sich die geostrategische, imperiale, hochmilitarisierte Grand-Area-Strategy der USA seit dem Ende des Zweiten Weltkriegs mit ihren tausend Militärbasen in hundert Staaten an den wichtigen Öl- und Gasvorräten der Erde aus.

1945 hieß es in einem Papier des Außenministeriums an den damaligen Präsidenten Harry Truman, dass vor allem in der Golfregion eine »überwältigende Quelle strategischer Macht und einer der größten materiellen Gewinne in der Weltgeschichte« zu finden seien.[44] David Painter stellt fest, dass »US-Kontrolle über die Öl-Vorräte der Welt notwendig« ist. Und: »Die Öl-Außenpolitik war nicht nur geprägt durch die Ölindustrie, sondern auch durch die ›privilegierte Stellung des Unternehmenssektors‹ in den Vereinigten Staaten.«[45] Die USA übernahmen von Großbritannien die Kontrolle über die fossilen Energieressourcen in der arabischen Region, während die US-Verbündeten Saudi-Arabien und Iran ab den 1970er Jahren Venezuela als größten Ölexporteur ablösten. Die Vereinigten Staaten waren da längst die mit Abstand mächtigste Wirtschaftsmacht. Die Hälfte der globalen ökonomischen Leistung ging auf ihr Konto. Und diese Macht basierte zu großen Teilen auf der Kontrolle über die Ölvorräte (was nicht gleichbedeutend ist mit Zugang zu ihnen).

Darüber hinaus ist das Parteiensystem des Landes dysfunktional. Es ist zum Beispiel extrem schwer, dort eine dritte Partei zu etablieren. Vor allem das Wahlsystem (das sogenannte Electoral College mit seinem Prinzip The-Winner-Takes-It-All) stellt einer neuen politischen Kraft hohe Hürden in den Weg. Es ist sogar kontraproduktiv, einen progressiven Gegenkandidaten ins Rennen zu schicken. So nahm im Jahr 2000 der Verbraucher- und Umweltschützer Ralph Nader von der Grünen Partei dem demokratischen Anwärter Al Gore wichtige Stimmen weg. Der Republikaner Bush Junior, tief verankert in der Ölindustrie von Texas, wurde schließlich Präsident.

Zugleich haben sich die beiden Parteien in den USA seit den 1970er Jahren zu zwei Fraktionen einer Businesspartei entwickelt. Die Demokraten ließen die Orientierung an den Interessen der ArbeiterInnen wie auch der Umwelt zunehmend fallen. Das lag auch daran, dass Wahlkämpfe zu Geldschlachten mutiert waren, zu »Horse Races«, angefeuert von riesigen PR- und Marketingapparaten, bei denen Konzerne, reiche Oberschichten und die Wall Street über den Ausgang entscheiden. »Golden Rule«, die Studie des Politikwissenschaftlers Thomas Ferguson zur »Investment-Theorie des Parteienwettkampfs« zeigt dann auch, dass die Kandidaten Wahlen gewinnen, die mehr Geld als ihre Kontrahenten einsammeln.

Schließlich sind die amerikanischen Nachrichtenmedien stark kommerziell ausgerichtet und kontrolliert von wenigen Konzernen, darunter Unternehmen, die kein Interesse an Umweltauflagen haben. So gehörte NBC in den 1980er Jahren schon zu General Electric (GE) und CBS zur Westinghouse Electric Corporation – beides multinationale Energie-, Transport- und Technikkonzerne, die zu den stärksten Umweltverschmutzern in den USA zählen. Sie sind auch Waffenhersteller, ihr Hauptkunde ist das Pentagon, das mit seinen militärischen Operationen pro Jahr mehr Treibhausgase ausstößt als ganze Länder wie Schweden oder Portugal. General Electric unterstützt darüber hinaus das American Enterprise Institute, das rechte Intellektuelle bei ihrem Kampf gegen staatliche Einmischung in wirtschaftliche Angelegenheiten fördert. Ab den 1990er Jahren stiegen immer mehr Konzerne in das Nachrichtenbusiness ein und erlangten Kontrolle über ein zentrales Instrument der politischen Meinungsbildung. Einen öffentlich-rechtlichen Rundfunk, wie er in anderen Industriestaaten vorhanden ist, hat es in den Vereinigten Staaten dagegen nie gegeben.[46]

Die fossile Brennstoffindustrie, energieintensive Industrien, fossile Verkehrs- wie Luftfahrunternehmen und Autokonzerne steuern zudem mit Anzeigen und Werbung einen großen Teil der Medieneinnahmen bei. Heute sehen zum Beispiel in den USA Fernsehzuschauer alle fünf bis zehn Minuten eine Werbung von Öl- oder Autokonzernen. CBS, ABC oder NBC, aber auch die Agenda setzenden Qualitätszeitungen wie

Washington Post, *New York Times* und *Newsweek* sind durch die Art und Weise, wie sie institutionell betrieben werden, sehr empfänglich, die Klimakrise wie das politische Versagen der US-Regierung aus der öffentlichen Arena herauszuhalten. Und sie taten es auch, wie Studien nachweisen. Sie zeigten sich sogar bereit, PR-Kampagnen von Business-Lobbys ein Forum zu gewähren.[47]

So tauchten 1989 – ein Jahr, nachdem die US-Regierung Klimaschutz beerdigt hatte – Artikel in der nationalen Presse auf, die auf Statements von Wissenschaftlern der Lobbyorganisation Global Climate Coalition (GCC) beruhten. Die GCC operierte ursprünglich vom Sitz der National Association of Manufacturers (NAM), später kamen die US-Handelskammern, die Kohleindustrie, die Automobilindustrie und die Stromanbieter dazu. Ziel der Organisation ist es, in der Öffentlichkeit Zweifel am Klimawandel zu säen. Die Massenmedien halfen dabei. Die Nachrichtenagentur *AP* zitierte Ende der 1980er Jahre Einschätzungen der GCC-Wissenschaftler in Berichten. In der *New York Times* durfte ein Skeptiker behaupten, »in der wissenschaftlichen Gemeinschaft« gebe es »erhebliche Zweifel am Treibhauseffekt«. Das Magazin *Forbes* titelte: »Erwärmungs-Panik«. *Newsweek* fragte: »Alles nur heiße Luft?« Nathaniel Rich stellt fest, dass Anfang der 1990er Jahre ein Übergewicht an Artikeln bestand, die »Zweifel an der wissenschaftlichen Gemeinschaft« äußerten, obwohl das *Science*-Magazin 1991 die Zahl jener, die in den USA »offen am Treibhauseffekt zweifeln«, auf »so ungefähr ein halbes Dutzend« bezifferte.[48]

In vielen europäischen Ländern schien die Situation vorteilhafter für Klimaschutz, wenn auch bei Weitem nicht gut. Für Deutschland war eine Energiewende weg von den Fossilen, selbst was die heimische Kohle angeht, volkswirtschaftlich wie geostrategisch seit den 1970ern durchaus erstrebenswert. Das ökonomische System zeigte sich lange Zeit noch sozialdemokratisch geprägt. Gewerkschaften wie Umweltinteressen hatten mehr politischen Einfluss. Die Parlamente in vielen europäischen Ländern schienen zudem offener und nicht derart konzentriert auf zwei Parteien wie in den USA. Wahlkampfgeld von Unternehmen spielt bis heute in Deutschland keine vergleichbare Rolle wie jenseits des Atlantik. Die Medien sind weniger dominiert von Konzernen und schwächer monopolisiert. Der öffentlich-rechtliche Rundfunk bildet zugleich, trotz aller Mängel, etwa der Kontrolle durch Parteien und mächtige Verbände, ein gewisses Gegengewicht, da er der Gesellschaft gegenüber zu Rechenschaft verpflichtet ist.

Die ersten Reaktionen in Europa waren auch vielversprechender. In Schweden kündigte das Parlament eine nationale Initiative an, um die Treibhausgase auf dem Stand von 1988 zu halten. Zudem wurde eine CO_2-Steuer eingeführt. In Großbritannien hielt die Chemieabsolventin und Premierministerin Margaret Thatcher vor der Royal Society eine Rede. Sie machte klar, dass »die Gesundheit der Wirtschaft und die Gesundheit unserer Umwelt untrennbar miteinander verbunden« sind.

In Deutschland war das Thema, wie schon erwähnt, bei den Parteien und im Bundestag bereits angekommen, wenn auch nur am Rande. Das änderte sich 1987, als die Grünen erneut ins deutsche Parlament einzogen. Die wissenschaftlichen Warnungen der Meteorologen und Physiker in Deutschland von 1985 und 1987, der Auftritt Hansens in den USA, die Toronto-Konferenz und die Gründung des Intergovernmental Panel on Climate Change (IPCC), einem zwischenstaatlichen Ausschuss für Klimaänderungen, kurz Weltklimarat genannt, erzeugten den nötigen Schub, der die Klimakrise zu einem echten politischen Thema im Bundestag werden ließ.

Als der Bundestag die Welt retten wollte

Es war der 18. März 1987, als der wiedergewählte Bundeskanzler Helmut Kohl (CDU) vor den Bundestag trat. Sechs Tage zuvor hatte sich das neue Kabinett aus Union und FDP gebildet. Kohl betonte in seiner Rede, dass »die Schöpfung zu bewahren« bedeute, die Umwelt zu schützen und sie für die »Generation unserer Kinder und Enkel« zu erhalten. Schonung und Pflege der Natur seien eine »Staatsaufgabe«. Die Wirtschaft benötige einen ökologischen Rahmen. Dazu gehöre nachhaltige »Pflege der natürlichen Lebensgrundlagen«, »umfassende und weitsichtige Vorsorge« und »schnelle und wirksame Schadensbeseitigung und Wiedergutmachung«. »Deshalb wollen wir den Umweltschutz als Staatsziel in das Grundgesetz aufnehmen.« Schließlich kam er auf den Klimawandel zu sprechen: »In zunehmendem Maße beunruhigend sind globale Gefährdungen unserer Erdatmosphäre. So droht durch den sogenannten Treibhauseffekt eine gravierende Klimaveränderung. Hier gilt es die Forschung voranzutreiben, weltweit die Energieerzeugung durch fossile Brennstoffe zumindest nicht auszuweiten sowie der extensiven Rodung tropischer Regenwälder entgegenzuwirken.«[49]

Kurz darauf wurde Umweltschutz ins Grundgesetz aufgenommen. Drei Monate später, am 24. Juni, reichten die Regierungsfraktionen einen Antrag auf Einsetzung einer Enquete-Kommission ein. Der Name war Programm: »Vorsorge zum Schutz der Erdatmosphäre«. Es sollten darin der Stand zu den Veränderungen der Erdatmosphäre zusammengefasst und Gegenmaßnamen vorgeschlagen werden.

Bereits ein Jahr später lag der erste Zwischenbericht der Kommission vor. Auf 300 Seiten legte das Gremium die Forschungsergebnisse dar und rief zum energischen Handeln auf. Es seien genügend Potenziale vorhanden, die Treibhausgase zu kürzen. Industriestaaten könnten 90 Prozent ihres Primärenergieverbrauchs einsparen. Bis zum Dreifachen lasse sich der Bedarf von 1988 (90 Billionen Kilowattstunden) durch regenerative Energien decken. Es gebe zudem ein »großes technisches Potenzial« für eine globale Energiewende. Allein die Lichtenergie der Sonnenstrahlung, die auf die Erdoberfläche treffe, sei 3000 Mal so hoch wie die Primärenergie, die die Welt benötigt. Es reichten nur wenige Prozent der globalen Landfläche, einige Millionen km², um mit Solarkollektoren eines niedrigen Wirkungsgrads von rund 5 Prozent genügend Energie zu produzieren, wenn zusätzlich Wind- und Wasserkraft genutzt werden.[50]

Zwei Jahre später, 1990, erschien der Abschlussbericht der Klima-Enquete, die sich aus 22 Mitgliedern zusammensetzte, darunter elf Wissenschaftler und elf Abgeordnete der im Bundestag vertretenen Fraktionen Union, FDP, SPD und Grüne. Er wurde als Tagesordnungspunkt 18 am 31. Oktober 1990 vorgelegt und einstimmig angenommen. Es war die erste Klimaschutzstrategie, die weltweit von einer Regierung ausgearbeitet wurde. 50 wissenschaftliche Institute hatten dafür rund 150 Studien im Strom-, Wärme- und Verkehrsbereich erstellt. Dazu bezog man weitere Arbeiten zu den borealen (kalt-nördlichen) und tropischen Wäldern, zum Bodenschutz und der Zukunft der Landwirtschaft mit ein. Darauf aufbauend wurde von der Kommission ein Lösungsvorschlag entwickelt, global wie national, und ein ganzes Set von Maßnahmen vorgeschlagen. Deutschland sollte, so die Empfehlung der Enquete, eine Vorreiterrolle beim Klimaschutz übernehmen.[51]

Der Bericht ist ein historischer Meilenstein. Ein Dokument des Aufbruchs, 936 Seiten lang, penibel ausgearbeitet und kommentiert. Heute gilt er als »verpasste Chance«, weil Regierungen, geleitet von kurzfristigen wirtschaftlichen Interessen, dem Plan nicht folgten. Für Michael Müller, Vorsitzender der Naturfreunde Deutschlands, der federführend für die SPD-Fraktion in der Kommission saß, ist damals ein »Fenster für den Klimaschutz weit geöffnet« worden. Wäre man den Empfehlungen gefolgt, hätte Deutschland seine Vorreiterrolle bei der ökologischen Modernisierung mit Inhalt füllen können. Doch das Fenster wurde wieder geschlossen, es habe der politische Wille gefehlt, so Müller. Wiedervereinigung und ökonomischer Aufschwung seien der Regierung wichtiger gewesen.[52] Es stimmt natürlich, dass vor dreißig Jahren andere Entscheidungen hätten getroffen werden müssen. Aber der Plan des Bundestages scheiterte nicht an der ausbleibenden Umsetzung. So sind alle Bundesregierungen dem von der Kommission empfohlenen Klimaziel für 2050 im Prinzip gefolgt, auch wenn der Kurs immer wieder, zum Teil deutlich nach unten korrigiert wurde. Der Plan scheiterte auch nicht, weil die anderen Industriestaaten nicht mitmachten – selbst wenn das für die USA, Australien oder Japan in gewisser Weise zutrifft. Der Plan scheiterte, weil der Plan zum Scheitern verurteilt war. Es wurde ein Kurs empfohlen, der auf dem Papier schön aussah, aber in der Wirklichkeit Schiffbruch erleiden musste. Denn er schenkte dem »Eisberg« vor sich keine Beachtung. So wurde die Bewältigung der Klimakrise von der Kommission in einen globalen Rahmen gefügt, den die politischen Parteien als Balance zwischen »ökonomisch« und »ökologisch« für die reichen Länder ansahen. Aus Sicht der armen Länder war das Ganze allerdings nicht akzeptabel. Nach den Empfehlungen zur Emissionsverteilung verwehrte man ihnen nämlich, ihren Anteil an fossiler Energie zu nutzen. Das war nicht nur ungerecht – Entwicklungsländer wie Indien bezeichneten solche Angebote von Seiten der Industriestaaten als neokoloniale Klimapolitik –, sondern vor allem komplett unrealistisch.

Schauen wir uns den Plan genauer an. Die Bundestags-Kommission empfahl, dass die Industriestaaten bis 2005 ihre Emissionen um 20 Prozent reduzieren, wobei die wirtschaftsstarken westlichen Länder noch mehr tun sollten: minus 30 Prozent. Gemeinsam würden alle Industriestaaten dann 2050 bei minus 80 Prozent landen. Daraus ergibt sich für die Entwicklungsländer: plus 50 Prozent bis 2005 und maximal plus 70 Prozent bis 2050. Danach müssten auch die Entwicklungsländer ihren Verbrauch ebenfalls Richtung Null-Emissionen steuern.

Auf den ersten Blick sieht das nach einem fairen Fahrplan aus. Die starken Industriestaaten sollen die Hauptlast tragen und die Entwicklungsländer dürfen die nächsten Jahrzehnte noch mehr Treibhausgase emittieren. Doch reine Prozentwerte sagen wenig aus. Die Ländergruppen starteten Ende der 1980er Jahre ja von vollkommen unterschiedlichen Niveaus. So waren die Industriestaaten in dieser Zeit verantwortlich für 80 Prozent der Treibhausgase – machten aber nur 20 Prozent der Weltbevölkerung aus.[53]

Betrachtet man die Reduktionspläne pro Kopf, also auf die Bevölkerung umgelegt, ändert sich das Bild gravierend. Nehmen wir Deutschland als Beispiel. Es muss gemäß Enquete-Kommission von 1987 bis 2050 von 14 Tonnen CO_2 auf 3 Tonnen je Einwohner abspecken. In der gleichen Zeit dürfen die meisten Entwicklungsländer, deren Bewohner damals zu großen Teilen aufgrund extremer Energiearmut weniger oder nicht viel mehr als eine Tonne im Jahr verbrauchen, die Treibhausgasmenge ihrer Bürger auf 1 bis 2 Tonnen maximal ansteigen lassen. Der Reduktionsfahrplan erlaubte damit Deutschen, Briten oder US-Amerikanern am Ende, also ganze sechzig Jahre später, noch deutlich mehr Treibhausgase zu verbrauchen als Afrikanern, Asiaten oder Lateinamerikanern.

Zum Vergleich: Ein Inder, der 1987 nur 0,6 Tonnen im Durchschnitt verbrauchte, soll nach Enquete-Szenario 2050 maximal 1 Tonne in Anspruch nehmen. Selbst ein Bewohner des wirtschaftlichen Entwicklungskoloss China darf höchstens auf das stark abgesenkte Niveau eines Deutschen von 2050 gelangen: von 1,9 auf 3,2 Tonnen. Auf dem Weg dahin würden die Deutschen pro Kopf zudem drei Mal mehr Treibhausgase ausstoßen als die Chinesen und rund zehn Mal mehr als die Inder. Da sich beide Bevölkerungen schon damals in starkem Wachstum befanden, bedeutet der zugestandene

Emissionsanstieg gemessen an der Bevölkerungsgröße mehr oder weniger ein Einfrieren der pro-Kopf-Emissionen für die Entwicklungsländer. Was wiederum heißt, dass sie gezwungen gewesen wären, ihren zusätzlichen Bedarf an Energie für die wirtschaftliche Entwicklung, die Hunger- und Armutsbekämpfung nicht fossil, sondern fast gänzlich durch erneuerbare Energietechnologien zu befriedigen. Eine absurde Annahme.

Es ist bemerkenswert: Während der Bericht des Bundestags immer wieder hervorhob, dass die Reduktionsziele für die Industriestaaten einen Kraftakt bedeuten, der an die Grenze der Machbarkeit geht (und das angesichts einer moderaten jährlichen Reduktionsrate von 1 bis 2 Prozent), konstruierte man ein Szenario, das die Entwicklungsländer ökonomisch, technologisch und politisch vollkommen überfordern musste.

Die Verfasser des Berichts wussten das auch. Eine Analyse der Kommission zu den jeweiligen Reduktionspotenzialen der Staaten ergab zum Beispiel, dass sich die CO_2-Emissionen in China bis zum Jahr 2000 verdoppeln werden. Es sprächen zudem »eine Reihe von Faktoren dagegen«, dass China »in absehbarer Zeit bereit und fähig sein könnte, zur globalen Reduktion der CO_2-Emissionen beizutragen«. Zu den Faktoren zählte man die Beeinträchtigung der Wachstumschancen, die Entwertung großer Kohlereserven durch eine internationale Konvention, die Schwächen des Wirtschaftssystems und die Behinderung einer ökologischen Modernisierung durch Mangel an Kapital und Devisen. Auch in Indien würden, so die Analyse weiter, die Emissionen bis 2000 um fast 100 Prozent ansteigen. Das Land lehne zugleich Reduktionsverpflichtungen ab und fordere, dass die »Finanzierung von klimarelevanten Umweltschutzmaßnahmen in den Entwicklungsländern durch die Industrieländer zu erfolgen habe«.[54]

Man war sich darüber also im Klaren, zog aber keine Schlüsse daraus. So hieß es, dass es zu »erheblich geringeren

Emissionen von energiebedingten klimarelevanten Spurengasen« in den Entwicklungsländern kommen müsse, um das Klima zu stabilisieren. Hinter dieser harmlos wirkenden Randnotiz verbarg sich letztlich der »Eisberg«. Tatsächlich waren die armen Länder eine tickende Treibhausgasbombe, die den ambitionierten Plan schon bald in Stücke reißen sollte. Sie zu entschärfen konnte nur gelingen, wenn die Industriestaaten umgehend enorme Summen für die Energiewende in der Dritten Welt bereitgestellt hätten, um den Ländern eine nicht-fossile Entwicklung zu ermöglichen. Dafür brauchte es aber eine verbindliche Garantie der Industriestaaten. An dieser Stelle versagte die Kommission auf ganzer Linie. Nur ein paar Zeilen auf den vielen Seiten des Berichts waren der Unterstützung der armen Länder gewidmet. Beiläufig schlug man einen Treuhandfonds vor: 20 Milliarden D-Mark. Einmalig. Eventuell in der Zukunft anzupassen. Es wurde nicht einmal eine Berechnung angestellt oder herangezogen, wie hoch der finanzielle und technologische Bedarf im globalen Süden für die notwendige Energiewende eigentlich ist. Wir werden später sehen, dass eine Reihe von Untersuchungen dafür viele hundert Milliarden Dollar als notwendig erachtet. Und nicht einmalig, sondern jedes Jahr zu zahlen. Der Treuhand-Vorschlag ist dagegen ein frühes Zeugnis westlicher Ignoranz gegenüber dem globalen Süden – mit fatalen Nebenwirkungen.[55]

Worte und Taten klafften zudem weit auseinander. Bei der Gründung des Weltklimarats wurde von allen Staaten das Prinzip der Gleichheit vereinbart. Danach habe jeder Mensch dasselbe Recht auf Emissionen, egal, wo er lebt. Die Industriestaaten seien zudem, so wurde betont, historisch Hauptverursacher der Klimakrise, emittierten weiter ein Vielfaches an Treibhausgasen pro Kopf gegenüber den Entwicklungsländern und verfügten zugleich über die technologischen wie ökonomischen Mittel, eine Energiewende durchzuführen. Es brauche daher einer Lösung gemäß Verantwortung und Gleichheitsprinzip, so der Weltklimarat. Das Szenario des Bundestages basierte demgegenüber auf einer extrem ungleichen Verteilung des Budgets, durch die den Entwicklungsländern die Hauptlast bei der Krisenlösung zugeschoben wurde. Eine transparente Budgetrechnung hätte das offenbart. Zugleich wäre herausgekommen, auf welcher Temperaturobergrenze die Reduktionsziele der Enquete-Kommission basierten. Denn das 1°C-Ziel, wie es auf der Toronto-Konferenz und im gemeinsamen Aufruf der deutschen Meteorologen und Physiker als oberes Limit gefordert wurde, hatte man still und heimlich aufgegeben und ersetzt durch ein de facto 1,5°C-Ziel. Die Empfehlungen von Toronto seien zwar »wünschenswert«, hieß es, doch »aus Sicht der Kommission nicht erreichbar«.[56]

Aus der Aufweichung des Temperaturlimits ergaben sich ein größeres CO_2-Restbudget und sanftere Reduktionsziele. Statt global von 1987 bis 2005 die Emissionen auf minus 20 bis minus 25 Prozent zu bringen, wie bei einem 1°C-Budget, reichten nun minus 5 Prozent, um unter der 1,5°C-Schwelle zu bleiben. Das hörte sich nicht mehr so drängend an. Ob das Fallenlassen der 1°C-Marke jener »umfassende(n) und weitsichtige(n) Vorsorge« entsprach, die Helmut Kohl angemahnt hatte, ist fraglich. Bedenken dieser Art wurden von der Kommission aber mit dem Hinweis auf »ökonomieverträglichen« Klimaschutz beiseite gewischt. Die Teilnehmer der Toronto-Konferenz hatten eine andere Sicht auf die Schutzverantwortung der Industriestaaten.

Aber selbst bei dem 1,5°C-Limit – unter der Voraussetzung einer einigermaßen fairen und realistischen Aufteilung des Budgets – lag damals die Deadline für die reichen Länder bei spätestens 2030, nicht irgendwann nach 2050. Die Entwicklungsländer müssten hingegen erst in der zweiten Hälfte des 21. Jahrhunderts dekarbonisieren. Sie hätten also noch etwas mehr Spielraum gehabt, um ihre wirtschaftliche Entwicklung mit fossilen Energien zu betreiben. Aber auch dieses Szenario stellt für sie noch eine große Herausforderung dar. Daher ist ein Klimahilfefonds, der diesen Namen verdient, zentral für globalen Klimaschutz. Er bedeutet zugleich eine Entschädigung für die historische Klimaschuld der Industriestaaten, auf die wir noch ausführlich zu sprechen kommen.

Ein solches auf dem Verursacher-, Verantwortungs- und Gleichheitsprinzip basierendes Programm, das den unterschiedlichen Gegebenheiten der Länder Rechnung trägt, wurde aber von der Kommission ausdrücklich abgelehnt. Wilhelm Knabe, der für die Fraktion der Grünen im Gremium saß, war der einzige, der schärfere Reduktionsziele forderte. In seinem Sondervotum heißt es, dass die »halbherzige Vorsorge«, durch die »dramatische Folgen für Mensch und Natur« in Kauf genommen werden, nicht hinnehmbar sei. Es brauche eine Vorsorge, die alle Möglichkeiten ausschöpft. Knabe forderte entsprechend, dass mindestens das Ziel der Toronto-Konferenz erreicht werden müsse. Global sollten die Treibhausgase bis 2005 um 20 Prozent sinken. Für Staaten wie die BRD bedeute das eine Reduktion von rund 50 Prozent bis 2010. 2030 wäre in diesen Ländern demnach Schluss mit Treibhausgasen.

Knabe verwies dabei auf eine Studie des Ökoinstituts, die solche Reduktionsraten als technisch machbar einschätzt, inklusive Ausstieg aus der Kernkraft. Zudem müsse ein Klimafonds für die Länder der Dritten Welt eingerichtet werden, in den die Industriestaaten ein Prozent ihres Bruttoinlandsprodukts jedes Jahr einzahlen. Dazu empfahl er einen Tropenwaldfonds in Höhe von jährlich 20 Milliarden D-Mark und eine starke Unterstützung beim Technologietransfer in die Entwicklungsländer. Überschlägt man die Kosten grob, kommt man für Deutschland auf eine jährliche Summe von rund 25 Milliarden D-Mark (Stand 1990). Heute wären es aufgrund des gestiegenen Wirtschaftsvolumens rund 40 Milliarden Euro. Hinzu kämen Kompensationszahlungen für Entwicklungsländer, die zum Teil große Mengen an Kohle,

Gas und Öl im Boden lassen müssten. Dafür brauche es ebenfalls eine Entschädigung.[57]

Die Vertreter der SPD in der Kommission – Liesel Hartenstein, Michael Müller, Monika Ganseforth und Klaus Kübler – reagierten in einer Stellungnahme ablehnend und befremdet auf das Vorgehen von Wilhelm Knabe. In dem von den SPD-Abgeordneten angeführten Minderheitenvotum wurden die Reduktionsziele der Klima-Enquete dagegen ausdrücklich unterstützt. Man kritisierte lediglich die von Union und FDP favorisierten Maßnahmen. Die seien zu wenig ambitioniert und zu sehr fixiert auf Marktmechanismen und Eigeninitiative der Unternehmen.

Im Bundestag wurde die Debatte als eine unter vielen abgehakt. Zahlreiche Abgeordnete waren nicht einmal anwesend. Die *Zeit* wusste schon vor der Bundestagssitzung, dass die Fachpolitiker voraussichtlich unter sich bleiben würden und die Verabschiedung des ersten Klimaschutzprogramms der Welt ohne »Bonner Prominenz und ohne großes Publikum auskommen« müsse, also auch ohne den »Vorsorge«-Kanzler Kohl. Aber sie sah darin nicht ein Zeichen von Verantwortungslosigkeit oder gar einen Skandal. Denn dass Umweltfragen auf geringes Interesse stoßen, habe vielleicht damit zu tun, »daß uns die Umweltschützer mit ihren Horrorbildern allmählich auf die Nerven gehen«. Schmelzende Polarkappen, Meeresfluten, Hungersnöte, Klimaflüchtlinge – das »Jahr ihrer Wiedervereinigung« ließen sich die Deutschen jedenfalls »nicht durch düstere Prognosen vergällen«.[58]

Das liberale Wochenmagazin versuchte zugleich, die Verantwortung für die »Zerstörung der Erdatmosphäre« zu verwischen. Es gebe kein Gut und Böse. Auch die »Länder der Dritten Welt« würden durch Industrialisierung, Bevölkerungsexplosion und Abholzung des Regenwalds die Zerstörung vorantreiben. In Deutschland säßen ebenfalls »alle Akteure (...) auf der Anklagebank, ob als Produzenten oder Konsumenten, als Politiker oder als Wähler. Vielleicht liegt hier die Antwort auf die Frage, warum ökologische Gefahren so leicht verdrängt werden können«. Fazit: »Beklagen wir uns also nicht über das mangelnde Interesse im Bonner Wasserwerk (wo der Bundestag bis 1999 tagte – D. G.), wenn die globalen Probleme des Klimaschutzes vor leeren Bänken debattiert werden. Wir alle bewegen uns in einem Teufelskreis wechselseitiger Schuldzuweisungen und Versteckspiele, die den Aufbruch in eine ökologische Reformpolitik immer weiter verzögern.«

Eine Familie mit bescheidenem Haushaltseinkommen, die im Discounter einkauft, ist demnach ebenso verantwortlich für die »Zerstörung der Erdatmosphäre« wie die Vorstände von Konzernen, Volksparteien, Medienunternehmen oder Lobbyorganisationen? Ein Inder, der 0,6 Tonnen pro Jahr an Treibhausgasen emittiert, ist gleich verantwortlich wie ein Deutscher, der 14 Tonnen ausstößt? Mit dieser Art Relativismus wird bis heute der Kern des politischen Versagens maskiert: Wir alle sitzen im gleichen Klimazerstörungsboot.

Ausgelassen wird dabei, wie die Regierungen der Industriestaaten eine faire Lösung von Anfang an blockierten und die Hauptlast selbst in ihren ambitioniertesten Angeboten den Entwicklungsländern zuschoben. Übergangen wird auch, wie Politik und Medien die Bürger jahrzehntelang über die Zerstörung der Erdatmosphäre im Unklaren ließen, die gravierenden Umweltprobleme, als sie sich nicht mehr ignorieren ließen, politisch herunterspielten, ökologische Auflagen als Gefahr für die »volkswirtschaftliche Gesundheit« stigmatisierten und schließlich den »Kurs zur Weltrettung«, auf den sich die politische Klasse einigen konnte, als ehrgeizig priesen, während Teile von ihnen davor warnten, mit »zu viel« Klimaschutz die Wirtschaft abzuwürgen.

Zudem versteckte *Zeit*-Autor Norbert Kostede die Gründe, warum die »Lösung ökologischer Probleme ein so zähes und langwieriges Geschäft« ist, hinter einem vermeintlichen Desinteresse der »Deutschen«, um sie so zu Komplizen der zähen

Klimapolitik zu machen. Das traf erstens nicht zu. Viele Deutsche sind seit den 1970er Jahren immer wieder gegen Umweltverschmutzung auf die Straße gegangen. Zweitens war es der politische und massenmediale Betrieb, der Desinteresse sowie Desinformation in Sachen Klimaschutzpolitik produzierte. So wurden Umweltschützer, Bürger, die protestierten, oder Mitglieder der Grünen immer wieder als »radikal« und »grüne Spinner« diffamiert. Der politische Denker John Milton brachte es im 17. Jahrhundert auf den Punkt: »Diejenigen, die die Menschen blenden, beklagen sich über ihre Blindheit.« Tatsache ist: Die *Zeit* exkulpierte mit ihrem Artikel »Weltuntergang vor leeren Bänken« die politischen Entscheider sowie die Presse mit der Erzählung vom »Teufelskreis« und dem Klimadesinteresse der Deutschen.

Am 5. November initiierte der SPD-Sprecher Michael Müller einen Aufruf. Er wurde von 40 prominenten Erstunterzeichnern unterstützt. Auszüge davon erschienen im *Spiegel*. Sie gelobten, künftig weniger Benzin, Strom und Wasser zu verbrauchen. Das sei notwendig, denn: »In Bundestag und Öffentlichkeit ist der Bericht der Enquete-Kommission auf wenig Resonanz gestoßen. (...) Unsere ›Ökologische Selbstverpflichtung – Aufruf zum Handeln‹ richtet sich gegen das folgenlose Geschwätz, das von Politikern, Unternehmern, Gewerkschaftern und Journalisten, auch das alternative Geschwätz oder die Ausflüchte vieler Wissenschaftler, wenn Tacheles geredet werden muß.«[59]

Doch auch dieser Appell drückte sich vor der Wahrheit. So heißt es darin, dass im Jahr 2050 nur noch zehn Milliarden Tonnen CO_2 ausgestoßen werden dürfen. Da dann »mindestens zehn Milliarden Menschen auf der Erde leben werden, dürfte nach Gleichheitsgrundsätzen im Schnitt nur noch eine Tonne Kohlendioxid pro Jahr und Kopf freigesetzt werden«. Deutschland liege »derzeit bei 13,7 Tonnen. Daran allein wird deutlich, wie groß die Herausforderung ist, die wir zu bewältigen haben.«[60]

Als SPD-Sprecher in der Kommission unterstützte Michael Müller jedoch Klimaziele, die jedem Deutschen 2050 noch erlaubten, drei Tonnen Klimagifte auszustoßen – dreimal so viel wie der globale Durchschnitt. Aus dieser politischen Dissonanz, die sicherlich auch aus Partei- und Lobbyzwängen resultierte, speist sich der widersprüchliche Charakter des Appells. Denn Umweltschützer wie Müller und andere SPD-Abgeordnete, darunter Wolfgang Thierse, schlugen Alarm und forderten eine »schnelle Kurskorrektur«, unmittelbar nachdem der international beachtete Klimavorreiter-Plan, vom Initiator des Appells maßgeblich mitentworfen, im Bundestag verabschiedet worden war. Die Bundesregierung hatte zudem längst zugesagt, die Reduktionsziele zu erreichen. Umweltminister Klaus Töpfer (CDU) betonte in der Debatte ausdrücklich, dass für Deutschland mindestens minus 25 Prozent bis 2005 machbar seien. Politisch war eigentlich alles in Butter. Doch jeder, der in der Kommission mitgearbeitet hatte und die Zahlen sowie Hintergründe kannte, musste wissen, dass die Vorreiter-Ambition bei Weitem nicht reicht und viel mehr machbar ist.

Der im Appell spürbare Frust darüber entlud sich dann an der Bevölkerung: »Es wäre deshalb zu einfach, nur politische Maßnahmen einzuklagen, aber nicht zu begreifen, daß wir alle Mitspieler bei der alltäglichen Umweltzerstörung sind. Millionen von Menschen sind im Prinzip für den Umweltschutz, doch sie unternehmen dafür praktisch kaum etwas.«

Weniger Autofahren, Tempolimit einhalten, etwas weniger Heizen, kein Tropenholz kaufen: Das war die hilflose Antwort auf das politische Versagen. Statt Aufklärung und Eingeständnis also Teilrückzug aus der politischen Sphäre und individualistische Ersatzhandlungen. So wurde ein falscher Plan, der scheitern musste, zur Richtschnur für ambitionierten Klimaschutz.

Vor dem Hintergrund der aktuellen Klimaproteste beklagte Michael Müller 2020 in diversen Stellungnahmen, dass, wenn das »Klimaschutzprogramm« des Bundestags von 1990 umgesetzt worden wäre, »die nationalen Treibhausgase heute um rund 70 Prozent niedriger« lägen. Das entspricht aber nicht der Empfehlung der Enquete-Kommission von damals, die bis heute die Regierungspolitik anleitet, weil niemand Einspruch erhob. Und es sind auch nicht allein die Unionsparteien unter Kohl und Merkel verantwortlich, dass man die Reduktionspotenziale nicht ausschöpfte. Als die Sozialdemokraten wie die Grünen Regierungsverantwortung hatten, korrigierten sie den Kurs Klimakollaps keineswegs. Die Richtschnur wurde nicht infrage gestellt. In der Opposition verlangten sie ebenfalls keine grundsätzliche Kursänderung, wie wir noch sehen werden.[61]

Von Bremsern und Solarrebellen

Am 7. November 1990 beschloss das Bundeskabinett, dass »für das bisherige Bundesgebiet an dem 25 Prozent Minderungsziel festgehalten wird«, während »in den neuen Bundesländern von einer deutlich höheren prozentualen CO_2-Verminderung bis zum Jahre 2005 ausgegangen« werde. Nach Beschluss des Deutschen Bundestags vom 27. September 1991, Drucksache 12/1136, sollten die CO_2-Emissionen der Bundesrepublik Deutschland, einschließlich die aus der ehemaligen DDR, um 30 Prozent, das sind 315 Millionen Tonnen, auf 750 Millionen Tonnen reduziert werden – ausgehend von rund 1065 Millionen Tonnen im Jahr 1987. Der weltweit erste Klimafahrplan stand.

Der erste, der dieses Ziel zusammenstrich, war Helmut Kohl. Kurz nach seiner Festlegung sollten es im Dezember 1991 einem Kabinettsbeschluss zufolge nur noch 25 bis 30 Prozent weniger für die gesamte Bundesrepublik sein. Die getrennte CO_2-Bilanzierung zwischen Ost und West wurde fallengelassen und das gesamtdeutsche Reduktionsziel abgesenkt. Die zweite Enquete-Kommission »Vorsorge zum Schutz der Erdatmosphäre«, 1991 vom Bundestag eingesetzt, stellte sich in ihrem Abschlussbericht 1994 ausdrücklich hinter das neue Reduktionsziel der Regierung. Auch global rüstete sie ab. Es sei ausreichend, die weltweite Emissionsmenge bis 2005 lediglich auf den Stand von 1987 zu bringen, nicht mehr auf minus 5 Prozent, um die »Klimaänderung auf ein akzeptables Maß zu beschränken«. Im Minderheitenvotum der Opposition hieß es zudem, dass das Verursacherprinzip nicht mehr angewendet werden könne und ein gleiches Verschmutzungsrecht für jeden Erdbewohner nicht durchsetzbar sei.[62]

Ab 1998 übernahmen SPD und Die Grünen die Regierung. Fünf Jahre nach der ersten Kabinettsbildung verkündete Umweltminister Jürgen Trittin (Grüne) in einer Presseerklärung vom 19. Februar 2003: »Deutschland hat damit erneut seine Rolle als weltweiter Vorreiter beim Klimaschutz unterstrichen. Entgegen aller Schwarzmalerei sind wir auf dem besten Wege, unser Klimaziel, eine Reduktion um 21 Prozent bis 2010 zu erreichen.«

Nicht mehr 2005, sondern 2010, nicht mehr 30 Prozent, sondern 21. Tatsächlich lagen die CO_2-Werte zwei Jahre vor dem Einlaufen zum ersten deutschen Klimaziel weit ab von den anvisierten 750 Millionen Tonnen. Sie sanken 2005 nur um 17 Prozent gegenüber 1990.[63] Erst 2018 sollte der Wert von 755 Millionen Tonnen erreicht werden. Mit dreizehn Jahren Verspätung wurde das erste deutsche Klimaziel erfüllt. Fast doppelt so lang brauchte der Klimavorreiter für die von der Kommission als notwendig erachtete Marke. Deutschland stieß auf dem Weg dahin rund doppelt so viel CO_2 aus, wie im Klimaplan von 1990 als Maximum festgesetzt.

Die Absenkung der Treibhausgase hatte im ersten Jahrzehnt nach Annahme des Plans zudem praktisch nichts mit Klimaschutz zu tun. So heißt es im Bericht der zweiten Kommission: »Die energiebedingten CO_2-Emissionen in Deutschland sind von 1060 Millionen Tonnen im Jahr 1987 auf 894 Millionen

Tonnen im Jahr 1993 zurückgegangen. Dies entspricht einer Minderung von 15,7 Prozent. Diese Minderung ist auf einen Rückgang der CO_2-Emissionen in den neuen Bundesländern um fast 50 Prozent zurückzuführen. Demgegenüber stiegen im früheren Bundesgebiet die CO_2-Emissionen in den vergangenen Jahren geringfügig an.«[64]

Es war also das Glück beziehungsweise der ökologische Gratiseffekt der Wiedervereinigung. Denn die Energienutzung in der DDR war ineffizient. 20 Tonnen verbrauchte ein DDR-Bürger damals im Schnitt. Daher führte die Umstellung auf die BRD-Standards im Bereich Stromproduktion, Heizen oder Verkehr und der industrielle Zusammenbruch in den neuen Bundesländern nach der Wende zu einem CO_2-Erdrutsch, ohne dass ein Finger gekrümmt werden musste. Das konnten Politik und Medien im Gegenzug nutzen, um Deutschland als Klimaschutzvorreiter erscheinen zu lassen.

Tatsächlich gab es lange Zeit in Deutschland gar keinen nennenswerten Klimaschutz. Die Bundesregierung schlug vielmehr die Empfehlungen von Fachleuten in den Wind. Sie verlangten Eingriffe des Staates in die Energiewirtschaft, um die Reduktionspotenziale bezüglich Strom, Landwirtschaft, Verkehr und Klimatisierung von Gebäuden auszuschöpfen. Auch die Opposition im Bundestag (SPD, Grüne, PDS) mahnte Anfang der 1990er Jahre eine Wende an: ordnungsrechtliche Maßnahmen, schärfere Klimaschutzregeln im Industriesektor, Förderung erneuerbarer Energien sowie eine andere Verkehrspolitik inklusive Tempolimits.

Wirtschaftsverbände wie der Bundesverband der deutschen Industrie (BDI) schlugen stattdessen eine freiwillige Selbstverpflichtungserklärung vor. Die Initiative des BDI im Jahr 2000 sei dann, so die Klimaforscher Susanne Böhler-Baedeker und Florian Mersmann, zu einer Vereinbarung des BDI und sechzehn weiteren Unternehmensverbänden mit der schwarz-gelben Regierung erweitert worden. Danach sollten im Zeitraum zwischen 1990 und 2012 die Treibhausgasemissionen um 35 Prozent gesenkt werden. Die deutsche Industrie erreichte auf freiwilliger Basis schließlich nur knapp 25 Prozent, trotz günstiger Umstände. Denn wie die Forscher feststellen: »Diese kamen jedoch nur zu einem Teil durch klimapolitische Maßnahmen zustande: Ein großer Teil der Minderung der sechs wichtigsten Treibhausgase resultierte aus autonomen Effekten, in erster Linie aus dem weit reichenden Zusammenbruch der energieintensiven ostdeutschen Industrie nach dem Mauerfall (so genannte Wall-Fall-Profits).«[65]

Administrativ gab es ebenfalls Fehlkonstruktionen. Klimaschutz ist seinem Wesen nach eine Querschnittsaufgabe. Er betrifft alle politischen Bereiche. So wurde 1990 die interministerielle Arbeitsgruppe, die IMA CO_2-Reduktion, unter der Führung des Bundesumweltministeriums gegründet, was an sich eine richtige Entscheidung war. Aufgabe der IMA ist die Prüfung der Minderungspotenziale von Treibhausgasen und die Entwicklung entsprechender Maßnahmen. Das Problem ist, dass die Zuständigkeit für die einzelnen Maßnahmen bei den unterschiedlichen Ressorts verblieb. Die konkrete Umsetzung hängt also vom Willen der beteiligten Ministerien ab.

In der Praxis scheitert die IMA dann auch am Territorialverhalten der Beamten. In ihrer Analyse »Klimapolitik in Deutschland« zitiert Alexandra Böckem Experten und Beteiligte der IMA: »Die Ressortegoismen sind dermaßen gravierend. (...) Es ist eines der Kardinalprobleme der deutschen Klimapolitik, daß dieses Instrument nicht funktioniert.« Die Gründe dafür seien vielfältig. So habe die Arbeit der IMA ineffektiv gemacht, dass die Personalhoheit bei den Ressorts verblieb und nicht einer zentralen Personalbehörde übergeben worden sei. Denn die Mitarbeit in der Arbeitsgruppe behindere die Karrierechancen des Ministerialbeamten, wenn er »aus Sicht seines Mutterressorts zu viele Konzessionen gemacht hat«. Darüber hinaus identifiziere sich die »höhere Beamtenschaft« mit den »Aufgaben des eigenen Hauses«.

Einem Finanzministerialen gehe es um die »Erzielung von Staatseinnahmen«. Daran messe sich sein Erfolg. »Nicht honoriert wird dagegen das Einbringen von ›sachfremden‹ Überlegungen, die die geltende Logik des jeweiligen Referenzsystems in Frage stellen.«[66]

Zudem wurde ein Kernbereich jedes erfolgreichen Klimaschutzes von der Bundesregierung vernachlässigt und behindert: die Energiewende. Das zeigte sich nicht nur an der mickrigen Förderung der Erneuerbaren im Bereich »Forschung und Entwicklung« (R&D). Vor allem blieben Wind und Solar der Zugang zum Markt versperrt. So machte es betriebswirtschaftlich keinen Sinn, Strom alternativ in Deutschland zu produzieren. Denn Kohle, Gas und Öl waren aufgrund diverser staatlicher Subventionen und externalisierter Kosten (für Transport, Umweltverschmutzung, Natur- und Gesundheitsschädigungen) stark unterpreist. Die Energieinfrastruktur war gänzlich auf Kohle, Gas und Öl ausgerichtet. Wind und Solar konnten mit dem künstlich verbilligten fossilen Strom einfach nicht konkurrieren. »It's the economy, stupid«, wie Bill Clinton es einmal auf den Punkt brachte. Zwar trat 1991 das sogenannte Stromeinspeisegesetz in Kraft. Damit wurde geregelt, dass die großen Stromerzeuger den Produzenten von Solar- und Windstrom Zugang zu ihrem Verteilernetz gestatten und eine Mindestvergütung zahlen mussten. Allerdings war diese Vergütung weiter zu niedrig und für die Solar- und Windkraftbetreiber nicht kostendeckend.

Aber das sollte sich ändern. Nicht jedoch, weil Regierung und Parlament es ermöglichten, sondern aufgrund einer Bewegung, die der unscheinbare Solarenergie Förderverein e. V. initiierte. Bereits 1989 hatte man dem Wirtschaftsministerium einen Vorschlag zur »kostendeckenden Vergütung« unterbreitet, der aber keine Zustimmung fand. So ging man den Umweg über die Kommunen. Nachdem einige gesetzliche Hürden genommen waren, suchte der Verein ein Stadtwerk, das Verträge zu einer kostendeckenden Vergütung (KV) mit

Solarstromeinspeisern abschließen wollte. Und man wurde fündig.

Am 2. Dezember 1991 stellte das Vereinsmitglied Jacek Lampka einen von Umweltgruppen unterstützten Bürgerantrag bei den Aachener Stadtwerken. Viele Politiker in Aachen stimmten dem Vorschlag zu. Die vom Stadtrat entsandten Aufsichtsräte der Stadtwerke sollten dort eine entsprechende Beschlussfassung erwirken. Doch der Aufsichtsrat des Stadtwerks STAWAG, in dem dieselben Politiker saßen, die für die KV gestimmt hatten, lehnte die Befolgung des Beschlusses ab. Das Argument: Die Gewinne für die Stadt und die Wettbewerbsfähigkeit der Stadtwerke seien gefährdet.

Der Strompreisreferent im nordrhein-westfälischen Wirtschaftsministerium, Dieter Schulte-Janson, widersprach diesen Befürchtungen. Er machte klar, dass er den Antrag zur kostendeckenden Vergütung positiv bescheiden werde. Mit den Worten »Oder wartet ihr noch auf eine Genehmigung der UNESCO?« entließ er die begossenen Stadträte. Schulte-Janson wich mit seiner Haltung dabei deutlich ab von der Hierarchie des NRW-Wirtschaftsministeriums und vor allem seinem Chef, Minister Günther Einert (SPD). Der äußerte sich verächtlich: »Ich bin nicht bereit, den Bastelladen der Solarfreunde über den Strompreis zu finanzieren.«

Die Kämpfe gingen weiter. Die Aachener Stadtwerke stellten sich auf die Hinterbeine. Die FDP änderte ihre Meinung und wehrte sich nun gegen die Einspeiseregel. Es kam zu monatelangen Leserbriefschlachten zwischen engagierten Bürgern und Vertretern der Stadtwerke beziehungsweise des Energiekonzerns RWE. Am Ende verlor der Chef der STAWAG seinen Posten. Mehrere Ratsbeschlüsse waren nötig, den Widerstand zu überwinden. Der Oberstadtdirektor musste eingreifen, um einen kostendeckenden Stromeinspeisevertrag zu ermöglichen. Am 19. Juni 1995 wurde schließlich der erste KV-Vertrag mit einem Solarstromproduzenten in Aachen abgeschlossen.[67]

Damit war der Damm gebrochen. Vierzig Kommunen schlossen sich dem »Aachener Modell« an. Der Ausbau an Photovoltaik-Anlagen steigerte sich nun in einem nie gesehenen Tempo. Es kam dabei keineswegs, wie immer wieder von den Gegnern vor allem aus dem Bundeswirtschaftsministerium angeführt wurde, zu einer Kostensteigerung bei den Strompreisen. Die Erfolge motivierten den Solarverein dazu, auch bundesweit für einen verbindlichen Rahmen einzutreten. Das wurde von Umweltgruppen sowie von Politikern wie Hans-Josef Fell (Grüne) und Hermann Scheer (SPD) aufgegriffen.

Als dann 1998 SPD und Grüne die Wahlen im Bund gewannen, warben Fell und Scheer in ihren Fraktionen für die Idee. Sie entwarfen die Eckpunkte für das Erneuerbare-Energien-Gesetz (EEG). Es ist die große, auch strategische Leistung von Hermann Scheer, innerhalb der SPD, in der viele Kohlebefürworter saßen, politische Mehrheiten dafür gewonnen zu haben. Bundeswirtschaftsminister Werner Müller versuchte, das EEG zu verhindern. Doch Fell und Scheer setzten das Gesetz auf parlamentarischem Weg mit Hilfe ihrer Fraktionen gegen die eigene Regierung durch. Am 25. Februar 2000, vor über zwanzig Jahren, wurde es beschlossen, mit den Stimmen von Bündnis 90/Die Grünen, der SPD und der PDS, gegen die Stimmen von CDU, CSU und FDP.

Das EEG führte zu einem Boom bei den Erneuerbaren. Denn es favorisierte Sonnen-, Wind- und Wasserkraft und ruhte dabei auf drei Säulen: einem garantierten Zugang für jeden Bürger zum Stromnetz, festen und kostendeckenden Gebühren für die Stromproduktion, keine Deckelung der Stromeinspeisung. Das führte zu mehr als 100 Milliarden Euro an Investitionen von Privatleuten, Bauern, Energiegemeinschaften, klein- bis mittelständischen Unternehmen und Stadtwerken schon in den ersten zehn Jahren. Der Anteil der Erneuerbaren an der Stromversorgung erhöhte sich durch das bürgerschaftliche Engagement in dieser Zeit um 13 Prozent auf 17. Die Energiekonzerne nahmen dem gegenüber lediglich zehn Milliarden Euro in die Hand. Sie versuchten die Wende zu verzögern. Denn mit dem Wechsel änderte sich nicht nur die Quelle (von fossil auf erneuerbare), sondern das gesamte Energiesystem. Die Stromerzeugung würde dezentraler werden. Und mit vielen Anbietern auf regionalen Märkten drohte den Konzernen der Verlust ihrer Monopolstellung sowie der Kontrolle über ein äußerst profitables Geschäftsmodell.

Operation »Luxusstrom«:
Die Energiewende wird abgewrackt

Mit dem Regierungswechsel 2005 wurde die Stromwende Stück für Stück wieder ausgebremst und den Interessen der deutschen Industrie angepasst. Das begann mit der EEG-Gesetzesänderung 2009 unter Wirtschaftsminister Sigmar Gabriel (SPD). Die sogenannte EEG-Umlage, die Verlustgeschäfte für die Netzbetreiber vermeiden soll und von allen Stromverbrauchern zu tragen ist, wurde ohne Not erhöht, was zu steigenden Strompreisen führte. Die Schuld dafür gab man dem Ökostromausbau. Tatsächlich zeigt eine Studie, dass die Strompreise in Deutschland ohne Ökostromausbau wesentlich höher wären.[68]

Die Regierungsparteien nahmen die gestiegenen Preise zum Vorwand, den Ausbau der Erneuerbaren einzuschränken. Das EEG wurde in Teilen abgewrackt. An die Stelle einer festen Einspeisevergütung, das Erfolgsrezept für den Erneuerbaren-Boom, trat nun eine wettbewerbliche Ausschreibung, bei der es aber nicht um Wettbewerb ging, sondern darum, kapitalkräftige Investoren und Energieunternehmen zu bevorzugen. Parallel legte die Regierung Obergrenzen für den Zubau fest. Wachsende Bürokratie sowie Kostenbelastungen machten dem dynamischen Prozess schließlich den Garaus. Der jährliche Ausbau von Photovoltaik sank von 7 Gigawatt

(2012) auf unter 2 (2014). 80 000 Arbeitsplätze gingen verloren ebenso wie die deutsche Weltmarktführung in der Solarindustrie. Die Windkraft an Land brach zusammen: von fast 5 auf 1 Gigawatt für 2019.[69]
Zugleich wurden Ausnahmeregelungen geschaffen für Unternehmen mit hohem Energieverbrauch und internationalem Absatz. 2012 waren es 735 Firmen, die der Steuerzahler mit 2,5 Milliarden Euro entlastete. Seit 2014 sind es jährlich über 2000, die mit mindestens 5 Milliarden bei der EEG-Umlage privilegiert werden. Die Kosten für die Umlage tragen nun überwiegend die privaten Haushalte.[70]
Die politische Erosion des EEG wurde eskortiert von Stimmungsmache, nicht nur durch die Industrie. So forderte der Chef des IFO-Wirtschaftsinstituts Hans-Werner Sinn 2011, das Erneuerbare-Energien-Gesetz abzuschaffen, obwohl es längst zu einem international kopierten Erfolg geworden war. Es mache »grünen Strom in Europa kaputt«, weil die Emissionszertifikate dadurch billiger werden, was wiederum zu mehr CO_2-Emissionen führe. Das war nicht ganz falsch, lag aber daran – was Sinn wegließ –, dass die Bundesregierung den Emissionshandel dem EEG nicht anpasste und die CO_2-Rechte verscherbelte.

Das *Manager Magazin* wie die *FAZ* brachten den Anti-EEG-Zug, an Sinns Desinformation anschließend, massenmedial dann auf Touren. Peter Becker, Autor des Buches »Aufstieg und Krise der deutschen Stromkonzerne«, arbeitet an etlichen Artikeln der nationalen Leitmedien heraus, wie die Realität immer wieder verzerrt wurde: »Eine richtige Beobachtung wird herausgegriffen, die Zusammenhänge werden eliminiert, um das Argument griffig zu machen. Die eigentliche Ursache für den Missstand gerät so unter die Räder.« Mit solchen Techniken fabrizierte die *FAZ* »eindeutige Botschaften«, die von anderen Medien übernommen wurden. Die Überschriften lauteten: »EEG-Monster«, »Klimadiktatur«, »Die Energiewende wird wieder teurer«. Es ging letztlich, so Becker, um eine

»Stimmungswende«. Klimaschutzgegner wurden im politischen Alltagsgeschäft mit Anti-EEG-Argumenten versehen. So führten Industriefreunde der CDU-Bundestagsfraktion Versatzstücke davon in einem Brief gegen die Klimaschutzpläne des Bundeskanzleramts an. Eine Intervention, die sie schließlich verwässern sollte.

Claudia Kemfert vom Deutschen Institut für Wirtschaftsforschung (DIW) zeigt in ihrem Buch »Kampf um Strom«, wie die »Lobby der großen Energieversorger und ihre politischen Vertreter (...) uns mit irreführenden Behauptungen und Fehlinformationen überschütten«. Sie sprächen von einem »Kosten-Tsunami« durch die Energiewende, eine Erfindung des Rheinisch-Westfälischen Instituts für Wirtschaftsforschung (RWI). Aber dessen Zahlen seien falsch, so Kemfert. Das RWI blende bei der Kritik an der EEG-Umlage alle anderen Faktoren aus, die den Strompreis beeinflussen. So habe Deutschland im Jahr 2012 90 Milliarden Euro für Brennstoffe bezahlt: »Doch niemand kommt auf die Idee, 90 Milliarden an Brennstoffkosten auf 30 Jahre hochzurechnen. Dem 64 Milliarden Euro teuren Solarstrom stünden dann 2700 Milliarden Euro Brennstoffkosten gegenüber.«[71]

Insbesondere der *Spiegel* machte gegen EEG und Energiewende immer wieder mobil. Unter seinem Chefredakteur Stefan Aust wurde die Antihaltung buchstäblich zur redaktionellen Linie. Ein Beispiel. So recherchierten die Fachjournalisten Harald Schumann und Gerd Rosenkranz im Jahr 2003 zur Stromwirtschaft. Beide sind international anerkannte Reporter. Schumann hatte ein paar Jahre zuvor einen Weltbestseller zur Globalisierung gemeinsam mit Hans-Peter Martin publiziert. Im Artikel hieß es, dass der Kraftwerkspark erneuert werden müsse, die »ideale Gelegenheit für mehr Klimaschutz«. Doch das »Duopol von RWE und E.ON blockierten mit aller Macht neue Konkurrenten aus der Wind- und Gaskraftbranche«, gedeckt von Bundeswirtschaftsminister Wolfgang Clement (SPD), dem ehemaligen Ministerpräsidenten von Nordrhein-Westfalen, dem Kohleland, das RWE beheimatet. Wenig überraschend hielt Clement eine »Veränderung des hergebrachten Energiemixes für eine ›gefährliche Utopie‹«. Der Artikel wurde vom *Spiegel* unter Aust nicht gedruckt.

Einige Monate später brachte das Magazin dann einen Aufmacher über Windkraft: »Der Windmühlenwahn. Vom Traum umweltfreundlicher Energie zur hoch subventionierten Landschaftszerstörung«. Aust hatte andere Autoren in die Spur geschickt, um einen Gegenartikel zu verfassen. In der Titelgeschichte »Die große Luftnummer« heißt es: »Quer durch die Republik wächst der Widerstand gegen die Verspargelung der Landschaft durch immer mehr Windräder. Ökonomisch macht ein weiterer Ausbau wenig Sinn: Er würde Milliarden an Fördergeldern verschlingen, der Nutzen für die Umwelt wäre gering.« Es werden im Text ausschließlich Windkraftgegner zitiert, die unter anderem den Bau von Windrädern als die »schlimmsten Verheerungen seit dem Dreißigjährigen Krieg« bezeichnen. Zugleich werden die Potenziale der Windenergie einseitig mit RWI-Einschätzungen heruntergespielt.

Schumann bezeichnete den gegen die Ökoenergie tendierenden Artikel als »Desinformation und Propaganda« und kündigte unter Protest. *Spiegel*-Mitarbeiter stellten die innere Pressefreiheit des Magazins infrage. Gegenüber der *Netzzeitung* sagte Aust, dass »unsinnige oder nicht der Realitätsprüfung standhaltende Geschichten« eben nicht gedruckt werden könnten. Das sei, entgegnete Schumann, das »Niveau, mit dem beim *Spiegel* zur Zeit politische Kontroversen ausgetragen werden«. Die Chefredaktion habe den Abdruck damals mit der Erklärung abgelehnt, dass er »zu politisch« und »gut und böse« darin »zu eindeutig« verteilt seien. »Das klang zwar wie ein Scherz, war aber gleichzeitig das Ende der Debatte«, sagte Schumann gegenüber der *Netzzeitung*. Das größte Nachrichtenmagazin Europas, weithin anerkannt wegen seiner investigativen Recherchen, hatte ein Exempel statuiert.[72]

Die Anti-Erneuerbaren-Haltung blieb weiter Programm. In einer Serie zur Bundestagswahl 2013 »Deutschland, wie geht's?« brachte der *Spiegel* etwa einen Text mit dem Titel »Luxusstrom. Warum Energie immer teurer wird – und was die Politik dagegen tun muss«.[73] Der »planlose Ausbau von Solaranlagen und Windrädern gefährdet die Energiewende«, hieß es. »Der Strompreis steigt; bei den Bürgern schwindet der Rückhalt.« Schuld daran sei die »Grünstrom-Lobby«. Die EEG-Wende wird, wie schon neun Jahre zuvor, als teurer, ineffizienter Schwindel dargestellt: »Immer mehr Windräder rotieren, und Solardächer glitzern in der Sonne, doch aus den Schornsteinen sind vergangenes Jahr wieder mehr Schadstoffe und Treibhausgase gequollen.« Recycelt wird dabei erneut die Legende vom Kosten-Tsunami, wachsendem Widerstand in der Bevölkerung und politischer Ausweglosigkeit.

Die blockierte Energiewende, vor allem die Aushebelung des EEG sowie anderer Maßnahmen als Grund für die steigenden Emissionen; der tatsächlich extrem teure Kohlestrom der marktbeherrschenden Duopolisten RWE und E.ON, die von den Steuerzahlern und auf Kosten ihrer Gesundheit sowie der Zukunft des Planeten subventioniert werden; der Erfolg der Anti-Energiewende-Lobby, den Normalverdienern die EEG-Umlage aufzulasten; die medialen Kampagnen, die Stimmung gegen Ökostrom machen und Bürger gegen Windräder aufbringen – all das spielte keine Rolle. Willkommen im politisch-ökonomischen Paralleluniversum des *Spiegel*.

Das Magazin nahm dabei an einer politischen Kampagne teil, die von der Bundesregierung im Wahlkampf gestartet worden war: Das EEG-Fördersystem sei schuld an den immer weiter steigenden Stromkosten. Lanciert wurde ein Gegenvorschlag der Monopolkommission der Regierung, aus dem EEG auszusteigen. Sie packte ein Quotenmodell auf den Tisch, bei dem die Energieversorger künftig nur noch eine bestimmte

Ökostromquote in ihrem Angebot erfüllen müssen. Das Modell war zugeschnitten auf die Bedürfnisse der großen Energiekonzerne. Aber RWE, E.ON und Co. hatten gar kein Interesse an Ökostrom, trugen bis dahin auch lediglich 5 Prozent dazu bei. Sie waren tatsächlich Bremser und sollten jetzt die Kontrolle über die Energiewende erhalten.

Für Axel Berg, Vorsitzender der deutschen Eurosolar-Sektion, war der Vorschlag ein politisch motiviertes Ablenkungsmanöver. Die Energiewende sollte verlangsamt werden: »Dieser Vorstoß für ein Quotenmodell ist ein vergifteter Köder. Erfahrungen aus anderen Ländern zeigen, dass Quotensysteme teuer sind, technologische Innovationen verhindern, die Anzahl der Wettbewerber verringern und somit den Ausbau der Erneuerbaren Energien zum Erliegen bringen. Es geht den Befürwortern nur darum, die oligopolistischen Strukturen der konventionellen Energiewirtschaft zu sichern.«[74]

Der Quotenmodell-Vorschlag kam unter anderem vom Wirtschaftswissenschaftler Justus Haucap. Er hatte seine Ideen zuvor mit der Initiative Neue Soziale Marktwirtschaft (INSM) entwickelt[75], einer Denkfabrik und Lobbygruppe, finanziert von Arbeitgeberverbänden wie Gesamtmetall, die gegen staatliche Regulierung und für ein »unternehmensfreundliches Klima« Meinungsmache betreibt. Vorsitzender war seit 2012 Wolfgang Clement. Haucaps Vorschlag in der Monopolkommission wurde vom Wirtschaftsinstitut RWI unterstützt, das sich seit langem gegen das EEG und die Energiewende von unten positioniert hatte.

Der *Spiegel* präsentierte das Quotenmodell jedoch ohne Hinweis auf die Hintergründe als goldenen Ausweg aus dem angeblichen »Scheitern der Energiewende«. Dass die enorme Dynamik des EEG von der Bundesregierung durch Novellen bewusst kaputtgemacht worden und das Quotenmodell ein »vergifteter Köder« der marktbeherrschenden Duopolisten war, um Ökostrom-Wettbewerb einzudämmen, wie Eurosolar feststellte, wurde vom Nachrichtenmagazin nicht mitgeteilt.

Die Bundesregierung erhielt also jede Menge Schützenhilfe von Wirtschaftslobbyisten und Medien, während sie die Energiewende aushöhlte. Das brachte die Erneuerbaren in Deutschland mehr oder weniger zu Fall. Hans-Josef Fell stellt fest, dass Klimaschutz einen zwanzig Mal höheren jährlichen Ökostromzubau benötige, um schnell zu dekarbonisieren. Dafür müsse das EEG aber von den Ketten befreit werden, mit denen die deutsche Politik seit einem Jahrzehnt die Energiewende verhindert: »Würde der Ausbau des Ökostroms nicht aktuell durch die vielen EEG-Novellen, insbesondere mit der Umstellung auf Ausschreibungen statt fester Einspeisevergütung, ausgebremst, so wären 100 Prozent Ökostrom bis 2030 machbar.«[76]

Eine Reihe von Medien attackierte zudem immer wieder Fachleute, die es wagten, Journalisten daran zu erinnern, was der wissenschaftlich fundierte Sachstand beim Klimawandel ist. So veröffentlichte der renommierte Wissenschaftler Stefan Rahmstorf vom Potsdam-Institut für Klimafolgenforschung (PIK) 2007 einen Essay über irreführende Berichterstattung: »Alles nur Klimahysterie?«[77] Statt sich der Kritik zu stellen, schalteten die betroffenen Medien auf Ad-Hominem-Angriffe. Ohne auf die Argumente des Forschers einzugehen (keine einzige Aussage Rahmstorfs wurde zitiert, geschweige denn widerlegt), wurden ihm persönliche Motive unterstellt. In der *FAZ* durften die Kritisierten (darunter Klimawandelrelativierer wie Dirk Maxeiner, früher Chefredakteur von *Natur*) von »Dschihad«, »Endsieg«, »bizarre(m) Geltungsbedürfnis« sprechen. Journalisten beklagten »Einschüchterungsversuche«, so der *Spiegel* unter dem Titel »Die rabiaten Methoden des Klimaforschers Rahmstorf«. Er habe in einem *Zeit*-Artikel mit »schwarzen Listen« für Journalisten gedroht, Kollegen schätzten sein Vorgehen als »aggressiv« ein. All diese Angriffe basierten auf haltlosen Behauptungen und übler Nachrede. Einer der Autoren des *Spiegel*-Angriffs machte in der *Welt* mit der Schlammschlacht weiter. Die Botschaft:

Rahmstorf ist in seinen Ansichten extrem, ein Alarmist mit persönlicher Agenda, der Journalisten rabiat abkanzelt, wenn sie kritische Fragen stellen.[78]
Es waren getroffene Hunde, die bellten. Denn immer wieder ließen *FAZ*, *Focus* oder *Spiegel* Klimaskeptiker zu Wort kommen und transportierten ihre Argumente, während Wissenschaftler und Journalisten, die vor der globalen Erwärmung warnten, in Misskredit gebracht wurden. So beklagte sich der Wissenschaftsredakteur Axel von Bojanowski auf *Spiegel Online* am 28. Juli 2006 über die »Rüpeleien unter Klimaforschern« und behauptete, dass Forscher wie Michael Mann in den USA, der UN-Klimarat und wichtige Fachmagazine unerwünschte Ergebnisse unterdrücken würden. Rahmstorf schrieb daraufhin einen Offenen Brief an den damaligen Chefredakteur von *Spiegel Online* Mathias Müller von Blumencron. Er listete eine Reihe gravierender Fehler im Artikel auf. Vor allem sei die Behauptung falsch, dass die National Academy of Scienes (NAS) den Rat oder Forscher kritisiert habe. Die NAS stütze im Gegenteil deren Aussagen und habe die Betroffenen gegen politisch motivierte Angriffe in Schutz genommen, was auch berichtet worden sei. Bojanowski versuche hingegen »das Bild einer eingeschworenen Clique von Klimaforschern zu entwerfen, die mit rüden Methoden kritische Artikel unterdrücken«.[79]

Die Einwände von Rahmstorf beeindruckten die Verantwortlichen von *Spiegel Online* nicht, sie ließen Bojanowski weiter freie Hand. In einem Artikel vom 8. September 2015 mit der Überschrift »So irreführend sind die Wissenslücken der Klimaforscher« war der Titel Programm: »Berichten über Klimaforschung ist kaum zu trauen, wie Analysen zeigen. Grund sind voreingenommene Journalisten, übertreibende Politiker und arrogante Forscher.« Bojanowski entdeckte »verschwiegene Unsicherheiten«, »unterdrückte Tatsachen« und »Alarmismus« in der politischen Debatte. Der einzige wissenschaftliche Konsens, der herrsche, ist nach Ansicht des Nachrichtenmagazins, dass der Mensch »irgendwie« den Klimawandel »beschleunige«.

Schaut man sich jedoch die Studien und Umfragen an, die Bojanowski als Belege für Unterdrückung und Uneinigkeit anführt, fallen seine Anschuldigungen wie ein Kartenhaus zusammen. Eine angeführte EPA-Studie soll die Intensivierung von Hurrikans im Zuge des Klimawandels widerlegen. Die Zahlen der EPA zeigen jedoch tatsächlich eine deutliche Zunahme in Anzahl und Stärke der Hurrikans vor den Küsten Nordamerikas. Eine Umfrage wird als Nachweis angeführt, dass »gut ein Drittel« der befragten Wissenschaftler den »Anteil menschengemachter Treibhausgase an der Klimaerwärmung als untergeordnet oder ungewiss« einschätzt, ein Zeugnis für »fundamentale Kontroversen«. Das war so nicht einmal faktisch richtig. Vor allem ließ Bojanowski aber unerwähnt, dass praktisch alle darin befragten Forscher, die jeweils 30 oder mehr Publikationen zum Thema Klimawandel vorzuweisen haben und IPCC-Autoren sind (gegenüber zum Beispiel Computerspezialisten, die ebenfalls befragt wurden, jedoch angaben, wenig bis keine Ahnung von der Sache zu haben), den Anteil des Menschen am CO_2-Anstieg als Hauptgrund ansehen.[80]

Natürlich gibt es beim Klimawandel, wie bei allen komplexen Forschungsfragen, einen gewissen Grad an Uneinigkeit. Aber darum ging es dem *Spiegel* nicht. So ignorierte das Magazin die entscheidende Uneinigkeit. Denn es fanden sich tatsächlich vom IPCC-Mainstream abweichende Szenarien, die aber eine rasantere Erderhitzung prognostizierten. Dieses Lager sollte vielfach Recht behalten, erhielt in den Medien aber so gut wie keine Stimme. Die »alarmistischen« Einschätzungen des IPCC wurden tatsächlich durch die Realität immer wieder übertroffen. Der klimawissenschaftliche Konsens war in seinen Vorhersagen am Ende zu moderat, also zu wenig alarmistisch.[81]

In den USA war das Zweifelsäen von Beginn an eine Art Massensport. Von rechten Medien wie *Fox News* oder populären Radiotalkern wie Rush Limbaugh wird der Klimawandel bis heute geleugnet. Doch auch *New York Times*, *Washington Post* oder das *Wall Street Journal* sind nie im Einklang mit dem wissenschaftlichen Konsens gewesen. Eine Studie von 2004 zeigt, dass nur sechs Prozent der untersuchten 636 Artikel in den US-Leitmedien die dominierende Forschungssicht unwidersprochen präsentieren. Über die Hälfte stellen die Auffassung, der Klimawandel sei menschengemacht, und die, er sei ausschließlich naturbedingt, gleichberechtigt nebeneinander. Ein weiteres Drittel präsentiert beide Sichtweisen, aber immerhin mit Schwergewicht auf den Einfluss des Menschen. In sechs Prozent der Artikel wird bezweifelt, dass eine globale Erwärmung überhaupt existiert.[82]

Kohl, Schröder, Merkel: Die Legende vom Vorreiter

Insgesamt war Klimaschutzpolitik im ersten Jahrzehnt, seit die Krise Anfang der 1990er Jahre die politische Bühne betreten hatte, in den deutschen Medien kein prominentes Thema. Von 1989 bis 1999 findet sich das Wort »Klimawandel« zum Beispiel nur 47 Mal in der *Süddeutschen Zeitung*, »globale Erwärmung« 162 Mal – in gut 3000 gedruckten Zeitungsausgaben. Das Wort »Klimaschutz« taucht insgesamt genauso oft auf wie das Wort »Ozonloch«, nämlich rund 1000 Mal, obwohl letzteres schon seit den frühen Neunzigern keine wirkliche Gefahr mehr gewesen ist. Das Pentagon wurde 2000 Mal erwähnt.[83]

Auch im Rundfunk herrscht wenig Interesse am Thema. Das Institut für empirische Medienforschung in Köln (IFEM) wertet seit 2004 die Nachrichtensendungen des deutschen Fernsehens aus. Untersucht werden darin *Tagesschau 20 Uhr*, *Heute 19 Uhr*, *RTL Aktuell*, *SAT.1 Nachrichten*, *Tagesthemen* und das *Heute-Journal*. Auf das jeweilige Jahr bezogen landet Klimaschutz nur ein einziges Mal unter den oberen zehn beziehungsweise zwanzig Top-Nachrichten. Das war 2007, als das Thema in den Hauptnachrichtensendungen mit knapp 1500 Minuten sogar auf Platz 1 rückte. Themen wie Arbeitsmarktreformen und Afghanistan kamen auf jeweils rund 1000. Ein Jahr zuvor nahm die Fußball-WM den Spitzenplatz ein, mit 1500 Minuten.[84] Die erhöhte Aufmerksamkeit 2007 sollte aber eine extreme Ausnahme in den letzten dreißig Jahren bleiben. Die genauen Gründe, die Klima damals zum Thema machten, müsste eine Inhaltsanalyse erbringen. Es gab einige offensichtliche Anlässe für mehr Berichterstattung. Der Film »An Inconvenient Truth« (Eine unbequeme Wahrheit) von Al Gore war gerade in die Kinos gekommen und feierte großen Erfolg. Gore erhielt 2007 zusammen mit dem Weltklimarat den Friedensnobelpreis. Bei den EU- und G8-Gipfeln spielte Klimaschutz eine stärkere Rolle. Auf der Bali-Konferenz, dem 13. Klimagipfel, wurde ein Fahrplan nach dem Auslaufen des Kyoto-Abkommens verhandelt. Zugleich erschien eine Reihe von IPCC-Berichten, die die eskalierende Krise und die voranschreitende Zerstörung von Lebensräumen durch die globale Erwärmung dokumentierten. »So viel Klimanews war selten«, bringt Klimaexperte Jörg Haas es auf den Punkt.[85]

Doch das Thema verschwand bald wieder aus dem öffentlichen Fokus. Klimaschutz schaffte es bis 2018 nicht mehr unter die Top-10 bis Top-20 News der IFEM. Auch in der Presse gingen in Deutschland, aber auch weltweit die Artikelzahlen stark nach unten, wie die internationale Studienfolge des Media and Climate Change Observatory dokumentiert.[86] In der *Süddeutschen Zeitung* zum Beispiel lassen sich 2007 zu »Klimaschutz« insgesamt 1828 Treffer finden. Bis 2012 sackte dieser Wert dann auf 641 Treffer ab. Von 2008 bis 2018 liegt die durchschnittliche Trefferquote pro Jahr bei 926. Die Berichterstattung wurde also seit 2007 halbiert.

In diesem Zeitraum hätte Klimaschutz eigentlich Topthema auf allen Kanälen sein müssen. Denn die Lage spitzte sich immer mehr zu. Extremwetter-Katastrophen häuften sich. Fast jedes Jahr wurden neue Rekorde eingestellt: Superhitzewellen, Höchstwerte bei der Durchschnittstemperatur, Überschwemmungen, Mega-Hurricans, Mega-Taifune, Mega-El-Niños, Mega-Flächenbrände, nie dagewesene Dürreperioden, die (wie in Syrien) Bürgerkriege mit anfachten, Hungerkrisen auslösten und immer mehr Flüchtlinge nach Norden trieben. 2009 kam eine Untersuchung, geleitet vom ehemaligen UN-Generalsekretär Kofi Annan, zu dem Ergebnis, dass jährlich 300 000 Menschen an den Folgen des Klimawandels sterben und 300 Millionen Menschen unter der Erderwärmung leiden – Tendenz steigend.[87]

Währenddessen schrumpfte das CO_2-Budget, das zur Vermeidung der Klimakatastrophe noch zur Verfügung steht, dramatisch zusammen. Denn die globalen Emissionen stiegen immer weiter an statt abzunehmen. Auch in Deutschland nahmen die Treibhausgase ab 2009 zum ersten Mal wieder zu und stagnierten über zehn Jahre auf gleichem Niveau. Das lag daran, dass die Energiewende, wie gesehen, politisch ausgebremst und auf Eis gelegt wurde, mit Unterstützung von »Operation Luxusstrom«. Auch auf EU-Ebene attackierte die Bundesregierung Klimaschutzmaßnahmen. 2009 stellte der Wissenschaftliche Beirat der Bundesregierung Globale Umweltfragen (WBGU) fest, dass Deutschland wie alle Industriestaaten »kohlenstoffinsolvent« ist, von 1990 gerechnet. Im selben Jahr kollabierte in Kopenhagen der Versuch, ein Nachfolgeabkommen zu Kyoto zu vereinbaren. Sechs Jahre später wurde in Paris der angebliche Durchbruch zur »Weltrettung« gefeiert, während danach die Treibhausgase wie gewohnt und wie zu erwarten weiter stiegen, da das Abkommen auf Sand gebaut war (wie wir noch sehen werden).[88]

Die mediale Aufmerksamkeit, die die Klimakrise erhielt, war zu keinem Zeitpunkt in den letzten dreißig Jahren auch nur annähernd der Dimension des Problems angemessen. Denn, wie es Margaret Thatcher 1988 in ihrer bereits zitierten

Rede im Einklang mit der Wissenschaft schon formulierte: Wir haben »unwissentlich ein massives Experiment mit dem System des Planeten selbst begonnen«. Unsere Fähigkeit, den Schaden zu begrenzen oder gar zu stoppen, sei »vielleicht der größte Test, inwieweit wir als Weltgemeinschaft zu handeln fähig sind«. Nicht nur die »Staatsmänner«, die Thatcher zu mutigem und entschlossenem Handeln aufforderte, versagten aber bei dem Test, auch diejenigen, die Einfluss auf den politischen Kurs haben. Allen voran die Massenmedien, die freie Presse, die vierte Gewalt im Staat. Anstatt das Handeln von Regierungen, Parteien und Lobbys auf den Prüfstand zu stellen, den eingeschlagenen Kurs zu hinterfragen und Alarm zu schlagen, stellten sie der Politik einen Freifahrtschein aus.[89]

Das Ganze lief relativ geräuschlos ab. Während Unternehmenskreise die Debatte in den USA durch Antiklimawandel-Propaganda polarisierten, wurde sie in Deutschland konsensual ausgerichtet. Das lag auch daran, dass Politik und Unternehmensverbände sich früh auf einen Kompromiss geeinigt hatten: Evolutionäre Emissionsminderung um durchschnittlich ein bis zwei Prozent pro Jahr, um 2050 auf minus 80 Prozent zu gelangen, wie im Enquete-Plan festgeschrieben. Dazu eine »ökonomiefreundliche« Ausgestaltung, so dass Klimaschutz im Einklang mit Profitinteressen stattfinden könne. Das war das Versprechen der Politik seit 1990, und so wurde der Kurs dann auch eingestellt.

Die Industrie- und Arbeitgeberverbände hielten sich in Deutschland daher zurück. Sie hatten ja einen für sie akzeptablen Kurs bekommen. Es ging ihnen nur darum, politisch weitergehende Forderungen in Schach zu halten, Maßnahmen, die man für schädlich erachtete, zu untergraben, die Kosten für Klimaschutz auf die Allgemeinheit abzuwälzen und Kontrolle über die Energiewende zu erlangen, um das fossile Geschäftsmodell von RWE, VW, Daimler, BASF, Lufthansa etc. und die damit verbundenen Gewinne möglichst lange am Leben zu halten. Sie hatten durchaus Erfolg damit.

Die Medien orientierten sich am politisch ausgehandelten Kompromiss und stellten ihn nicht infrage. Mit dem PR-Label »Klimavorreiter Deutschland« wurde der Kurs den Bürgern als ehrgeizig verkauft. Das prägte nicht nur die Berichterstattung über deutsche Klimaschutzpolitik, sondern auch die politische Literatur, die eine Art deutschen Klimaschutz-Exzeptionalismus propagierte: Wir sind der grüne Fels in der Brandung, was immer in der Welt geschehen mag. Als sich später nicht mehr verheimlichen ließ, dass Deutschland vom Vorreiterkurs abgewichen war, mahnte man, das Image nicht zu verspielen. Ein »Klimanotprogramm« der Regierung reichte meist, um den Diskurs wieder zu beruhigen.

Die klimapolitische Ausrichtung, bereits 1990 festgelegt und seitdem der Rahmen für maximalen Schutz der Erdatmosphäre, ist aber, wie schon gesehen, nie ein Vorreiterkurs gewesen. Die Zwischenziele wurden von Deutschland im Verlauf zudem nach unten korrigiert, meist außerhalb medialer Aufmerksamkeit. Das hätte eigentlich zu einer Neujustierung des Kurses führen müssen, also einer schnelleren Dekarbonisierung. Das wussten die Architekten des Enquete-Szenarios auch und forderten eine »evolutive Fortschreibung« der Ziele. Aber alle deutschen Regierungen hielten über drei Jahrzehnte weiter an einem 2050-Ziel fest, das schon in den ersten Jahren nach Veröffentlichung obsolet geworden war. Das Budget wurde viel zu schnell aufgebraucht.[90]

Das lag vor allem daran, dass Deutschland wie alle Industriestaaten sich der Verpflichtung entzog, im »Rest der Welt« die notwendigen Einsparungen zu ermöglichen. Eine Klimafinanzierung war bis zum Gipfel in Kopenhagen 2009 nicht einmal ein Thema, das ernsthaft diskutiert wurde. Eine Entschädigung von Entwicklungsländern, die ihre Vorräte an Kohle, Gas und Öl im Boden lassen, um »die Welt zu retten«, kam nie zustande. Der Vorschlag von Ecuador, im Yasuni-Nationalpark die Ölreserven nicht zu erschließen, wurde von Deutschland und einigen anderen Ländern zuerst positiv aufgenommen und unterstützt, dann aber vom damaligen Entwicklungsminister Dirk Niebel (FDP) beerdigt. »Sorry, wir zahlen nicht«, hieß es. Die Emissionen gingen infolge der ausbleibenden Klimafinanzierung ungebremst in 150 unterentwickelten Staaten durch die Decke.[91]

Die deutsche Vorreiterrolle ist auch im internationalen Vergleich größtenteils Erzählung, trotz Windrädern und Solarpanels von Mecklenburg-Vorpommern bis ins Allgäu. Deutschland hat zwar seine territorialen Emissionen bis 2015 um 27 Prozent reduziert. Aber das geht nur zum Teil auf Klimaschutz zurück. Denn zieht man die bereits erwähnten Effekte der Deindustrialisierung in den neuen Bundesländern sowie die der Finanzkrise ab, bleiben rund zehn Prozent übrig, die tatsächlich auf das Konto von Klimaschutz gehen. Das Land zählt außerdem weiter zu den höchsten Emittenten weltweit, gemessen am Pro-Kopf-Verbrauch.

Berücksichtigt werden müssten auch die »grauen Emissionen« von Entwicklungs- oder Schwellenländern wie China oder Indien, wo via Outsourcing Vorfabrikate für die westlichen Industriestaaten produziert werden. Rechnet man diese Emissionstransfers ein, erhöhen sich die Treibhausgase Deutschlands bis zu einem Viertel, wie Studien zeigen. Der Anteil der Erneuerbaren beim Strom und Energieverbrauch ist im EU-Vergleich 2015 gerade mal durchschnittlich. Die Emissionswerte im deutschen Verkehrssektor sind heute noch genauso hoch wie vor dreißig Jahren. Die Bundesregierung hat immer wieder wichtige europäische Regelungen für den Klimaschutz aufgeweicht.

Warum bezeichnen wir also nicht Russland und viele osteuropäische Staaten als Klimaschutzvorreiter? Nimmt man die Pro-Kopf-Verbräuche inklusive Emissionstransfers, hat Deutschland den Kohlendioxid-Ausstoß bis 2015 um 26 Prozent abgesenkt (von 15 auf 11 Tonnen), Russland jedoch um über 44 (von 17 auf 9,5), die Slowakei um 38 (von 14 auf 8,6), die tschechische Republik um 33 (von 16 auf 10), Ungarn um rund 38 (von 8,5 auf 6,5) und Rumänien um über 44 (von 7 auf 3,9) – sicher, mit Hilfe der Deindustrialisierung in den 1990er Jahren, aber davon hat eben auch Deutschland zu einem beträchtlichen Teil profitiert.

Auch im EU-Vergleich ist Deutschland eher eine lahme Ente. Der EU-28-Durchschnitt im Jahr des Pariser Klimagipfels 2015 lag bei über 27 Prozent Emissionsminderung (von 11 auf 8 Tonnen). Selbst große westeuropäische Industrienationen wie Spanien, Frankreich und Italien haben geringere Pro-Kopf-Verbräuche und ihr Budget weniger überzogen. Sollten sie nicht Vorbild sein? Und nicht einmal »Klimasünder« USA ist so weit vom »Klimavorreiter« Deutschland entfernt, wie gerne behauptet wird. Rechnet man die deutsche Wiedervereinigung auf der einen und das enorme Bevölkerungs- und stärkere Wirtschaftswachstum der USA auf der anderen Seite heraus (zwischen 1990 bis 2015 ist die USA mit 70 Millionen Amerikanern um fast eine ganze Bundesrepublik angewachsen), verkleinert sich die Lücke beim Klimaschutz zwischen Klimavorreiter und Klimaschurke auf wenige Prozentpunkte.[92]

Daher führt der Fokus auf die Vereinigten Staaten in die Irre. Der in Deutschland lebende Energieberater Jeffrey Michel stellt daher zu Recht fest: »Im Jahr 2005 waren dann 72 Prozent aller CO_2-Reduzierungen lediglich als Ergebnis des industriellen Niedergangs in drei ostdeutschen Bundesländern erreicht worden: Sachsen (38 Prozent), Brandenburg (19 Prozent) und Sachsen-Anhalt (15 Prozent). Es gab dafür in anderen Teilen der Bundesrepublik mehrere ›Klein-Amerikas‹, die sich lediglich auf den CO_2-Minderungsergebnissen in den neuen Bundesländern ausgeruht haben.«[93]

Wir Klimaschmutzmitläufer

Der Vorreiter-Titel hat in den letzten Jahrzehnten auf fatale Weise Deutschlands tatsächliche Klima*schmutz*mitläufer-Rolle vernebelt. Denn selbst wenn sich alle Industriestaaten nach deutschem Vorbild ausgerichtet hätten, wäre die Situation heute kaum besser. So wären die CO_2-Emissionen von 1990 bis 2008 nur um 30 statt 40 Prozent gestiegen. Rechnet man den Effekt der Deindustrialisierung der neuen Bundesländer wiederum heraus, gelangt man auf 34 Prozent. Die Welt hätte 2008 dann nicht 32 000 Tonnen Kohlendioxid ausgestoßen, sondern »nur« 30 500. Aber Deutschland ist auch eines der wirtschaftsstärksten Länder. Das zeigt, dass der Vorreiterkurs tatsächlich immer ein Kurs Richtung Klimakollaps gewesen ist.

Das Label »Vorreiter« ist zugleich so konstruiert, dass es von den eigentlichen Klimaschützern und Vorreitern ablenkt. Die Menschen im globalen Süden, die nur einen Bruchteil der Treibhausgase ausstoßen, die ein Deutscher trotz dreißig Jahren Avantgarde-Klimaschutz immer noch produziert, tun mehr fürs Klima als jeder Industriestaat. Aber Entwicklungsländer wie Nicaragua oder Costa Rica können, auch wenn sie viel tun, per definitionem nicht Vorreiter sein. Denn sie sind nicht imstande, das zu unternehmen, was Deutschland, Großbritannien, Dänemark und vor allem die USA leisten können. Ihre Treibhausgase steigen oft, auch wenn sie sich anstrengen, Energie zu sparen und auf Erneuerbare zu setzen.

Zudem ist es irreführend, Regierungen zu Klimaschutzvorreitern zu küren. Die eigentlichen Vorreiter waren und sind Klima-Störenfriede und Dissidenten: Menschen, die die Wahrheit öffentlich und ungeschminkt aussprechen, auch wenn es persönlich unbequem ist, Wissenschaftler wie James Hansen oder Stefan Rahmstorf, Journalisten wie Harald Schumann, Strompreisreferenten wie Dieter Schulte-Janson, Politiker wie Wilhelm Knabe, Hans-Josef Fell oder Hermann Scheer, Solar-

und Windkraftrebellen in Vereinen und Kommunen, die aufklären und Mehrheiten für die Energiewende beschaffen, fast immer gegen starke Widerstände. Es sind Bürger und Umweltschützer, die Proteste und Aktionen zivilen Ungehorsams organisieren. Sie ketten sich an Öl-Pipelines und Kohlebagger, wie im Rheinland oder der Lausitz, und werden dafür verhaftet.

Sie sabotieren den Verkauf von Land an Unternehmen, die nach Öl bohren wollen, und landen wie der Biologe und Umweltaktivist Tim de Christopher in den USA 2011 für zwei Jahre im Gefängnis. Sie versperren die Zufahrtswege zu Kohleabbaugebieten wie in den Appalachen. Sie organisieren Widerstand gegen die Verbrechen westlicher Gas- und Ölkonzerne im Nigerdelta, die das bei der Ölförderung produzierte Gas einfach abfackeln und damit riesige Mengen an CO_2 freisetzen. Der Bürgerrechtler Ken Saro-Wiwa wurde für sein politisches Engagement gegen die Verbrechen von Shell und Chevron von der nigerianischen Militärregierung 1995 gehenkt. Der dort beheimatete Ogoni-Stamm protestiert trotzdem weiter, an seiner Seite der Architekt, Lyriker und Umweltaktivist Nnimmo Bassey.

Es sind Politiker wie Maledivens Präsident Mohamed Nasheed, der den Westen wegen Mangel an Klimaschutz und Hilfe kritisiert und nach einem Staatscoup erst ins Gefängnis, später dann aus dem Land geworfen wurde. Es sind »Radikale«, die wie Boliviens Botschafterin bei den Vereinten Nationen Angélica Navarro Llanos, die auf einer UN-Konferenz in Bonn 2009 von den Industriestaaten einen »Marschallplan für die Erde« forderte, Finanzmittel und Technologie in einer »bisher nicht bekannten Dimension«. Oder die Umweltaktivistin Vandana Shiva, die sich seit den 1970er Jahren gegen kommerzielle Abholzungen und Umweltverbrechen westlicher Konzerne stellt und traditionelle ökologische Landwirtschaft in Indien wiederbelebt.

Es sind indigene Bevölkerungen auf allen Kontinenten, oft angeführt von Frauen, die meist abseits von Kameras und

Mikrofonen ihr Land gegen den fossilen Raubbau zu schützen versuchen. Es sind Bürger, die zu AktivistInnen werden, dabei Lebens- und Familienzeit, Nerven, Gesundheit sowie eine Reihe von Annehmlichkeiten hingeben, um Bewegungen aufzubauen: 350.org, Climate Justice Action, Sunrise Movement, Ende Gelände, Extinction Rebellion, Fridays for Future, La Via Campesina, Acción Ecológica, Oilwatch International. Die Liste ließe sich stundenlang weiterführen. Es sind Millionen von Namenlosen, die in unzähligen Handlungen Klimaschutz voranbringen, ihr Umfeld inspirieren und Druck auf die Politik ausüben. Doch sie werden von den Medien, von der politischen Klasse in Deutschland nicht als Vorreiter gefeiert.

Der Titel wird Regierungen reicher Länder zuerkannt, die bis heute nicht das Notwendige unternehmen. Ihre Repräsentanten halten große Reden, wie Margaret Thatcher 1988 vor der Royal Society oder Barack Obama 2008 im US-Wahlkampf. Wenn die Klimaschmutzlobby es jedoch verlangt, legen sie Axt an die von Klimarebellen erkämpften Erfolge. Das EEG ist nur eines von vielen Beispielen.

Insgesamt wurde dem Kampf um mehr Klimaschutz über die Jahrzehnte in der breiten Öffentlichkeit wenig Relevanz zugemessen, vor allem, als nach 2009 in Deutschland jegliche Ambition verschwand und man über zehn Jahre lang den Minderungskurs verließ. Die Berichterstattung von *Süddeutsche*, *Spiegel*, *FAZ* und Co., geprägt von Desinteresse und Desinformation, war auch ein wichtiger Grund, warum die Parteien Klimaschutz nie zu einem Wahlkampfthema machten beziehungsweise machen mussten. Wenn jemand es wagte, vom Kurs abzuweichen, wurde ihm klargemacht, dass das keine gute Idee ist. Das war zum Beispiel 1998 der Fall.

Damals legten Bündnis 90/Die Grünen auf der Bundesdelegiertenkonferenz in Magdeburg eine ökologisch-soziale Steuerreform vor. Danach sollte der Benzinpreis schrittweise innerhalb von zehn Jahren auf fünf D-Mark angehoben werden, im Gegenzug aber die Kraftfahrzeugsteuer, die keine ökologische Lenkungswirkung habe, wegfallen. Zugleich schlug man vor, die Sozialversicherungsbeiträge zu reduzieren, um einkommensschwache Haushalte zu entlasten. Außerdem wollte man die Einführung des 3-Liter-Autos befördern und Anreize schaffen, auf den öffentlichen Verkehr umzusteigen. Mit Bahnausbau, innovativen Verkehrs- und Automobilkonzepten werde man zukunftsfähige Arbeitsplätze in Deutschland erzeugen, hieß es. Der politische Vorschlag schloss an eine Studie des Deutschen Instituts für Wirtschaftsforschung an. Die Grundidee: externe Kosten internalisieren, mehr Kostenwahrheit nach dem Verursacherprinzip. Eine ansteigende Energiesteuer plus sozialen Ausgleich könne, so der Plan, Arbeitslosigkeit ebenso wie Umweltbelastung mindern.[94]

Die öffentliche Reaktion darauf war eine Katastrophe für die Bündnisgrünen. Auf dem Weg zu einer rot-grünen Bundesregierung im Wahlkampf 1998 konstatierte der SPD-Kanzlerkandidat Gerhard Schröder abwehrend, die Forderung sei »Quatsch« und mit ihm nicht zu machen. Er attestierte dem möglichen Koalitionspartner mangelnde Regierungsfähigkeit. Der sozialdemokratische Parteichef Oskar Lafontaine nannte den Preisaufschlag »absurd«: »Unsere Wirtschaft ist so vernetzt, daß man berechenbar vorgehen muß.« »Das wird so nicht gehen«, sagte auch Kiels Ministerpräsidentin Heide Simonis (SPD). Der Generalsekretär der CDU Peter Hintze startete eine Kampagne mit dem Titel »Lass Dich nicht anzapfen«, die unter anderem von der *Bildzeitung* gepuscht wurde. Die Medien insgesamt schossen sich auf die Benzinpreiserhöhung ein, während sie die entlastenden Maßnahmen des Gesamtpakets zumeist unerwähnt ließen. Es wurde suggeriert, wenn die Grünen an die Macht kommen, werden die Preisschilder an den Tankstellen am nächsten Tag auf 5 Mark umgestellt.[95]

Dabei war die Forderung nicht neu. Die Grünen hatten sie schon bei den Bundestagswahlen 1990 und 1994 aufgestellt. Doch jetzt wurden sie nicht länger, wie Kai Arzheimer und Markus Klein feststellen, als »freche Opposition, sondern

erstmals als potenzielle Regierungspartei betrachtet«. Ihr Programm wurde folglich mit Blick auf ihre Regierungsfähigkeit »dem Realitäts-TÜV einer kritischen Öffentlichkeit« (Joschka Fischer, Grüne) unterworfen. Eine beachtliche Einschätzung des späteren Vizekanzlers, der natürlich wusste, worum es eigentlich ging. Denn die kritische Öffentlichkeit kam ja nie auf die Idee, die Verkehrspolitik aller Parteien einem Realitäts-TÜV in Sachen Klimaschutz auszusetzen, um ihre Regierungsfähigkeit zu prüfen.[96]
Anstatt in die Offensive zu gehen, knickten die Grünen ein. Oder mussten es, was letztlich eine strategische Frage ist. In einer späteren Kurzfassung des Wahlprogramms wurde die Benzinpreiserhöhung dann nicht mehr explizit erwähnt. Die Partei kam gerade so über die 5-Prozent-Hürde. Im Koalitionsvertrag fand sich die Erhöhung der Mineralölsteuer auf sechs Pfennig, wie Schröder sie im Wahlkampf angekündigt hatte. Eine Verkehrswende, der Kern des grünen Konzepts, wurde von keiner Regierung je wieder angedacht.

Wo immer man hinschaut und gräbt: Kanzleramt, Ministerien, Parlament, Parteien, Staatsapparate, Medienhäuser oder Denkfabriken waren in den letzten drei Jahrzehnten dominiert von einer Politik und einem Geist, die Klimaschutz ausbremsten oder verhinderten, so gut es ging. Vorangebracht haben ihn mutige Wissenschaftler, einzelne Politiker, Umweltschützerinnen, Journalisten, Unternehmerinnen und Bürger, die sich organisierten. Ohne diese Vorreiter, ob nun prominent oder im Stillen, ob nun heroisch oder strategisch handelnd, wird der Planet Erde für Menschen nicht zu retten sein. Die Geschichte zeigt klar: Diese politische Kraft von unten muss wachsen. Denn die Klimaschmutzlobby und ihre Anhänger in Politik und Medien verfügen über eine Reihe von Mitteln, den Prozess zu verlangsamen oder gar zu stoppen. Wir leben nun einmal in einer Gesellschaft, in der Klimaschmutz-Mitläufertum honoriert wird. Das kann sich ändern, und es hat schon begonnen, sich zu ändern.

Einstürzende Klimaneubauten
(1995–2015)

Von Berlin nach Kyoto: Kurs Klimakollaps

Ein Sonntagabend. Das 620 Meter lange Seil ist auf einer Höhe von 50 Metern zwischen Berliner Dom und Fernsehturm gespannt worden. Der Artist Matthias Traber nimmt die schwere Balancierstange in die Hände und tastet sich voran. Doch es läuft nicht nach Plan. Er verliert in der Mitte des Seils wegen Sturmböen und Regen das Gleichgewicht, kann sich gerade noch am nassen Seil festhalten. Die »Klimasinfonie« mit bunten Lichtern läuft weiter, während Traber sich müht, wieder aufs Seil zu klettern. Der Berliner Senat hatte im Vorfeld ein Spektakel versprochen: einen Drahtseilakt ohne Absicherung. Fast 3 Millionen D-Mark wurden ausgegeben für die symbolische »Gratwanderung der Menschheit zwischen Natur und technischer Entwicklung«.[97] Zur selben Zeit verkündet die 20-Uhr-*Tagesschau*, dass sich kurz vor der Klimakonferenz die »mahnenden Stimmen« mehren. Es müsse konkret etwas zum Schutz der Erdatmosphäre getan werden. Der ehemalige Bundesumweltminister Klaus Töpfer (CDU) trete zum Beispiel für einen deutschen Alleingang bei der Kohlendioxid-Energiesteuer ein, teilt die Nachrichtensprecherin mit.[98]

Es ist nicht nur nasskalt einige Tage später am 28. März 1995, als Tausende zum Internationalen Congress Centrum ICC in Berlin strömen, das wie ein Raumschiff am Ende der Avus-Autobahn gelandet zu sein scheint. Auch die Stimmung ist trübe zu Beginn des ersten Weltklimagipfels, der Conference of the Parties (COP). In den Zeitungen werden die Erwartungen auf ein Minimum reduziert. Die *Frankfurter Rundschau* titelt schon zu Beginn der Verhandlungen: »Der Klima-Flop«. In der *Taz* spricht Mathias Bröckers vom »Labertermin«. Die in Berlin versammelten Politiker, Ökologen, Umweltverantwortlichen sowie Hunderte Delegierte hätten sowieso »nichts zu melden«. Die wirklich etwas entscheiden könnten, das seien die Vorstände der Weltkonzerne, die aber nicht an Veränderungen interessiert sind. Annette Jensen pflichtet Bröckers bei. Die Angereisten sollten doch besser zu Hause bleiben. Das Ergebnis stehe ja bereits fest: »Die MinisterInnen werden beschließen, daß sie 1997 in Tokio etwas beschließen wollen. Das aber hatten sie bereits 1992 in Rio für ihr Berliner Treffen verabredet. Wie sich jetzt herausstellt, war das damals also nur der Beschluß eines Beschlusses für einen Beschluß.«[99]

Dirk Maxeiner, in seinem späteren Leben, wie gesehen, notorischer Klimawandelskeptiker, bezweifelt ebenfalls in der Taz, dass angesichts des Konsumhungers der Armen die »Buchhalter-Ökologie« des »Kohlendioxid-Gipfels« etwas bewirken werde. Es bleibe, wenn überhaupt, nur der ungewisse »Fluchtweg Richtung ›Effizienz-Revolution‹«.[100]

Doch obwohl die Erwartungshaltung stark heruntergeschraubt ist, machen sich 70 000 Berliner und Potsdamer anlässlich des Klimagipfels zu einer Fahrrad-Sternfahrt auf, die am Brandenburger Tor endet. Allein 35 000 radeln über die Avus vorbei am Kongresszentrum, was die Berliner Polizei lange zu verhindern suchte. Es ist damals die größte Fahrrad-Demonstration in Deutschland. Die Botschaft an die Bundesregierung und die reichen Staaten: Wir brauchen eine Verkehrswende, und das sofort. Andere Demonstranten ketten sich an Busse. Mit Bolzenschneidern werden sie von den Fahrzeugen getrennt. Es ist eine Protestaktion gegen Konferenzgäste, die eine »wichtige Rolle in Ölkonzernen« spielen. Zwölf Aktivisten der »Allianz gegen Klima-Kriminelle« werden festgenommen. Die Medien widmen der Aktion wie der Rolle der Industrielobbys so gut wie keine Aufmerksamkeit.

Anders bei der Rede von Bundeskanzler Helmut Kohl vor den Delegierten aus 154 Staaten sowie der Europäischen Union im ICC-Konferenzsaal sechs Tage später. Kohl fordert ein »Verhandlungsmandat mit klaren Vorgaben« und kündigt an, dass Deutschland minus 25 Prozent bis 2005 anstrebe. Eine Welle der Euphorie schwappt durchs Land. Die Schlagzeilen überschlagen sich: »Prima Klima« beziehungsweise »Kohl beeindruckt Delegierte« *(Mitteldeutsche Zeitung)*, »Kohl an der Spitze« *(Stuttgarter Zeitung)*, »Kohls großes Thema« *(FAZ)*, »Frieden mit der Natur finden« *(Frankfurter Rundschau)*, »Klare Worte Kohls zum Klima. Auch Umweltschützer von Rede beeindruckt. CO_2-Appell an die Industriestaaten« *(Taz)*.

Das war vor einem Vierteljahrhundert. Die Bundesregierung begrub auf der ersten Weltklimakonferenz im eigenen Land unter allgemeinem Applaus ihr Ziel von minus 30 Prozent, das die Enquete-Kommission fünf Jahre zuvor empfohlen hatte. Der Vorgang wirkt umso erstaunlicher, als in Deutschland wegen des erwähnten »ökologischen Gratiseffekts« der Wiedervereinigung bereits zwei Jahre zuvor schon rund 16 Prozent Einsparungen gegenüber 1990 bei den CO_2-Emissionen erreicht werden konnten. Es gab also großes Potenzial für höhere Minderungsziele. In der alten BRD (exklusive neue Bundesländer) lag der Treibhausgasausstoß zudem sogar höher denn je und war dabei, weiter anzusteigen, als Kohl ans Pult schritt. Die Bundesregierung blockierte nämlich Maßnahmen im Verkehrssektor, eine Energiesteuer und verbindliche Verpflichtungen für die Industrie. Dem Publikum wurde vom *Spiegel* jedoch das Märchen erzählt, dass die Kohlregierung nach den Sternen greife: »Kohl hat zwar das Bekenntnis der Bundesregierung zur CO_2-Minderung nicht nur erneuert, sondern die selbstgesteckten Vorgaben für Deutschland noch verschärft. Aber was nützt die edle Absicht, wenn das alte und das neue Ziel den meisten Fachleuten gleichermaßen unerreichbar scheinen?«[101]

Am Ende wurden in Berlin keinerlei Klimaziele vereinbart. Die COP 1 sprach sich lediglich für einen »wachsweiche(n) Verhandlungsauftrag« aus, wie es der Deutsche Naturschutzring formulierte.[102] Man vertagte die Entscheidung auf den nächsten Gipfel in Kyoto zwei Jahre später. Die Forderung der Entwicklungsländer, dass die Industriestaaten ihre Treibhausgase bis 2005 um mindestens 20 Prozent senken sollen, gemäß Szenario des Bundestages, verhallte ungehört. Insbesondere die USA verschleppten den Prozess. Dabei waren die politischen Umstände für Klimaschutz durch die Wahl des Demokraten Bill Clinton und seines Vizes Al Gore dort günstiger als zuvor. In der US-Verhandlungsdelegation saßen Klimavorkämpfer wie Timothy Wirth, nun Staatssekretär im Außenministerium, oder Rafe Pomerance von Friends of the Earth, der als Regierungsberater für Umweltfragen und Klimaschutz die Delegation anführte. Aber auch die EU-Staaten machten kein konkretes Angebot und ließen die Entwicklungsländer im Regen stehen.

Die Verantwortung für den »Misserfolg«, der aber »kein Desaster« sei, wie aus den Umweltverbänden zu hören war[103], wurde in der deutschen Öffentlichkeit den Vereinigten Staaten sowie den ölexportierenden Ländern, vor allem Saudi-Arabien, zugeschoben. In der *Süddeutschen Zeitung* hieß es, dass Umweltverbände und Forschungseinrichtungen die USA als »bad guy« ansehen. Die amerikanische Hinhaltetaktik liege »ein bißchen auf der Linie Rußlands«, was »im Plenum für einen ersten Schock« sorgte.[104] Der *Spiegel* berichtete, dass man Rafe Pomerance auf einer Pressekonferenz »durch Zwischenrufe, Gelächter und Pfeifen ständig unterbrochen« und Umweltgruppen einen Verhandlungsraum gestürmt hätten.[105] Zugleich wurde gelobt, dass Kohl und seine Umweltministerin Angela Merkel um Klimaschutz bemüht seien. So hätten »Umweltschützer Angela Merkel ins Herz geschlossen« und Beifall geklatscht, als sie auf die Frage nach Visionen antwortete: »Politiker sollten nichts versprechen, was sie nicht halten können.«

Damit wurden Deutschland und andere europäische Staaten aus der Schusslinie genommen. Natürlich wusste jeder, dass die BRD beim Gipfel ihre Reduktionsziele verringert hatte, aktiven Klimaschutz weiter verhinderte und keineswegs für ein verbindliches Ziel von mindestens minus 20 Prozent für alle Industriestaaten eintrat. Denn dann hätte auch die Bundesregierung bei den Zielen deutlich nachlegen müssen – wegen Wall-Fall-Profit, historischer Verantwortung, sehr hohen Pro-Kopf-Emissionen und Wirtschaftsstärke. Vor allem bei der Finanzierung herrschte Funkstille. Bereits vor Beginn der Konferenz machte Merkel klar, dass man keine finanzielle Unterstützung für internationale Umweltprojekte zusagen werde. Man tue schon genug. »Extra geben wir jetzt nicht«, hieß es von ihr.[106]

Zugleich wurde das Versagen der Industriestaaten insgesamt und Deutschlands im Besonderen überdeckt von beschwichtigenden Botschaften. Nach Abschluss der Konferenz titelte der *Bonner General-Anzeiger:* »Pakt der Vernunft. Der Kanzler brachte die Wende«, während der Berliner *Tagesspiegel* »Lob und Tadel für das Berliner Ergebnis« verteilte. Auch in der *Taz* zeigte man sich erleichtert, wenngleich man das Resultat mager fand. Aber die Rede Kohls sei die »richtige Rede mit richtigen Zielen an die richtige Adresse« gewesen, »nämlich die der USA, die bis gestern noch wesentliche Fortschritte blockiert haben«.

Auf der ersten COP zeigten sich bereits die schädlichen Mechanismen, die die internationale Klimadiplomatie in Zukunft prägen sollten. Da bei den Verhandlungen das Konsensprinzip herrscht und bei Abkommen alle Vertragsstaaten zustimmen müssen, haben Länder, die keine verbindlichen Verpflichtungen eingehen wollen und zugleich Verhandlungsmacht besitzen, die Möglichkeit, den Prozess zu blockieren. Das waren und sind vor allem die USA, aber nicht nur. Denn alle Industriestaaten betreiben auf die eine oder andere Weise nationale Energiepolitik, die Klimaschutz hemmt, während sie sich hinter den angeblichen Blockierern verstecken. Den Entwicklungsländern fehlen wiederum die Mittel, gegen diesen Block Druck aufzubauen, obwohl sie in der Mehrheit sind. Sie können daher – im Einklang mit der Wissenschaft und den Grundprinzipien der Klimadiplomatie, wie sie 1992 auf dem Erdgipfel in Rio de Janeiro vereinbart wurden – von sich aus keine Wende auf der internationalen Ebene erringen. Ohne die Bereitschaft der Industriestaaten geht es nicht. Aber diese Bereitschaft war von Anfang an nicht vorhanden. Auf dem Weg nach Rio sagte der damalige US-Präsident George H. W. Bush zu Journalisten: »Wir werden hingehen und an diesem Gipfel teilnehmen. Aber ich möchte Sie wissen lassen, dass der amerikanische Lebensstil nicht zur Debatte steht.« Der Mitbegründer der Organisation 350.org Bill McKibben erinnert sich, damals gedacht zu haben, »dass wir ganz sicher nicht das Geringste tun werden«.[107] In Deutschland wie Europa insgesamt gab es zwar mehr Beweglichkeit, aber die Regierungen zeigten sich nur bereit zu Klimaschutz im Rahmen »ökonomieverträglicher Lösungen«, was weit entfernt war vom Notwendigen.

Zugleich wurde der Handlungsdruck durch das »Blame Game« (gute Europäer, böse Amerikaner) Richtung Übersee abgeleitet. Selbst Umweltschützer propagierten, dass Deutschland auf Kurs sei und nur die USA überzeugt werden müssten. Solches Lob sei keine »Panne«, sondern »eine Folge der Perspektive«, wie die *Taz* feststellte. Denn Umweltgruppen seien »(n)ah dran am Verhandlungsprozeß, bemüht um konkrete Fortschritte und weit weg vom fundamentalistischen Rundumschlag«.[108]

Ein »fundamentalistischer« Blick hinter die Zahlenfassaden auf das, was notwendig gewesen wäre, blieb daher aus. Eine Debatte, ob die Ziele überhaupt vereinbar sind mit einer fairen und realistischen Verteilung des Treibhausgasbudgets, fand nicht statt. Vielmehr wurden Hinweise auf die Emissionsrealität gebrandmarkt als radikal und nicht konstruktiv. So konnte der deutsche Kurs vor dem Hintergrund der internationalen Verhandlungen zum Goldstandard für Klimaschutz aufsteigen, jenseits dessen, was zu tun wäre. Was wiederum der Forderung nach mehr Klimaschutz in Deutschland den Boden unter den Füßen wegzog. Die Hoffnung der *Taz*, dass nach dem Gipfel in Berlin dank Umweltlobbyismus das »20-Prozent-Reduktionsziel ein Stück nähergerückt« sei, sollte sich schnell auflösen. Es war nie mehr als ein Luftschloss.

So schlug bereits zwei Jahre später, 1997, die Stunde der Wahrheit. Die Industriestaaten vereinbarten im Kyoto-Protokoll, ihre Treibhausgase verglichen mit 1990 bis zum Zeitraum 2008 bis 2012 um 5,2 Prozent zu reduzieren. Für die Entwicklungsländer gab es keine Begrenzungen, weil die Industriestaaten nicht bereit waren, die dafür notwendigen Klimagelder zur Verfügung zu stellen. Indien hatte bei den Verhandlungen zusätzliche Zahlungen für Klimaschutz im globalen Süden jenseits der Entwicklungshilfe verlangt. Entwicklungsländer wie die Inselstaaten (ein Bündnis, dem u. a. die Malediven, Osttimor und Haiti angehören) forderten wie schon zuvor mindestens minus 20 Prozent bis 2005 von den Industrieländern. Die Forderungen verhallten im Nirwana.

Als die Staaten in Japan verhandelten, waren die weltweiten Treibhausgase im Vergleich zum Basisjahr 1990 zudem bereits um rund sieben Prozent angestiegen. Das Budget der Enquete-Kommission von damals war also obsolet. Es brauchte eine neue Budgetierung und Anpassung, sprich: eine Verschärfung der Reduktionsziele. Außerdem gingen die Prognosen von starken Emissionszuwächsen in den Entwicklungsländern, insbesondere in großen Ländern mit schnellem Wachstum aus (China, Indien). Auch in dieser Hinsicht war das Szenario der Bundestagskommission hinfällig.

Als die USA in Kyoto minus sieben Prozent und die EU-Gruppe, die damals aus 15 Staaten bestand, minus 8 Prozent zusagten, wurde tatsächlich ein Katastrophenkurs festgelegt, auch wenn man erstmals verbindliche Ziele vereinbarte. Denn selbst wenn die Reduktionen erfüllt und übererfüllt werden, was tatsächlich auch eintrat, mussten die Emissionen global weiter steigen, da die sanften Reduktionen der Industriestaaten von den Zuwächsen in den Entwicklungsländern mehr als aufgehoben würden.

Kyoto war aber nicht nur ein Desaster, es war auch eine Farce. Das Protokoll teilte nicht einmal mit, welche Temperaturobergrenze einzuhalten sei – wann »gefährlicher Klimawandel«, den man ja seit Rio zu verhindern trachtete, beginnt. Es blieb daher auch vollkommen unklar, wer wie viele Gase überhaupt noch emittieren dürfe, um das Schlimmste zu verhindern. Die Ziele der Industriestaaten wurden im wissenschaftsfreien Raum wie auf einem Basar ausgehandelt. Eine Budgetrechnung hätte die Absurdität der Veranstaltung offengelegt. Niemand in den Industriestaaten, außer einigen Klimadissidenten am Rande der öffentlichen Debatte, hatte jedoch Interesse, das Desaster von Kyoto an die große Glocke zu hängen.

Klar war auch, dass es keine Vorreiter mehr geben konnte. Zwar versprach die schwarz-gelbe Bundesregierung wie auch Dänemark im EU-Lastenausgleich minus 21 Prozent bis 2012 zu erzielen. Aber das lag deutlich unter dem schon gekürzten nationalen Ziel von minus 25 Prozent bis 2005. Auch war weit mehr drin, da Deutschland von der Wiedervereinigung profitierte und ein Wechsel von der stark subventionierten Kohle zu Naturgas (das bei der Verbrennung weniger CO_2 ausstößt) automatische Emissionsminderungen versprach.[109] Trotzdem reduzierte die BRD in Kyoto ihre Ambition. Auch das Klimaziel Großbritanniens, den Ausstoß um 13 Prozent zu mindern, schien nur auf den ersten Blick ehrgeizig. Denn dort waren die Treibhausgase schon durch den Wechsel von Kohle auf Gas (»Dash for Gas«) seit 1990 beträchtlich gesunken. Eine Folge der britischen Gasvorkommen in der Nordsee sowie der Privatisierung des Kohlebergbaus.

Außerdem dienten in Kyoto territoriale Emissionen als Grundlage für die Klimaziele. Territorial bedeutet, dass ausschließlich diejenigen Gase einem Land angerechnet werden, die auf seinem Gebiet direkt entstehen (zum Beispiel durch das Herstellen oder Fahren von Autos), nicht aber auch die, die in den importierten Waren aus anderen Ländern stecken. Für die Industriestaaten war das vorteilhaft, nicht so für die Entwicklungsländer. Denn immer mehr energieintensive Industrieproduktion mit hohen Emissionsraten wurde damals in die Entwicklungsländer verschoben. Die dort hergestellten Produkte werden allerdings in den USA oder Europa konsumiert, nicht in China oder Indien. Der Anstieg der Treibhausgase in Asien geht zu einem Teil auf dieses sogenannte Outsourcing zurück.

Zwischen 1990 und 2010 stiegen die Treibhausgase, die in solchen Produkten enthalten sind (sogenannte Emissionstransfers), durchschnittlich um zehn Prozent pro Jahr auf eine jährliche Gesamtmenge von 1,4 Milliarden Tonnen Kohlendioxid. Damit allein würden alle Reduktionen unter dem Kyoto-Protokoll übertroffen, wie Glen Peters, Experte für Klimapolitik am Centre for International Climate and Environmental Research in Oslo (CICERO), feststellte. Die Klimaziele seien »irreführend«, kritisierte David Victor, Energiepolitik-Forscher von der University of California in San Diego. Der Vertrag basiere auf »fragwürdigen ökonomischen Annahmen und fehlerhaften Anrechnungssystemen«. Der Harvard-Professor für Ökonomie Robert N. Stavins prognostizierte, dass die Effekte des Abkommens auf den Klimawandel »so gut wie nicht vorhanden sein werden«. Die globale Emissionsminderung bis 2050 berechnete er auf 2 bis 3 Prozent, durchaus im statistischen Fehlerbereich und letztlich trivial.[110]

Die Weltbank stellte 2010 in einer Studie fest, dass das Kyoto-Protokoll nicht einmal einen nennenswerten Einfluss darauf gehabt habe, den globalen *Zuwachs* der Treibhausgase zu mindern. Am Ende der Kyoto-Phase 2012 lagen die weltweiten energiebedingten CO_2-Emissionen um 50 Prozent höher als gegenüber dem Basisjahr 1990, die Treibhausgase (inklusive Methan, Lachgas etc.) um 35 Prozent. Das ist auch deswegen bemerkenswert, da die Ziele der Länder, die sich zu Reduktionen verpflichteten, deutlich übererfüllt wurden. Weil die USA den Vertrag nicht ratifizierten und Kanada später ausstieg, blieben noch 36 Kyoto-Staaten. Sie kamen zusammengenommen bis 2012 auf minus 24 Prozent. Selbst wenn man die USA und Kanada einschließt, sind es noch rund 12 Prozent weniger Treibhausgase als 1990 für die Industriestaaten. Aber auch die Übererfüllung der Klimaziele – sie geht zu großen Teilen auf die Deindustrialisierung Osteuropas zurück – wurde mehr als wettgemacht vom Anstieg im Rest der Welt. Seit 2000 wuchsen vor allem Chinas CO_2-Ausstöße: Sie verdreifachten sich auf fast 10 Milliarden Tonnen. In Indien verdoppelten sie sich auf 2 Milliarden.[111]

Das lag daran, dass in den Entwicklungsländern kein Klimaschutz stattfinden konnte und man dort weiter ausschließlich auf Kohle, Gas und Öl setzen musste. Denn für eine Energiewende fehlte weiter die Unterstützung von Seiten der Industriestaaten. Die Finanzierung dafür sei trotz Kyoto und der zahlreichen Versprechungen weiter »beklagenswert unangemessen« und mache nicht einmal fünf Prozent der minimal benötigten Summe aus, bilanzierte die Weltbank 2010. Die Mittel der Industriestaaten würden zudem im Rahmen des in Kyoto vereinbarten Emissionshandels bereitgestellt, was ineffektiv sei. Dabei handelt es sich um Hilfen für Umweltprojekte in Dritte-Welt-Ländern. Die für solche Projekte berechneten Minderungen können sich die jeweiligen Geberländer gutschreiben. Doch die Kyoto-Marktinstrumente wie »Clean Development Mechanism« (CDM) oder »Joint Implementation« führten am Ende gar nicht zu Emissionsminderungen, wie Studien zeigen.

Denn die Projekte, so Kevin Anderson vom Tyndall Centre, kompensierten nicht fossile Energieproduktion und steigerten den Konsum in den Entwicklungsländern.[112] Zudem stellte die Weltbank fest, dass die Finanzinstrumente an »Konstruktionsfehlern wie Umsetzungs- und Verwaltungsmängeln« litten. Es gab Schlupflöcher und Möglichkeiten des

Missbrauchs in einem Dschungel bürokratischer Bestimmungen.[113] Der Emissionshandel bremste zudem die Energiewende in den Industriestaaten aus, da man Reduktionsanstrengungen auf den globalen Süden auslagern konnte.[114] Es dauerte acht Jahre Nachverhandlungen, bis das Abkommen von Kyoto schließlich am 16. Februar 2005 überhaupt in Kraft treten konnte. Umweltpolitiker, -organisationen und -wissenschaftler feierten den Klimavertrag »überschwänglich«, wie Hermann Scheer berichtet. Man sprach von einem »neuen Zeitalter«. Die Bundesregierung schaltete Zeitungsannoncen mit dem Titel: »Sibirien bleibt kalt«. Botschaft: Wir haben den Klimawandel unter Kontrolle. Die *Taz* brachte die Schlagzeile: »Großer Schritt für die Menschen, aber nur ein kleiner für das Klima«. Die beiden Halbsätze drückten das »Dilemma der Kyoto-Protokoll-Enthusiasten« aus, so Scheer, »Riesengewinn, aber es bringt letztlich nichts«. Trotz der Verwässerungen im Zuge der Nachverhandlungen (um die USA noch ins Boot zu holen, was aber nicht gelang) hieß es nun: »Besser ein schlechtes als gar kein Abkommen.«

Der Kyoto-Vertrag verdiene aber dieses Lob nicht, schreibt Scheer. Die Verpflichtungen seien viel zu schwach, und das im Protokoll verkörperte »neoliberale Energiedenken« mit Marktinstrumenten und Konsenslösungen habe eine komplizierte Verwaltung entstehen lassen, die Klimaschutz lähmt und in falsche Richtungen lenkt. Das Lob würge zudem jede Dynamik, jeden Druck auf die Regierungen ab: »Seitdem überwiegt eine kritiklose Einstellung zum Kyoto-Protokoll, die die falsche Beruhigung vermittelt, jetzt sei alles auf dem besten Weg. Wegen dessen Ablehnung durch die US-Regierung und den US-Senat ist es zum Symbol für die politische Bereitschaft zum aktiven Weltklimaschutz geworden – zum Unterscheidungsmerkmal zwischen Gut und Böse.«[115]

Auf der guten Seite stand in der Öffentlichkeit vor allem die deutsche Regierung, insbesondere Angela Merkel, die den Vertrag maßgeblich mit entworfen hatte. Sie stieg auf zur Klima-Lichtgestalt. 2007 wurde sie vom US-Magazin *Time* zum »Hero of Environment« (Umweltheldin) gekürt. Eileen Claussen, die für Clinton das Abkommen mitverhandelte, erinnert sich, wie Merkel die Nacht hindurch daran arbeitete, die »Vorbehalte der Entwicklungsländer-Delegationen« 1997 zu überwinden. »Sie war außergewöhnlich in ihrem Bestreben, ein positives Ergebnis zu erzielen (...) Die Kyoto-Verhandlungen hätten ohne sie nicht funktioniert.« Wir werden bei den Klimagipfeln von Kopenhagen und Paris noch genauer sehen, wie die Regierungen der Industriestaaten unter Führung der USA und Deutschlands »Vorbehalte« der Entwicklungsländer in Verhandlungen »überwinden«. Die Inselstaaten Nauru, Kiribati und Niue konnten ihre von Merkel überwundenen Vorbehalte nur noch an das Protokoll als Erklärung anhängen. Man betrachte die »Verpflichtungen zur Emissionsreduktion in Artikel 3 des Kyoto-Protokolls für unangemessen, um gefährliche Eingriffe der Menschheit in das Klimasystem zu verhindern«.[116]

Mit dem Abkommen wurden die Weichenstellungen für den Crashkurs in Beton gegossen. Die Industriestaaten erklärten, dass sie die nächsten fünfzehn Jahre bei sich zu Hause wenig bis nichts gegen die Erderwärmung unternehmen und die Treibhausgase im Rest der Welt unkontrolliert steigen lassen werden. Das geschah dann auch. Mit jeder Menge billigem Kohlestrom durften westliche Unternehmen in den armen Ländern ungestört Spielzeug, Elektronik und Kleidung für den Konsum in den reichen Ländern herstellen, inklusive Ausbeutung der ArbeiterInnen, mit verheerenden Folgen für die Atmosphäre.

Die schicksalhafteste Phase der Menschheit beginnt

Die Menge jubelt, als Barack Obama die Bühne betritt. Sie halten blaue Schilder in die Luft. Darauf steht: »Change We Can Believe In« (Wandel, an den wir glauben können). Es ist eine Wahlkampfveranstaltung im Bundesstaat Indiana in den Vereinigten Staaten im Jahr 2008. Obama verspricht eine Kehrtwende in der Energie- und Umweltpolitik. Als Präsident werde er 15 Milliarden Dollar jährlich in erneuerbare Energien investieren: »In den nächsten zehn Jahren werden wir fünf Millionen neue Jobs im Bereich saubere Energie schaffen. Gut bezahlte Arbeitsplätze, die nicht ins Ausland verlagert werden. Wir planen die geschlossenen Fabriken wieder zu öffnen. Diese Fabriken stellten mal Stahl her. Sie werden nun Windturbinen produzieren. Andere Fabriken werden Solaranlagen herstellen. Wir werden das hypersparsame Auto der Zukunft bauen, nicht in Japan, nicht in Südkorea, sondern hier in Indiana, hier in den Vereinigten Staaten von Amerika.«

Obama droht den Luftverschmutzern, sie sollen in Zukunft kräftig bezahlen. Kein Unternehmen dürfe mehr Treibhausgase umsonst ausstoßen. Nicht den Unternehmen gehöre die Luft, sondern der Allgemeinheit. Gebäude verursachten 50 Prozent der CO_2-Emissionen in Amerika. Ab 2030, so verspricht der demokratische Kandidat, sollen alle neugebauten Gebäude in den USA kohlenstoffneutral sein: »Wenn die Welt auf das Weiße Haus blickt, um zu erfahren, was Amerika über Klimawandel zu sagen hat, dann werde ich sie wissen lassen, dass die USA den Herausforderungen gewachsen sind, dass man hier bereit ist, wieder zu führen. Wir sind bei der Energiefrage nicht ins Hintertreffen geraten aufgrund von mangelndem Erfindergeist oder fehlender Initiative der Amerikaner. Ich habe zu viel an Innovation und Möglichkeiten in diesem Land gesehen, um das zu glauben.«

Während des Wahlkampfs reiste ich 2008 für eine Reportage durch die USA. Überall im Land stieß ich auf Klimapioniere, Umweltbegeisterte und grüne Aufbruchsstimmung. Ich traf auf Menschen, die dem Schweizer Louis Palmer in seinem selbstgebauten »Solartaxi« zujubeln, der die Erde mit Sonnenenergie umrundete. Ich begleitete die fünfköpfige Familie Katz-Christy, die ihr Auto verkauft hatte und ganz auf Fahrrad umgestiegen war. Page und Deeds O'Brien erklärten mir, warum sie ihre gutbezahlten Jobs in der IT-Branche an den Nagel gehängt hatten, nun einen Mom-and-Pop-Shop mit ausschließlich erdfreundlichen, recycelten Produkten führten und das Familienleben CO_2-neutral organisierten. Ich reise zum weltbekannten Ort Woodstock, der mit Solarenergie und Wasserkraft betrieben wird. Und ich ließ mir von ArbeiterInnen um Omar Freilla erzählen, wie sie in der South Bronx New Yorks gegen Umweltrassismus ankämpfen. Man wolle nicht mehr zusehen, wie aus schwarzen und hispanischen Kommunen Müllhalden werden. Seitdem sammeln die »Green Worker Cooperatives« brauchbare Baumaterialien ein, erneuern sie wenn nötig und verkaufen sie günstig weiter. Klimaschonend.

Aber es war nicht allein die Sehnsucht der Amerikaner nach einer Energiewende, nach einer intakten Umwelt und sauberen Jobs, die die Kampagne von Obama bewegen konnte, Klimaschutz auf die Wahlkampfbühne zu bringen. Der Umschwung wurde vor allem von Bürgerinitiativen bewirkt, die die Demokraten dazu drängten. So zogen am ersten Montag im September 2006, am Labor Day, dem Gedenktag für die Arbeiterbewegungen in Nordamerika, Tausende durch den Bundesstaat Vermont im Nordosten der USA. Immer mehr schlossen sich an. Über fünf Tage dauerten die Märsche. Die Menschen schliefen auf den Feldern. Schließlich kamen sie in Burlington, der Hauptstadt von Vermont, an. Es gelang ihnen, alle Kandidaten für Kongress und Senat, einschließlich die konservativen Republikaner und den späteren Senator Bernie Sanders, dazu zu bringen, ein Versprechen zu unterzeichnen, sich als gewählte Vertreter dafür einzusetzen, dass die USA ihre CO_2-Emissionen bis 2050 um mindestens 80 Prozent reduzieren.[117]

Angeführt wurden die Demonstrationszüge von Bill McKibben, der 1989 das Buch »The End of Nature« veröffentlicht hatte – das erste, das die globale Erwärmung einem breiten Publikum verständlich machte. Durch den Erfolg ermutigt startete McKibben im Januar 2007 mit sechs Studierenden am Middlebury College in Vermont eine Webseite. Die sieben AktivistInnen, umgeben von den Green Mountains, Wäldern und Flüssen nahe der kanadischen Grenze, wo der Agrarunternehmer John Deere einst die Schmiedekunst erlernte, hatten weder Geld noch eine Organisation. Also schrieben sie E-Mails an Leute, von denen sie glaubten, dass sie helfen könnten. Drei Monate später kündigte die Initiative auf der Homepage an, dass 1400 Demonstrationen in allen fünfzig US-Bundesstaaten parallel stattfinden werden. Es war, wie man später feststellen sollte, die größte Graswurzel-Umweltaktion seit dem Earth Day 1970, bei dem zwanzig Millionen Amerikaner, ein Zehntel der damaligen amerikanischen Gesamtbevölkerung, demonstrierte und damit die keineswegs zum Umweltschutz neigende Nixon-Administration zwang, eine Reihe von progressiven Umweltregulierungen zu erlassen.[118]

Einige Tage nach der Aktion »Step It Up« unterstützten die beiden demokratischen Anwärter auf das Präsidentenamt, Hillary Clinton und Barack Obama, das Ziel der Proteste, die Emissionen bis 2050 um mindestens 80 Prozent zu senken. Bis dahin hatte es in Washington D. C. als zu radikal gegolten, sich öffentlich zu Klimazielen zu äußern. Die politische Resonanz und das schnell schmelzende Eis der Arktis im Sommer 2007 motivierten die Aktivisten, über weitere Schritte nachzudenken. Im Januar 2008 veröffentlichen James Hansen und sein Team ein Papier, in dem sie zu dem Schluss kamen, dass eine CO_2-Konzentration von 350 ppm die sichere Obergrenze sei, um das Klima stabil zu halten. Dieser Wert war zwar schon überschritten, aber die Aktivisten um McKibben übernahmen die Zahl für eine weltweite Kampagne, um auf die Dringlichkeit der Krise aufmerksam zu machen. So wurde ein abgeschiedener Ort in New England zur Geburtsstätte der wohl größten Global-Warming-Bewegung: 350.org. Überall auf der Welt fanden nun Demonstrationen statt unter dem Banner »350«: von Beijing über die Berge des Himalaya, das australische Great Barrier Korallenriff bis hin zur Osterinsel vor der Küste Chiles. Parallel dazu formierte sich eine weltweite Bewegung für Klimagerechtigkeit. Frustriert vom Kyoto-Resultat artikulierten verschiedene Organisationen 2002 die »Bali Principles of Climate Justice«. Zwei Jahre später gründete sich die Durban Group for Climate Justice im südafrikanischen Durban. Auf der 13. Klimakonferenz in Bali im Jahr 2007 hatte die Bewegung ihren endgültigen Durchbruch. Dabei kam es zum offenen Konflikt mit dem Climate Action Network (CAN), in dem Hunderte NGOs und Umweltverbände organisiert sind. CAN agierte bis dahin als dominierende Umweltlobby-Gruppe bei der UN. Ihr wurde aber zunehmend vorgeworfen, die Vertreter der Dritten Welt kleinzuhalten, zu wenig politischen Druck aufzubauen und die marktbasierten Reformansätze kritiklos zu stützen. Aus dem Konflikt ging schließlich in Bali das Netzwerk Climate Justice Action (CJA) hervor, dem heute 400 NGOs und Initiativen wie Friends of the Earth International, La Via Campesina, 350.org oder Attac angehören.[119]

In der Gründungserklärung von 2007 verlangte Climate Justice Action: fossile Brennstoffe im Boden lassen; stattdessen in erneuerbare Energien investieren; verschwenderischen Überkonsum drastisch reduzieren (vor allem im globalen Norden, aber auch in Bezug auf südliche Eliten); massive Finanztransfers vom Norden in den Süden (als Rückzahlung der Klimaschulden); auf Menschenrechten basierende Ressourcenschonung, in deren Rahmen indigene Landansprüche durchgesetzt sowie die Kontrolle von Gemeinden über Energie, Wälder, Land und Wasser gefördert werden soll; nachhaltige, kleinbäuerliche Landwirtschaft und Ernährungssouveränität. Es ging also um einen gesellschaftlichen Wandel als Grundlage für fairen Klimaschutz.[120]

Diese neue, »radikalere« und kapitalismuskritische Bewegung stellte die Entwicklungsländer und indigene Gruppen ins Zentrum, die oft an vorderster Front von Umweltverschmutzung und fossilen Abbaustätten kämpften. Sie betrieb dabei einerseits klassische Bildungs- und politische Arbeit, organisierte andererseits Blockaden von Kohlegruben bis zu militanten Kämpfen wie im Niger-Delta. Viele junge AktivistInnen schlossen sich ihr an, die seit dem Treffen der Welthandelsorganisation in Seattle 1999 gegen die Konzern- und Investorenglobalisierung mobil machten.

Es war dieser frische Wind unterschiedlicher Bewegungen, der schon im Vorfeld des Klimagipfels in Kopenhagen im Dezember 2009 viel Aufmerksamkeit und gesellschaftliche Dynamik erzeugte. So fand am 24. Oktober 2009 der International Day of Climate Action statt, organisiert vor allem von 350.org. Riesige Schilder mit »350« wurden in allen Teilen der Welt in die Höhe gehalten. Man veranstaltete Märsche, Fahrraddemos, Teach-ins, Konzerte, klimaneutrale Abendessen, Baumpflanzungen, energiesparende Häuserumbauten, solidarische Kirchenglocken-Spiele und sogar eine Unterwassersitzung des maledivischen Regierungskabinetts. 5245 Aktionen in 181 Ländern wurden abgehalten. Es sei die am weitesten verbreitete politische Demonstration, die je an einem Tag stattgefunden habe, teilte die Bewegung mit.[121]

Während sechzig Nobelpreisträger und Regierungschefs appellierten, sich in Kopenhagen auf ein tragfähiges Abkommen zu verständigen, wurde von Seiten der Klimaleugner eine Kampagne gegen die Forschung eröffnet.[122] Bei dem als »Climategate« bekannt gewordenen Skandal bauschte man kleine Fehler im IPCC-Sachstandsbericht auf und stellte aus dem Zusammenhang gerissene E-Mails von Wissenschaftlern als Beleg für eine Verschwörung hin. Viele Medien sprangen darauf an, die Rede vom Glaubwürdigkeitsverlust machte die Runde. Der Meteorologe Hans von Storch durfte auf *Spiegel Online* einen »Sittenverfall der Zunft« ausmachen und fortan noch eindringlicher die »Klima-Alarmisten« mit ihren »modernen Zentralorganen« denunzieren, zum Beispiel im Nachrichtenmagazin *Focus*. In den USA machten konservative und rechte Sender, vor allem *Fox News*, mit einflussreichen Moderatoren wie Glenn Beck oder Bill O'Reilly Stimmung gegen den »Klimaschwindel«. Das förderte erneut Zweifel in der Bevölkerung, dass die globale Erwärmung ein ernstzunehmendes Problem sei. Der Skandal löste sich später, wie von Anfang an absehbar, in Luft auf. Mehrere Untersuchungen konnten keinerlei Fehlverhalten der Wissenschaftler feststellen.[123]

Schon vor Beginn der Konferenz in Kopenhagen zeigte sich, dass eine Einigung und eine Kursänderung kaum zu erwarten waren. So äußerten Anfang Oktober 130 Entwicklungsländer unter Führung Chinas bei UN-Gesprächen in Bangkok den Vorwurf, dass die USA und andere Industriestaaten versuchen würden, eine Fortschreibung des Kyoto-Protokolls »fundamental zu sabotieren«. Sie wollten das Prinzip der »gemeinsamen, aber geteilten Verantwortung«, wie es in der Rahmenkonvention von Rio festgeschrieben wurde, abschaffen und durch gleiche Regeln für alle ersetzen. Damit werde die historische Verantwortung der reichen Staaten ausgelöscht. Die Regierungen der Industriestaaten verlangten zudem von den Entwicklungsländern Emissionskürzungen, so die Kritik aus dem globalen Süden, während man selbst wenig anbiete. Aber selbst China und Indien könnten zum gegenwärtigen Zeitpunkt nur zusagen, die CO_2-Zuwächse abzuflachen.[124]

Zehntausende Teilnehmer aus aller Welt reisten nach Kopenhagen, darunter mehrere Tausend akkreditierte Journalisten, die über die Verhandlungen im Bella Center ab dem 7. Dezember 2009 berichten wollten. Insgesamt nahmen am Gipfelgeschehen in der dänischen Hauptstadt

63 000 Menschen teil. Es war damit die größte politische Konferenz in der Geschichte der Menschheit. Die Angebote der Industriestaaten waren enttäuschend. Dabei hatte der neue US-Präsident Obama politischen Spielraum für ambitionierte Ziele erhalten. Denn die US-Umweltbehörde EPA hatte Klimagase für gesundheitsschädlich erklärt, was eine Regulierung des Ausstoßes erleichterte. Damit konnte die US-Regierung notfalls auch ohne Zustimmung des Kongresses Klimagesetze verabschieden. Eine Blockade wie beim Kyoto-Vertrag ließ sich umgehen. Doch Obama bestand auf Einbindung des Senats, um politischem Druck auszuweichen.[125] Die US-Delegation bot in Kopenhagen nur 4 Prozent Emissionsminderung bis 2020 an – gemessen am Basisjahr 1990. Die EU und Russland versprachen minus 20. Nach Schätzungen der UN addierten sich die Versprechen der reichen Länder ohne die USA auf 16 bis 23 Prozent, mit den USA auf 11 bis 18. Die Entwicklungsländer verlangten von ihnen aber mindestens minus 40.[126]

Schon am zweiten Tag der Konferenz sickerte ein Entwurf für einen Verhandlungstext durch. Der sogenannte »Danish Text«, ausgearbeitet von Delegationsvertretern mutmaßlich aus den USA, Großbritannien und Dänemark, war ein Affront gegen die Entwicklungsländer. Er enthielt für die Industriestaaten keine bindenden Klimaziele mehr. Andererseits sollten die Entwicklungsländer 2050 faktisch nicht mehr als 1,44 Tonnen pro Person emittieren, während den reichen Ländern dann noch 2,67 Tonnen zustünden. Zugleich sollte die Rolle der Vereinten Nationen bei der Finanzierung geschwächt werden.[127]

Grundlage für die Aufteilung der Treibhausgase, wie sie im »Danish Text« zu finden ist, war ein Vorschlag, den Angela Merkel in Kopenhagen bei einem Treffen ausgewählter Staatschefs auf den Tisch gelegt hatte. Danach sollten die Industriestaaten ihre Emissionen bis 2050 um 80 Prozent minimieren, um global damit minus 50 Prozent zu erreichen – ein Reduktionskurs, wie er von der Enquete-Kommission des

Bundestages 1990 empfohlen wurde. Die Zielvorgaben waren komplett veraltet und weit entfernt von dem, was notwendig wäre, das 2°C-Ziel noch einhalten zu können, ganz zu schweigen von 1,5°C. Um deutlich und sicher unter 2°C zu bleiben, durften nur noch 600 bis 750 Milliarden Tonnen CO_2 emittiert werden. Der Merkel-Vorschlag veranschlagte jedoch ungefähr 1200 bis 1500 Milliarden Tonnen, wie das South Centre berechnete. Die Organisation kritisierte auch, dass die Verteilung unfair sei. Die Industriestaaten erhielten für den Zeitraum zwischen 2010 und 2050 rund 30 bis 35 Prozent der verbleibenden Kohlendioxidmenge, obwohl sie nur 16 Prozent der Weltbevölkerung stellen. Zugleich würden damit implizit die Klimaschulden gestrichen, während der globale Süden gezwungen wäre, durch harte Emissionskürzungen die Lücke zur Stabilisierung des Klimas zu schließen.[128]

Ein Jahr später sollten von Wikileaks veröffentlichte Botschafts-Depechen Einblick geben, wie vor allem die USA durch Spionage, Drohungen und finanzielle Hilfszusagen versuchten, die politische Unterstützung einzelner Entwicklungsländer für eine Einigung in Kopenhagen zu erzwingen. Auch die EU mischte mit. So traf sich die Kommissarin Connie Hedegaard, zuständig für Klimaschutz, am 11. Februar 2009 mit ihrem Kollegen Jonathan Pershing, stellvertretender US-Abgesandter für Klimawandel, in Brüssel. Hedegaard soll zu Pershing laut Depechen gesagt haben: »Die Aosis-Länder (Allianz von Kleineren Inselstaaten) könnten ›unsere besten Verbündeten‹ seien angesichts ihres Bedarfs an Finanzierung.«[129]

Doch die Rechnung von USA und EU ging nicht auf. Die Vertreter der ärmeren Länder waren über die geheime Verhandlungsstrategie und die Neurahmung außerhalb der UN-Konvention erbost. Boliviens Präsident Evo Morales verlangte in einer Rede vor den Delegierten schließlich, dass die reichen Länder ihre Klimaschulden zurückzahlen sollten und forderte eine Temperaturobergrenze von 1°C. Er schlug zudem vor, einen internationalen Gerichtshof für Klimarecht zu gründen. Immer wieder wurde auf dem Podium das Missverhältnis bei den Emissionen zwischen den USA sowie den EU-Staaten auf der einen Seite und dem globalen Süden auf der anderen angesprochen. Unterstützung erhielten die Entwicklungsländer vom Netzwerk Climate Justice Action, das Beobachterstatus bei den Verhandlungen erhalten hatte. Auch die Protestbewegungen außerhalb des Bella Centers forderten Klimagerechtigkeit. In einer großen Demonstration zogen 100 000 Menschen durch Kopenhagen, um von den Regierungen der reichen Länder Taten zu sehen. Im Vorfeld kam es zu vorbeugenden Massenverhaftungen. Denn im Eilverfahren hatte die dänische Regierung Sondergesetze erlassen. Das »Lømmelpakken« (Lümmelpaket) ermöglichte der Polizei, Menschen bis zu zwölf Stunden bei Verdacht von mutmaßlich »die Ordnung und Sicherheit gefährdenden« Absichten festzunehmen. Ohne weitere Belege konnten so etwa 2000 AktivistInnen und Umweltschützer aus dem Verkehr gezogen werden. Hunderte mussten Stunden auf kaltem Asphalt sitzen, andere wurden zu Sammelstellen außerhalb der Stadt gebracht und dort unter dem Dach einer Mehrzweckhalle in Käfige gesperrt. Darunter auch Organisatoren der Demonstrationen.[130]

Am vorletzten Tag ließ die UN-Verhandlungsführung die Razzien verschärfen und erweiterte den Kreis der Unerwünschten. Etablierte Organisationen wie Friends of the Earth, Avaaz, World Vision und Via Campesina wurden vom Ort verbannt, ihren akkreditierten Vertretern der Zugang verweigert. Den prominenten nigerianischen Umweltschützer Nnimmo Bassey, damals Vorstandsmitglied von Friends of the Earth International, verwiesen Sicherheitskräfte aus dem Bella Center, während der Europa-Abgeordnete José Bové erfolglos zu intervenieren versuchte. Es handelte sich offensichtlich um eine Strafaktion gegen Organisationen von Climate Justice Action mit ihren »radikalen« Forderungen, denn andere Verbände wie etwa Greenpeace waren nicht betroffen.[131]

3000 Demonstrierende zogen währenddessen zum Bella Center. Sie wollten mit NGO-Vertretern und indigenen Gruppen auf dem Gelände außerhalb des Konferenzgebäudes eine »People's Assembly« (Versammlung der Völker) abhalten. Es sollte eine symbolische Aktion werden. Doch dazu kam es nicht. Die Polizei sperrte das Gelände weiträumig ab und griff hart durch, setzte Pfefferspray und Schlagstöcke ein. Das dänische Fernsehen sendete ein Jahr später die Dokumentation »Ein Klima-Krimi!«. Zu hören sind darin Tonaufnahmen des Polizeieinsatzleiters während der Reclaim-Power-Demonstration vor dem Konferenzzentrum. Er forderte die Beamten auf, nicht nur auf die Demonstranten, sondern auch auf die Journalisten einzuknüppeln, »bis der Schlagstock rot glüht«. Am Tag der Ausstrahlung erklärte das Amtsgericht in Kopenhagen, dass die vorbeugenden Massenverhaftungen gesetzeswidrig gewesen seien. Es sah in dem polizeilichen Vorgehen beim Gipfel einen Menschenrechtsverstoß. Die TeilnehmerInnen hätten lediglich von ihrem Demonstrationsrecht Gebrauch gemacht. Das Gericht gewährte den Inhaftierten Schadenersatz von bis zu 1200 Euro.[132]

Am Ende des Gipfels wurde in Kopenhagen nur eine Übereinkunft getroffen, der Copenhagen Accord: eine politische Absichtserklärung, die nicht formell verabschiedet werden musste und keine Reduktionsziele enthielt. Aber es gibt, wenn man so will, auch positive Aspekte. Zum ersten Mal wurde eine Temperaturobergrenze benannt. Die Erhöhung um 2°C sollte nicht überschritten werden. Zudem wolle man über eine Verschärfung auf 1,5°C nachdenken. Ein weiterer Hoffnungsschimmer war, dass die Industriestaaten gezwungen werden konnten, erstmals eine »Hausnummer« an die Klimafinanzierung zu hängen. Ab 2020 werde man jährlich 100 Milliarden Dollar an Hilfen für die armen Länder mobilisieren, für Emissionsminderung und Anpassung an den Klimawandel.

Natürlich waren die Absichtserklärungen viel zu wenig, auch wenn sie zeigten, dass die Industriestaaten in die Defensive geraten waren. Die Zeit für eine Kursänderung verrann zudem immer schneller. Bei viele Aktivisten und Bewegungen machte sich daher Enttäuschung breit. Man war mit großen Erwartungen zum Gipfel gekommen: »Kopenhagen ist die letzte Chance, die wir haben«, hieß es. Die dringend benötigte Antwort wurde jedoch einmal mehr vertagt. Danach schien den meisten die internationale Klimadiplomatie kein Ort mehr, der globalen Krise noch ernsthaft zu begegnen.

Dem politischen Bankrott folgte eine Art emotionaler Erdrutsch. So beschrieb die Journalistin Naomi Klein, wie ein bekannter britischer Aktivist unerschütterlich-optimistisch Journalisten täglich mit Informationen versorgte, aber nach dem Scheitern des Gipfels in einem dänischen Restaurant zusammen mit anderen verzweifelt um Fassung rang. »Ich dachte wirklich, dass Obama verstanden hätte«, soll er immer wieder vor sich hin gemurmelt haben. Der deutsche Aktivist Tadzio Müller, der in Kopenhagen verhaftet wurde und später einen Burnout erlitt, zog nüchtern Bilanz: »Viele von ihnen (den AktivistInnen – D. G.) verfielen daraufhin in eine ›Post-Kopenhagen-Depression‹. Sie zeigten damit die beinahe logische Reaktion auf ein Ereignis, das mit schon fast unmöglicher Wichtigkeit aufgeladen wird und dann komplett scheitert. In den Jahren danach nahmen sie an keiner Klimademo mehr teil. Warum auch? Bringt doch eh' alles nichts.«[133]

Spätestens jetzt musste jedem klar sein, dass die Industriestaaten, allen voran die USA und die der EU, nicht freiwillig von ihrem Kurs abweichen würden. Die Regierungen der reichen Länder setzten nach der weltweiten Finanzkrise auf wirtschaftliche Erholung um jeden Preis und betrieben nationale Industriepolitik zulasten des Klimas. Die Eindämmung der Treibhausgase wurde auch in den Medien auf Wiedervorlage gelegt, während die Berichterstattung über Klimaschutz deutlich abnahm.

Die Emissionsentwicklung von 2009 bis zum nächsten großen Gipfel in Paris 2015 – bereits die 21. Verhandlung dieser Art – dokumentiert dann auch die Auswirkungen des Komplettzusammenbruchs der Klimapolitik. Die Treibhausgase stiegen weiter an, der Crashkurs wurde ungebremst fortgesetzt. In den USA schwächelte die Wirtschaft zwar und die Regierung leitete vereinzelte Klimaschutzmaßnahmen ein, was insgesamt dazu führte, dass die Treibhausgase dort etwas sanken, wenn sie sich auch weiter über dem Niveau von 1990 hielten. Doch die »Werkbänke der Industriestaaten« im globalen Süden, allen voran China und Indien, produzierten unablässig für die reichen Länder, aber auch für eine sich ausweitende Binnennachfrage, was zu immer mehr Kohlendioxid-Ausstoß führte. In Europa erlahmte derweil der Klimaschutz, vor allem in Deutschland, dem ökonomischen und politischen Zentrum der EU. Im »Klimamusterland« blieben die jährlichen Emissionen zum ersten Mal seit 1990 über rund zehn Jahre auf gleich hohem Niveau, stiegen sogar leicht wieder an. All das führte letztlich zu einem weiteren Anwachsen der weltweiten Treibhausgase, während sich das Zeitfenster für eine Stabilisierung immer schneller schloss.

Die Zeit nach Kopenhagen wird später vielleicht als eine der schicksalhaftesten Phasen in der Geschichte bezeichnet werden. Im letzten Jahrzehnt ist die Welt derart nah an den Rand des Abgrunds gerückt worden, dass selbst bei einer historisch rasanten Massenmobilisierung für radikalen Klimaschutz vor allem in den westlichen Industriegesellschaften und einer daran anschließenden globalen Energiewende, angeführt von den USA und den EU-Staaten, die Maßnahmen zur Begrenzung der Klimaerhitzung vielleicht zu spät kommen könnten.

Symptomatisch für die Verschärfung der Krise nach dem Klimagipfel-Debakel ist die Entwicklung in Deutschland. Hier lässt sich das Desaster am deutlichsten besichtigen. Der mildernde Effekt durch die Deindustrialisierung im Osten war lange verspielt. Der kurzfristige Treibhausgas-Einbruch im Jahr 2009, infolge der Finanz- und Wirtschaftskrise, konnte den Negativtrend einer sich deutlich abschwächenden Minderungsleistung noch etwas überdecken. Aber ausgerechnet um die Kopenhagen-Konferenz stockte der deutsche Reduktionsmotor unüberhörbar, obwohl die Umstände für alternative Energien aufgrund der gesunkenen Kosten vorteilhafter waren als je zuvor. Nun zeigte sich, dass der deutsche Klimaschutz nie wirklich tief verwurzelt gewesen ist, weder in politischer noch in ökonomischer Hinsicht.

Man kann das Stocken des Motors auch nicht auf ungünstige Umstände zurückführen, etwa ein stärkeres Wirtschaftswachstum oder einen ansteigenden Konsum. Der Reduktionsmotor, beziehungsweise das, was von ihm übrig war, wurde politisch abgewürgt. So höhlte die schwarz-rote Regierung unter Kanzlerin Merkel und Wirtschaftsminister Gabriel die progressiven Gesetzgebungen wie das EEG aus, um den großen Energiekonzernen ihr Strommonopol zu erhalten. Durch die Bremsmanöver der Regierung schwächten sich die Investitionen in die Erneuerbaren ab und verlangsamten die Energiewende, die in Wahrheit nur eine Stromwende gewesen ist.

Die Liste politischer Eingriffe ist lang. So blockte Merkel alle Versuche des Umweltministeriums, ein Enddatum für Kohlestrom festzulegen. 2013 intervenierte die deutsche Regierung in Brüssel, als man nach fünf Jahren eine Einigung über strengere Emissionsstandards für Autos gefunden hatte. Danach sollten bis 2020 die CO_2-Grenzwerte auf 95 Gramm pro Kilometer abgesenkt werden. Die deutsche Autoindustrie mit ihrem hohen Anteil an Premiummarken – also die Eigentümer und Manager von VW, BMW und Daimler – waren dagegen. Erneut landete EU-Klimaschutz im Verkehrssektor im Schredder.

Merkel soll dabei dem Präsidenten des Europäischen Rats, dem irischen Premier Enda Kenny, gedroht haben, die Rettungsgelder für Irland zu stoppen. Sie machte den Niederlanden und Ungarn klar, dass Fabriken von deutschen Autofirmen in ihren Ländern geschlossen würden. Schließlich fädelte sie einen schmutzigen Deal mit dem damaligen britischen Premier David Cameron ein, dem sie versprach, europäische Bankenregulierungen zu verhindern, wenn Großbritannien helfen würde, die Treibstoffregulierungen einzustampfen. Die CDU erhielt nach der erfolgreichen Intervention 700 000 Euro von den BMW-Hauptaktionären. Die deutsche Autoindustrie schien zufrieden mit der Arbeit der Regierung.[134]

Schon 2007 hatte Merkel andere EU-Staaten unter Druck gesetzt, striktere Auflagen bei Automotoren fallenzulassen. Und es war ebenfalls die Bundesregierung, die 2006 den EU-Emissionshandel sabotierte, der den Umstieg zu erneuerbaren Energien befördern sollte. Die Kanzlerin sorgte dafür, dass große Mengen von Verschmutzungszertifikaten an die Industrie verteilt werden. Die Folge: Der Preis für Treibhausgase fiel in den Keller und konnte keinerlei Lenkungswirkung entfalten. Wir kommen drauf zurück.

Zugleich verschwand Klimapolitik mehr und mehr aus der Öffentlichkeit, während weiter an der Erzählung vom deutschen »Vorreiter« festgehalten wurde – obwohl weder die stagnierenden Emissionen noch die Pro-Kopf-Höhe der Treibhausgase das hergaben. Die Erzählung war so tief verankert im veröffentlichten Bewusstsein und Selbstverständnis der politischen Klasse, dass sie selbst heftige Krisen überleben konnte.

Notprogramm: Der deutsche Klimabankrott

Das lässt sich gut am Notprogramm zur Rettung des Klimaziels 2020 studieren. Ende 2014 erkannte die Bundesregierung nach jahrelangem Warten die physikalische Realität an, dass das 2020-Zwischenziel von minus 40 Prozent gegenüber 1990 nicht mehr zu erreichen sei. Um die Lücke zu schließen, wurde unter Umweltministerin Barbara Hendricks (SPD) am 3. Dezember

2014 ein Aktionsprogramm ins Leben gerufen. Zentraler Baustein war der Stromsektor, also die Kohleverstromung.

Als das Programm verabschiedet wurde, verkündete die Große Koalition stolz, dass das Ziel dank der tatkräftigen Intervention »gerettet« worden sei. In der Öffentlichkeit erweckte man dabei den Eindruck, dass mit dem Aktionsplan die Lücke an Reduktionen bis 2020 geschlossen werden könne. Aber das war nicht der Fall. Vielmehr wurde die Lücke kleingerechnet, um die Maßnahmen zur Rettung des Klimaziels als angemessen darstellen zu können. Nachdem die Regierung das Klimapaket dann verabschiedet hatte, stutzte sie die Maßnahmen immer weiter zurück. Die bekannte Salamitaktik.

Schauen wir uns die Vernebelungsstrategie im Einzelnen an. So setzte die Regierung Ende 2014 die Lücke auf 62 bis 100 Millionen Tonnen an, während sie davon ausging, dass mit den zusätzlichen Maßnahmen 62 bis 78 Millionen Tonnen weniger ausgestoßen werden. Es schien also eine Deckung zwischen Einsparmaßnahmen und zu füllender Lücke im unteren Bereich zu geben. Die Regierung konnte danach behaupten, dass das 2020-Klimaziel, wenn auch nur unter günstigen Voraussetzungen, zu erreichen sei.

Die partielle Deckung wurde jedoch durch die Interpolation eines wissenschaftlich nicht begründeten »Unsicherheitsfaktors« von 1 Prozent CO_2-Reduktion erreicht, der die Lücke willkürlich nach unten ausweitete, auf deutlich weniger als 85 Millionen Tonnen, eben den Wert, den die Regierung zuvor als Richtwert für die Größe der Lücke angegeben hatte. Ohne diese manipulative Veränderung im Datensatz reichten die Maßnahmen selbst im günstigsten Fall nicht aus.

Aber es verhielt sich noch schlimmer. Das Klimaforschungsinstitut Ecofys hatte Mitte 2014 eine Studie erstellt, die den Projektionsbericht, auf dessen Grundlage die Lücke bestimmt worden war, den aktuellen Annahmen der Bundesregierung anpasste (bezüglich Rentenalter der Kohlekraftwerke, Ausbauziele Erneuerbare, Emissionshandel etc.).

Danach war sie weit größer: in Wahrheit umfasste sie 98 bis 121 Millionen Tonnen. Im Worst Case fehlten 60 Millionen Tonnen Einsparungen. Nur die Hälfte davon hätte sich mit dem Regierungsprogramm schließen lassen. Im Best-Case-Szenario würde die Lücke um 80 Prozent aufgefüllt, was immer noch 20 Millionen Tonnen zu wenig bedeutete. Damit reichten die Maßnahmen der Regierung in keinem Fall für das 40-Prozent-Ziel 2020 aus.

Hinzu kam ein weiterer Faktor, der die Kluft vergrößerte. Die prognostizierte Treibhausgasentwicklung ist nämlich stark abhängig vom angesetzten Wirtschaftswachstum. Grundsätzlich gilt: mehr Wachstum, mehr Energieverbrauch, mehr CO_2-Emissionen. So zeigen Studien, dass eine Erhöhung von 0,3 Prozent Wirtschaftswachstum in Deutschland 25 Millionen Tonnen mehr CO_2-Ausstoß bedeutet.[135]

Die Wachstumsannahmen der Emissionsberichte erwiesen sich in diesem Punkt aber als viel zu optimistisch. So gingen alle Berechnungen der Lücke (auch die von Ecofys) von durchschnittlich 1,2 Prozent bis 2020 aus. Doch diese Prognosen waren längst wegen des niedrigen Ölpreises und des schwachen Euros angehoben worden. Die Bundesregierung selbst hatte sie auf 1,8 Prozent für 2014 und 2015 nach oben korrigiert. Wirtschaftsinstitute und der Internationale Währungsfonds gingen von stärkerem Wachstum in den nächsten Jahren aus.

Wenn in der Ecofys-Studie also festgestellt wurde, dass »bis zu 57 $MtCO_2$e (Millionen Tonnen CO_2-Äquivalente – D. G.) zur Zielerreichung fehlen« und damit am Ende nur 35 Prozent statt 40 Prozent Einsparungen bis 2020 erreicht werden könnten, dann handelte es sich um eine sehr moderate Einschätzung. Unter den aktuellen Wachstumsannahmen waren das Risiko und die Dimension der Zielverfehlung deutlich größer.

Dass der Regierungsplan nicht ausreichen werde, um die Lücke zu schließen, war auch das Ergebnis von Greenpeace- und BUND-Analysen, die sich auf diverse wissenschaftliche

Gutachten bezogen. Danach seien 55 bis 60 oder 66 Millionen Tonnen zusätzlicher Minderung bei der Stromerzeugung aus Braun- und Steinkohle notwendig, um das 2020-Ziel noch zu erreichen. Die Regierung ging ursprünglich von einer ähnlichen Dimension aus. Die Klimaabgabe, die Gabriel dann vorschlug, beruhte jedoch auf der Vorgabe, dass lediglich 22 Millionen Tonnen eingespart würden.[136]

Selbst dieser geringe Beitrag wurde in den Verhandlungen mit der Kohleindustrie noch gestutzt. So kündigte Gabriel schließlich an, nur 12,5 Millionen Tonnen einzusparen (einige Braunkohlekraftwerke sollten bis 2020 dafür in eine Reserve gestellt werden). So der Kompromiss mit den Energiekonzernen und der Industriegewerkschaft Bergbau, Chemie, Energie (IG BCE). Eine Greenpeace-Studie von September 2015 urteilte, dass damit das 2020-Ziel auf keinen Fall erreicht werden könne.

Es war also von Anfang an und dann immer deutlicher sichtbar: Die Bundesregierung bemühte sich keineswegs mit ihrem Rettungsprogramm, das Klimaziel für 2020 noch zu erreichen. Gabriel und Hendricks wählten vielmehr einen Kompromiss, bei dem Deutschland als selbsternannter Klimavorreiter im Vorfeld des Klimagipfels in Paris weiter das Gesicht wahren konnte, mit einigen moderaten Nachbesserungen, während die Regierung zugleich das 2020-Ziel de facto aufgab, aus Rücksicht auf nationale Industrieinteressen.

In den Medien wurde dieses Rückzugsgefecht gleichwohl als ambitioniertes Rettungsprogramm gefeiert. So bezeichnete die *Taz* das Maßnahmenpaket als »Etappensieg für Hendricks« und den Kompromiss als »Durchbruch gegen Klimakiller«. Während die kurz vorher aufgeflogenen Emissionstricks Chinas die deutschen Artikelschreiber echauffierten, sah man über die Schönrechnerei der eigenen Regierung wohlwollend hinweg.[137]

Dabei hätten die Journalisten in Presse und Rundfunk wissen können, dass Versprechen der Bundesregierung in Sachen Klimaschutz mit großer Vorsicht zu genießen sind.

Im »Integrierten Energie- und Klimaprogramm der Bundesregierung« vom Dezember 2007, verabschiedet in Meseberg, hieß es zum Beispiel unter der Schlagzeile »Wir halten unser Versprechen«: »Die Bundesregierung hat zum Auftakt der Welt-Klimakonferenz in Bali ein historisches Energie- und Klimaprogramm geschnürt. Das ist in der Geschichte der deutschen Klimapolitik und auch international einmalig. Es gibt kein vergleichbares Industrieland mit einem ähnlich ambitionierten und konkret ausgestalteten Programm! Mit dem beschlossenen Paket verdoppeln wir den bisherigen Klimaschutz Deutschlands. Derzeit stehen wir bei etwa minus 18 Prozent Treibhausgasemissionen gegenüber 1990; mit dem Programm erreichen wir etwa minus 36 Prozent. Damit haben wir einen großen Schritt hin zur Erreichung des Klimaschutzziels von minus 40 Prozent bis 2020 getan.«[138]

Wie die Berechnungen von Ecofys im Jahr 2014 dann aber zeigten, war Deutschland trotz des »historische(n) Energie- und Klimaprogramm(s)« und Nachsteuerns auf dem Weg, sein 2020-Klimaziel um sage und schreibe *10 Prozent* zu verfehlen. Es landete also keineswegs wie regierungsamtlich prognostiziert und fest versprochen bei minus 36 Prozent, sondern lediglich bei minus 30 Prozent. Und das trotz des starken Emissionseinbruchs von minus 5 Prozent durch die Finanzkrise 2009, der 2007 bei Verkündigung des damaligen Klimamaßnahmenpakets noch gar nicht eingerechnet werden konnte.

Auch beim zweiten Rettungspaket blieben die Versprechen hinter der Realität zurück, weil die Maßnahmen viel zu schwach waren. In den Jahren nach Verabschiedung des Regierungsprogramms 2014 stagnierten die Emissionen weiter und sanken keineswegs wie prognostiziert Richtung minus 40 Prozent. Die Lücke von 10 Prozent konnte nicht geschlossen werden.

Ein historischer Treibhausgas-Einbruch 2019 um 6,3 Prozent gegenüber dem Vorjahr ließ Deutschland dem Klimaziel dann doch wieder näherkommen. Die Reduktionssäule sackte wie aus dem Nichts auf minus 35 Prozent ab. Der Grund dafür lag auch hier nicht an ergriffenen Klimaschutzmaßnahmen, sondern an global gefallenen Wind- und Solarstrompreisen, die den deutschen Kohlestromexport mit Hilfe der unsichtbaren Hand des Marktes drosselten. Deutschland profitierte also von günstigen Marktbedingungen. Ebenso haben die Coronakrise und die damit einhergehende Wirtschaftsrezession die Treibhausgasbilanz Deutschlands (wie der Welt insgesamt) zeitweilig aufgebessert. Der deutsche Ausstoß sank 2020 um sage und schreibe 8,7 Prozent. Aber auch das ist ein externer Einmaleffekt. Experten gehen davon aus, dass die Emissionen danach wieder steigen werden, wie nach der Finanzkrise 2009, wenn man nicht massiv gegensteuert.

Das 2020-Ziel wurde letztlich auf der Zielgeraden mit viel Glück knapp erreicht. Aber das ist keineswegs Grund zum Feiern. Zuerst einmal, weil Deutschland von 2009 bis 2019 jedes Jahr deutlich zu viele Treibhausgase ausgestoßen hat, da es in dieser Zeitspanne gar nicht reduzierte. Wenn über Jahre zu viele Emissionen in Anspruch genommen werden, bedeutet es gemäß Budgetrechnung, dass zugleich früher dekarbonisiert (also: Null-Emissionen erreicht) werden muss, um die zu viel ausgestoßenen Mengen hinten raus wieder zu kompensieren. Das ist die Logik eines begrenzten Budgets. Wer am Anfang mehr ausgibt, muss am Ende mehr sparen.

Noch entscheidender aber ist: Es wird bei alldem stillschweigend vorausgesetzt, dass sich die offiziellen Klimaziele, die die Bundesregierung im Rahmen der EU anstrebt, im Rahmen des globalen 2°C-Klimaziels bewegen. Eine Annahme, die jedoch nichts mit der Realität zu tun hat. Das Budget reicht für die wohlhabenden Länder tatsächlich nur noch für fünfzehn, nicht für dreißig bis vierzig Jahre.

Industrielobby gegen Wissenschaft: Die Klimaziele der EU

Am 7. November 2013 fand ein eintägiges Treffen statt, auf dem sich der damalige EU-Kommissionspräsident Manuel Barroso und eine Reihe von EU-Kommissaren mit den Vorstandsvorsitzenden von Arcelor-Mittal, BASF, Bayer, GDF-Suez und anderen Konzernspitzen über die Klimaziele berieten. Organisiert wurde die Lobbying-Veranstaltung von Business Europe, einer Interessenvertretung der europäischen Großindustrie. Auf einem Abschlussfoto sieht man Barroso umringt von europäischen Industriekapitänen. Danach wurden Cocktails und ein Abendessen serviert. Im Bericht zur Veranstaltung heißt es: »Die Industrie braucht eine bezüglich der Kosten wettbewerbsfähige und koordinierte Energie- und Klimapolitik für das Jahr 2030.«

Der mächtige Interessenverband European Roundtable of Industrialists konnte bei einem gemeinsamen Dinner mit dem damaligen französischen Präsidenten François Hollande, der deutschen Bundeskanzlerin Angela Merkel und dem EU-Kommissionspräsidenten Manuel Barroso während des deutsch-französischen Gipfels seine Vorstellungen ebenfalls deutlich machen. Man unterstrich, dass »jede Klima- und Energiepolitik sicherstellen müsse, dass das Ziel, den Anteil der Industrie am Bruttoinlandsprodukt der EU bis 2020 auf 20 Prozent anzuheben, respektiert werde«. Solche und andere Botschaften, über Lobby-Echokammern verstärkt, finden sich auch im Vorschlag der EU-Kommission zum Klimaziel für 2030. Dort heißt es unter anderem: »Die Politik wird in Perspektive auf 2030 ein konkurrenzfähiges und sicheres Energiesystem gewährleisten.«

Die Organisation Corporate Europe Observatory (CEO) dokumentierte in der Studie »Ending the Affair between Polluters and Politicians« das starke Lobbying der fossilen Brennstoffindustrie und energieintensiven Industrie im Vorfeld der

EU-Rahmenvorgaben für 2030: Von Hochglanz-Events mit anschließendem Dinner bis hin zu den Lobby-Mitarbeitern in der Kommission. So soll der Kommissionsmitarbeiter Marten Westrup das Papier geschrieben haben, auf dessen Grundlage Barroso, Energiekommissar Günther Oettinger und Klimaschutzkommissarin Connie Hedegaard die Beratungen führten. Westrup hat früher für Business Europe gearbeitet, eine der einflussreichsten Lobbyorganisationen in Brüssel.[139]

Die CEO-Studie kommt zu dem Schluss, dass »konzertiertes Lobbying von Europas dreckigsten Industrien dazu geführt hat, die Klima- und Energievorschläge der EU zu demontieren«. Die europäische CO_2-Politik verkomme zunehmend zum Potemkinschen Dorf.

Dass der Beratungsprozess von Konzerninteressen dominiert gewesen ist, lässt sich auf allen Verhandlungsebenen nachweisen. So waren Vertreter aus Wirtschaft und Industrie im sogenannten Green-Paper-Prozess von 2013 massiv überrepräsentiert. Im Juli 2013 fand eine Konferenz dazu in Brüssel statt. Wendel Trio, Vorsitzender des Verbunds für Umweltverbände Climate Action Networks Europe (CAN) – der neben den üblichen Vertretern von politischen Denkfabriken und Unternehmenslobbyisten auf dem Podium saß –, merkte sarkastisch an, dass er der einzige Vertreter der Zivilgesellschaft auf der Konferenz sei. Die EU-Kommission nehme wohl an, dass das ausreiche. Der ehemalige Greenpeace-Sprecher forderte vergeblich mehr Klimaschutz ein. Eine einsame Stimme in einem Meer von Lobbyisten und Technokraten. Wie ein Mantra wiederholte die Phalanx aus Wirtschaftsvertretern bei den Sitzungen, dass Klimaschutz die Konkurrenzfähigkeit von europäischen Unternehmen nicht gefährden dürfe.

Bei einer Beratung der EU-Umweltminister im Januar 2014 votierte die deutsche Umweltministerin Hendricks wie ihre Kollegen schließlich für das von der EU-Kommission vorgeschlagene Ziel von minus 40 Prozent bis 2030. Das dürfe jedoch, so Hendricks, nicht zum Nachteil von energieintensiven und im internationalen Wettbewerb stehenden Unternehmen führen. Wichtig sei zudem, dass man dabei mit »Augenmaß« vorgehe, ohne die Verbraucher und die Wirtschaft zu überfordern. So könne die Wettbewerbstätigkeit und Innovationskraft der EU am Ende erhalten werden.

Auch andere Umweltminister betonten, dass der Prozess »kosteneffektiv« verlaufen und die wirtschaftlichen Rahmenbedingungen der jeweiligen Länder beachten müsse. Allein der Minister von Großbritannien verlangte mehr Ehrgeiz beim Klimaschutz. Seiner Meinung nach sollten minus 50 Prozent bis 2030 anvisiert werden.[140]

In Wirtschaftskreisen war man sich einig, auf welche Weise das Ziel »ökonomiefreundlich« erzielt werden soll. Industrieverbände drängten auf eine Fortsetzung des Emissionshandels. Die politisch Verantwortlichen schlossen sich diesem Votum an – ohne Berücksichtigung von Alternativen. Beim Emissionshandel erhalten Firmen sogenannte Verschmutzungszertifikate, die sie einander verkaufen können. Dadurch soll ein Markt für Treibhausgasemissionen entstehen, der den nötigen Anreiz schafft, weniger CO_2 zu emittieren, da Unternehmen letztlich dafür zahlen müssen.

In der Vergangenheit hatte sich jedoch herausgestellt, dass der Markt gar nicht wie gedacht funktionierte. Das lag an verschiedenen Faktoren. Es waren zunächst einmal zu viele Zertifikate ausgestellt worden, ein großer Teil davon überdies gratis, während der Preis für die Verschmutzungsrechte zu niedrig angesetzt wurde. Konzerne konnten mit dem Weiterverkauf der Umsonst-Zertifikate sogar Gewinne machen, wie Studien herausfanden. Es gab ferner eine Reihe von Schlupflöchern, die betrügerisch ausgenutzt werden konnten, indem zum Beispiel die Umsatzsteuer reduziert wurde. Auch konnte man Verschmutzungsrechte durch sogenanntes Offsetting erwerben, bei dem Unternehmen grüne Projekte in Entwicklungsländern gutgeschrieben werden. Es zeigte sich aber, dass das nicht, wie geplant, zu Treibhausgaseinsparungen im armen Teil der Welt führt.[141]

Trotz dieser Mängel hielt man weiter am Emissionshandel fest. Ganz im Sinne einflussreicher Interessengruppen, die nicht vergaßen, Politiker vorab zu erinnern, am »ökonomiefreundlichen« Kurs festzuhalten. So schrieb die Organisation The Institutional Investors Group on Climate Change (IIGCC) – ein Dachverband, der 85 europäische Pensionsfonds, Versicherungskonzerne und Vermögensverwalter vertritt, die insgesamt rund 7,5 Billionen Euro an Vermögen halten – während der Beratungen im Januar 2014 einen Erinnerungsbrief an Kommissionspräsident Barroso. Sie wies darauf hin, dass Investoren einen »stabilen, verlässlichen und kosteneffektiven« Rahmen in Hinsicht auf eine »langfristig ausgerichtete Energie- und Klimapolitik« benötigen. Daher unterstütze man das 40-Prozent-Ziel und habe mit energieintensiven Unternehmen über die »Konkurrenzfähigkeitsrisiken« des Emissionshandels gesprochen. Die sehen im Zertifikatehandel »kein Problem«. Die Botschaft war eindeutig: Bitte weiter so, keine Änderungen![142]

Industrie und Kapital bekamen von den Entscheidungsträgern der EU, was sie wollten. Der Klimaschutz wurde »wirtschaftsfreundlich« (also profitfreundlich) ausgestaltet. Die Untersuchung »Carbon Welfare« stellte zwei Jahre später fest, dass die Reform des EU-Emissionshandels von 2016 energieintensiven Industrien erneut mehr als 230 Milliarden Euro an Subventionen zuspielen werde.[143]

Verblüffend und folgenreich zugleich war aber vor allem, dass im Beratungsprozess keinerlei Diskussion über das Klimaziel minus 40 Prozent stattfand, geschweige denn Studien dazu in Auftrag gegeben wurden. Die Zielmarke setzte man schlicht als unverrückbaren, nicht zu diskutierenden Rahmen voraus. Die Frage, ob das von der EU-Kommission vorgegebene Ziel überhaupt vereinbar sei mit dem globalen 2°C-Limit (und der Menge an Treibhausgasen, die danach noch ausgestoßen werden durfte), wurde zu keinem Zeitpunkt im mehrjährigen Beratungsprozess erörtert. Was umso erstaunlicher ist, als sich die EU mit starken Worten immer wieder zu diesem zentralen Ziel verpflichtet hatte.

Vom Copenhagen Accord bis zu den Camp-David-Erklärungen unterstrich die EU wie alle Unterzeichner der Klimarahmenkonvention, dass man den »Anstieg der globalen Temperatur unter 2°C« halten und entsprechende Maßnahmen ergreifen werde, »dieses Ziel im Einklang mit der Wissenschaft und auf der Basis von Gleichheit« auch zu erreichen. EU-Kommissionspräsident Manuel Barroso hatte bei unterschiedlichen Anlässen immer wieder betont, zum Beispiel auf dem G8-Gipfel im italienischen L'Aquila, dass die EU »die Verpflichtung, den Temperaturanstieg auf 2°C zu begrenzen, in Stein gemeißelt« habe. Und dass man bei der Übersetzung des Ziels in Realpolitik die »Klimawissenschaften respektieren« werde. Zudem warnte die EU auf dem Klimagipfel in Warschau 2013, dass, »wenn das 2-°C-Ziel verfehlt würde«, man mit »verheerenden Folgen« rechnen müsse.[144]

Dass die EU-Kommission weder eine Studie dazu in Auftrag gab noch überhaupt eine Debatte darüber zuließ, wie schnell die Mitgliedsstaaten dekarbonisieren müssen, um das 2°C-Ziel zu halten, hatte seinen Grund. Die politisch Verantwortlichen wussten zu genau, dass die minus 40-Prozent-Marke für 2030 sowie die minus 80 bis 95 Prozent bis 2050 bei Weitem nicht reichten, um die globale Erwärmung einigermaßen auf 2°C zu begrenzen.

Kevin Anderson, renommierter Klimawissenschaftler, ehemaliger Leiter und danach Co-Direktor vom Tyndall Centre for Climate Change Research in Großbritannien, einem führenden Forschungszentrum für Klimawandel und Emissionsmessung, warnte in einem Offenen Brief an Barroso, Oettinger und Hedegaard eindringlich, mit Verweis auf Peer-Review-Studien, dass die EU das 2°C-Ziel de facto aufgebe. Sie müsse dringend ihr Minderungstempo verdoppeln, bis 2030 minus 80 Prozent erreichen und dann schnell bis 2035 auf Null-Treibhausgase zusteuern, um den Planeten stabil zu halten und Kipppunkte im Erdsystem zu vermeiden. Der Brief wurde am 13. Dezember 2013 abgeschickt und veröffentlicht, also mitten im Beratungsprozess.[145]

Gezähmte Forscher: Frisierte 2°C-Szenarien

Bevor wir uns anschauen, wie auf die Warnung reagiert wurde, müssen wir verstehen, worin genau sie wurzelt. Ist die dahinterstehende Berechnung wirklich zwingend? Die EU verwies doch in ihrer Impact-Assessment-Studie zum 2030-Klimaziel, die sich den ökonomischen Auswirkungen des Reduktionspfads und der Maßnahmen widmet, auf den vierten sogenannten Sachstandsbericht des Klimarats (IPCC) von 2007, um ihre Politik zu rechtfertigen.[146] In dem IPCC-Bericht findet sich tatsächlich eine Untersuchung, die zu dem Ergebnis kam, dass minus 25 bis 40 Prozent an Emissionen der Industriestaaten bis 2020 und minus 80 bis 95 Prozent bis Mitte des Jahrhunderts ausreichen, um die globale Erwärmung bei rund 2°C zu stoppen.[147]

Die Klimapolitik der EU schien danach mit dem 2°C-Ziel, wenn auch am unteren Rand des Emissionsspektrums, vereinbar zu sein. Doch bei genauerem Hinsehen ist das keineswegs der Fall. Die Berechnung basiert nämlich auf einer korrumpierten Datenbasis, die mit unrealistischen Emissionsverläufen, inakzeptablen Risikoannahmen, spekulativem Geo-Engineering sowie einer Ungleichbehandlung der Entwicklungsländer die verbleibende Treibhausgasmenge für die Industriestaaten größer erscheinen ließ. Zudem war sie veraltet. Genau darauf wies der Co-Direktor des Tyndall Centre in dem Offenen Brief an die Kommission hin. Denn wenn man hinter die Zahlenfassade schaut, zeigt sich, dass die EU bei der Legitimierung ihrer Ziele wissenschaftliche Erkennt-

nisse bewusst ignorierte und Daten politisch missbrauchte. Denn:
1. Die Verteilung des verbleibenden Treibhausgas-Budgets auf einerseits die Industriestaaten und andererseits die Entwicklungsländer, wie sie in den meisten für die IPCC-Auswertung herangezogenen Szenarien modelliert wurde, hatte wenig mit Fairness zu tun. Sie missachtete das Gleichheitsprinzip, wie von der EU selbst gefordert. Der verwendete Verteilschlüssel richtete sich nicht (oder nur sehr eingeschränkt) am Kriterium für eine gerechte Aufteilung aus. Nach dem Prinzip: Jeder Mensch hat Anrecht auf gleich viele Emissionen, egal wo er lebt. Vollkommen vernachlässigt bei der Zuteilung des künftigen Budgets wurden zudem die Treibhausgassummen der Industriestaaten, die diese seit 1990 oder gar seit der Industrialisierung emittiert hatten. Also die sogenannten historischen Emissionen, worauf wir im nächsten Kapitel zu sprechen kommen.

Die Studie im Auftrag des Klimarats ging sogar so weit, unliebsame Untersuchungen auszusieben. Solche nämlich, die den reichen Ländern ein verhältnisgemäß kleines Emissionsbudget zuteilten. Sie wurden ohne Sachgrund zensiert. Dieser Eingriff führte dazu, dass der dann von der IPCC-Studie gemittelte Emissionspfad für die reichen Länder positiver und moderater ausfiel, während die Entwicklungsländer stärker gefordert wurden. Wenn alle Ergebnisse einbezogen oder gar eine faire Pro-Kopf-Verteilung insgesamt angesetzt worden wären, hätte sich für die Industriestaaten ein deutlich härteres Szenario ergeben.[148]

Der Emissionspfad war zudem unrealistisch. Das trifft vor allem für den unteren Rand des 2°C-Pfads der Industriestaaten zu, auf den sich die EU mit ihrem 2030-Klimaziel ja bezog. Denn wenn diese Staaten als Gruppe bis zum Jahr 2030 bei minus 40 Prozent und Mitte des Jahrhunderts bei minus 80 Prozent landen (gemäß dem offiziell festgelegten Klimakurs der EU), dann blieb für die Entwicklungsländer nur noch ein sehr geringes CO_2-Budget übrig. Sie müssten umgehend die Trendwende einleiten und ebenfalls auf Dekarbonisierungskurs gehen. Die Studie im IPCC-Bericht kaschierte diese unangenehme Wahrheit, indem sie den Emissionskurs der Entwicklungsländer gar nicht quantifizierte. Sie sprach nur vage von »substantial deviation from baseline« (substanzieller Abweichung von der Referenzentwicklung).[149]

Eine illusorische Annahme, die heute längst von der Realität überholt ist. Die Entwicklungsländer waren schließlich auf eine steigende Menge an fossilen Energien angewiesen, um »Luft zum Atmen« zu haben und ihre Ökonomien einigermaßen zu entwickeln. Denn sie kämpfen immer noch mit gravierenden Problemen, extremer Armut (auch Energie- und Stromarmut), Hunger sowie sozialer Unterversorgung. Sie sind bis heute nicht wirklich in der Lage, ohne massive Klimafinanzierung, eine Kehrtwende zu vollziehen. Der Mehrbedarf an Energie kann im globalen Süden auch nicht so einfach durch Erneuerbare kompensiert werden, weil eine CO_2-neutrale Infrastruktur teils gar nicht, teils bloß rudimentär vorhanden ist (aus technologischen und finanziellen Gründen). Von einem Treibhausgas-Peak in den Entwicklungsländern vor 2020 auszugehen, wie es die Berechnung im IPCC-Bericht tat, war illusorisch und mit einer einigermaßen fairen Aufteilung des Budgets nicht vereinbar. Szenarien, die von Forschern in Schwellen- und Entwicklungsländern erstellt werden, erfordern daher auch eine deutlich frühere Dekarbonisierung der Industriestaaten.

2. Hinzu kommt, dass sich der IPCC-Emissionspfad für die Industriestaaten von 25 bis 40 Prozent Minderung für 2020 und 80 bis 95 Prozent für die Jahrhundertmitte auf Szenarien stützt, die getunt sind. Es handelt sich dabei um Projektionen, um sogenannte »Integrated Assessment Modells« (IAM), die nicht von Naturwissenschaftlern, sondern hauptsächlich von Klimaökonomen modelliert werden und die Treibhausgas-Szenarien ergeben. Mit Hilfe dieser Modelle werden letztlich

Emissionsbudgets (zum Beispiel für ein 2°C-Ziel) in einen zeitlichen Verlauf übertragen und entsprechende Reduktionskurven berechnet.

Dabei werden eine Reihe von Annahmen gemacht. Zwei davon, die in fast allen Modellen anzutreffen sind, stellen jedoch manipulative Eingriffe dar, die das Emissionsbudget künstlich größer erscheinen lassen. Man muss sich das Verfahren ungefähr so vorstellen, als würde ein Auto frisiert. Nur wird dabei nicht an einer Vergaser-Schraube gedreht, um die PS-Leistung zu erhöhen. Die Emissionsmodellierer haben andere Stellschrauben, an denen sie den Output wie auf Knopfdruck steigern können.

Eine der beiden Stellschrauben ist die Wahrscheinlichkeit, mit der das 2°C-Ziel erreicht werden soll. Denn sinkt diese Wahrscheinlichkeit in den Modellen, steht plötzlich eine größere Menge an Treibhausgasen zur Verfügung. Wenn zum Beispiel von einer Chance um 60 Prozent ausgegangen wird, das 2°C-Ziel zu verfehlen, erhöht sich das Kohlenstoffbudget auf das Doppelte gegenüber einer 10-prozentigen Möglichkeit, es nicht zu erreichen.[150]

Nun setzen die meisten Berechnungen die Wahrscheinlichkeit sehr niedrig an. Die Szenarien gehen in der Regel von 30 bis 50 Prozent aus. Um klarzumachen, was das bedeutet: 50 Prozent entspricht einer Fifty-Fifty-Chance, unkontrollierten Klimawandel zu vermeiden. Würden Sie ein Flugzeug betreten, wenn Sie wüssten, dass nur jedes zweite sicher ans Ziel kommt?

Ein hohes Risiko anzusetzen, das Ziel *nicht* zu erreichen, ist im Angesicht der Folgen schon für sich genommen problematisch. Es steht auch in Widerspruch zur Verpflichtung, die in den internationalen Klimaverträgen sowie in den Äußerungen der EU-Kommission und der Bundesregierung zum Ausdruck kommt. Die Industriestaaten haben immer wieder betont, dass das 2°C-Ziel auf jeden Fall eingehalten werden müsse. Das gebiete das Vorsorge-Prinzip, um die Bürger vor den katastrophalen Folgen eines Überschreitens der

2 °C-Schwelle zu schützen. Barroso nannte das 2 °C-Ziel daher auch »in Stein gemeißelt«.

Übersetzt in die Sprache des IPCC[151] bedeutet eine »wahrscheinliche« bis »sehr wahrscheinliche« Chance, das Ziel zu erreichen, eine Wahrscheinlichkeit von mindestens 66 Prozent. Eine »geringe« bis »sehr geringe« Wahrscheinlichkeit, das Ziel zu verfehlen, wird mit einem Risikofaktor von höchstens 10 Prozent quantifiziert. Die klimaökonomischen Modelle setzen aber meist ein viel zu hohes Risiko der Zielverfehlung an. Damit kann das Budget, das den Industriestaaten zur Verfügung steht, mit einem Schlag erhöht werden – in Widerspruch zur »in Stein gemeißelten« Selbstverpflichtung der politisch Verantwortlichen.

3. Die zweite und entscheidende Stellschraube, mit der das Budget in den Modellen frisiert wird, ist die Einrechnung sogenannter verpresster beziehungsweise negativer Emissionen. Es handelt sich dabei um Technologien, bei denen Treibhausgase der Luft wieder entzogen werden sollen. Man nennt das »Carbon Capture and Storage« (CCS beziehungsweise BECCS – BE steht für »Bioenergy«, weil es um Biomasse geht). Dabei werden Treibhausgase, die bei der fossilen Verbrennung zur Energieerzeugung entstehen, in Anlagen wieder abgesaugt und mit Rohren unter die Erde verpresst.

In den Modellen wird nun fest eingeplant, dass diese Technologien in Zukunft massenhaft implementiert werden, um große Mengen an Treibhausgasen unter der Erdoberfläche oder den Meeren verschwinden zu lassen. So entstehen plötzlich jede Menge eingesparte beziehungsweise negative Emissionen, die das Budget an noch zu emittierenden Treibhausgasen magisch vergrößern. Daher wird in den Szenarien und politischen Verlautbarungen auch immer von »Netto-Null« gesprochen. Das heißt also nicht, dass keine Treibhausgase mehr ausgestoßen werden. Es heißt nur, dass man in Zukunft mindestens genauso viele Treibhausgase der Luft entzieht wie noch in die Atmosphäre gelangen.

Doch bisher ist diese Technologie gar nicht ausreichend erforscht. Es gibt heute weltweit nur ein einziges Kraftwerk – in Kanada –, wo CCS nennenswert angewendet wird. Dort zeigt sich, dass die Technologie nicht annähernd die CO_2-Einsparungen erzielt, die man sich erwartet hatte. Tatsächlich sind es nur 40 Prozent der anvisierten Menge. Der Betreiber ist in den letzten Jahren zudem finanziell wie juristisch unter Druck geraten, wegen diverser Probleme und Klagen. Unklar ist auch, ob das Gas überhaupt Hunderte bis Tausende Jahre lang im Boden bleiben wird – was ja notwendig ist, um unkontrollierte Temperaturanstiege auszuschließen. Und schließlich stellt ein Entweichen der verpressten Gase eine große Gefahr für die Bevölkerung in der Nähe solcher Anlagen dar. Daher gibt es überall, wo solche Anlagen geplant werden, auch Widerstand und Proteste.[152]

Abgesehen vom Problem der Umsetzung sind die projizierten Einsparsummen (also die Mengen der abzusaugenden und dann unter die Erde zu pressenden Treibhausgase, die die Modelle einrechnen) astronomisch. So haben die naturwissenschaftlichen IPCC-Berechnungen 2017 ergeben, dass den Menschen noch rund 800 Milliarden Tonnen Kohlendioxid für das 2°C-Ziel zur Verfügung stehen. Aber in den klimaökonomischen Modellen werden daraus auf einen Schlag doppelt so viele: 1600 Milliarden Tonnen. Der Grund: Die Klimaökonomen gehen davon aus, dass hunderte Milliarden Tonnen Kohlendioxid mit CCS-Technologien in den nächsten Jahrzehnten unter der Erde verpresst werden und dort Jahrtausende lang eingeschlossen bleiben. Nichts davon ist auch nur ansatzweise erprobt und in der eingeplanten Dimension denkbar.[153]

4. Es gibt noch eine andere Geo-Engineering-Maßnahme, mit der sogenannte negative Emissionen erzeugt werden sollen: massive Aufforstungen. Hunderte Milliarden neu angepflanzte Bäume könnten in Zukunft, so die Modellannahmen der Klimaökonomen, riesige Mengen an Kohlendioxid

aus der Luft binden. Es sei dann auch möglich, die Biomasse der Bäume in Anlagen zur Energiegewinnung zu verbrennen, während man die dabei entstehenden Emissionen unter die Erde pumpt. Ein großer, globaler CO_2-Staubsauger. Der Haken: Die dafür benötigte Fläche umfasst die doppelte bis dreifache Größe Indiens.[154]

Bäume anzupflanzen, um damit das Klima zu schützen, ist sicherlich eine sinnvolle Maßnahme. Ebenso sinnvoll kann es sein, weiter an CCS zu forschen, um Möglichkeiten der technischen CO_2-Minderung zu testen. Doch Aufforstungen in illusorischer Dimension einzuplanen, um das Emissionsbudget vor allem der reichen Länder massiv zu erweitern, entspringt reinem Wunschdenken. Seriöse Untersuchungen gehen auch nur von geringen Minderungspotenzialen durch Anpflanzungen und Waldschutz aus.[155]

Denn es gibt eine Reihe von Problemen in der wirklichen Welt, die dieser Wunderlösung enge Grenzen ziehen. Vor allem fehlen verfügbare Flächen, die geeignet sind für Großanpflanzungen. Bewaldungen können zu starkem Absinken des Grundwasserspiegels führen, was nicht nur die Wälder, sondern auch die Landwirtschaft in der Region langfristig gefährdet. Zudem stehen Anpflanzungen bei wachsender Weltbevölkerung in Konkurrenz zu Anbauflächen für Nahrungsmittel. Schließlich ist die CO_2-Bindung von Wäldern volatil (und funktioniert überhaupt nur, wenn natürliche Verrottungsprozesse ausgeschlossen werden). Denn der Kohlendioxid-Umwandlungsprozess kann revidiert werden durch Dürren, Stürme oder Waldbrände, also Extremwetterereignisse, die vor allem im Zuge der Klimakrise zunehmen werden. Die enormen Waldbrände in Australien, Nordamerika und Asien zeigen, wie Wälder im Handumdrehen von CO_2-Speichern zu Treibhausgaserzeugern werden. Zudem können Bäume Kohledioxid auch erst dann massenhaft binden, wenn sie voll ausgewachsen sind. Das dauert Jahrzehnte, wir brauchen die Einsparungen aber schon in den nächsten zwanzig, dreißig Jahren.

Es ist daher wissenschaftlich betrachtet schlicht unerklärlich, dass von den 400 Klimamodellen (IAMs), die mit einer Wahrscheinlichkeit von 50 Prozent oder mehr das 2°C-Ziel einhalten wollen, 344 auf großdimensionierte Negative-Emissionen-Technologien spekulieren. Der Rest, also 56 Szenarien, modelliert zwar ohne den Einsatz solcher Technologien, setzt aber den globalen Emissionshöhepunkt um das Jahr 2010, also in die Vergangenheit, während die Emissionen in der realen Welt seitdem immer weiter angestiegen sind.[156]

Solche Szenarien funktionieren letztlich nur, wenn man an Science-Fiction-Zeitreisen glaubt, durch die man entweder die Vergangenheit ändert oder eine Zukunft mit utopischen Technologien vorwegnimmt. Mit Wissenschaft hat das wenig zu tun. Viel jedoch mit der Anpassung von ökonomischen Modellen an die klimapolitischen Vorgaben der Industriestaaten, die ihren Dekarbonisierungskurs ökonomiefreundlich gestalten wollen.[157]

Die Einrechnung von Extra-Emissionen in die Modelle ist zudem einseitig. Denn es gibt auch Feedback-Effekte, durch die sich das Budget zukünftig stark verkleinern könnte. Damit sind Kipppunkte (»tipping points«) gemeint wie das Auftauen der Permafrostböden in Alaska oder Sibirien, wodurch große Mengen an Methangasen freigesetzt werden. Methan ist ein weit aggressiveres Treibhausgas als Kohlendioxid. Je wärmer es also wird, umso mehr Methan kann in die Atmosphäre gelangen, was wiederum die Erwärmung beschleunigt. Der Klimaforscher Stefan Rahmstorf nennt die Permafrostböden daher einen »schlafenden Giganten« mit 1400 Milliarden Tonnen an Kohlenstoff. Wenn nun solche Kipppunkte im Zuge der Erderwärmung erreicht werden, würden auf einmal für die Energiegewinnung deutlich weniger Treibgase in einem 2°C-Szenario zur Verfügung stehen als angenommen.[158]

So kommt eine Untersuchung der Universität Oxford mit dem Titel »Assessing ›Dangerous Climate Change‹« unter Leitung des Klimaforschers James Hansen von der NASA zu dem

Resultat, dass derartige Rückkopplungseffekte das verbleibende Budget in Zukunft stark einschränken könnten: »Kumulative Emissionen von ~1000 GtC (ungefähr 1000 Milliarden Tonnen Kohlenstoff), die manchmal mit einer globalen Erwärmung von 2°C assoziiert werden, würden ›langsame‹ Rückkopplungen erzeugen und schließlich zu einer Erwärmung von 3–4°C mit verheerenden Konsequenzen führen.« Daher brauche man umgehend radikale Emissionsreduktionen, denn das Budget sei wahrscheinlich deutlich kleiner als angenommen.

Während nun fast alle Modelle, auf die sich die 2°C-Szenarien stützen, spekulativ von einzusparenden Emissionen durch unerprobte Technologien ausgehen, wird das Risiko von Extra-Emissionen durch das Erreichen natürlicher Kipppunkte im Erdsystem nicht ein einziges Mal einbezogen. Diese Einseitigkeit ist wissenschaftlich nicht zu erklären.[159]

5. Das Szenario im IPCC-Bericht von 2007 konnte noch aus einem anderen Grund nicht das 2014-Klimaziel der EU-Kommission stützen. Die weltweiten Emissionen sind wie gesagt weiter angestiegen, wodurch die zu verteilende Menge stark geschrumpft ist. Im Klartext: Die Berechnung war veraltet – und das ist, wie erwähnt, bei einem begrenzten Budget folgenreich. So wurden in den sechs Jahren nach dem IPCC-Report von 2007 bis zu den Klimaberatungen der EU 2013 allein 200 Milliarden Tonnen Kohlendioxid in die Atmosphäre ausgestoßen. Das globale Budget von rund 1000 Milliarden Tonnen hatte sich um ein Fünftel auf rund 800 Milliarden verkleinert. Heute ist es noch viel kleiner, da weiter steigende Mengen in die Atmosphäre gelangen. Wenn man von diesem geschrumpften Budget noch die nicht energiebedingten Quellen herausrechnet, also Treibhausgase einbezieht, die durch Entwaldung und bei der Zementherstellung mindestens entstehen (sogenannte Prozessemission für Zement, der zur Schaffung einer kohlenstoffarmen Infrastruktur und für die wirtschaftliche Entfaltung der Entwicklungsländer nötig wird), dann bleiben,

so die Berechnungen von Klimawissenschaftlern, nur noch sehr wenige Gase für die Energieerzeugung der Industriestaaten übrig. Es reicht höchstens noch bis 2035.[160]

Die nackte Wahrheit 2035

All das war den politisch Verantwortlichen klar oder hätte es sein müssen. Im Offenen Brief verwies der Co-Direktor des britischen Tyndall Centre Kevin Anderson ja auf diese Zusammenhänge. So sei in den Szenarien beim »Reduktionstempo der Entwicklungsländer« und dem »Risiko der Zielverfehlung« am Budgetregler »fine-getunt« worden, um die Menge an Treibhausgasen für die Industrieländer zu erhöhen – jenseits des in Klimaabkommen zugesicherten Fairness- und Vorsorgeprinzips. Die zugrunde gelegten Szenarien arbeiteten zu großen Teilen mit virtuellen Treibhausgasschluckern oder mit Emissions-Scheitelpunkten in der Vergangenheit. Zugleich werde ein illusorischer und für die Entwicklungsländer inakzeptabler, weil unfairer, und zudem nicht leistbarer Emissionspeak vor 2020 vorausgesetzt, abseits realistischer Annahmen.[161]

Hinter den schlichten Buchstaben CCS oder BECCS der Szenarien verberge sich eine gigantische Spekulationsblase, eine Wette, die diesmal nicht die Stabilität der Finanzmärkte, sondern die Stabilität des Planeten aufs Spiel setze. Die ehemalige Direktorin des Tyndall Centre Alice Larkin warnte daher: »Es erscheint mir verrückt, ein Bild über eine mögliche 2°C-Zukunft zu zeichnen, das aus Szenarien besteht, von denen 95 Prozent Technologien voraussetzen, die weder erprobt noch annähernd in der anvisierten Dimension funktionieren. Und die restlichen fünf Prozent der Szenarien nehmen kontrafaktisch an, dass die Emissionen in der Vergangenheit schon ihren Höhepunkt erreicht haben, um das Kohlenstoffbudget unseren Bedürfnissen anzupassen.«[162]

Das Ziel der EU sei letztlich »in einem Vakuum wissenschaftlicher Evidenz« festgelegt worden, bringt Kevin Anderson den fatalen Kurs der »Klimavorreiter« auf den Punkt. Er forderte daher die politisch Verantwortlichen in der EU in seinem Brandbrief auf, eine Kehrtwende einzuleiten, um die notwendigen Reduktionen im Einklang mit der Wissenschaft und dem Gleichheitsprinzip zu ermöglichen. Durch spekulative Geo-Engineering-Technologien und Rechentricks das Budget aufzupumpen sei eine gefährliche Vernebelungstaktik. Die EU müsse vielmehr, so Anderson, »rund 10 Prozent pro Jahr ihre Emissionen reduzieren«, um bis 2030 das Ziel von 80 Prozent zu erreichen: »Der Mathematik der Emissionen, die gewährleistet, dass wir mit einer akzeptablen Wahrscheinlichkeit nicht über 2°C hinausgehen, kann nicht entkommen werden. Trotzdem ist ein solches Reduktionstempo weit jenseits dessen, was jene, die in die Diskussionen um das EU-Klimaziel für 2030 involviert sind, auch nur andenken«.[163]

Man sollte sich dabei klarmachen, dass selbst dieses 2035-Szenario keineswegs maximalistisch in Hinblick auf eine faire Verteilung der Emissionen und Risikominimierung ist. Die Entwicklungsländer müssen nämlich in diesem Szenario ab 2025 bis zur Jahrhundertmitte ebenfalls extrem steil dekarbonisieren, 7 Prozent pro Jahr, ohne das ihnen zustehende Budget nur annähernd nutzen zu können. Die Wahrscheinlichkeit der Zielerreichung wurde zudem nur bei gut 50 Prozent angesetzt. Es gibt also ein großes Risiko, dass selbst, wenn alles gut läuft, die 2°C-Schwelle überschritten wird.

Das EU-Ziel, bis 2030 nur 40 Prozent weniger Emissionen gegenüber 1990 auszustoßen, stellt daher nicht einmal die Hälfte von dem dar, was nach wissenschaftlicher Berechnung notwendig wäre. Das Reduktionstempo des europäischen »Klimavorreiters« müsste verdoppelt werden, um 2°C-kompatibel zu werden. Und zwar umgehend, so die Forscher.

Diese Einschätzung war keineswegs eine Einzelmeinung. Auch das Global Carbon Project kam in seinen Budgetberechnungen zu ähnlichen Schlussfolgerungen wie Anderson und Larkin. Ende 2013 fand zudem eine internationale Konferenz mit namhaften Klimaforschern statt. Der Titel war Programm: »Radical Emissions Reduction Conference« (Konferenz über radikale Emissionsminderung). Die Wissenschaftler stimmten auf der Tagung überein, dass die entwickelten Länder bis 2035 dekarbonisiert sein sollten, um das 2°C-Ziel sicher einzuhalten. Die rund vierzig Vorträge mit anschließender Debatte drehten sich vor allem darum, wie das erreicht werden könne. Einer der Vortragenden war Terry Barker – ein erfahrener Klimawissenschaftler und Ökonom, Professor an der School of Environmental Sciences der Universität East Anglia, Vorsitzender der Cambridge Econometrics und Senior Department Fellow der Universität von Cambridge. Er hat über 140 wissenschaftliche Artikel und Bücher zu Energiewirtschaft, Klima- und Mitigationspolitik veröffentlicht. Zudem war er koordinierender Leitautor des dritten und vierten IPCC-Berichts von 2001 und 2007 sowie verantwortlich für »Sektor übergreifende Treibhausgas-Minderung«. Barker hielt auf der Konferenz ein Referat über radikale Dekarbonisierung der Industriestaaten und modellierte einen Pfad von 10 Prozent Minderung pro Jahr, also dem, was für eine Dekarbonisierung bis 2035 notwendig wäre. Er kam zu dem Schluss, dass ein solches Reduktionstempo erforderlich sowie technisch und ökonomisch machbar sei. Insbesondere auf der Energienachfrageseite gebe es noch große Potenziale, so Barker.[164]

Anders als die Industrielobbyisten erhielten aber Klimaforscher, die einen budgetgetreuen Emissionspfad zur Einhaltung des 2°C-Ziels für notwendig erachteten, keinen Zugang zu den Entscheidern. Das Ziel der EU, bis 2050 rund 80 bis 95 Prozent zu minimieren, ist nach wie vor »in Stein gemeißelt« – auch wenn das Limit von 2°C damit schlicht nicht eingehalten werden kann. Alle Industriestaaten befinden sich vielmehr auf einem Kurs, der die Erde noch in diesem Jahrhundert um mindestens 3 bis 4°C erhitzen wird.

Fallstrick Politikberatung: Gefesselte Klimaschützer

An der verfehlten Politik sind Wissenschaftler nicht ganz unbeteiligt. Denn in der Öffentlichkeit mangelte es an ungeschminkten wissensbasierten Darstellungen des verbleibenden Treibhausgas-Budgets, insbesondere für die reichen Industriestaaten mit ihrem weiterhin hohen Pro-Kopf-Verbrauch. Dieser Mangel trifft auch für die Debatte in Deutschland zu, wo sich ein Zentrum der Klimawissenschaften befindet. An zahlreichen Universitäten und Instituten wird auf höchstem Niveau geforscht, unterstützt von der Regierung. So finanziert der Bund Klimaforschung mit derzeit 1,8 Milliarden Euro pro Jahr (Stand 2020).

Mehr als zwanzig der wichtigsten Einrichtungen sind im Deutschen Klima Konsortium (DKK) zusammengeschlossen. Weltrang haben dabei das Potsdam-Institut für Klimafolgenforschung (PIK) und das Max-Planck-Institut für Meteorologie in Hamburg. Ihre Ergebnisse fließen immer wieder ein in die Arbeit des IPCC. An den Berichten des Klimarats, die den aktuellen Forschungsstand für die Staatengemeinschaft in regelmäßigen Abständen zusammenfassen, schreiben oft Autoren aus Deutschland mit. Malte Meinshausen vom PIK errechnete zum Beispiel das verbleibende Budget an Treibhausgasen für das 2°C-Ziel. Klimakoryphäe Hans Joachim Schellnhuber, ebenfalls vom PIK, gilt als Vater der 2°C-Leitplanke, die seit Kopenhagen offiziell als Verhandlungsrahmen genommen wird.

Dennoch schlugen deutsche Klimawissenschaftler bei der Festlegung des Emissionskurses von EU und Deutschland in der Öffentlichkeit nicht Alarm. Vielmehr folgten sie in den Medien meist dem allgemein angebotenen Narrativ, dass sich die EU grundsätzlich in die richtige Richtung bewege, auch wenn man sich noch mehr Ehrgeiz wünsche. Schellnhuber etwa, der Merkel und Barroso lange beraten hat, bezeichnete am 24. Januar 2014 in einem *FAZ*-Interview mit der Überschrift »Ich bin nicht enttäuscht von Barroso« das EU-Ziel als »am unteren Ende dessen, was man noch als ein akzeptables Ambitionsniveau ansehen kann«. Dort erläuterte er auch, was nach seiner Meinung noch unter »ambitioniert« verstanden werden dürfe: »Man hätte mit den bestehenden Maßnahmen aber schon 32 Prozent erreicht«, und: »Für das 2°C-Ziel ist die Zusage nicht gut genug, das ist klar.«[165]

»Akzeptabel« und »ambitioniert« konnte danach selbst eine Politik genannt werden, die nicht am 2°C-Ziel orientiert ist und den Hauptverursachern der Klimakrise (zu denen die EU zählt) keine wirklichen Anstrengungen abverlangt. Ganz zu schweigen von der Berücksichtigung eines realistischen und fairen Emissionsbudgets für Länder des globalen Südens, um sich entwickeln zu können. Fairness blieb mehr oder weniger irrelevant für die Bewertung des EU-Klimaschutzes wie der Industriestaaten insgesamt.

Im Telefoninterview mit dem Co-Direktor und Chefökonomen des PIK Ottmar Edenhofer, der den 2014 erschienenen fünften IPCC-Bericht als Mitvorsitzender geleitet hatte, erfuhr ich, dass er Barroso die 40 Prozent persönlich empfohlen habe. Das bedeute zwar, so Edenhofer auf Nachfrage, dass die Entwicklungsländer in Zukunft ähnliche Reduktionsleistungen wie die Industrienationen erbringen müssen. Aber die Unterscheidung zwischen den beiden Gruppen halte er sowieso längst für überholt.

Ich kontaktierte auch Malte Meinshausen und Niklas Höhne, beides Experten für Emissionsberechnungen, um ihre Einschätzung zu erfahren. Höhne vom Institut Ecofys ist Mitbegründer des New Climate Institute und hatte bereits seit den Kyoto-Verhandlungen immer wieder Szenarien für 2°C-Emissionspfade der Industriestaaten berechnet, die dann auch in den vierten IPCC-Bericht eingingen. Zusammen mit dem PIK entwickelte er 2009 den Climate Action Tracker, der die Klimaziele der Länder seitdem am 2°C-Ziel prüft und der Politik eine »unabhängige Analyse« bieten möchte. Danach sei für die entwickelten Länder eine Dekarbonisierung um 2050 ausreichend, mit entsprechenden Zwischenzielen für 2020 (minus 25 bis 55 Prozent) und 2030 (minus 35 bis 55 Prozent). So das Ergebnis eines Policy Briefs vom 4. Juni 2014.

Auf Nachfrage teilte mir Höhne im selben Jahr mit, dass er die Analysen von Kevin Anderson und Alice Larkin vom Tyndall Centre und vom Global Carbon Project trotzdem für solide und seriös halte. Meinshausen sah das ebenfalls so. Doch wie konnte es dann sein, dass der Climate Action Tracker derart abwich von den Berechnungen der britischen und schwedischen Institute?

Der Unterschied, so Larkin und Anderson, wurzele darin, dass auch PIK und Höhne mit den erwähnten negativen Emissionen rechnen. Auf dem Klimagipfel in Paris 2015 legte Anderson den Finger in die Wunde: »Wenn man das tut (negative Emissionen in die Gleichung nimmt – D.G.), dann kann man das zur Verfügung stehende CO_2-Budget erheblich erhöhen. (...) Doch wenn man davon ausgeht, dass diese Technologien sehr spekulativ sind, sprich, dass sie nicht funktionieren werden, und wenn man ein gesundes Maß an Vorsicht walten lässt, dann würde man wohl sagen: Es ist eine schöne Vorstellung, lasst uns hoffen, dass es funktioniert – doch das wird es sehr wahrscheinlich nicht. Wenn man so herangeht, dann kommt man auf Zahlen, wie wir sie berechnet haben: eine notwendige Reduktion um 80 Prozent bis 2030. Ich kann verstehen, dass es verlockend ist zu sagen, dass diese Technologie funktionieren wird. Denn dann passt die eigene Berechnung besser in das gegenwärtige politische und ökonomische Umfeld unserer Gesellschaft. Doch wenn man davon ausgeht, dass die Technologie nicht funktionieren wird, dann muss man sofort und rasant reduzieren. (...) Diese Herangehensweise birgt also viel höhere politische Implikationen als die andere. Wir sehen ganz klar die Tendenz – den Wunsch –, ein Funktionieren dieser zukünftigen Technologie anzunehmen, um so große politische Veränderungen zu umschiffen.«[166]

Im Policy Brief des Climate Action Tracker von 2014 stehen dann auch Sätze wie: »Für den Energie- und Industriesektor müsste die Deadline zum Erreichen von null CO_2-Emissionen früher liegen, frühestens 2045 und nicht später als 2065 (mit negativen Emissionen danach).« Beiläufig in einer Klammer wird das Einberechnen des Absaugens und Verpressens bedeutender Mengen von CO_2 erwähnt, als mache das kaum einen Unterschied. Oder es wird festgestellt, dass eine Reduktion der Treibhausgase in den Industriestaaten um 40 Prozent im Jahr 2020 »nicht ausreiche«, das 2°C-Ziel einzuhalten. Die Schwellen- und Entwicklungsländer müssten als Gruppe nachlegen und ihre Emissionen zwischen 2020 und 2030 »unter das Niveau von 2014« bringen, um die Lücke zu schließen. Was nichts anderes bedeutet, als dass sie vor 2020 ihren Peak erreichen und dann ebenfalls schnell reduzieren müssten, um den Industrieländern weiter enorme Mengen an Emissionen zu ermöglichen.[167]

Dass Forscher in Empfehlungen für ihre Regierungen und die EU derart aufgeblähte Budgets voraussetzten, ist auch deswegen unverständlich, weil insbesondere in Deutschland selbst im wissenschaftlichen Mainstream Skepsis gegenüber der Realisierbarkeit dieser Technik vorherrscht. So rät zum Beispiel der WBGU in einem Gutachten 2016 davon ab, »BECCS als großskalige Lösungsoption für den Klimaschutz zu sehen«. Das Potenzial schätzt das Beratungsgremium auf lediglich 3 Milliarden Tonnen CO_2 pro Jahr. Carbon Capture and Storage sei außerdem noch nicht ausreichend erprobt und die Verfügbarkeit von sicher abgedichteten Speichern weiter unklar, wodurch es zu einer Konkurrenz zwischen CCS und BECCS kommen könnte. Hans Joachim Schellnhuber stellt 2015 in seinem Buch »Die Selbstverbrennung« fest, dass die CCS-Technologie zumindest in Deutschland »ohnehin nicht den Hauch einer Chance auf Akzeptanz« habe. Bisher seien auch nur 30 Milliarden US-Dollar in »Pilotprojekten« investiert. »Wir reden jedoch von der Lösung eines Trillionen-

Dollar-Problems«. Die Technik sei wahrscheinlich gegenüber dem Ausbau der Erneuerbaren auch »deutlich kostspieliger«.[168]

Die Emissionsexperten vom Climate Action Tracker modellierten 2014 also mit künstlich erweiterten Budgets ein illusorisches und unfaires Verteilungsszenario. Außerdem passten sich die Reduktionskurven jener Realpolitik an, die alles, was nicht ökonomiefreundlich erschien, von vornherein ausschloss. Am Ende bot der Tracker ein weites 2°C-Toleranzspektrum für die Industriestaaten an (je nach der Dimension der angesetzten negativen Emissionen), das genügend Spielraum für die Industrienationen gewährte, sich mühelos am unteren Rand des Spektrums einzusortieren.

So konnten EU-Kommission und Bundesregierung ihren Klimakurs in der Öffentlichkeit als »2°C-kompatibel« verkaufen. Was sie dann auch taten. Im Bundestag erhielt die Grünen-Fraktion in einer Fragestunde folgende Auskunft: »Die Bundesregierung setzt sich für eine EU-interne THG-Emissionsreduktion (THG = Treibhausgas) um mindestens 40 Prozent bis zum Jahr 2030 ein und hält diese Minderung grundsätzlich für geeignet, eine EU-interne Minderung der Treibhausgase bis zum Jahr 2050 in Höhe von mindestens 80 Prozent zu erreichen. Dies steht im Einklang mit dem vom Intergovernmental Panel on Climate Change (IPCC) als notwendig erachteten Minderungspfad bis zum Jahr 2050.«[169]

Ein fataler Rückkopplungseffekt zwischen Politik und Wissenschaft. Der Dekarbonisierungskurs, der tatsächlich »in einem Vakuum wissenschaftlicher Evidenz« festgelegt wurde und Russisch Roulette mit dem Planeten spielt, konnte durch Verweis auf korrumpierte und zudem veraltete Emissionspfade des IPCC in der Öffentlichkeit legitimiert werden. Doch in den Massenmedien war niemand bereit, einzuschreiten und die unangenehme Wahrheit auszusprechen.

Vielleicht hatten die Klimawissenschaftler ihr Szenario aus strategischer Sorge aufgeweicht, um nicht als zu extrem oder als Klimaphantasten abgestempelt zu werden. Möglicherweise befürchteten sie als Politikberater, Zugang zu den Mächtigen und den Medien zu verlieren. Am Ende sind sie zu Gefangenen ihrer schöngefärbten Szenarien, Daten-Tunings und technologischen Wunschvorstellungen geworden. Statt die Bevölkerung und Gesellschaft mit Fakten zu konfrontieren, beruhigten sie sie mit der einschläfernden Rhetorik von *ein bisschen mehr wäre möglich, am unteren Ende eines akzeptablen Ambitionsniveaus* oder *späterem Nachlegen*. Nach dem Motto: Wir sind grundsätzlich weiter auf 2°C-Kurs, wir haben alles unter Kontrolle, radikale Schritte sind nicht notwendig.

Um nicht missverstanden zu werden: Edenhofer, Schellnhuber, Meinshausen oder Höhne haben Großes geleistet, wichtige Forschungsarbeiten unter anderem zur Budgetrechnung und zu Emissionstransfers verfasst und sind in ihren wissenschaftlichen Urteilen vollkommen integer. Sie treten zudem für mehr Klimaschutz ein. Man muss aber fragen: Warum arbeiteten sie bei der Verteilung der Treibhausgase mit frisierten Budgets, erhöhten in ihren Empfehlungen auf illusorische Weise die Emissionsrechte für die Industriestaaten, akzeptierten dabei eine extrem ungleiche Verteilung zulasten der Entwicklungsländer, stellten sich beim Klimakurs an die Seite von EU-Kommission sowie Bundesregierung und benutzten die politischen Sprachregelungen, hinter denen die Verantwortlichen ihre verfehlte Klimapolitik verbergen? Schaut man sich an, wer die Klimawissenschaften finanziert, Kongresse organisiert, Studien in Auftrag gibt und die Forscher zu persönlichen Beratern erhebt, bekommt man einen ersten Hinweis darauf, warum so wenige Wissenschaftler in den Industrienationen auf Konfrontationskurs mit ihren Regierungen gehen.

Auf Tauchstation: Medien und Umweltschützer

Falsche Ziele führen beim Klimaschutz zu fatalen Abhängigkeiten. Man spricht von »Lock-Ins«. Wenn heute Gaspipelines gebaut, Kohlekraftwerke zu langsam vom Netz genommen, Erneuerbare nur träge ausgebaut und die Wohn- und Verkehrsinfrastruktur nicht schnell genug dekarbonisiert werden, lassen diese Entwicklungen sich später nicht so einfach mit Hauruck-Aktionen korrigieren. Das Zeitfenster zum Umsteuern schließt sich dafür zu schnell.

Auch deswegen ist es ein Versagen, dass prominente Klimawissenschaftler den europäischen Dekarbonisierungskurs in einer entscheidenden Phase vor dem Pariser Klimagipfel mehr oder weniger durchwinkten und keinen Einspruch erhoben. So sah Schellnhuber im Klimaziel der EU »keine Katastrophe«. »Wenn man (…) in die Dekarbonisierung einsteigt, sind auch 40 Prozent schon eine Ansage. Damit sind die Weichen gestellt.« Er hoffte zugleich auf eine spätere »Beschleunigungsphase« ohne »Top-Down-Design der Klimapolitik«.[170]

Diese Beschleunigungsphase solle durch technische Innovationen, Emissionshandel und eine kohlenstoffarme Wirtschaft angetrieben werden und gewährleisten, dass die globalen Kohlendioxidemissionen ab 2020 bis zur Jahrhundertmitte auf null sinken. Das sei nämlich notwendig, um unter 2°C zu bleiben, so Schellnhuber. Heute sehen wir, dass diese magische Beschleunigungsphase von unten nicht stattfindet und die weltweiten Treibhausgase unbeirrt weiter steigen.

Das Vertrauen auf eine Beschleunigung von unten wird immer öfter beschworen, um die sich weitende Kluft zwischen politischer Realität und Restbudget an Treibhausgasen zu überbrücken. Es wird von verschiedener Seite sogar betont, dass nationale und internationale Klimaziele gar nicht so wichtig seien. Es komme vielmehr darauf an, den nötigen Schwung, das Momentum für Klimaschutz in der Gesellschaft zu erzeugen. Manche hoffen dabei auf die Märkte, andere auf

Nachhaltigkeitsstrategien in den Kommunen, wieder andere auf ein Umdenken bei den Bürgern.

Das sind alles sicher wichtige Dinge. Doch Märkte, Kommunen und Bürger können die notwendige Aufgabe gar nicht leisten. Ohne angemessene Klimaziele, denen sich die Staaten verpflichten, bleibt eine Welt unter 2°C Träumerei. Daher ist der von der EU 2014 festgelegte und auf dem Klimagipfel in Paris 2015 eingebrachte Emissionspfad ein Bankrott, weil die Weichen beim Klimaschutz dadurch zwar gestellt wurden, aber in die falsche Richtung. Der EU-Tanker mit einer halbe Milliarde Menschen und immer noch sehr hohen Treibhausgasemissionen steuert damit nämlich nicht Richtung 2°C, sondern weiter Richtung Klimakollaps.

Was tatsächlich von unten massiv beschleunigt und verstärkt werden müsste, um eine Kursänderung noch zu erwirken, ist der Druck auf die Regierungen. Doch in der politischen Öffentlichkeit – in der Presse und den elektronischen Medien, in Talkshows und Nachrichtensendungen, im Newsbetrieb der Leitmedien und den Kommentarspalten – fand das politische Desaster gar nicht statt. Wie sollte da Druck entstehen? Die vierte Gewalt, die Kontrolleure der Mächtigen, die Wächter der Gesellschaft – wie immer man die Massenmedien bezeichnen möchte – entschieden, dass es Wichtigeres gibt, als sich mit EU-Klimaschutz und Emissionsreduktionen kritisch auseinanderzusetzen.

So wurde kaum über den mehrjährigen EU-Beratungsprozess berichtet. Die Rundfunkanstalten produzierten keine Brennpunkte, Sondersendungen oder Reportagen fürs Millionenpublikum. Auch Talkshows und Presseclubs in den öffentlich-rechtlichen Sendern gingen an dem Thema stumm vorbei. Man stelle sich vor, die Medien hätten in der Coronakrise ähnlich reagiert und sich Augen, Ohren sowie Mund förmlich zugehalten.

Lediglich die Debatte zwischen Industrie und Politik, ob das minus 40-Prozentziel nicht zu ambitioniert sei, wurde, wenn auch auf niedrigem Niveau, zu einem Nachrichtenthema erhoben, während Umweltverbände wie Greenpeace am Rande etwas mehr Ambitionen fordern durften. Es waren meist kurze Beiträge ohne Hintergrundinformationen. Oft lauteten die Schlagzeilen wie in der *FAZ:* »Die EU-Kommission erntet viel Kritik für Klimapläne«. Mit Kritik war in diesem Fall gemeint: von der Wirtschaft. Weitergehende Forderungen von NGOs wurden von dem nationalen Leitmedium mit Verweis auf die EU-Klimakommissarin Connie Hedegaard als »realitätsfremd« abgetan. Bei der *Welt* hieß es: »Die EU nimmt sich ein ehrgeiziges Klimaziel vor.« Auch die *Zeit* sprach von »ambitionierten Zielen«, einem »ehrgeizigen Vorhaben«. Die *Tagesschau* zitierte Hedegaard: »Wenn alle Weltregionen vergleichbar hohe Ziele verfolgten, ginge es der Welt sehr viel besser.« Um dann anzufügen: »In der EU-Kommission war lange über ein 35-Prozent-Ziel debattiert worden. Die Bundesregierung hatte sich für mindestens 40 Prozent eingesetzt, Greenpeace wollte mindestens 55 Prozent.«[171]

Wer im Laufe von 2014, als das EU-Klimaziel vereinbart wurde, die Zeitungen aufschlug, Radio hörte oder die Abendnachrichten im Fernsehen verfolgte, und wer das Glück hatte, über einen Beitrag zum Thema zu stolpern, der musste den Eindruck bekommen, dass das von vielen als »ehrgeizig« gelobte 40-Prozent-Ziel der EU-Kommission ein solider Kompromiss zwischen gesellschaftlichen Interessengruppen, wissenschaftlichen Empfehlungen und den EU-Mitgliedsstaaten sei. Ob mit diesem Beitrag das 2°C-Ziel noch erreichbar ist, welchen Anteil am verbleibenden Budget die EU beansprucht und ob das fair sei, war irrelevant für die Medien und die öffentliche Debatte.

So versuchten ein Kollege und ich über ein Jahr lang zusammen mit einer Produktionsfirma beim *WDR*-Fernsehen Beiträge zum Klimakurs Deutschlands und der EU unterzubringen. Wir schrieben über Monate Treatments und Exposés, recherchierten, kontaktierten Wissenschaftler, beantworteten ausführlich jede Nachfrage der Redakteure. Trotz handfester Resultate hieß es am Ende immer wieder: Das Thema eignet sich nicht für das Sendeformat. In den Jahren zuvor hatten die Politmagazine von *ARD* und *ZDF* den deutschen und EU-Klimaschutzzielen praktisch keine Aufmerksamkeit gewidmet. Neben Übergehen, Herunterspielen und Weißwaschen der Regierungspolitik gab es noch eine andere Strategie, den politischen Skandal zu entsorgen – nämlich, ihn in grüner Melancholie zu ertränken. So veröffentlichte der Umweltredakteur der *Taz* Bernhard Pötter Mitte 2014 während der EU-Beratungen einen langen Artikel darüber, dass das 2°C-Ziel nicht mehr erreichbar und zu einer bloßen »Beschwörungsformel« verkommen sei. Er stützte sich dabei auf Oliver Geden von der Stiftung Wissenschaft und Politik (SWP), einem Gremium, das die Bundesregierung berät. Geden argumentiert schon seit längerem, dass das 2°C-Ziel »tot« sei und »von der Politik nur noch künstlich am Leben erhalten« werde. Niemand glaube mehr ernsthaft daran. Eine Art sich selbst erfüllende Prophezeiung: Die Katastrophe ist unvermeidlich. Warum noch dagegen kämpfen? Lasst uns zum Strand gehen und auf die Vernunft des Weltgeistes vertrauen.[172]

Die wissenschaftlichen Analysen und Warnungen der Klimaforscher des Tyndall Centre, James Hansens oder des Global Carbon Projects wurden von den Medien dagegen nicht einmal mitgeteilt. Kevin Andersons Offener Brief an Barroso blieb ebenfalls unerwähnt. Wie auch die Studie vom Corporate Europe Observatory über den Einfluss der Industrielobbys auf den Beratungsprozess so gut wie keine Aufmerksamkeit erhielt.

Selbst der Green-Paper-Prozess im Jahr 2013 fand abseits der öffentlichen Wahrnehmung statt. So konnte niemand erfahren, wie Umweltverbände und klimawissenschaftliche Erkenntnisse bei den Beratungen marginalisiert wurden. Der European Business Roundtable of Industrialists hatte insofern leichtes Spiel, sich in Hinterzimmern mit seinen Interessen innerhalb der EU durchzusetzen. Später, Anfang 2014, als die politischen Weichen längst gestellt waren, durften Schellnhuber, Greenpeace und Co. in den Medien etwas mehr »Ambitionen« anmahnen.

In einer wichtigen Phase der Klimapolitik wurde die Öffentlichkeit derart betäubt und in die Irre geführt. Große Teile der Bevölkerung und der Gesellschaft bekamen daher gar nicht mit, was politisch entschieden wurde und was zu tun notwendig ist. Denn es fehlte in der veröffentlichten Debatte vor allem an Wissen, Einordnung und Analyse.

Auch Umweltverbände und Grüne in Parlamenten bildeten kein wirkliches Gegengewicht zum offiziellen Kurs. Sicherlich forderten sie mehr Ehrgeiz und ein strengeres Zwischenziel für 2030. So verlangten Greenpeace, WWF und BUND in einer gemeinsamen Stellungnahme, das EU-Klimaziel auf 55 Prozent aufzustocken, um Mitte des Jahrhunderts bei minus 95 Prozent zu landen. Die Forderung stützte sich dabei auf eine Berechnung, die Greenpeace beim Climate-Action-Tracker- und IPCC-Autor Niklas Höhne in Auftrag gegeben hatte. Danach seien 50 beziehungsweise 55 Prozent weniger Emissionen bis 2030 der »faire Anteil« der EU am 2°C-Ziel. Doch auch für dieses Szenario wurden wieder »negative Emissionen« und ungleiche CO_2-Budgets eingerechnet.

Die Umweltverbände hätten es besser wissen können. So hatte sich das internationale Naturschutznetzwerk Friends of the Earth, dem der BUND als Mitglied angehört, in einer Studie hinter die wissenschaftliche Forderung Kevin Andersons gestellt, um den EU-Kurs als vollkommen unzureichend zu kritisieren. Der BUND forderte von der EU später jedoch nur 60 Prozent, in der gemeinsamen Erklärung mit dem WWF und Greenpeace sogar lediglich 55 Prozent weniger Emissionen bis 2030. Bei all dem wurde das langfristige EU-Ziel für 2050 gar nicht infrage gestellt.

Ebenso drückte sich die Grünen-Fraktion im Europaparlament um das Problem, welches CO_2-Budget der EU eigentlich maximal noch zustehe. Die beiden Vorsitzenden der Greens/ EFA-Gruppe im EU Parlament Rebecca Harms und Philippe Lamberts beklagten in ihren Statements 2014, dass das 40 Prozentziel nicht verbindlich genug geregelt werde und »weit unter dem« liege, »was notwendig« sei. Konkreter wurden sie in der gemeinsamen Presseerklärung nicht. Die Linke im EU-Parlament nannte zumindest eine Hausnummer: mindestens 60 Prozent Treibhausgasreduktion bis 2030.

Das alles waren ehrenwerte Forderungen von Umweltschützern und Oppositionsparteien, die mehr Ambitionen von der EU verlangten. Ein Reduktionziel um 55 bis 60 Prozent wäre definitiv ein Schritt in die richtige Richtung. Aber diejenigen, die die Forderungen aufstellten, beriefen sich auf das wissenschaftlich Notwendige, um die Regierungspolitik zu kritisieren, doch ihre Forderungen blieben selbst deutlich hinter dem wissenschaftlich Notwendigen zurück. Umweltschützer akzeptierten Klimaziele für die EU, bei denen sie negative Emissionen voraussetzen mussten, während man sich gleichzeitig in Kampagnen gegen CCS und technologische Scheinlösungen aussprach. Die Umweltverbände redeten von Klimagerechtigkeit und einem gleichen Anrecht aller Menschen auf die Atmosphäre. Aber der von ihnen geforderte Dekarbonisierungspfad bis Mitte des Jahrhunderts schanzte dem reichsten Kontinent der Welt, der längst kohlenstoffinsolvent war, wieder einmal ein viel zu großes Stück vom Emissionskuchen zu, während die Entwicklungsländer mit Häppchen abgespeist wurden.

Das Agieren von Klimawissenschaftlern, Umweltschützern und grünen Parteien bei der Festlegung des EU-Kurses vor dem Pariser Gipfel zeigt, was herauskommt, wenn Klimaschutz in Form eines politischen Basars ausgetragen wird. 2°C-Klimaschutz ist aber kein Basar, sondern eine simple Gleichung. Wo bereits Umweltschützer und Wissenschaftler mit ihren Maximalforderungen deutlich hinter dem Notwendigen zurückbleiben, darf man sich nicht wundern, wenn der politische Kurs am Ende nur einen Bruchteil des Notwendigen darstellt. Das ist aber fatal. Denn es gibt einen Unterschied zwischen Klimaschutz und einer Tarifverhandlung. Bei der Tarifverhandlung ist der Kompromiss zwischen zwei Interessengruppen die goldene Mitte, beim Klimaschutz ist es die Katastrophe.

Alle Akteure rund um die Festlegung der Klimaziele in der EU und damit auch Deutschlands haben auf die eine oder andere Weise, aus sicherlich unterschiedlichen Motiven, mit Illusionen gehandelt. Am Ende entsprach keines der Angebote in der öffentlichen Debatte dem minimal Notwendigen – auch wenn es graduelle Unterschiede gibt. Es fehlte nicht nur an Wissen, sondern auch an Alarmstimmung. Gesellschaft und Bevölkerung wurden dadurch demobilisiert und letztlich eingeschläfert. Warum auf die Straße gehen, sich organisieren und protestieren? Wogegen, wofür?

Die Kraft, die den Regierungskurs tatsächlich hätte ändern können – organisierter Protest der Zivilgesellschaft –, wurde paralysiert. So konnte die mächtige Industriestaatengruppe EU ungestört als Klimavorreiter zum internationalen Klimagipfel nach Paris fahren, auch wenn ihr Kurs wie der aller Industriestaaten auf den Kollaps zusteuert. Die Erde interessiert sich ja nicht für politische Rhetorik und schöngefärbte Szenarien, auch nicht für Ambitionen. Sie reagiert allein auf das, was hinten rauskommt.

Teil II
Die Krise der großen Illusion

Truman Show im Treibhaus
(2015)

Der Paris-Effekt: Jubelnd in den Klimakollaps

In der *Tagesschau* sieht man einen mit den Tränen kämpfenden Laurent Fabius, französischer Außenminister und Präsident des Klimagipfels, eine innerlich bewegte deutsche Umweltministerin Barbara Hendricks und einen jubelnden Klimavorkämpfer Al Gore. Der Produzent des Dokumentarfilms »Eine unbequeme Wahrheit« klatscht ergriffen in der ersten Reihe dem Abkommen zu, perfekt inszeniert für die TV-Kameras. Der Saal der Delegierten aus fast 200 Staaten scheint in kollektiven Taumel zu fallen. Auch die Presse feiert den diplomatischen Durchbruch. »Grüner wird's nicht« *(Taz)*, »Für die Menschheit« *(Süddeutsche Zeitung)*, das »Wunder von Paris« oder »Historischer Weltklimavertrag« *(Spiegel Online)* lauten die Schlagzeilen nach dem Abschluss des Klimagipfels in Paris Ende 2015. »Die Welt feiert das Klimaabkommen«, titelt die *Berliner Zeitung*. Es markiere einen »historischen Moment«, heißt es von allen Seiten. Sechs Jahre nach dem Kopenhagen-Debakel scheint die globale Klimapolitik wieder im Lot zu sein. Auch viele Umweltverbände feiern und sind erleichtert, während sie mahnen, den Worten nun auch Taten folgen zu lassen.

Die Bilder vom Gipfel gehen um die Welt. Sie werden zum Inbegriff der Hoffnung und des Verantwortungsbewusstseins der mächtigen Staaten. Die Realität sieht jedoch weniger glänzend aus. Die sogenannten Intended Nationally Determined Contributions (INDCs), die unverbindlichen Absichtserklärungen der Staaten beim Pariser Klimagipfel, werden, unter der Voraussetzung, dass man sie sämtlich erreicht, den Planeten um mindestens 3–4°C erwärmen. Das ist der Durchschnitt einer Reihe von wissenschaftlichen Berechnungen zu den INDCs. »Die versprochenen Emissionsreduktionen der Länder sind vollkommen unzureichend«, sagt Corinne Le Quere von der University of East Anglia, Expertin für die Berechnung globaler Emissionen. »Sie verbrennen den Planeten«, fasst der ehemalige bolivianische Klima-Chefunterhändler Pablo Solón das Ergebnis des Klimagipfels in Paris zusammen. »Wir werden in eine Situation gebracht, in der die Frage lautet, wessen Kinder überleben und wessen sterben werden. Es ist ein Genozid.«

Da hilft auch kein Nachbessern später, wie im Paris-Abkommen vorgesehen – ein Mechanismus, der mit glänzenden Augen von der Presse goutiert wurde. »Es ist zu spät, wenn wir bis 2020 warten«, kommentierte Kevin Anderson. »Wir haben nur noch ein sehr kleines Zeitfenster.« Denn, wie im letzten Kapitel erläutert, reicht das Budget an Treibhausgasen für die EU, USA, Japan, Kanada, Australien und Co. tatsächlich nur noch bis 2035.[173]

Da der Zeitdruck durch Nichthandeln und weiter steigende Emissionen enorm angewachsen sei, so die Forscher, könne man nicht mehr aufschieben, sondern müsse sofort handeln. Studien zeigten, wie alle Sektoren von Energie, Transport, Konsum, Heizen und so weiter umgehend angegangen werden müssten, in möglichst hohem Tempo. Andernfalls sei der Zug abgefahren, mahnen die Wissenschaftler. Denn der Umbau von Infrastrukturen verlaufe – wie schon angedeutet – träge. Er ist gesellschaftlich komplex und politisch wie technologisch eine große Herausforderung. Ein neues Gaskraftwerk heute bedeutet etwa, dass dort noch in

25 bis 40 Jahren CO_2 ausgestoßen wird – was wiederum mit dem Dekarbonisierungsdatum 2035 in den Industriestaaten kollidiert.

Doch die reichen Staaten zeigten sich in Paris weiter nicht bereit, ihre Klimaziele und Maßnahmen anzupassen. Es bräuchte eine »wahrhafte Weltrevolution«, so Piers Forster von der University of Leeds in Reaktion auf das Abkommen. »Selbst der internationale Flugverkehr und die Schifffahrt, die nicht in den Bericht aufgenommen wurden, müssten in den nächsten Jahren angegangen werden.«

Rein technisch ist das Pariser Abkommen ein Rückschritt gegenüber dem Rohrkrepierer Kyoto-Protokoll, das noch bindende, wenngleich vollkommen unzureichende Ziele setzte. Auch der Hinweis auf das 1,5°C-Ziel im Pariser Abkommen – als Zeichen gewachsener Ambitionen von Politikern und Journalisten präsentiert – war schon im Kopenhagen-Abkommen enthalten.

Gegenüber dem Desaster von Kopenhagen ist Paris insgesamt kein Fortschritt, nicht einmal ein Schritt in die richtige Richtung. So summierten sich die Versprechungen der Staaten im Zuge von Kopenhagen auf eine Erderwärmung von 2,5–4,2°C in diesem Jahrhundert, wie eine Analyse errechnete. Die Regierungen haben also gegenüber dem »Gipfel des Scheiterns«, wie es damals hieß, ihr Reduktionstempo mit dem nun gefeierten Paris-Abkommen keineswegs erhöht. Vielmehr halten sie an ihrem Kurs Klimakollaps unverändert fest.[174]

Die nationalen und globalen Klimaziele von Paris wurden zudem, wie in Kopenhagen, ohne Rücksicht auf Budgets, faire Verteilung und Sanktionsmechanismen getätigt. Man legte sie unverbindlich fest, vor allem, weil die Obama-Administration mit Blick auf den republikanisch dominierten Senat im eigenen Land jede Verbindlichkeit ablehnte. Das Ergebnis nicht bindender Versprechen ist im Fall von Kopenhagen bekannt. Die Ankündigungen – obwohl selbst schon viel zu schwach für das 2°C-Ziel und damit letztlich ein Katastrophenkurs –

wurden von den Regierungen nicht eingelöst. So berechnete eine Studie, dass die in Kopenhagen versprochenen Reduktionen im Jahr 2020 zu höchstens 48,7 bis 50,1 Gigatonnen (= Milliarden) führen durften. Doch bereits 2016 waren es rund 52 Gigatonnen, also deutlich mehr, während die Emissionen danach weiter um 2 Prozent pro Jahr anstiegen. Die Versprechungen von Kopenhagen blieben zu großen Teilen heiße Luft.[175]

Auch beim Thema Klimagerechtigkeit gab es keine Fortschritte in Paris. Die von den Entwicklungsländern auf der Konferenz in Warschau erkämpfte Verpflichtung der Industriestaaten, für Schäden aufzukommen (»loss and damage«), hebelte man im Pariser Vertrag durch einen Haftungsverzicht aus. Die enormen Subventionen für Kohle, Gas und Öl waren kein Thema. Das Wort »fossil« wurde nicht ein Mal im Text erwähnt. Auch bei der zentralen Frage der Finanzierung, die den Entwicklungsländern die Energiewende und die Anpassung an die Klimafolgen ermöglichen soll, gab es gegenüber Kopenhagen keinerlei Verbesserung. Die Ankündigung, ab 2020 jährlich 100 Milliarden Dollar bereitzustellen, stand schon im Copenhagen Accord. Die Summe ist, wie wir noch sehen werden, nicht nur vollkommen unzureichend – tatsächlich ein beschämender Tropfen auf den heißen Stein, der kaum Effekte erzielen kann. Es ist auch fraglich, ob sie überhaupt zusammenkommt. Dabei lassen die Vereinbarungen zur Klimafinanzierung derart viel Spielraum bei der Anrechnung von Geldern, dass es sich größtenteils gar nicht um Zahlungen und zusätzliche Mittel handelt, sondern um »kreative Buchhaltung« bei der Entwicklungshilfe.

»Copenparis«: Das neu vermarktete Scheitern

Die übliche Sichtweise sei, so Dan Bodansky, dass »Kopenhagen ein Desaster war und Paris ein Triumph«. Eine merkwürdige Ansicht, konstatiert der Co-Direktor des Center for Law and Global Affairs an der Arizona State University, langjähriger Beobachter der Klimadiplomatie und Berater der Schweizer Regierung sowie für das Center for Climate and Energy (C2ES) beim Klimagipfel. Das Paris-Abkommen habe lediglich, resümiert Bodansky, das »bottom-up paradigm« (also das Prinzip freiwilliger Selbstverpflichtung) der Kopenhagen-Konferenz formalisiert. Die wesentlichen Elemente wie die Obergrenze von 2°C, die unverbindlichen nationalen Beiträge, die Ankündigung, öffentliche und private Gelder für die Klimafinanzierung zu mobilisieren, die tendenzielle Gleichstellung von Industriestaaten und Entwicklungsländern und die Einbeziehung aller Emissionen, auch die der Entwicklungsländer und nicht nur die der Industriestaaten, seien schon in Kopenhagen enthalten gewesen. Bodansky spricht daher von *Copenparis* und kommt wie andere Kommentatoren zu dem Schluss: »Im Kern bindet das Paris-Abkommen lediglich eine Vertragsschleife um die Hauptelemente der Übereinkunft von Kopenhagen.«[176]

Genauer betrachtet ist der Weg von Kopenhagen über Cancún und Durban nach Paris tatsächlich ein Erosionsprozess, der die Grundlagen der Klimadiplomatie seit den 1990er Jahren aufgeweicht hat. Das Prinzip der »geteilten, aber differenzierten« Verantwortung für die Klimakrise, die daran anschließende Zweiteilung in Industriestaaten (annex 1) und Entwicklungsländer (non-annex 1) – bestimmend für Kyoto, in Kopenhagen noch in einer Reihe von Vorschriften enthalten –, wurde in Paris schließlich vollkommen aufgegeben. Es gibt seitdem nur noch ein für alle unterschiedslos geltendes System in Hinsicht auf die Verwaltung der Reduktionen (»Berichterstattung«, »Prüfung«, »Inventur«), während der Kreis der Finanzgeber über die Industriestaaten hinaus ausgeweitet wurde.

Man mag einwenden, dass das neue Paradigma, auch wenn es weniger verbindlich und fair ist verglichen mit der Klimadiplomatie der 1990er Jahre, zumindest einen globalen Rahmen für Klimaschutz und Emissionssenkung bietet. Ohne diese Zugeständnisse wären die USA als großer Emittent und geopolitisch entscheidender Akteur multilateral wohl nicht einzubinden gewesen. Zudem war auch das strengere Kyoto-Modell nicht perfekt und letztlich ein Reinfall. Mit Copenparis habe man letztlich einen, wenn auch schwachen, Mechanismus verhandelt, mit dem die Klimaziele in zeitlichen Abständen überprüft werden sollen.

Aber damit kann nicht erklärt, erst recht nicht gerechtfertigt werden, dass das Pariser Abkommen als »historischer Moment« gefeiert und von Umweltschützern als Wende proklamiert wurde. Der Grund für den Jubel lag woanders. Schaut man genauer hin, unterscheiden sich Kopenhagen und Paris in einem wichtigen Punkt. Die Entwicklungsländer stimmten nämlich in Paris der Aushöhlung der »gemeinsamen, aber geteilten Verantwortung« für die Klimakrise zu, die sie in Kopenhagen zu großen Teilen noch ablehnten. Der Jubel war also letztlich einer über den gebrochenen Widerstand des globalen Südens und einer über den Sieg des globalen Nordens, der weg wollte vom Kyoto-Modell, das den Industriestaaten die Hauptverantwortung zuwies. In den ärmeren Ländern wurde daher nicht gejubelt.

Warum aber stimmten die Entwicklungsländer in Paris dem Paradigmenwechsel zu, dem sie sich in Kopenhagen noch zu großen Teilen verweigert hatten? Für den Sinneswandel gibt es sicher eine Reihe von Motiven wie die unterschiedliche Verhandlungssituation und die Gewöhnung an die neue Praxis der freiwilligen und unverbindlichen nationalen Beiträge für alle Staaten seit Kopenhagen. Die Entwicklungsländer wussten besser, auf was sie sich einließen.[177]

Aber der Hauptgrund lag vor allem darin, dass die Länder Afrikas, Lateinamerikas und Asiens erkennen mussten, dass sie von den Industriestaaten, also insbesondere den USA und der EU, keinen anderen Deal erhalten würden. Noch zwei Jahre nach Kopenhagen, beim Klimagipfel im südafrikanischen Durban, verlangten die zwei großen Schwellenländer China und Brasilien eine zweite Kyoto-Periode mit verbindlichen Zielen für die Industriestaaten als Voraussetzung dafür, überhaupt mit Verhandlungen in Paris zu beginnen. Das änderte sich. 2014 kam das Wendesignal. In einer gemeinsamen Stellungnahme verbreiteten die USA und China Optimismus, dass Paris dort erfolgreich sein werde, wo Kopenhagen gescheitert war. Das Kyoto-Modell wurde preisgegeben, auch wenn man das nicht so formulierte. »In Paris war das Kyoto-Protokoll der Hund, der nicht bellte. Es sieht danach aus, dass der Vertrag sanft in die historische Nacht entschwinden wird.«[178]

Die Erwartungen der Entwicklungsländer sind also in Paris »realistisch« geworden. Was nichts anderes heißt, als dass sie das diplomatische Machtspiel verloren gaben. So merkte Bodansky an, dass die Entwicklungsländer in Paris »die Ablösung von der Zweiteilung nur widerwillig akzeptierten«.

Wie Widerstände im globalen Süden von den Industriestaaten gebrochen werden können, darauf gibt der ehemalige Unterhändler von Bolivien, Pablo Solón, einen Hinweis. So hatten viele Länder vor allem Afrikas auf der Klimakonferenz in Cancún noch wenige Stunden vor der Abstimmung in einer gemeinsamen Pressekonferenz bekräftigt, dass sie das Abkommen nicht unterzeichnen werden. Dann aber stimmten sie ihm plötzlich zu, allein Bolivien blieb standhaft. Solón fragte seine Kollegen, was geschehen sei. Einer der Unterhändler antwortete ihm, dass die EU seine Regierung angerufen und ihr finanziell gedroht habe. »Diese Art von Erpressung ist Teil der Verhandlungen«, stellte Solón auf dem französischen Gipfel fest: »Wenn ich noch Chefunterhändler wäre, würde ich hier in Paris definitiv genauso handeln wie damals in Cancún. Wir können nicht noch einmal ein Abkommen akzeptieren, das uns direkt in einen Genozid, einen Ökozid führt.«[179]

Die Staaten stimmten am Ende für die Vereinbarung in Paris. Nur einige Länder des globalen Südens, besonders betroffen von den Folgen der Klimakrise, enthielten sich. Man kann argumentieren, dass unter den ungünstigen Voraussetzungen ein Abkommen letztlich besser war als gar keins. Das Glas ist halb voll, nicht halb leer – machen wir das Beste daraus. Wer diese Art Optimismus nach Paris hochhält, sollte aber mitteilen, dass das Abkommen – wie alle anderen vorher auch – von den Industriestaaten überhaupt nicht mit der Absicht verhandelt worden war, das Glas voll zu machen, sondern um das Problem in die Zukunft zu entsorgen und die Konsequenzen aus der 2°C-Festlegung abzuwehren. Der Kurs Klimakollaps der Industriestaaten wurde mit dem Paris-Abkommen ja nicht verändert oder grundsätzlich korrigiert. Und diese Blockade geschah in einer entscheidenden Phase, in der nur wenige Jahre verblieben, gefährlichen Klimawandel noch zu verhindern.

Umweltschützer: Händler der Hoffnungen

Doch die Presse sah das anders. Das gilt selbst für Medien wie die *Taz*, bei der Umwelt- und Klimaschutz eine große Rolle spielen. Umweltredakteur Bernhard Pötter bezeichnete das Abkommen als »historisch« und »revolutionär«: »Viel zu oft werden marginale Fortschritte auf allen erdenklichen Gebieten auf diese Weise hochgejazzt. Aber was sich am Samstagabend in Paris ereignet hat, wird ganz sicher in die Geschichtsbücher eingehen: Zum ersten Mal haben sich alle Staaten der Welt verpflichtet, gemeinsam den Klimawandel zu bekämpfen. Und sie haben es nicht mit einem windelweichen Kompromisspapier getan, sondern mit einem soliden Rahmen, dessen positiver Inhalt selbst die notorisch nörglerischen Umweltgruppen zum Staunen bringt.«[180]

Das »Revolutionäre« sei mit Paris zum globalen Programm geworden, so Pötter. Darunter fallen das »extrem ambitionierte« 2°C-Ziel, die Zusagen der Schwellenländer China und Indien, die Hilfen für Klimaopfer, der Abschied von Kohle, Gas und Öl, der »Schulterschluss« der »Ambitions-Koalition«, gebildet von Inselstaaten, den USA, »Finanzwirtschaft und anderen Akteuren wie NGOs, Unternehmen und Gemeinden«. Der Kommentar überschlug sich regelrecht vor Feierstimmung. »Jedes Einzelne dieser Ziele hätte die Klimaschützer bei jeder anderen Konferenz schon jubeln lassen. Jetzt kam es alles geballt – und auch noch bemerkenswert geräuschlos.« Schließlich: »Heute sollte die Umweltbewegung feiern und mit ihr alle Menschen, denen die Zukunft nicht egal ist. Es gibt nicht viele Gelegenheiten, aus Öko-Sicht eine gute Flasche Bio-Champagner aufzumachen. Heute ist so eine.«

Wie mächtig die öffentliche Inszenierung war, zeigt sich auch an den handzahmen Statements vieler Umweltverbände und ihrer abwehrenden Reaktion gegenüber Kritik. Anstelle einer nüchternen, faktenbasierten Analyse verbreiteten sie Optimismus. »Paris gibt der Welt Hoffnung«, kommentierte Martin Kaiser von Greenpeace. Der Bundesverband Erneuerbare Energie begrüßte das Abkommen als »starkes Signal« und forderte, den Zielen auch konkrete Maßnahmen zu deren Umsetzung folgen zu lassen. Der WWF Deutschland bewertete das Abkommen als »wegweisend in vielerlei Hinsicht«. Paris habe die Erwartungen vieler übertroffen.[181]

Als ich in einem Blog den allgemeinen Paris-Jubel in der Öffentlichkeit kritisierte, die Bewertung von Klimawissenschaftlern anführte und darauf hinwies, dass die nötige Kehrtwende noch möglich sei, aber nur, wenn die Regierungen der Industriestaaten von ihren Bürgern dazu gedrängt würden, bis 2035 zu dekarbonisieren, antwortete ein einflussreicher

NGO-Klimareferent, dass mit dieser depressiven Haltung nur den Wirtschaftsverbänden BDA und BDI gedient sei. Menschen brauchten Hoffnung, um sich zu engagieren.

Abgesehen davon, dass der Vorwurf der Verbreitung von Hoffnungslosigkeit an den Haaren herbeigezogen war, ging es gar nicht um die richtige Kommunikationsstrategie. Die Aufgabe bestand vielmehr darin, den Klimakurs, der sich aus Paris ergab, sachgemäß einzuordnen, um dann die Konsequenzen daraus zu ziehen. Das beinhaltete tatsächlich eine deprimierende Nachricht für Umwelt-NGOs. Denn, wie schon gesehen, unterstützten sie gemeinsam mit grünen Parteien das 2050-Ziel der Industriestaaten und drängten die Regierungen lediglich, diesen Kurs möglichst einzuhalten.

Genau diese Illusion, dass ein radikaler Kurswechsel in den reichen Ländern nicht notwendig sei, um das 2°C-Ziel global zu halten, zerplatzte in Paris. Denn obwohl die Industriestaaten bis zur Jahrhundertmitte oder kurz danach dekarbonisieren wollten (gemäß ihren Selbstverpflichtungen), reichte das bei Weitem nicht. Darum waren auch Umweltverbände so empfänglich für den »Hoffnungsschimmer« in Paris, an den sie sich verzweifelt klammerten, um ihren eigenen politischen Kurs und das Konzept des sanften Umweltlobbyismus in den reichen Industriestaaten nicht preisgeben zu müssen. Sie wollten sich nicht eingestehen, dass sich etwas grundsätzlich auch an ihren Forderungen und ihrer Strategie ändern müsse.

Das war meines Erachtens der eigentliche Grund, weshalb Kritik am Ergebnis von Paris als »depressiv« und »demobilisierend« zur Seite gewischt wurde. Die Umweltverbände, die an sich wichtige Arbeit leisten, konnten und wollten die Paris-Show nicht stören. Letztlich waren sie selbst über die letzten zwei Jahrzehnte zu sehr Teil der Verhandlungen geworden. Gefangen in, wenn nicht gar kooptiert von Realpolitik, Lobbyismuszwängen, diplomatischen Kämpfen um kleinste Formulierungen und Zugeständnisse, dem klimaökonomischem

Weichzeichnen der Emissionsrealität sowie dem Wunsch, Erfolge für die eigene Arbeit vorweisen zu können bei der eigenen Klientel und in der Öffentlichkeit, nutzten sie das Window-of-Opportunity erneut nicht, um ihren politischen Kurs zu korrigieren und den Druck auf die Regierungen des globalen Nordens (also insbesondere auch der EU und Deutschlands) zu erhöhen.

Auch an der journalistisch grünen Front wehrte man Kritik am »historischen« Abkommen vehement ab. Die Vereinbarung wurde dabei zur intellektuellen Wasserscheide erklärt, die klug-vorausblickende von radikalen Klimaschützern trennte. So legte zum Beispiel Malte Kreutzfeldt zehn Tage nach dem feierlichen Kommentar seines Kollegen Pötter in der *Taz* nach und attackierte die Kritiker des Abkommens. Die programmatische Schlagzeile: »Kurzsichtige Klima-Nörgler«. Wen die *Taz* damit meinte, machte sie unmissverständlich klar. Nicht von rechten Klimaleugnern oder der fossilen Brennstoffindustrie komme die schärfste Ablehnung, sondern von »linken Aktivisten«. Also vom »Solarenergieverband Eurosolar oder der Kleinbauernvereinigung Via Campesina, (...) von Attac oder der Rosa-Luxemburg-Stiftung, die der Linkspartei nahesteht«. Das sei fatal und argumentativ fehlgeleitet. Denn das Abkommen reiche als Basis aus, um den Planeten zu retten, auch wenn es nicht perfekt sei. Es sende die entscheidende Botschaft auch an die Wirtschaft, dass man nun aus den Fossilen aussteigen werde. Das sollten die »radikalen Klimaschützer« nutzen, die Regierungen in Zukunft an ihre Appelle zu erinnern, statt darauf abzuheben, dass die Klimaziele bisher nicht reichten. Die »Nörgelei« schwäche die »Botschaft von Paris« und »nütze damit jenen, die am Klimaschutz keinerlei Interesse haben«.[182]

Natürlich war die Kritik an den in Paris fixierten Zielen und dem Festhalten am Crashkurs keine Nörgelei über irgendwelche Nebensächlichkeiten. Sie kam von Wissenschaftlern und Emissionsexperten, den weltweiten Klimabewegungen und Stimmen aus dem globalen Süden, die sich den Fakten und nicht den Versprechen der Industriestaaten widmeten. »Es ist wirklich ein Betrug, ein Fake«, kommentierte James Hansen die Verhandlungen in Paris. Der »Vater des Klimawandel-Bewusstseins«, wie ihn der britische *Guardian* bezeichnete, kritisierte die Hauptverantwortlichen scharf. »Das ist einfach Schwachsinn, wenn sie sagen: ›Wir setzen uns ein 2°C-Ziel und versuchen, alle fünf Jahre ein wenig besser zu sein‹. Das sind wertlose Worte. Es wird nicht gehandelt, es sind nur Versprechen.«[183]

Sein Kollege Kevin Anderson stimmte ihm zu und verwies auf die Emissionsrealität: »Für die armen, nicht-weißen Menschen in der südlichen Hemisphäre ist der momentane Text irgendwas zwischen gefährlich und tödlich.« Er wies darauf hin, dass Flugverkehr und Schifffahrt unberücksichtigt blieben. Das bisherige Abkommen sei sogar schlechter als das von 2009 in Kopenhagen, das als gescheitert galt, während die Rolle der Wissenschaft in Paris geschwächt worden sei, fuhr Anderson fort. Das Scheitern von Kopenhagen hatte die *Taz* vor Jahren noch ähnlich gesehen, sie titelte damals »Land unter in Kopenhagen«. In Hinsicht auf Paris war die Kritik am selben, teils noch aufgeweichten Inhalt nun »Nörgelei«.[184]

Paul Oquist, Chefunterhändler von Nicaragua – einem Land, das sich nicht an dem Pariser Abkommen beteiligte, nur 0,03 Prozent der globalen Emissionen ausstößt und ab 2020 auf 100 Prozent Erneuerbare setzen möchte –, bezeichnete das Abkommen als »Weg zum Scheitern«. Der *Financial Times* sagte Oquist: »Wir wollen nicht Komplizen von Tod, Schäden und Zerstörung sein, die durch eine 3 oder 4°C wärmere Welt ausgelöst werden.« Viele Entwicklungsländer teilten die Einschätzung Nicaraguas über das Abkommen, nahmen aber widerwillig trotzdem teil.[185] Auch Naomi Klein »nörgelte«: »Egal was die Regierungen, die sich selbst die ›Ambitionierten‹ nennen, behaupten, die wirklichen Versprechen, die Ziele, die sie auf diesen Gipfel mitgebracht haben, führen uns in eine extrem gefährliche Welt. Sie bringen uns keine 1,5 oder 2°C. Um eine Grenze für die Erwärmung festzulegen, die den tiefliegenden Pazifikinseln vielleicht das Überleben ermöglicht (und ich sage vielleicht), fordern unsere Regierungen, dass diese Inselstaaten ihr Recht aufgeben, Verluste und Zerstörungen durch den Klimawandel geltend zu machen. Das steht jetzt so im Vertragstext. Darüber hinaus ist diese Klimakonferenz kläglich darin gescheitert, dem Klimawandel als der größten Herausforderung unserer Zivilisation die Stirn zu bieten.«[186]

Der ehemalige Chefunterhändler der Philippinen Naderev Sano kommentierte die Pariser Konferenz so: »Der Klimawandel ist eine Schlacht, die nicht hier in den Konferenzhallen entschieden wird.« Er wusste, wovon er sprach. 2013 auf dem Klimagipfel in Warschau hatte er eine bewegende Rede gehalten, bei der er immer wieder in Tränen ausbrach, als er vom Supertaifun berichtete, der damals gerade sein Land verwüstet hatte. Sano forderte die Industriestaaten und die fossile Brennstoffindustrie auf, Verantwortung zu übernehmen und kündigte an, sich in einen Hungerstreik zu begeben, bis ein akzeptables Ergebnis und wirkliche Ambition zu sehen seien.[187]

Die Vertreter der Entwicklungsländer im Konferenzsaal standen auf, klatschten und jubelten minutenlang. Zahlreiche Vertreter von Entwicklungsländern schlossen sich dem Hungerstreik an. Sie drohten den Industriestaaten, die Verhandlungen zu verlassen. So schafften sie es schließlich, nach fast zwanzig Jahren Blockade, einen Hinweis auf das »loss and damage« von den Industriestaaten zu bekommen. »Es war das einzige Mal, dass sie ein Zugeständnis gemacht haben«, sagt Saleemul Huq, Klimawissenschaftler aus Bangladesch, langjähriger Berater von Entwicklungsländern bei den Klimakonferenzen.

Doch das umjubelte Paris-Abkommen weichte den Loss-and-Damage-Mechanismus wieder auf, indem wie schon gesagt ein »Haftungsverzicht« eingebaut wurde – widerwillig geschluckt von den Entwicklungsländern. Bis heute ist daher kein Geld geflossen, und es gebe kaum Hoffnung, so Beobachter, dass mit den Vorkehrungen von Paris jemals Entschädigungen für Klimaverluste gezahlt werden. Diesmal gab es keinen Hungerstreik, als den Entwicklungsländern bei den Verhandlungen ihr einziger Erfolg aus den Händen geschlagen wurde.[188]

Vielleicht auch, weil Naderev Sano nach dem Klimagipfel von Warschau ohne Begründung aus der philippinischen Verhandlungsdelegation entfernt worden war. In Paris bekräftigte er als Umweltschützer und Aktivist die Notwendigkeit von Kritik am Verhandlungsgeschehen: »Wenn ich ausgeschlossen wurde, weil ich gesagt habe, dass die reichen Nationen Verantwortung übernehmen müssen und dass die fossile Brennstoffindustrie das größte Problem ist, das uns im Weg steht, dann bin ich sehr stolz, dass ich entfernt wurde.«[189]

Solche Kritiker der Nörgelei zu bezichtigen, konnte nur funktionieren, indem man ihre Erfahrungen, Einsichten und Argumente sowie die Emissionsrealität nicht zur Kenntnis nahm beziehungsweise für irrelevant erklärte, und zugleich die unverbindlichen Klimaziele, die die Welt Richtung Kollaps steuerten, zur Petitesse degradierte. Demgegenüber wurde das Versprechen der »Weltgemeinschaft« (unter Führung von USA und EU), gefährlichen Klimawandel aufhalten zu wollen, zur eigentlichen Botschaft von Paris erklärt. Das war nun aber gar nicht neu. Seit über zwei Jahrzehnten erschallt es von Gipfel zu Gipfel, G7-Treffen zu G20-Treffen, ohne besondere Wirkung zu entfalten, während die Emissionen immer schneller steigen, die Wirtschaft CO_2 zum Nulltarif in die Atmosphäre ausstoßen darf und nationale Klimaziele aufgeweicht oder schlicht aufgegeben werden.

Unbeirrt von solchen historischen Tatsachen mutmaßte Malte Kreutzfeldt jedoch: »Auch die Kohlelobby selber fürchtet die psychologische Wirkung des Paris-Protokolls.« Das hatte er sich nicht selbst ausgedacht, es war das PR-Narrativ, das von den Regierungen der EU, Deutschlands und den USA auf dem Gipfel öffentlichkeitswirksam verbreitet wurde. Sie gründeten dafür die sogenannte Koalition der Ambitionierten. Die Botschaft dieser Koalition formulierte US-Außenminister John Kerry in seiner Rede vor den Konferenzteilnehmern in Paris: »Wir gehen hier nicht in dem Glauben weg, dass wir mit allem, was wir tun, das 2°C-Ziel erreichen. Aber wir können den Märkten ein deutliches Signal senden: Und zwar, dass diese 186 Staaten hier wirklich fest entschlossen sind. Das hilft dem privaten Sektor, Geld in diese Richtung zu lenken, wissend, dass es dafür eine nachhaltige Perspektive gibt.«[190] So die »Koalition der Ambitionierten«, angeführt von den Hauptverursachern der Klimakrise, die Klimaschutz weiter blockierten.

Die Kurse an den Börsen ließen sich durch die »Botschaft von Paris«, wie zu erwarten, nicht beeindrucken. Ein ernsthafter 2°C-Vertrag hätte die Werte für Öl-, Gas- und Kohleunternehmen massiv einbrechen lassen müssen, da die Unternehmen gezwungen gewesen wären, große Teile ihrer fossilen Reserven abzuschreiben (man nennt das »stranded assets«, entwertete Anlagen). Eine Studie kam zu einem anderen Ergebnis: »Obwohl das Pariser Klimaabkommen als ein Meilenstein der Klimapolitik betrachtet wird, spiegelt sich sein Effekt nicht in derselben Weise auf den Aktienmärkten wider. Die abnormalen Schwankungen der Renditen waren nach Paris nicht stärker als bei früheren Klimakonferenzen. Ein Grund dafür könnte sein, dass den internationalen Verpflichtungen weiter nationale Umsetzungsstrategien und konkrete Politiken fehlen.«[191]

Doch die Medien folgten bereitwillig der Parteilinie und Rhetorik der Ambitionierten-Koalition. Sie entschärften damit die Situation und brachten die Klimaschutz blockierenden Konzerne in den Industriestaaten aus der Schusslinie. Also jene, die besorgt sind, dass politische Bewegungen und öffentlicher Druck es schaffen könnten, Regierungen mittels

»Nörgelei« zur radikalen Kehrtwende Richtung 2°C zu zwingen. Daher versuchen fossile Lobbys auch, solche Nörgler in Misskredit zu bringen oder aus der politischen Arena herauszudrängen.

Und natürlich musste man die Klimabewegungen nicht ermahnen, Regierungen »konstruktiv« an ihre Versprechen zu erinnern statt zu nörgeln. Das taten sie seit Jahrzehnten. Sie taten es in Paris und werden es weiter tun. Allerdings – und hier lag der Hase im Pfeffer – auf dem Boden von Fakten und mit entsprechend begründeten Klimazielen (sprich: nörglerisch), nicht im Glauben an eine vermeintlich psychologische Wirkung hohler, seit Jahrzehnten wirkungslos verpuffender Versprechen von Regierungen, die längst jede Glaubwürdigkeit durch ihr Nichtstun eingebüßt haben.

Erstaunlich ist, wie die einzige Hoffnung auf einen für Menschen lebenswerten Planeten rund um den Paris-Gipfel in die Nähe von Klimaschutzgegnern geschoben wurde. Nicht von rechts, sondern von Umweltjournalisten und Umweltschützern. Das ist nicht nur intellektuell, sondern auch politisch fragwürdig. Wer Kritik am Klimakurs der Industriestaaten durch eine Showveranstaltung zur Seite drängen ließ, Einwände wegjubelte und Kritiker als Nörgler diffamierte, hatte nichts aus den letzten drei Jahrzehnten gelernt, pumpte ein Besser-als-gar-nichts-Ergebnis zur historischen Wende auf, verbreitete kritiklos die PR jener der Koalition der Ambitionierten, rechnete sich das verbleibende Budget gemäß neoliberaler Klimaökonomie schön und agierte politisch naiv bis blind. Wohl auch, weil die nötige Distanz zum Showgeschehen auf nationaler, EU- und globaler Ebene nicht ausreichend vorhanden war.

Es ist auch nicht das erste Mal, dass Umweltschützer radikale Kritik am Klimakurs abzuwehren versuchen und um Vertrauen in Regierungsmaßnahmen werben. So hatte *Taz*-Redakteur Kreutzfeldt beim deutschen Klimaschutz-Notprogramm 2014 nörgelnde Grüne zur Räson ermahnt. Sein Optimismus, orientiert an den Vorgaben des Bundesumweltministeriums, zerschellte schließlich an der Emissionsrealität. Das gleiche Schicksal ereilte dann auch das Paris-Abkommen.

So zerfielen die im Reagenzglas gezüchteten Hoffnungen der Paris-Konferenz und ihrer Claqueure so schnell, wie sie von den Medien und Teilen der Zivilgesellschaft »hochgejazzt« worden waren. Es hatte sich von Anfang an um ungedeckte Hoffnungschecks gehandelt. Aufgeschreckt von den weltweiten Klimaprotesten vollzog die *Taz* 2019 dann eine 180°C-Kehrtwende. So schrieb Umweltredakteur Pötter nach dem Klimagipfel in Madrid ein Gegenstück zu seinem Jubel-Kommentar nach Paris. Jetzt hieß es, lediglich vier Jahre später, dass die Welt »volles Risiko« gehen müsse, weil Regierungen und Kohlenstoffmärkte sich in ihrer »Hochrisiko-Strategie« einfach nicht bewegten. Pötter schloss sich nun genauso inbrünstig den Radikalen und Nörglern an (die er jetzt selbstverständlich nicht mehr so bezeichnete), wie er sich in Paris in die Arme der Koalition der Ambitionierten geworfen hatte: »Es gibt einen Weg, dieser Drohung zu begegnen: selbst ins Risiko zu gehen. (...) Inzwischen haben immer mehr Politiker, Unternehmen, WissenschaftlerInnen und SchülerInnen begriffen, dass man den Klimaschutz nicht den Regierungen überlassen darf. Echten Klimaschutz wird es nur geben, wenn den Menschen an den entscheidenden Stellen in Parteien und Unternehmen die Situation zu brenzlig wird.«[192]

Der »solide Rahmen, dessen positiver Inhalt selbst die notorisch nörglerischen Umweltgruppen zum Staunen bringt«, das »Revolutionäre« des Paris-Abkommens sowie der allgemeine Schulterschluss von den USA über Inselstaaten bis zu Finanzindustrie und Umwelt-NGOs, den Klimawandel gemeinsam zu bekämpfen, war nun zerstoben, und übrig blieb bei der *Taz* der übliche Katzenjammer. Nun sollten die Nörgler den Klimakarren aus dem Dreck ziehen und die Situation »brenzlig« machen. Pötter hatte vorsorglich an anderer Stelle bereits Zweifel an der Machbarkeit des 2°C-Ziels gesät, wie schon erwähnt. Das überrascht kaum. Defätismus ist nicht nur eine Strategie von Klimaschutzgegnern, sondern zunehmend Ergebnis von Reduktions-Relativierung gepaart mit galoppierender Hoffnungsinflation gezeugt im Schoß des globalen Klimanotstands.

Was man aus Paris lernen kann, ist, dass Umweltschützer und kritische Journalisten, trotz ihres Wissens und Einsatzes für Klimaschutz, Angst haben, als zu »radikal« zu erscheinen und auf Konsens gepolt sind. Sie ließen daher die Möglichkeit verstreichen, von den politisch Verantwortlichen das Notwendige einzufordern und die Bürger zu alarmieren. Vielmehr taten sie weiter so, als ob sich die Gesellschaft im Normalzustand befinde und spätere Korrekturen die Katastrophe verhindern werden.

»And the show goes on«, resümiert Bodansky den Paris-Effekt. Wobei der Zweck der Show darin bestand, den Markt für Hoffnungen anzukurbeln und die Öffentlichkeit zu beruhigen. Dahinter behielten mächtige Interessengruppen das Klima-Steuer in ihren Händen. Der kurzfristige Erfolg dieser Strategie gab den Architekten der Paris-Inszenierung Recht. Wir werden später sehen, dass der »Triumph von Paris« aber auch einen Rückschlag auslösen sollte.

Wenn man tiefer gräbt, wird man vielleicht finden, dass viele der Umweltschützer nicht (mehr) daran glaubten, dass die Industriestaaten unter Führung von USA und EU jemals das Notwendige umsetzen würden. Das Notwendige sei schlicht zu radikal. Sie verfuhren daher nach dem Prinzip: Besser den Spatz in der Hand als die Taube auf dem Dach. Nur dass der Spatz bedeutet, Richtung Klimakollaps zu steuern, und die Taube auf dem Dach gefährlichen Klimawandel gerade so verhindern würde. Und natürlich verwandelt sich der Spatz auch nicht einfach durch Streicheln in eine Taube.

Misstöne von Konservativen: Sündenbock China

In den liberalen und konservativen Leitmedien wurde nicht nur gejubelt. Es gab auch Misstöne. Die *FAZ* zum Beispiel titelte: »Scharfe Kritik am Klima-Vertrag von Paris«. Denn »Wirtschaftsführer und Ökonomen« befürchten »Wettbewerbsnachteile (für deutsche Unternehmen – D.G.) durch fehlende Verpflichtungen der Schwellenländer«. Die Zeitung ließ den Bundesverband der deutschen Industrie (BDI) dementsprechend mahnen: »Deutschland und Europa müssten ihre Industrien vor ungleichen Wettbewerbsbedingungen schützen.« Und der Verband der Chemischen Industrie (VCI) wurde mit den Worten wiedergegeben, dass das Abkommen für Deutschland und die EU keine Grundlage biete, »die Ziele und Maßnahmen zum Klimaschutz noch weiter zu verschärfen«. Mit solchem Gegenfeuer stilisierte man in den unternehmensnahen Medien und den Wirtschaftsredaktionen das Paris-Ergebnis zum Maximum: Mehr geht auf keinen Fall.

Klimagipfel seien zudem, wie Redakteur Andreas Mihm feststellte, »im Kern eben doch Wirtschaftsgipfel«, bei denen Entwicklungs- und Schwellenländer, allen voran Staaten wie Saudi-Arabien oder Venezuela, »mit einer Verzichtsstrategie« kaum gewonnen werden können. Eine Behauptung, die die Realität auf den Kopf stellt. Denn es verhielt sich genau anders herum: Die treibhausgasinsolventen Industriestaaten waren nicht bereit, ihr verbleibendes Budget einzuhalten und ihre Klimaschulden zu begleichen.[193] Neben derartigen Verdrehungen bot man Einschätzungen wissenschaftlicher Berater mit dem gewohnt optimistischem Spin an. So durfte Hans Joachim Schellnhuber erneut den Kurs Klimakollaps aufhübschen: »Ein Triumph ist das vor allem für Vernunft und Moral, und für die Weltgesellschaft. Aber wie alle Triumphe muss man auch diesen mit einem kleinen Vorsichtsvermerk versehen. Ich meine das 1,5°C-Ziel, das im Vertrag erwähnt wird. Das müssen wir jetzt erst mal alle zusammen hinkriegen.«[194]

Ein »kleiner Vorsichtsvermerk«, während Deutschland, wie Schellnhuber betont, lediglich seine Klimapläne »weiterentwickeln« müsse? Tatsache ist: Es gab in Paris nicht einmal Signale der Industriestaaten, geschweige denn greifbare Pläne, die auch nur in die Nähe dessen kamen, was für ein 2°C-Ziel notwendig gewesen wäre. Das 1,5°C-Ziel war nicht mehr als eine PR-Blase.

Insgesamt plauderte sich das Interview in moderater Tonlage aus der Krise heraus. Geboten wurde dabei eine Aneinanderreihung von Slogans, hohlen Mahnungen und Wissenschaftsbelletristik: »John Kerry hat ein ehrliches Spiel gespielt«, der genaue Plan zur »Dekarbonisierung der Weltwirtschaft« sei »ein Stück weit offen gelassen« worden, der »Geist von Paris hat die Gespenster von Kopenhagen vertrieben« und so weiter. Manche Erläuterungen waren auch irreführend. So behauptete Schellnhuber, dass in »vierzig Jahren (...) niemand mehr mit Verbrennungsmotor« unterwegs sein oder Kohle verbrennen werde. Einmal angenommen, die gigantischen CO_2-Staubsauger und unterirdischen Lager (CCS/BECCS) funktionieren nicht: Das Jahr 2055 (vierzig Jahre nach 2015) kann als Enddatum für die Entwicklungsländer gelten – doch nicht für 1,5°C, sondern für 2°C. Für Deutschland müsste spätestens in zwanzig Jahren Schluss sein (bei 1,5°C in rund zehn Jahren). Vierzig Jahre ohne Konkretion (wer? wie? was?) in den Raum zu werfen, das zeichnet die Krise weich und kaschiert das eigentliche Problem.

Schon vor dem Gipfel hatte die *FAZ* es fertiggebracht, USA und EU als Klimaavantgarde und die Entwicklungsländer als Bremser zu porträtieren. In einem fünfseitigen »Wirtschaft-Spezial« erfuhr man, dass 2009 in Kopenhagen die »Klimamusterschüler« von Europa »vom Katzentisch aus« »machtlos« mit ansehen mussten, wie Obama in Nachtsitzungen einen Deal vereinbaren wollte – und scheiterte. Nun solle in Paris gewährleistet werden, dass die Energiewende, wie sie Deutschland »unter Ächzen« vormacht, auch weltweit gelinge.

Weiter hieß es, dass Klima längst eine Priorität auf den »Tagesordnungen der G7-, der G20-Staaten« habe – dank Merkel. Aber es gebe da Bremser und Klimaschurken. »Saudi-Arabien und Venezuela« etwa. Und sie sind nicht allein: »Unter Verweis auf die ›historische Verantwortung‹ der Europäer und Amerikaner weigern sich Staaten wie China, Indien oder reiche Ölstaaten bisher, einen angemessenen Anteil der Kosten dafür zu tragen, den Klimawandel zu verhindern oder sich an seine Folgen anzupassen.« Man erfährt weiter, dass die Industrienationen nicht mehr wie 1990 zwei Drittel, sondern »nur noch die Hälfte« der weltweiten Treibhausgase emittieren. Aber: »Die Europäer allein können das Klima nicht retten.«

Das ist der ideologische Rahmen: Die EU und Deutschland bemühen sich, die Welt zu retten, die USA ringen verzweifelt um einen Deal (auch wenn sie noch mitgezogen werden müssen), und die Bremser – China, Indien & Co. – sollen endlich auch liefern, nur so kann die Klimakrise verhindert werden. Es gibt noch weitere ideologische Elemente in der medialen Berichterstattung. Zum Beispiel, dass die Bevölkerungen für die Rettung des Planeten aufkommen müssen und sollen – und nicht etwa jene, die bis heute mit der Schädigung der Atmosphäre enorme Profite gemacht haben.

Zur Erinnerung: Die Industriestaaten, allen voran die USA und die EU, weigerten sich in Kopenhagen und auf dem Weg nach Paris – wie auf allen Klimagipfeln zuvor, trotz Drängens der Entwicklungsländer –, ihren Kurs Richtung Klimakollaps zu ändern, blockierten einen wirkmächtigen und fairen multilateralen Vertrag, der – orientiert an Wissenschaft und Gleichheit – gefährlichen Klimawandel hätte bannen können. Und sie taten das, weil sie die fossilen Energieprivilegien ihrer nationalen Industrien (und die damit verbundenen Profite für die Kapitaleigner, Unternehmer und Managerklasse) nicht schwächen wollten. Es verhielt sich also genau anders herum: Nicht China, Indien und schon gar nicht der globale

Rest der Welt hätten liefern müssen, sondern USA, EU, Australien, Kanada und Japan.

Zudem sieht die globale Emissionsentwicklung deutlich anders aus, als die *FAZ* ihren LeserInnen weismachen will. Das trifft selbst auf die Schwellenländer zu, die in den letzten Jahren durch ihr ökonomisches Wachstum mehr fossile Brennstoffe genutzt haben. Denn wie schon gesagt: Rechnet man die Treibhausgase, die in China, Indien und so weiter bei der Produktion von Gütern entstehen, dann aber in Industriestaaten konsumiert werden, nicht auf das Konto von China, sondern auf das der Deutschen, Amerikaner etc. hätten wir ein Viertel mehr Treibhausgase in der Bilanz, China hingegen weitaus weniger. Auch sind die reichen Länder bis heute weiter in einer Führungsposition bei den Pro-Kopf-Verbräuchen von Treibhausgasen. Ein Deutscher produziert doppelt so viele Treibhausgase im Jahr wie ein Chinese und achtmal so viele wie ein Inder, wenn man nach dem Konsumptionsprinzip die Emissionstransfers einrechnet.[195]

In konkreten Zahlen sah das vor dem Klimagipfel in Paris so aus: China hatte 2015 einen jährlichen Pro-Kopf-Verbrauch von 6 Tonnen Kohlendioxid (nach dem Konsumptionsprinzip), Indien einen von 1,6 Tonnen, Deutschland einen von 11 Tonnen, und die USA landen bei 18 Tonnen. Hinzukommen die enormen historischen Emissionen der Industrieländer. Auch bei den Kapazitäten für eine Energiewende sind die Unterschiede groß. Zwar gibt es in China industrialisierte Zentren mit entstehenden Mittelschichten, aber viele Chinesen leben wie in anderen Entwicklungsländern weiter in Armut. Nach Weltbank-Angaben für das Jahr 2010 haben 150 Millionen Chinesen weniger als 1,9 Dollar am Tag zur Verfügung.

Auch der Hinweis, China verursache heute mehr als ein Viertel der weltweiten Emissionen, so dass »wir«, auch wenn wir wollten, die Welt gar nicht retten können, führt in die Irre. Klimawissenschaftler Kevin Anderson bringt es auf den Punkt, wenn er schreibt, dass »das Argument, dass Großbritannien nur 2 Prozent der globalen Emissionen verursache, der Sieg des eloquenten Dummkopfs über den klugen Analytiker ist. Kalifornien, Deutschland, die Luftfahrt, Schifffahrt, Peking und Shanghai bewegen sich alle im unteren Prozentbereich. 50 x 2 Prozent = 100 Prozent. Daher sind unsere 2 Prozent wichtig – nicht nur direkt, sondern vor allem, weil die Emissionskürzungen in Großbritannien an anderen Orten weitere Einsparungen erzeugen werden.«

Was nun die Energiewende Made-in-Germany angeht, haben wir ja schon gesehen: Bisher konnten Deutschland und die EU kaum Emissionsreduktionen durch Klimaschutz erreichen, die »Musterschüler« profitierten von günstigen Umständen (etwa der erwähnten Deindustrialisierung nach dem Fall der Mauer). Die deutsche Regierung hat auf EU-Ebene viele Klimaschutz-Maßnahmen blockiert und aufgeweicht, so beispielsweise die CO_2-Grenzwerte bei Neuwagen, während im Land die Emissionen seit 2009 auf gleicher Höhe verharrten. Deutschland ist zudem kohlenstoffinsolvent, wie wir noch genauer sehen werden, hat von 1990 an gemessen längst sein Emissionsbudget ausgeschöpft und steckt tief im Treibhausgas-Soll. Auch das vergaß die *FAZ* in ihrem Leitartikel zum Klimagipfel-Spezial mitzuteilen.

Und was die Klimafinanzierung und Verantwortung angeht: Es gibt keinen Grund, »historische Verantwortung« in Anführungszeichen zu setzen, wie es die *FAZ* tat. Die Industriestaaten sind als Hochemittenten und Hauptverursacher des Klimawandels die globalen Schuldner, die jedoch ihren Verpflichtungen nicht nachkommen – was im nächsten Kapitel beleuchtet wird. Sie müssen daher die notwendigen Mittel für die Energiewende in den Entwicklungsländern und die Anpassungsmaßnahmen an die Klimazerstörungen bereitstellen. Auch China und Indien haben Anspruch auf Wiedergutmachungs- und Kompensationsgelder. Denn auch sie können ihren Anteil an Kohle, Gas und Öl für die wirtschaftliche

Entwicklung aufgrund der Übernutzung der Atmosphäre durch die Industriestaaten nicht mehr verwenden. So viel zur Fehlwahrnehmung der *FAZ*. In anderen Leitmedien konnte man ähnliche Argumente lesen, wenn auch von Fall zu Fall verschieden gewichtet. Zwischen den beiden Polen – dem konservativ-wirtschaftsnahen, der Klimaschutz zum Anhängsel nationaler Industriepolitik erklärt, und dem von Umweltschützern, die Angst vor den radikalen Konsequenzen der Emissionsrealität haben – spannte sich der auf der Weltbühne inszenierte »Triumph von Paris«.

Gipfelzirkus: Ausbleibende Tempelreinigung

Man wählte für den Gipfel in Paris einen Ort weit außerhalb der Stadt: Le Bourget, jenen alten, ausgedienten Flughafen, auf dem 1927 der amerikanische Luftfahrtpionier Charles Lindbergh bei seinem ersten Nonstop-Transatlantikflug gelandet war. In überfüllten Elektrobussen wurden 88 Jahre später die TeilnehmerInnen des Klimagipfels dorthin gebracht, während die Verhandlungschefs der reichen Staaten in schwarzen Limousinen einfuhren, begleitet von jeder Menge milliardenschwerer Prominenz. Mit dabei: Tesla-Gründer Elon Musk, Bill Gates und Arnold Schwarzenegger. Sie warben in Gesprächen und Reden für die Vorteile der Energiewende. Schaut man sich die realen Effekte von 21 Klimakonferenzen einschließlich des Gipfels in Paris an, wäre das Resümee »Viel Lärm um nichts« durchaus zutreffend.

Zur Klimakonferenz wurden 30 000 Teilnehmer offiziell zugelassen, noch einmal so viele Aktivisten, Umweltschützerinnen und Journalisten begleiteten den Gipfel mit Diskussionen, Öffentlichkeitsarbeit und Aktionen. Dass solche Veranstaltungen zur Show tendieren, liegt auch daran, dass die politischen Megaevents mit jedem weiteren verlorenen Jahr zu inhaltslosen Ritualen erstarren. Erstaunlich ist dabei, dass die Verursacher und Profiteure der Klimakrise sowie die Blockierer der Energiewende wie selbstverständlich als Sponsoren der UN-Klimagipfel auftreten dürfen.

In Paris waren es unter anderem Renault-Nissan, Air France und das Kreditinstitut BNP Paribas. Als akkreditierte Klimaschützer an den mit viel Geld erkauften Ständen der fossilen Brennstoffindustrie die Präsenz jener Unternehmen kritisierten, entfernte die französische Polizei sie gewaltsam vom Veranstaltungsort. Dabei gingen die Aktivisten nicht einmal so weit wie der biblische Jesus von Nazareth, der Händler und Geldwechsler aus dem Jerusalemer Tempel vertrieb, weil der als »Haus des Gebets« dem Gottesdienst vorbehalten bleiben sollte.[196]

Seit 1995 hat jedes Jahr eine Klimakonferenz stattgefunden, ausgenommen im letzten, da das Treffen wegen der Corona-Pandemie abgesagt werden musste. In längeren Abständen kulminieren die Verhandlungen in einem sogenannten großen Gipfel, auf dem dann richtungsweisende Vereinbarungen getroffen werden sollen. Sie werden durchgängig in Metropolen der Industriestaaten abgehalten: Berlin, Kyoto, Kopenhagen, Paris. In diesem Jahr steht der nächste große Gipfel an, im schottischen Glasgow. Es ist bereits die 26. »Conference of the Parties« (COP).

Die Konferenzen werden von Arbeitsgruppen, bilateralen Gesprächen und G7- beziehungsweise G20-Treffen lange vorher vorbereitet. Dabei legen die Industriestaaten den grundsätzlichen Rahmen fest. Große Überraschungen sind bei den meist zehntägigen Verhandlungen daher nicht zu erwarten. Am Beginn der Gipfel reichen sich Staatschefs medienwirksam die Hände und verkünden erneut die Weltrettung. Dann kommt die Stunde der Unterhändler aus den Länderdelegationen, die in Allianzen mit anderen Staaten um Formulierungen feilschen. Meist geht es nur noch um Details. Währenddessen erinnern die Vertreter von Industrielobbys die Entscheider in Hinterzimmer-Gesprächen an ihre Interessen.

Umweltschützer, Klimawissenschaftlerinnen und Aktivisten mahnen verzweifelt die Mächtigen, ihrer Verantwortung gerecht zu werden. Doch selbst in den Details siegen meist die Industrievertreter.

Die Konferenzen starten mit einem wild wuchernden Verhandlungstext, einer Rohfassung, die mehr einem Geheimcode ähnelt als der Grundlage für ein internationales Abkommen. Er besteht hauptsächlich aus einer Aneinanderreihung unterschiedlicher, jeweils in Klammern gesetzter Formulierungen. Diese Klammern markieren die Streitpunkte, um die die Parteien ringen werden. Die Frage ist: Worauf wird man sich im Tauziehen einigen? Am Ende müssen alle Klammern aus der Endfassung des Textes eliminiert sein, der dann zur Abstimmung gestellt wird. Bis dahin wird wie auf einem barocken Hof mit allen Mitteln gefeilscht, von der Intrige bis zur Erpressung, was von außen betrachtet schwer nachzuvollziehen ist.

Und tatsächlich wirkt der »Tanz um den heiligen Klimatext« wie eine extravagante Spielerei: Man erklärt das Relevante (Klimaziele, finanzielle Ermöglichung der globalen Energiewende) zur Nebensache und lädt das Nebensächliche (kaum relevante Differenzen bei Formulierungen) mit historischer Bedeutung auf. So verhinderten die USA in Paris zum Beispiel, dass die unverbindlichen nationalen Reduktionsziele, die den Grad der Erderhitzung determinieren, an das Abkommen angehängt wurden.

Was immer man jedoch von den UN-Klimakonferenzen politisch hält, einen Vorteil gewähren sie selbst dann, wenn damit letztlich die Krisenlösung auf gefährliche Weise verschleppt wird. Denn sie bieten trotz alledem ein internationales Forum für Forderungen nach tatsächlichem Klimaschutz und Klimagerechtigkeit. So versammeln sich dort immer auch AktivistInnen und Umweltschützer aus der ganzen Welt.

Für diejenigen, die kein Interesse an einer Kursänderung haben, wird das auch als Gefahr angesehen, die es zu bannen gilt. So versuchen die Regierungen der USA und EU-Staaten seit Beginn der Klimaverhandlungen nicht nur die Entwicklungsländer diplomatisch auf Kurs zu bringen, um ihr Gesicht in Sachen Weltrettung zu wahren. Sie sind ebenso und mit steigendem Protestdruck zunehmend besorgt, die schädlichen Effekte auf die öffentliche Meinungsbildung durch lauter werdende Einsprüche und Forderungen zu neutralisieren.

In Paris kam dem Club der Industriestaaten und den Massenmedien dafür ein günstiger Umstand zur Hilfe. Zwei Wochen vor der Konferenz hatten sich mehrere Anschläge in der französischen Hauptstadt ereignet. Der Staat verhängte den Ausnahmezustand, führte Grenzkontrollen ein und rüstete die Sicherheitsapparate auf. Die Polizei untersagte alle Klimademonstrationen und Proteste in Paris und Frankreich – wegen angeblicher Sicherheitsrisiken, während die Weihnachtsmärkte der Stadt nicht geschlossen wurden. Auch in der deutschen Presse hieß es, dass »das traumatisierte Paris derzeit erst einmal Ruhe braucht«, daher »wäre eine laute, bunte Demo vielleicht auch das falsche Zeichen«. Der Klimagerechtigkeitsbewegung, die anlässlich des Klimagipfels mobilisiert hatte, wurde so ein wichtiges Forum versagt.

Allein zum Demonstrationsmarsch am Eröffnungstag der Konferenz erwarteten die Organisatoren mindestens 200 000 Menschen aus der ganzen Welt. Der französische Organisator und Aktivist Nicolas Haeringer von 350.org sagte: »Die Regierung kann Demonstrationen verbieten, aber sie kann uns nicht zum Schweigen bringen. Es wird nun schwierig, unsere Pläne umzusetzen. Aber wir werden einen Weg finden, den Ruf nach Klimagerechtigkeit zu Gehör zu bringen.« 20 000 Paar Schuhe wurden stattdessen als symbolische Geste am Platz der Republik in Paris aufgestellt. Mehr als 700 000 Menschen nahmen an Klimamärschen in São Paulo, Sydney, London oder Berlin teil, viele weitere kamen weltweit an über 2500 Klimaveranstaltungen zusammen. Es war die bis dato größte Aktion in der Geschichte der Klimabewegung.[197]

Die *Süddeutsche Zeitung* reservierte für die Proteste (unter der Schlagzeile: »Zehntausende für den Klimaschutz«) ein paar Zeilen auf Seite 7. Die Tagesthemen berichteten in der Mitte der Sendung zwei Minuten über die Schuhaktion in Paris. Das Ausscheiden Hamburgs bei der Olympiabewerbung und das Treffen der EU-Staaten mit dem türkischen Ministerpräsidenten über die Flüchtlingsfrage waren wichtiger. Als ein Jahr zuvor 400 000 Menschen allein in New York City die Industrieländer zu fairem Klimaschutz aufforderten, war die Berichterstattung ähnlich matt.[198]

Aber die Anschläge wurden nicht nur benutzt, um Proteste und Kundgebungen zu verbieten beziehungsweise stark einzuschränken. Es fanden auch Wohnungsdurchsuchungen statt. Einige AktivistInnen wurden unter Hausarrest gestellt, ohne Anklage, lediglich auf der Grundlage von Behördenhinweisen, wie zuvor in Kopenhagen. Für Juliette Rousseau, Sprecherin der Organisation Coalition Climat 21, die die Demonstrationen organisierte, ein bloßer Vorwand. Bereits lange vor den Anschlägen habe man immer wieder mit der französischen Regierung verhandeln müssen, um gegen deren »Verhinderungslogik« vorzugehen: »Wir hatten nämlich schon vor Monaten den Eindruck, dass die Art und Weise, wie sie uns von der Zivilgesellschaft behandeln, darauf abzielt, unsere Zusammenkünfte so klein wie möglich zu halten. So gab es Einreiseverbote. Zudem haben wir über ein Jahr mit ihnen gerungen, für Tausende von Aktivisten eine Unterkunft in Paris zu bekommen. Sie haben nicht kooperiert, nicht einmal ansatzweise. Das alles erweckt bei uns den Eindruck, dass sie nicht wollen, dass unsere kritischen Stimmen ihre ›Party ruinieren‹.«[199]

Auch die Medien nutzten die Chance, die Klimakrise von der Tagesordnung zu wischen. So wurde die Berichterstattung bereits im Vorfeld vom Thema »Anschläge und Terror« in Paris verdrängt. Auch eine investigative Geschichte von mir über die Klimafinanzierungstricks der deutschen Regierung bei einem ARD-Politmagazin, bereits weitgehend recherchiert, ließ die Redaktion kurzfristig fallen. Anstelle einer Klimasendung wurde nun eine monothematische Sendung über die Pariser Anschläge ins Programm gehoben. Und das vor dem historischen Gipfel, der letzten Chance, die Welt noch zu retten, wie es in den Medien hieß.

Die *Taz* stellte nach der Vereinbarung deprimiert fest, dass die Medien »Historisches« zur »Randnotiz« degradiert hätten. Es gebe wohl »Wichtigeres als die Weltrettung«, zum Beispiel das 5:0 von Leverkusen gegen Gladbach oder Weihnachten: »Auf den Titelseiten der überregionalen Sonntagszeitungen habe man die Einigung auf den weltweiten Klimavertrag zur Randnotiz gemacht. Aufmacher waren ›Geschenke‹ *(Frankfurter Allgemeine Sonntagszeitung)*, ›Das fatale Ende eines Schulfachs‹ *(Welt am Sonntag)* und ›Weihnachtsgeld zu gewinnen‹ *(Bild am Sonntag)*.«

Manche große Zeitungen wie die *Welt* sollen nicht einmal einen Redakteur zur Klimakonferenz geschickt haben. Auch im Fernsehen wurde das Thema schnell und geräuschlos abgehakt: kein einziger Brennpunkt, keine Sondersendung, keine Talkshows über den »historischen Klima-Triumph« in den großen TV-Sendern.

Der offensichtliche performative Widerspruch der massenmedialen Berichterstattung über Paris – bei dem also das, was gesagt wurde (»historischer Durchbruch« und »Weltrettung«), der Art widersprach, wie es gesagt wurde (Behandlung als Randnotiz) – löst sich aber auf, wenn man bedenkt, dass der Jubel über das historische Abkommen gar nicht ausgelöst wurde von der vereinbarten Weltrettung (der Kurs Klimakollaps blieb ja bestehen), sondern darauf zielte, die Krise so schnell und störungsfrei wie möglich von der politischen Agenda zu schieben.

Gemäß dieser Maxime blendete man auch aus, was abseits der Verhandlungslogik geschehen und gedacht wurde. So blieben die Einsichten und Forderungen von Vertretern aus den

Entwicklungsländern, von AktivistInnen und das Abkommen grundsätzlich kritisierenden ForscherInnen außen vor. Wenn überhaupt erwähnte man sie am Rande und mit der Einfärbung, die »radikalen Forderungen« seien »utopisch«. Denn sie ließen sich nicht in den vorgegebenen Rahmen der Allianz der Ambitionierten integrieren. Wer sich jenseits des offiziellen Verhandlungstheaters informieren wollte, musste auf alternative Medienplattformen wie *Democracy Now* ausweichen, einem Sender, der jeden Tag live von der Konferenz berichtete und den sogenannten Nörglern ein Diskussionsforum bot.

Des Kaisers neue Kleider: Der erpresste Klimadeal

Mitunter werden Klimakonferenzen des Abgrunds wegen, der sich zwischen Wort und Tat auftut, mit Hans Christian Andersens Märchen »Des Kaisers neue Kleider« verglichen: »›Aber er hat ja gar nichts an!‹, sagte endlich ein kleines Kind. ›Hört nicht darauf!‹, sagte der Vater. Aber man flüsterte sich jetzt gegenseitig zu, was das Kind gesagt hatte. Da rief plötzlich das ganze Volk: ›Aber er hat ja gar nichts an!‹ Der Kaiser war zutiefst erschreckt, denn er spürte, dass es wohl die Wahrheit sein musste. ›Nun‹, dachte sich der Kaiser, ›es ist geschehen, und ich muss jetzt Haltung und Würde bewahren.‹ So trugen die Kammerherren auch weiterhin die unsichtbare Mantelschleppe, bis das Fest zu Ende war.«

In einem Artikel zum Pariser Klimagipfel verwies ich ebenfalls auf das Märchen, weil mir klar war, dass die Mächtigen erneut eine Show inszenieren werden. Es kam denn auch, wie zu erwarten war. Der Kaiser schritt in seinen Kleidern durch die Hallen, während der Vater den Umstehenden beschwichtigend erklärte, dass sie nicht auf das Kind hören sollten.

Angesichts der Machtverhältnisse und Fehlausrichtungen halten einige Klimaschützer wie der zu früh verstorbene

Vorkämpfer für die deutsche Energiewende Hermann Scheer die Konferenzen sogar für schädlich. Er äußerte seine Ablehnung schon zu Beginn des UN-Prozesses Mitte der 1990er Jahre. Denn, so Scheer, die UNFCCC-Bürokratie funktioniere nach dem Konsensprinzip und orientiere sich am kleinsten gemeinsamen Nenner. Der sei aber nicht ausreichend, gefährlichen Klimawandel zu verhindern. Da die Reduktionsziele in den UN-Strukturen zudem über ein Emissionshandelssystem organisiert werden, verwandelten sie sich national de facto zu einer Obergrenze. Das Minimum werde zum Maximum, was die Energiewende in den einzelnen Staaten abbremse. »Global reden und national aufschieben«, das sei die Logik der internationalen Klimadiplomatie.[200]

Sicher ist die Kritik an der realexistierenden Klimadiplomatie und den Fehlkonstruktionen berechtigt. Aber das UN-System als solches zum Bremser zu erklären geht für meine Begriffe am eigentlichen Punkt vorbei. Denn zwischenstaatliche Politik ist zunächst einmal nicht wertlos oder hemmend. Vielmehr hielt das Pariser Abkommen den Multilateralismus – also das Prinzip einer international abgestimmten Lösung, ohne die global kein effektiver Klimaschutz gelingen kann – am Leben. Es stützte sich zugleich auf Versprechen und Mechanismen, die sinnvoll sind und weiterentwickelt werden können. Nicht das UN-Klimasystem ist das eigentliche Problem, sondern sein spezifischer Gebrauch beziehungsweise Missbrauch. Dazu ein paar kurze Bemerkungen:

1. Es sind die Regierungen des globalen Nordens, die, von nationalen Industrielobbys angetrieben, den Kurs Klimakollaps aufrechterhalten. Sie haben daher auch die Wirksamkeit der Klimadiplomatie, die eine Reihe von für sie unangenehmen Prinzipien enthält, von Anfang an bekämpft und Mechanismen kreiert, um Klimaschutz zu bremsen. Zudem wirkten sich die multilateralen Einigungen bisher gar nicht hemmend auf den nationalen Klimaschutz aus. So wurden die Reduktionsziele, die man in Kyoto festgelegt hatte, von

den Vertragsstaaten, wie gesehen, sogar deutlich übertroffen. Das internationale Minimum ist keineswegs automatisch das nationale Maximum.

2. Dass die Industriestaaten mehr getan hätten, die Energiewende weiter fortgeschritten wäre auf der Welt, wenn es keine internationalen Verhandlungen im UNFCCC-Rahmen der »gemeinsamen, aber geteilten Verantwortung« gegeben hätte und lediglich national Klimapolitik betrieben worden wäre, ist eine spekulative Annahme, die meines Erachtens in dieser Form nicht zutrifft.

3. Auch wenn die Klimaziele national erstritten und die Energiewende in den Ländern organisiert werden müssen, kann eine internationale Abstimmung im Rahmen der Vereinten Nationen am Ende durch nichts ersetzt werden. Ein globales Problem wie die Klimakrise, bei dem alle sich gemäß ihrer Verantwortung und ihren Kapazitäten anstrengen müssen, braucht eine gerechte, verbindliche und international organisierte Lösung. Nur wenn institutionell ein verlässlicher Rahmen vorhanden ist, der Vertrauen schafft, werden alle Länder ihren Beitrag zu leisten bereit sein. Es geht daher um die Frage, ob in den Industriestaaten, vor allem den USA und den großen EU-Staaten, genug Druck für eine 2°C-Dekarbonisierung aufgebaut werden kann.

4. Die Klimadiplomatie und der UNFCCC-Rahmen enthalten sinnvolle Elemente wie Orientierung an Wissenschaft und Gleichheitsprinzip, Verantwortungsteilung, Festlegung einer Temperaturobergrenze, Verwaltung nationaler Reduktionsziele, Klimafinanzierung für die armen Länder etc. All das ist vorhanden, man muss es nur noch mit den richtigen Inhalten füllen. Das macht den politischen Kampf um vieles leichter. Die Industriestaaten müssen »lediglich« unter Druck gesetzt werden, den Prinzipien entsprechend zu handeln. Ein Emissionshandel mit festen globalen und nationalen Obergrenzen könnte dabei sogar eine gewisse Rolle spielen, wenn er fair und transparent durchgeführt wird. In der gegenwär-

tigen Form ist er aber eine Mogelpackung, durch die Emissionen nur verschoben werden.

5. Klimakonferenzen erzeugen zudem Öffentlichkeit und Mobilisierung, wodurch Entwicklungsländer, Wissenschaftlerinnen und Umweltschützer Druck auf die Regierungen der Industriestaaten ausüben können. Es ist ein Forum, das wegfiele, wenn es keine Klimadiplomatie mehr gäbe. Wie wir noch sehen werden, wäre es ohne die wenn auch bloß verbalen Zugeständnisse der Pariser Konferenz Protestbewegungen wie Fridays for Future nicht möglich gewesen, die Industriestaaten später darauf festzunageln. Auf diese Weise können Regierungen und Parteien vor der eigenen Wählerschaft in die Defensive gebracht werden.

Was den Pariser Deal angeht: So unvollkommen das Abkommen auch ist – es zu verhindern war keineswegs die sinnvollere Alternative. Ob eine Blockade der Entwicklungsländer gekoppelt an die Forderung nach einer besseren Vereinbarung unter den gegebenen Voraussetzungen zum Beispiel überhaupt möglich und strategisch klug gewesen wäre, lässt sich nicht leicht beantworten. Es kommt auf die Umsetzung an.

Die Spielräume für einen besseren Deal in Paris waren eng. Der Widerstand der Entwicklungsländer gegen die Neuausrichtung der Klimadiplomatie wurde ja nicht erst während der Verhandlungstage gebrochen. Unter Führung der USA hatten die Industriestaaten schon in Kopenhagen und seitdem immer wieder klargemacht, dass sie eine Änderung hin zu einer »universellen Verantwortung« anvisieren und keinerlei Verbindlichkeiten bei der Festlegung von Zielen und Zahlungen akzeptieren werden. Die Regierungen der Industriestaaten wollten damit auch von ihrer verfehlten Politik und der von ihnen blockierten Lösung, also ihrer Nacktheit ablenken, durch Verweis auf die Blöße der Welt.

Es war ein langer Prozess der Zermürbung durch Methoden wie Zuckerbrot und Peitsche oder Teile und herrsche. Mit Zugeständnissen wie dem Hinweis auf 1,5 °C im Abkommen und dem losen Versprechen, ab 2020 rund 100 Milliarden Dollar für Klimaschutz zu mobilisieren – Zugeständnisse, die entweder lediglich rhetorischen Wert hatten oder in der Praxis ausgehöhlt wurden –, konnten die »low developed countries« (die am wenigsten entwickelten Länder) und die Inselstaaten bei Laune gehalten werden. Zudem stehen Entwicklungsländer auf vielfache Weise – finanziell, ökonomisch, politisch-diplomatisch – in Abhängigkeit zu den USA und der EU. Eine Verweigerung wäre für die Länder kostspielig geworden.

Asad Rehman, damals Leiter für internationale Klimapolitik bei Friends of the Earth, verwies in Paris auf die Verhandlungsmacht der USA: »Die Entwicklungsländer sprechen sich hier klar und deutlich gegen den Versuch der USA aus, den rechtlichen Rahmen zu ändern und die Schutzverantwortung der reichen Länder aufzukündigen. (...) Die Obama-Regierung will die Verantwortung für die Verschmutzung auf die Schultern der Armen abwälzen. Das wird von den Entwicklungsländern abgelehnt. Wir werden aber in den nächsten 36 Stunden sehen, wie entweder die Erwartungen heruntergeschraubt oder die ärmeren Länder eingeschüchtert oder erpresst werden, um ihnen den Schwarzen Peter zuzuschieben. Tatsächlich ist es ein Tatort. Und die Kriminellen sind die Vereinigten Staaten von Amerika.«[201]

Das Schwellenland China mit knapp 1,4 Milliarden Menschen mit ins Boot zu holen, war die größte Herausforderung. So bestand das primäre Ziel der Industriestaaten darin, wie die Ökonomin Patricia Adams von der kanadischen Organisation Probe International in ihrer Studie »Die Wahrheit über China« feststellt, »das Gesicht bei den Pariser Verhandlungen zu wahren, das verloren gegangen wäre ohne die Anwesenheit Chinas«.[202] Dabei nutzten sie verschiedene für sie vorteilhafte Umstände aus. Denn seit dem Scheitern von Kopenhagen stand China auf der Weltbühne unter Druck. Das Land wurde von verschiedenen Seiten verantwortlich gemacht für das Desaster von 2009 – von westlichen Regierungen, der

Presse und Denkfabriken, dem UN-Klimaschutz-Establishment und Beratern, Umweltorganisationen und Teilen der klimawissenschaftlichen Community. Selbst innerhalb der G77-Verhandlungsgruppe – ein Zusammenschluss von rund 130 Entwicklungsländern, dem auch China angehört – gab es Missstimmungen. Kleinere Staaten fühlten sich angesichts der chinesischen Sonderstellung in Bezug auf die ökonomischen Interessen und die Treibhausgasentwicklung nicht mehr ausreichend von Beijing vertreten. Die chinesische Regierung wollte auf jeden Fall verhindern, innerhalb der G77-Gruppe und geopolitisch isoliert zu werden.

In den Jahren vor dem Pariser Gipfel bearbeitete die Obama-Administration die chinesische Führung zudem intensiv. Es kam zu einer Reihe von hochrangigen diplomatischen Treffen, die 2015 dann in einem gemeinsamen Klimaschutz-Statement gipfelten. Die USA machten dabei klar, dass die Ziele, die nun alle Staaten in Paris einbringen sollten, keine Nachteile für den chinesischen Wachstumskurs bedeuten würden. Das Land müsse lediglich die Kohlenstoffintensität der Wirtschaftsleistung in Zukunft zu reduzieren. Das war schließlich der Kompromiss, mit dem China sein Image diplomatisch absichern konnte, während der nationale Wirtschaftskurs gar nicht tangiert wurde. Denn, so Patricia Adams: »Auch China weiß, dass westliche Regierungschefs keine festen Erwartungen an konkrete Zugeständnisse in Paris haben.«

Ein weiterer Knackpunkt waren die Klimafinanzierung und der Technologietransfer. Die Entwicklungsländer verlangten deutlich mehr Geld vom Westen und verbindliche Zusagen für Konzessionen in anderen Gebieten. So forderte die Gruppe der 77, dass die Industriestaaten jährlich 1,5 Prozent ihrer Wirtschaftskraft, rund 500 Milliarden Dollar, für die Entwicklungsländer bereitstellen müssen.[203] Um diese Forderung auszuhöhlen, drängten die USA China (wie auch Indien) auf einem innenpolitisch brisanten Feld in die Defensive. So installierte die US-Botschaft in Beijing 2008 einen

Luftverschmutzungsmonitor und stellte die ständig aktualisierten Daten über den Smog ins Internet. Das löste in China angesichts des starken Anstiegs von Krebs- und Asthmatoten eine breite Welle der Kritik aus. Die kommunistische Partei, die das Problem bisher heruntergespielt hatte, geriet bei den eigenen Bürgern unter Druck. Die US-Konsulate legten nach und veröffentlichten in ganz China auch lokale Verschmutzungsdaten.

Beim Treffen der Asia-Pacific Economic Cooperation von 2014 in Beijing konnten die Früchte geerntet werden. So heißt es bei Adams, dass »sich das Weiße Haus entschloss, in den Verhandlungen nicht über die globale Klimakatastrophe zu sprechen, sondern Chinas Luftverschmutzung zu betonen, ›in der Hoffnung, das Smog-Thema werde die Regierung schließlich dazu bringen, ein signifikantes Zugeständnis zu machen, um den Klimawandel zu bekämpfen‹. Damit der Deal etwas versüßt werde, boten die USA Präsident Xi Jinping die Aussicht auf ausländische Technologie und Gelder an, um den Kampf gegen die Luftverschmutzung finanziell zu unterstützen. Die gemeinsame US-China-Klimaerklärung war das Ergebnis.«

Die USA gründeten zudem gemeinsam mit China ein US-China Clean Energy Research Center (CERC). Kurz vor dem Pariser Gipfel im Juni 2015 wurde die Kooperation erweitert und der Fonds um über 200 Millionen Dollar aufgestockt. Auch die EU unterstützte China beim Thema »saubere Luft«. Eine Art Zuckerbrot (beziehungsweise Schweige- und Stillhaltegeld), das die Forderung nach verbindlichen Zahlungen von Hunderten Milliarden Dollar an die Entwicklungsländer aus der internationalen Arena drängen sollte. Bei all dem ging es den USA und der EU natürlich nicht um Chinas Luftverschmutzung oder Emissionssenkungen, sondern darum, die chinesische Regierung dazu zu bringen, den Paradigmenwechsel zum internationalen neuen Klimaregime zu akzeptieren.[204]

In Paris zogen die Industriestaaten schließlich die symbolischen Daumenschrauben bei den Schwellenländern an.

So bildeten sie, wie schon gesehen, eine Koalition der Ambitionierten. Rund hundert Staaten wurden darin eingebunden. China und Indien blieben außen vor. Die Botschaft an die »Unambitionierten«: Scheitert der Gipfel, dann seid Ihr schuld.[205]

Der Politologe Fuzuo Wu kommt in seiner sorgfältigen Analyse der Klimadiplomatie zu dem Schluss, dass China wie Indien mit ihren Zugeständnissen und dem Durchwinken des Paris-Abkommens reagieren mussten auf die »asymmetrische Abhängigkeit von den Industriestaaten, um von den USA und der EU beim Technologietransfer für die Emissionsminderung bedacht zu werden. Dasselbe gilt für andere Entwicklungsländer (...)«. Auch beim Versuch, ihren Status im internationalen System zu sichern, seien beide Länder »unter Druck gesetzt worden«. Einem Druck ebenfalls »gekennzeichnet durch das asymmetrische Verhältnis zu den Industriestaaten, vor allem der EU und den USA«.

Die Spielräume für einen besseren, fairen und Vertrauen schaffenden Deal waren also, unter den klimadiplomatischen Umständen, Machtverhältnissen und Interessenlagen, kaum vorhanden in Paris. Ein Scheiternlassen und Neuverhandeln wäre ziemlich sicher mit hohen Kosten für die Entwicklungsländer verbunden gewesen. Allerdings hätte eine koordinierte Blockade auch zu einem Gesichtsverlust der USA und der EU geführt und neue Verhandlungsspielräume eröffnen können. Doch das Scheitern von Kopenhagen zeigt zugleich, dass das nicht automatisch zu einem besseren Abkommen führen muss.

Denn das Kräfteverhältnis änderte sich nach Kopenhagen nicht. Vor allem innerhalb der USA und der EU-Staaten gab es keinen ausreichenden Widerstand gegen die Fortsetzung des Kurses nun unter dem Mechanismus universeller Verantwortung. Die Klimabewegungen zogen sich nach dem Desaster von Kopenhagen mehr oder weniger vom internationalen Verhandlungsparkett zurück. Umweltschutzgruppen waren wie zuvor nicht gewillt beziehungsweise in der Lage, auf Konfrontation zu gehen. Einige unterstützten den neuen Ansatz, die meisten machten ihren Frieden damit. Es fehlte an einer mobilisierenden Gegenerzählung und radikalen Forderungen. So wurde die Verantwortung für die eskalierende Klimakrise und der Handlungsdruck von den Hauptverursachern Stück für Stück, ohne wesentliche Störung, auf die ganze Welt und damit die Entwicklungsländer verschoben.

In der Presse und politischen Literatur in westlichen Ländern hieß es flankierend, dass China, Indien und öl-exportierende Entwicklungsländer wie Venezuela das eigentliche Problem seien und vom Westen mitgezogen werden müssten. Unter den Tisch fiel dabei, dass China und Indien in Richtung auf Paris sogar eine Reihe von weitreichenden, für sie eigentlich unverhandelbaren Zugeständnissen machten, wie Wu betont: von der Schleifung des UNFCCC-Prinzips der »gemeinsamen, aber geteilten Verantwortung« über das neue System unverbindlicher Klimaziele für die Industriestaaten gepaart mit Reduktionsbeiträgen von Entwicklungsländern bis hin zur nachteiligen Neujustierung der Emissionsmessung für die G77-Gruppe und Inselstaaten. Die andere Verhandlungsseite, die Gruppe der Industriestaaten, musste sich dafür nicht einmal bewegen: »Der Kompromiss, den China und Indien (und alle Entwicklungsländer) mit dem Paris Abkommen eingingen, wurde nicht erwidert von den Industriestaaten. Diese versprachen lediglich (sind aber rechtlich nicht dazu verpflichtet), die armen Entwicklungsländer bei der Anpassung an den Klimawandel finanziell zu unterstützen.«[206]

Sicherlich ist es richtig, dass alle Entwicklungsländer ihren Treibhausgasausstoß im Angesicht des drastisch geschrumpften Restbudgets ebenfalls schnell bis Mitte des Jahrhunderts auf null bringen müssen, um die Katastrophe zu bannen. China mit seinem absolut hohen Treibhausgasausstoß ist insofern ein wesentlicher Schlüssel zur Lösung der Klimakrise. Aber, und das wird in der Debatte weggelassen, den Schlüssel halten USA und EU in ihren Händen. So stellt

Joanna Lewis fest, dass die chinesische Regierung ihre gegenwärtige Energieentwicklung nicht ändern könne ohne starkes internationales Engagement während der nächsten ein bis zwei Dekaden: »Effektive Zusammenarbeit mit Beijing wird nur möglich sein, wenn die Industriestaaten als Hauptemittenten mit gutem Beispiel voran gehen. Ernsthafte Angebote von Seiten der USA sind wahrscheinlich eine Vorbedingung für China, um sich überhaupt in irgendwelche internationalen Klimabemühungen einzubringen. Der erste Schritt, China beim Klima kooperativ einzubinden, besteht darin zu verstehen, welchen Herausforderungen das Land gegenübersteht, in den kommenden Jahren die Treibhausgase zu reduzieren, insbesondere was den Energiesektor angeht.«[207]

Die beiden Grundbedingungen für die rasante Energiewende im globalen Süden standen aber in Paris gar nicht zur Diskussion: Dekarbonisierung der Industriestaaten bis circa 2035 (gemäß ihrem maximalen Budget) sowie massive finanzielle und technische Unterstützung für die Dekarbonisierung der Entwicklungsländer, inklusive China und Indien (dazu mehr im nächsten Kapitel). Stattdessen bemäntelten die reichen Industriestaaten ihre Nacktheit mit Phrasenkleidern und Ankündigungen.

Darüber hinaus zeigt der Gipfel von Paris, dass Verhandlungen zwar einen Rahmen schaffen, in dem das globale Problem der Klimakrise in geordneter Weise, unter Einbeziehung aller Staaten, letztlich angegangen werden muss. Doch die Lösung der Krise wird nicht im Verhandlungsmodus zwischen globalem Norden und globalem Süden erzielt werden, wie Hermann Scheer zu Recht einwendet. Denn solange sich die USA und EU weigern, Verantwortung für die globale Energiewende zu übernehmen, ihren Worten Taten folgen zu lassen und die Kosten für den Umbau zu tragen, ist jede Verhandlung letztlich zum Scheitern verurteilt.

Da die Regierungen in Europa und Nordamerika aber weder gewillt noch fähig sind, ihren Kurs unter dem Druck fossiler Industrieinteressen zu ändern, müssen sie von ihren Bürgern und der Zivilgesellschaft dazu gedrängt werden. Das ist die einzige Chance für die Kehrtwende. Daher ging es in Paris am Ende gar nicht darum, ob das unzureichende, letztlich katastrophale 3–4°C-Abkommen verabschiedet wurde oder scheiterte. Ich persönlich denke, dass es strategisch gesehen keine positive Option für ein Scheitern gab, daher verhinderten Staaten wie Nicaragua, die offen gegen das Abkommen argumentierten, seine Verabschiedung auch nicht. Es ging vielmehr darum, was jeweils daraus *innenpolitisch* für den Klimaschutz in den USA und den EU-Mitgliedsländern folgte.

In dieser Hinsicht war der allgemeine Jubel über den »Triumph von Paris« eine toxische Mischung und ein Geschenk an diejenigen, die den Normalbetrieb nicht ändern wollen. Denn es wurde damit die Illusion erzeugt, die den Menschen in den mächtigen Staaten etwas vorgaukelte, was nicht da war: ernsthafter Wille, politische Handlungsbereitschaft und erste Schritte ihrer »ambitionierten« Regierungen, die Klimakrise zu lösen. Die massenmedial verbreitete Erzählung vom historischen Durchbruch unterstützte die Vorstellung, dass die Industriestaaten im Bündnis mit den Entwicklungsländern nun entschlossen seien, das Klima zu stabilisieren. Oder, wie die damalige Bundesumweltministerin Barbara Hendricks es formulierte: Man sei am »Beginn eines langen Weges« und brauche die Regierungen nur noch an ihre Klimaziele zu erinnern.

Nicht nur die Mainstreammedien, sondern auch Umweltverbände, grüne Journalisten und Politikberater gaben sich diesem Glauben hin und reagierten gereizt auf Kritiker, Wissenschaftlerinnen und Klimaaktivisten, die es wagten, auf die Realität zu verweisen. Die Inszenierung war auch gar nicht mobilisierend gemeint, wie NGO-Vertreter und Medien unterstellten, sondern kalmierend. Sie wirkte wie eine kollektive Beruhigungspille. Nach dem Motto: »Endlich sind wir auf dem richtigen Weg. Alles wird gut.«

Die Nachwirkungen des Pariser Abkommens für globalen Klimaschutz bringt Clive L. Splash, britischer Politikwissenschaftler an der Wirtschaftsuniversität in Wien, Klimaschutzexperte und Herausgeber der Zeitschrift *Environmental Values* so auf den Punkt: »Der menschengemachte Klimawandel kann nun auf bequeme Weise von der politischen und medialen Tagesordnung verschwinden, bis der Zeitpunkt für die nächste große Ausrede kommt – im Jahr 2023, wenn die globale Bestandsaufnahme der Treibhausgase stattfinden soll. Dann werden, wenn überhaupt, nur noch wenige der Politiker, die für die Farce verantwortlich sind, im Amt sein. Weder sie noch die Bürokraten und Verhandelnden, die den großen Erfolg gefeiert haben, werden jemals dafür zur Rechenschaft gezogen.«[208]

Auch die, die das Abkommen feierten, es als historische Chance verklärten und Kritiker in die Schranken wiesen, hatten nichts zu befürchten, als sich die Realität wenige Jahre später ihren unbegründeten Hoffnungen nicht anpassen wollte. Das massenmediale Gedächtnis ist kurz, und die allgemeine Jubelstimmung funktioniert wie eine Vollkaskoversicherung gegen spätere Kritik. Wer sollte schon die Händler der Hoffnungen an ihre wurmstichige Ware von damals erinnern? Doch es kam anders. Es kam das Jahr 2019.

Desaster-Klimapolitik ohne globalen Kompass (2009–2020)

Unter Tabu: Extreme Kohlenstoffungleichheit

Viele Millionen sind in den letzten beiden Jahren für eine Kursänderung auf die Straße gegangen. Nicht nur SchülerInnen und Jugendliche, sondern auch Mütter, Väter und Großeltern. Sie fordern ihre Regierungen auf, endlich zu handeln, und skandieren unablässig: »Climate Justice Now!« (Klimagerechtigkeit jetzt!), während sie machtvoll auf die politische Bühne drängen. Die Forderung nach einer gerechten Lösung wird seit langem von den globalen Klimabewegungen erhoben. Bevor wir uns also den Protesten zuwenden, sollten wir uns in Erinnerung rufen, was mit Klimagerechtigkeit eigentlich gemeint und warum eine global faire Lösung alternativlos ist.

Beginnen wir mit zwei Studien, die auf den Punkt bringen, warum die Klimadiplomatie seit Kopenhagen unter dem neuen Leitprinzip der universellen Verantwortung, das die Entwicklungsländer auf die gleiche Stufe mit den Industriestaaten stellt, grundsätzlich verfehlt ist. Bei der ersten handelt es sich um eine von NGOs in Auftrag gegebene Untersuchung mit dem Titel »Fair Shares« (Faire Lastenteilung), die am Rande der Bonner Vorverhandlungen für Paris im Oktober 2015 erschien und an andere Studien anschloss. Sie bewertete die jeweiligen Klimaziele, die die Länder mit nach Paris brachten. Hierzu wurden die Emissionsbudgets für einzelne Staaten beziehungsweise Ländergruppen mittels konservativer Fairness-Kriterien gewichtet, bemessen an der Bevölkerungsgröße, den Kapazitäten und den Treibhausgasen, die sie seit 1950 emittiert hatten.

Demzufolge erfüllen die USA und die EU-Staaten ihren fairen Anteil an Emissionsreduktionen nur zu einem Fünftel.

Sie beabsichtigten also das ihnen zustehende Emissionsbudget um das Fünffache zu überziehen. Dagegen übererfüllen fast alle Entwicklungsländer die Anforderungen, gemessen an dem, was ihnen noch zusteht. Auch China und Indien kürzten stärker, als sie eigentlich müssten.

Die Schlussfolgerung daraus ist: Nicht die Entwicklungs- und Schwellenländer sind am Zug, die Reduktionslücke zum Erreichen des 2°C-Ziels, wie es sich aus den Berechnungen ergibt, zu schließen, sondern die Industrienationen. Doch die zeigten in Paris weiterhin keine Bereitschaft, ihren Verpflichtungen nachzukommen.[209]

Die zweite Studie ist eine Untersuchung der britischen Hilfsorganisation Oxfam mit dem Titel »Extreme Carbon Inequality« (Extreme Kohlenstoff-Ungleichheit). Sie zeigt, dass die ärmere Hälfte der Bevölkerung – also 3,5 Milliarden Menschen – für nicht mehr als 10 Prozent der globalen Treibhausgase verantwortlich ist. Die reichsten 10 Prozent, die relativ kleine Gruppe von 700 Millionen Menschen, verursachen dagegen rund 50 Prozent der Emissionen. Die Organisation spricht von extremer Ungleichheit. Der Autor der Studie Tim Gore stellt fest: »Am Ende ist es so: Gehen wir den Klimawandel und die Ungleichheit nicht gleichzeitig an, kann weder das eine noch das andere gelöst werden.«[210] Denn je mehr man die Einkommensleiter nach oben steige, desto stärker nehme die Verantwortung für die Klimakrise zu. Politik wie Medien ignorierten auch diese Studie und ertränkten die Realität dahinter im Jubel über das Abkommen von Paris, das die Kohlenstoffungleichheit mit Hilfe des Prinzips »Alle müssen ran« für nicht existent erklärte.

Solche Gleichgültigkeit gegenüber der Emissionsrealität und den daraus erwachsenen Konsequenzen für westliche Klimapolitik ist nicht neu. So behelligten deutsche Medien ihre Zuschauerinnen, Zuhörer und Leserinnen nicht mit einer Diskussion über eine gerechte Verteilung des Emissionsbudgets. Dabei ist die Forderung nach fairem Klimaschutz schon lange in der Welt. So fand 2010 in Cochabamba (Bolivien) die World People's Conference on Climate Change statt, der sogenannte Klimagipfel der Völker. Über 35 000 VertreterInnen aus allen Kontinenten nahmen daran teil – ein globales Gipfeltreffen unterstützt von Hunderten internationaler Organisationen, Regierungen des globalen Südens, indigenen Gruppen und diversen sozialen und politischen Bewegungen.

Der Klimagipfel der Völker kritisierte den Kurs der Industriestaaten und eine korrumpierte Diplomatie zulasten der Entwicklungsländer. In der Abschlussvereinbarung, dem »People's Agreement of Cochabamba«, wurde schließlich gefordert, dass die entwickelten Länder ihre Emissionen bis zur Periode zwischen 2013 und 2017 auf mindestens 50 Prozent gegenüber 1990 absenken müssten (was einer Dekarbonisierung spätestens bis 2030 entspricht). Die wirtschaftsstarken Staaten besäßen keine Emissionsrechte mehr, auch, weil ihr Treibhausgasausstoß (inklusive der Emissionstransfers und der Offsets) von 1990 bis 2007 nicht nur nicht ausreichend gesunken, sondern tatsächlich um rund 12 Prozent weiter angestiegen sei. Ein Versagen auf ganzer Linie mit planetaren Folgen, so die Teilnehmer des alternativen Klimagipfels in Cochabamba.[211]

Radau im Regierungsbezirk: Die »Kohlenstoffinsolvenz«

Die Missachtung der Forderungen von Cochabamba ist umso erstaunlicher, als diese im Einklang mit Wissenschaft und fairer Verantwortungsteilung stehen. Was das Dekarbonisierungsziel für die Industriestaaten angeht, haben wir schon gesehen, dass sich ein Enddatum für die Treibhausgase in USA und EU um das Jahr 2035 aus dem errechneten Kohlendioxid-Restbudget ergibt. Zu einem ähnlichen Ergebnis kam auch der Wissenschaftliche Beirat der Bundesregierung Globale Umweltveränderungen (WBGU), der die Politik in Fragen des Klimaschutzes berät.

Der WBGU stellte in seinem Sondergutachten mit dem Titel »Kassensturz« bereits 2009 fest, dass die Industriestaaten ihr Budget für das 2°C-Ziel von 1990 gerechnet bereits verbraucht haben. Sie sind daher kohlenstoffinsolvent und besitzen keinen Anspruch mehr auf weitere Emissionen. Allein die Entwicklungsländer seien noch berechtigt, Kohlendioxid zu emittieren, weil ihr Budget noch nicht aufgebraucht ist. Da die Industriestaaten nach 2010 aber weiter Treibhausgase ausstoßen müssten, selbst wenn sie umgehend und schnell dekarbonisieren, könne es nur noch um eine faire Verteilung des Restbudgets gehen. Die Kohlenstoffinsolvenz der Industriestaaten seit 1990 – die noch gravierender ist, wenn man seit Beginn der Industrialisierung rechnet – bedeutet also, dass die Entwicklungsländer gezwungen werden, einen beträchtlichen Teil ihrer Emissionsrechte an die Industriestaaten abzugeben.[212]

Der Beirat berechnete auf der Grundlage des verbleibenden Budgets ab 2010, wie eine faire Verteilung für die Industrie- und Entwicklungsländer aussehen würde – bei gleichen Emissionsrechten pro Kopf gemäß dem Fairnessprinzip. Die Industriestaaten müssten danach zwischen 2020 und 2030 dekarbonisieren (ihrem Anteil am Restbudget entsprechend), die Entwicklungsländer hätten noch bis circa Mitte des Jahrhunderts Zeit. Das Ergebnis entspricht ungefähr den Berechnungen des Tyndall Centre und des Global Carbon Projects.

Ausgeklammert sind bei dieser Aufteilung die Treibhausgase, die bis 2010 ausgestoßen wurden, also die historischen Emissionen der Industriestaaten, die beträchtlich sind. Denn wie Hans Joachim Schellnhuber, damals Leiter des WBGU, in seinem Buch »Selbstverbrennung« später feststellt, würde die Anrechnung der »historischen Kohledioxidschuld« den künftigen »Deponieraum für diese Länder aufs Lächerliche« zusammenschrumpfen und die »Politikfähigkeit des ganzen Ansatzes« zerstören. Tatsächlich müssten die Industriestaaten, wenn alles angerechnet wird, sofort negative Emissionen erzeugen, um ihre Schulden abzutragen, was schlicht nicht denkbar ist.[213]

Aber die historischen Emissionen gänzlich auszuklammern ist letztlich unfair, wie Tilman Satorius betont: »Warum eigentlich sollen Menschen, die bisher kaum zum Klimawandel beigetragen haben, in der Zukunft nur genauso viele Emissionsrechte erhalten wie jene, die schon seit langem einen treibhausgasintensiven Wohlstand pflegen? Tatsächlich kann eine Gleichbehandlung von Ungleichen in hohem Maße ungerecht sein. Davon abgesehen käme eine Gleichverteilung der Emissionsrechte in der internationalen Klimapolitik reichlich spät. Das wäre, wie wenn einige wenige Reiche eine Schwarzwälder Kirschtorte fast aufessen, und wenn dann nur noch ein paar Krümel übrig sind, schlagen sie den Armen vor, diese Krümel pro Kopf gleich zu verteilen. Dies ist der Grund, warum u. a. das Greenhouse Development Rights Modell eine Ungleichverteilung zu Gunsten der Armen vorschlägt.«[214]

Der Budgetansatz – vor allem, wenn er operationalisiert wird in Form von konkreten Klimazielen – besitzt, selbst in der Ausgestaltung des WBGU, politische Sprengkraft, da er den Kurs Klimakollaps der Industriestaaten offenlegt und eine radikale Änderung einfordert. Schellnhuber erinnert sich an die Atmosphäre zur Zeit der Publikation: Allen Gutachtern sei »flau in der Magengrube« geworden, als die Zahlen auf den Tisch kamen. Was werde die Bundesregierung dazu denken? »Selbst die ganz Mutigen unter meinen Beiratskollegen fragten sich: Soll man diese unbequemen Wahrheiten nicht lieber unter jenem Teppich belassen, wohin sie Jahre lang beflissen von einer weit gespannten Koalition gekehrt wurden, welche von der Fossil-Lobby bis zu bestimmten Umweltorganisationen reichte?«

Er, Schellnhuber, sei jedoch der Auffassung gewesen, man müsse den »Finger in die offene Wunde des gesellschaftlichen Diskurses« legen. Der Beirat wählte schließlich »den Weg des größtmöglichen Widerstands«. Die Reaktion auf das Gutachten sei jedoch ernüchternd gewesen. Die deutschen Klimadiplomaten sollen den WBGU-Ansatz als »eher peinlich« empfunden haben: »Entsprechend beeilte man sich, auf dem multilateralen Parkett klarzustellen, dass dies *nicht* (Hervorhebung im Original – D. G.) die offizielle Regierungshaltung sei. Interessanterweise konnte sich jedoch ausgerechnet die Bundeskanzlerin mit der Philosophie des Gutachtens anfreunden, auch wenn sie diese vorsichtshalber als ›Vision‹ bezeichnete.«[215]

Trotz Merkels Sympathie zogen Regierung und Parlament nicht nur keine Konsequenzen aus der Tatsache der Kohlenstoffinsolvenz und des geringen CO_2-Budgets für Deutschland, sondern bremsten Klimapolitik ab. Wie gesehen fanden in den zehn Jahren nach Erscheinen des Gutachtens keinerlei Emissionssenkungen statt. Die Medien duckten sich weg, hakten die Ergebnisse des Kassensturzes schnell ab, ohne sie in die Berichterstattung über die voranschreitende Klimakrise und die Beratungen über die Klimaziele in Deutschland und der EU aufzunehmen. So wurde der wissenschaftliche »Radau im Regierungsbezirk« geräuschlos entsorgt.[216]

Auch Klimaberater Schellnhuber ordnete sich wieder in die von ihm kritisierte »weit gespannte Koalition« ein. Wohl auch, um nicht als Visionär von der Realpolitik an die Seitenlinie oder gar zum Arzt geschickt zu werden (wie Helmut Schmidt einmal all denen riet, die über das Bestehende hinausdenken). Schellnhuber unterließ es jedenfalls, in der *FAZ* oder *Tagesschau* den »Finger in die offene Wunde« zu legen. Während in den Jahren nach der Veröffentlichung des WBGU-Kassensturzes die Treibhausgase in Deutschland sogar wieder leicht anstiegen, schätzte er, wie schon zitiert, die Klimaziele auf EU-Ebene 2014 als am unteren Rand eines ambitionierten Niveaus ein. Wohlwissend, dass das verbleibende Treibhausgasbudget eine radikale Kursänderung von EU und Deutschland notwendig machte.

Blackbox Klimaschulden

In Cochabamba wurde noch eine zweite zentrale Forderung aufgestellt. Denn die permanente Übernutzung der Atmosphäre durch das Verbrennen von Kohle, Gas und Öl zur Energiegewinnung der Industriestaaten habe enorme Klimaschulden den nicht entwickelten Ländern gegenüber erzeugt, die beglichen werden müssten, um die Energiewende im globalen Süden zu ermöglichen. Man forderte die Industriestaaten auf, jährlich sechs Prozent ihres Bruttoinlandsprodukts als Kompensation und Reparation zu zahlen, damit die Entwicklungsländer von fossiler auf erneuerbare Energie umstellen könnten. Für Deutschland wären das über 200 Milliarden Euro pro Jahr.

Jenseits der Klimabewegungen ist es schwer, in Deutschland jemanden zu finden, der von Cochabamba und den Forderungen etwas erfahren hat. Denn die Presse berichtete nicht darüber. Klimagerechtigkeit war und ist bis auf wenige Ausnahmen kein Thema für westliche Medien. So taucht das Wort »Klimaschulden« seit Beginn der Verhandlungen Anfang der 1990er Jahre bis zum Pariser Gipfel in der gesamten Berichterstattung der *Süddeutschen Zeitung* bei einer Datenbankabfrage nur drei Mal auf, einmal davon als Bildunterschrift, das Wort »Klimagerechtigkeit« gar nicht. Bei anderen Zeitungen sieht es ähnlich aus. Wenn am Rande einmal über das Thema Klimafinanzierung in den Medien gesprochen wird, kommen fast ausschließlich Regierungssprecher und Vertreter der Industrieländer zu Wort. Sie dürfen ihre Versprechungen und ihre Zahlungsbereitschaft unkommentiert zu Protokoll geben. Eine Einordnung der Zahlen findet nicht statt.

Dabei muss eine angemessene Finanzierung der Entwicklungsländer tragende Säule jeder Lösung sein. Einerseits, weil ohne massive Unterstützung durch die Industriestaaten die nötige Energiewende und der Schutz vor den Folgen der Erderhitzung in den Entwicklungsländern nicht stattfinden kann, und andererseits, weil globaler Klimaschutz nicht auf Kosten der Schwächsten vollzogen werden darf. Es ist eine Frage der Gerechtigkeit. Schon 1990, als Klimapolitik international ins Zentrum rückte, war klar, dass EU und USA ihren Anteil am Treibhausgasbudget zur Verhinderung der Katastrophe längst ausgeschöpft hatten. Der übermäßige Gebrauch von fossilen Brennstoffen und der dadurch rasant geschrumpfte Raum für weitere Treibhausgase in der Atmosphäre ist auch der Grund dafür, dass die Entwicklungsländer jetzt gezwungen werden, schneller auf Erneuerbare umzusteigen, als sie das bewältigen können.

Während den Industriestaaten vergönnt war, sich über viele Jahrzehnte hinweg durch Übernutzung der Atmosphäre ökonomisch zu entwickeln – was enorme Spielräume für eine Energiewende ohne Wohlstandsverluste erzeugt –, verfügen die armen Länder praktisch über keine oder nur sehr geringe Kapazitäten. So müssen afrikanische Länder die Energiewende und die Folgen der Klimaerhitzung bei einer Pro-Kopf-Kaufkraft von heute gut 5000 Dollar pro Jahr meistern, während reiche Staaten wie die USA oder Deutschland das bei rund 70 000 beziehungsweise 60 000 Dollar unternehmen. Selbst China ist mit pro Kopf 20 000 Dollar trotz rasanter Entwicklung weiter deutlich unter dem Level der westlichen Länder. Die Unterschiede bei Vermögen und Infrastruktur sind noch gravierender.

Wir sollten zudem bedenken, dass es weiter extreme Energiearmut in großen Teilen der Dritten Welt gibt, die bekämpft werden muss. Noch heute haben weltweit genauso viele Menschen keinen Zugang zu Strom wie Ende des 19. Jahrhunderts, als Thomas Edison die ersten Glühlampen zum Leuchten brachte. Menschen ohne Strom leben vor allem in Afrika. Ein Weltbank-Bericht sagt voraus, dass angesichts der gegenwärtigen Trends im Jahr 2040 noch eine halbe Milliarde AfrikanerInnen ohne Elektrizität leben muss.[217]

Die Industriestaaten haben ihre Verantwortung für die Lösung der Krise im Prinzip auch anerkannt. So verpflichteten sie sich dazu, die Entwicklungsländer beim Klimaschutz zu unterstützen. Schon in der UNFCCC-Vereinbarung auf dem Erdgipfel in Rio de Janeiro 1992 heißt es, dass die Industriestaaten »neue und zusätzliche finanzielle Mittel« bereitstellen werden, soweit die Entwicklungsländer »sie benötigen, um die vereinbarten vollen Mehrkosten zu tragen« für »Maßnahmen zur Abschwächung der Klimaänderungen« durch Treibhausgas-Reduktionen. Das gelte auch für Kosten, die bei der »Weitergabe von Technologie« entstehen, sowie für »Maßnahmen zur Erleichterung einer angemessenen Anpassung an die Klimaänderungen«. Nur so könne das Ziel erreicht werden, »eine gefährliche anthropogene Störung des Klimasystems« zu verhindern. Das wurde auf späteren Gipfeln bekräftigt. Klimafinanzierung ist also – anders als die Entwicklungshilfe, die als freiwillige humanitäre Leistung konzipiert wurde – eine vertraglich vereinbarte Zahlungsverpflichtung im Angesicht einer drohenden planetaren Katastrophe.[218]

Dieser Zahlungsverpflichtung folgten aber keine nennenswerten Zahlungen. Seit Kopenhagen sind zwar einige Versprechen in Hinsicht auf Finanzierung von den Industriestaaten gegeben sowie auch begrenzte Mittel bereitgestellt worden. Die Gelder erweisen sich aber als vollkommen unzureichend und zudem meist als Luftbuchungen. Die Industriestaaten ließen aus gutem Grund offen, wie hoch die realen Kosten für die Maßnahmen tatsächlich sind.

Dabei gibt es keinen Mangel an Berechnungen zur Klimafinanzierung. Es liegen zahlreiche Studien über den Finanzierungsbedarf vor. Ein Spezialbericht des IPCC von 2018 kommt zu dem Ergebnis, dass jährlich 2,4 Billionen Dollar an Investitionen und davon rund 830 Milliarden Dollar für zusätzliche, auf Energie bezogene Finanzierungen notwendig seien, um das 1,5°C-Ziel halten zu können. Bezieht man den Mehrbedarf auf die Entwicklungsländer und setzt ein 2°C-Ziel an, wären es rund 600 Milliarden für den globalen Süden.[219] Eine Berechnung des South Centre und eine Untersuchung von Wen Zhang und Xun Pan ermitteltet 2016 ein ähnliches Ergebnis. Schon die Weltbank hatte in ihrem »World Development Report 2010« festgestellt, dass die Investitionskosten für Emissionsminderung in den Entwicklungsländern, um das 2°C-Ziel zu halten, bis zu 565 Milliarden Dollar jedes Jahr fordern wird.[220]

Hinzu kommen noch die Kosten für Adaptionsmaßnahmen im globalen Süden. Maßnahmen also, mit denen sich die Länder den Folgen der Erwärmung anpassen können, worunter etwa Dämme gegen Hochwasser, Bewässerungssysteme aufgrund zunehmender Dürren, Schutzmaßnahmen für Ökosysteme oder gegen Naturkatastrophen fallen. Auch hier gibt es einige Untersuchungen, unter anderem von der Weltbank oder dem UNFCCC. Sie schätzen den Aufwand auf bis zu 100 Milliarden Dollar pro Jahr.

Darin enthalten sind aber nicht alle Adaptionskosten. Die Berechnung eines Teams von Wissenschaftlern rund um den früheren Co-Vorsitzenden der IPCC-Arbeitsgruppe zu den Folgen des Klimawandels Martin Parry gelangte zu dem Schluss, dass die Untersuchung des UNFCCC die Kosten für Adaption weit unterschätze. Viele Bereiche wie Bergbau, Produktion, Energie, Finanzen, Tourismus und so weiter seien ausgelassen und die Kosten in anderen Bereichen um das Zwei- bis Dreifache zu niedrig angesetzt worden. Eine Schätzung des South Centre errechnet daher, dass, wenn man alle Kosten addiere – inklusive des Finanzierungsbedarfs im Bereich Ökosystem-Anpassungen und Extremwetter-Schäden, wie sie ein Hintergrundpapier des UNFCCC ermittelt –, man auf einen Finanzierungsbedarf von rund 450 Milliarden Dollar pro Jahr gelange.[221]

Dazu kämen noch die Kosten für Technologietransfers, so das South Centre, zu deren Übernahme sich die Industriestaaten im Klimarahmenvertrag ebenfalls verpflichtet haben.

Eine Expertengruppe der UNFCCC zu Technologietransfers (EGTT) schätzt den Bedarf an zusätzlicher Finanzierung in diesem Punkt auf bis zu 1000 Milliarden Dollar pro Jahr, allerdings exklusive der Ausgaben für Forschung und Technologieentwicklung. Für die Entwicklungsländer belaufen sich die Kosten auf bis zu 500 Milliarden Dollar. Wobei ein Teil davon mit den Ausgaben für Emissionsminderung und Adaption zusammenfällt. Rechnet man die Kosten für Emissionsminderung, Adaption und Technologie zusammen, gelangt man auf 1 bis 1,5 Billion Dollar pro Jahr an Klimafinanzierung.

Man kann sich der Zahlungsverpflichtung der entwickelten Länder auch noch von einer anderen Seite nähern. Denn die Industriestaaten haben von 1850 bis 2008, wie Untersuchungen von Martin Khor und anderen aufzeigen, 568 Milliarden Tonnen CO_2 zu viel ausgestoßen. Insgesamt haben sie 878 Milliarden Tonnen von insgesamt 1214 Tonnen emittiert, also über zwei Drittel aller Emissionen. Zugestanden hätten ihnen aber nur 310 Milliarden Tonnen, gemessen an ihrem Anteil von 25 Prozent an der Weltbevölkerung. Sie haben sich also jede Menge Treibhausgase von den Entwicklungsländern geliehen, die sie nun zurückzahlen müssen.

Dem Gedanken der historischen Klimaschulden wird entgegengehalten, dass die Übernutzung der Atmosphäre durch die Industriestaaten ohne Wissen und unbeabsichtigt geschah. Doch das ist aus einer Reihe von Gründen nicht haltbar. Zuerst einmal gab es schon früh wissenschaftlich fundierte Hinweise auf den menschengemachten Klimawandel durch das Verbrennen fossiler Rohstoffe zur Energieproduktion, wie wir im ersten Kapitel sehen konnten. Es hätte viel früher, spätestens seit den 1970er Jahren, gehandelt werden können.

Vorsorge setzt zudem kein absolutes Wissen und wissenschaftliche Einigkeit in allen Fragen voraus, wenn es um existenzielle Bedrohungen geht. Der bereits erwähnte Club-of-Rome-Bericht »The Limits to Growth«, weit verbreitet und an die politisch Verantwortlichen adressiert, verwies 1972 darauf, dass auch dann, wenn nicht genau klar ist, wann die CO_2-Verschmutzung zu irreversiblen Schäden des Klimas führen werde, die begrenzte Fähigkeit der Erde, Schadstoffe zu absorbieren, Grund genug sei, strenge Vorsicht walten zu lassen. Entsprechend forderte 1981 eine Gruppe von Klimawissenschaftlern im führenden naturwissenschaftlichen Magazin *Nature* zum Handeln auf, auch wenn noch nicht alle Einzelheiten geklärt seien. Die Industriestaaten können sich also heute nicht auf Unwissenheit herausreden. Das wäre nicht bloß geschichtsklitternd, sondern belohnte politische Ignoranz im Angesicht globaler Bedrohungen.

Aus der Schädigung der Ökosysteme durch westliche Staaten leitet sich daher eine Haftung ab, da *erstens* die negativen Effekte der kumulativen Emissionen vor 1990 heute wirken und den Entwicklungsländern dafür nicht die Kosten aufgedrückt werden können, während die Industriestaaten von den zu viel ausgestoßenen Emissionen profitieren. Und *zweitens*, weil das rechtliche und moralische Prinzip, Schäden für andere auszugleichen, gar nicht bewusstes und wissentliches Verhalten voraussetzt. Dafür gibt es etliche Beispiele. Geldschulden müssen beglichen werden, auch wenn sie aus Versehen entstanden sind, ein Autofahrer, der ohne Wissen ein anderes Auto schrammt, muss trotzdem für die Schäden haften.

Aufgrund der wirtschaftlichen Implikationen lässt sich die Kohlenstoffschuld auch relativ einfach monetarisieren, also in Geldbeträge umrechnen. Eine Methode der Wertberechnung und Rückzahlung hat der renommierte britische Klimaökonom Howard Stern in seinem Buch »The Global Deal« entwickelt. Dort schreibt er: »Wenn die jährliche Zuteilung von Emissionsrechten die historische Entwicklung und ein gleiches Budget für alle ansetzte, lägen die Emissionsrechte für die reichen Länder unter 2 Tonnen pro Person (wahrscheinlich sogar im negativen Bereich). Die Verhandlung über solche Rechte zieht also hohe finanzielle Transfers nach sich. Bei 40 Dollar pro Tonne CO_2-Äquivalent und weltweit 30 Milliarden Tonnen, die 2030 ungefähr an Emissionsrechten zugeteilt werden müssten, entspricht die Summe einem jährlichen Wert von 1,2 Billionen Dollar.«[222]

Eine Kohlenstoffschuld von 568 Milliarden Tonnen bei einem Wert von 40 Dollar pro Tonne, wie Stern ihn moderat ansetzt, würde einem Gesamtwert von 23 000 Milliarden Dollar entsprechen (ohne Zinsen). Deutschland hat bis zum Jahr 2008 knapp 60 Milliarden Tonnen an Kohlendioxid zu viel ausgestoßen. Die deutsche Klimaschuld liegt also bei 2,4 Billionen Dollar.

Die Klimaschulden könnten von den Industriestaaten, so Khor und andere, in einen multilateralen Fonds unter der Geschäftsführung der Vereinten Nationen eingezahlt werden, um damit die Klimaschutzmaßnahmen in den Entwicklungsländern zu finanzieren. Wenn man die Einzahlungen in 30 Tranchen (zwischen 2020 bis 2050) aufteilt, würde sich die jährliche Summe auf knapp 800 Milliarden Dollar belaufen. Das entspricht 1,8 Prozent der Wirtschaftsleistung (BIP) der Industriestaaten. Deutschland müsste danach über 70 Milliarden Dollar jedes Jahr überweisen.

Rechnet man zu diesen jährlichen Klimaschulden die Kosten für Emissionsminderung, Adaption und Technologietransfer hinzu, kommt man laut South Centre auf über 2 Billionen Dollar pro Jahr, die die Industriestaaten den Entwicklungsländern zwischen 2010 und 2050 zu zahlen hätten. Das wären knapp 6 Prozent des BIP der Industriestaaten, eine Summe, wie sie in Cochabamba gefordert wurde. Wenn man die Kosten für Emissionsminderung und Technologietransfer ausklammert – da man argumentieren kann, dass sie durch die Rückzahlung der Klimaschulden schon abgedeckt sind –, dann kommt man immerhin noch auf 1,25 Billion Dollar an jährlicher Klimafinanzierung von 2020 bis 2050. Das sind 2,8 Prozent der Wirtschaftsleistung des globalen Nordens.

Über die tatsächliche Dimension der Zahlungsverpflichtung gibt es jedoch so gut wie keine Berichterstattung in deutschen Massenmedien oder denen anderer Industriestaaten. Berechnungen wie die Khor-Studie oder die Forderungen vom Klimagipfel in Cochabamba wurden von der breiten Öffentlichkeit ignoriert. Dieser Mangel an Information wirkt umso unverständlicher in einem Land, das während der Eurokrise den als »Pleitegriechen« verunglimpften EU-Nachbarn mit dem Argument der Zahlungsmoral durch volkswirtschaftlich unsinnige, Demokratie aushebelnde, private Großbanken freikaufende Spardiktate immer tiefer in die ökonomische und humanitäre Krise gestoßen hat.

Kein Skandal: Die Zahlungsverweigerung der Industriestaaten

Die Küste von Majuro, ein Korallenatoll im Pazifischen Ozean, ist mit Betonmauern, Steinblöcken und künstlich angelegten Vegetationsstreifen durchzogen, um gegen Stürme und einen ansteigenden Meeresspiegel gewappnet zu sein. Aber die Barrieren haben die Fluten und die Erosion der Küsten bisher nicht stoppen können, die Majuro – die Hauptstadt der Marschall Inseln, Heimat von 27 000 Menschen – gefährden. Die Regierung kämpft mit einem Schutzprogramm weiter dagegen an, finanziert mit 19 Millionen Dollar von der Weltbank und 25 Millionen des Green Climate Fund (GCF), einem Fonds der Vereinten Nationen, der 2010 ins Leben gerufen wurde, um gefährdete Bevölkerungen vor den Folgen der Klimakrise zu schützen.[223]

Das vom finanziellen Umfang her relativ bescheidene Pacific Resilience Project gehört zu einer Reihe weltweiter Bemühungen, die von Dämmen über Renaturierungen bis zu dürreresistenter Landwirtschaft reichen. Die Lebensräume in Afrika, Südostasien und Lateinamerika müssen, selbst wenn die Erderhitzung auf rund 2°C beschränkt werden kann, gegen vielfache Zerstörungen geschützt werden. Das ist teuer und ohne Unterstützung durch die Industriestaaten nicht denkbar. Aber die Entwicklungsländer brauchen nicht nur Geld für Schutzmaßnahmen wie in Majuro. Sie benötigen auch jede Menge Hilfe bei der Dekarbonisierung, um innerhalb von drei Jahrzehnten die Energieproduktion umzustellen. Schon heute werden fast zwei Drittel der CO_2-Emissionen im globalen Süden ausgestoßen, während der Energiebedarf weiter wachsen wird. Die Emissionen müssen aber auch dort schnell gestoppt und in kurzer Zeit auf null gebracht werden.

Doch in den Industriestaaten ist Interesse an Klimafinanzierung kaum vorhanden. Eine der wenigen Ausnahmen stellt das eben schon angeführte Sondergutachten des WBGU dar. Darin hat man neben der Budgetrechnung auch ein Modell zur finanziellen Entschädigung der Entwicklungsländer entwickelt. Das Beratungsgremium der Bundesregierung schlägt vor, dass sich die Industriestaaten Emissionen von den Entwicklungsländern zukaufen, um ihren Anteil an Treibhausgasen zu vergrößern und damit Zeit zu gewinnen. Sie müssten dann nicht bereits um 2030, sondern erst kurz nach 2050 dekarbonisieren – ein Ziel, das nicht zufällig mit dem offiziellen Kurs von Deutschland und der EU übereinstimmt. Die Entwicklungsländer hätten im Umkehrschluss nur noch die Hälfte ihres fairen Anteils zur Verfügung, müssten also umgehend ihre Emissionsentwicklung abflachen und ebenso bis 2050 dekarbonisieren. Dafür würden sie im Gegenzug aber finanziell entschädigt.

Wie hoch die Geldsumme für das Zukaufen ist, gibt der WBGU nicht an. Aber wenn man Sterns Emissionshandelskosten von 40 Dollar pro Tonne ansetzt, kommt man bei den im »Kassensturz« berechneten 122 Milliarden Tonnen, die die Industriestaaten bis 2050 zu viel ausstoßen würden, auf rund 5 Billionen Dollar. Von 2020 bis 2050 müssten die Industriestaaten den Entwicklungsländern also mindestens 163 Milliarden Euro pro Jahr zahlen.

Dass dieser Kompensationsvorschlag unfair ist, zeigt sich schon daran, dass auch Schwellenländer im WBGU-Modell rund 40 Milliarden Tonnen CO_2 von den schwächeren Entwicklungsländern zukaufen müssten, um wie die Industriestaaten bis 2050 vollständig zu dekarbonisieren. Sicherlich produziert China seit einiger Zeit höhere Emissionen pro Kopf als viele andere Entwicklungsländer. Aber das Land zum Schuldner zu machen und es damit in die Liga der USA und EU-Staaten zu hieven, hebelt das Verursacher- und Gleichheitsprinzip aus.

Denn China hat seit Beginn der Industrialisierung nur gut 9 Prozent der Kohlendioxidgase ausgestoßen (viele davon in den letzten fünfzehn bis zwanzig Jahren), während es auf die Zeit umgerechnet 22 Prozent der Weltbevölkerung beheimatete. Anders formuliert: China hätte zwischen 1850 und 2008 gemäß seinem fairen Anteil 266 Milliarden Tonnen an Emissionen ausstoßen dürfen, aber beanspruchte davon nur 114 Milliarden. Sein Kredit gegenüber den Industriestaaten beträgt demnach 152 Milliarden Tonnen, das sind rund 6 Billionen Dollar an Klimaschulden für die reichen Länder (bei 40 Dollar pro Tonne). China ist also, anders als die EU-Staaten und die USA, nicht kohlenstoffinsolvent, auch nicht von 1990 an gerechnet. Es muss keine Emissionen zukaufen, um Mitte des Jahrhunderts zu dekarbonisieren. Das Land gehört vielmehr zu den Gläubigern der Industriestaaten, woraus sich ein Anspruch auf Entschädigung ableitet.[224]

Dass der WBGU-Ansatz die Treibhausgase vor 2010 ausblendet und sie nicht in die Entschädigung einbezieht, widerspricht auch den eigenen Erkenntnissen. Denn die Forscher stellen ja im selben Gutachten fest, dass die Industriestaaten allein von 1990 gerechnet schon 2009 kohlenstoffinsolvent waren. Sie haben also seitdem gar keine Emissionsrechte mehr. Sie müssten daher *alle* Emissionen ab 2010 in Höhe von 285 Milliarden Tonnen CO_2 von den Entwicklungsländern zukaufen. Die Kosten dafür belaufen sich auf 11,4 Billionen Dollar. Zwischen 2020 bis 2050 gezahlt wären es 380 Milliarden Dollar pro Jahr. Also deutlich mehr als vom WBGU angesetzt.

Aber nicht einmal die 160 Milliarden Dollar an Klimafinanzierung, wie sie aus dem WBGU-Emissionshandel hervorgehen, werden von den Industriestaaten angeboten. Sie erklären sich lediglich bereit, 100 Milliarden Dollar pro Jahr ab 2020 für die Entwicklungsländer zu mobilisieren. Diese Summe ist mit Blick auf die Dimension der »Herkulesaufgabe« (wie der WBGU es richtig ausdrückt) kaum mehr als ein Tropfen auf den heißen Stein. Selbst wenn die Summe also zusammenkommen sollte, wird der notwendige Effekt nicht erzielt werden können.

Zum Vergleich: Allein für die Olympischen Spiele im russischen Sotschi wurden mindestens 30 Milliarden Euro investiert. Die deutsche Wiedervereinigung hat Gesamtkosten von bis zu 2 Billionen Euro verursacht. Dabei ging es um die wirtschaftliche Integration eines relativ kleinen Territoriums mit 17 Millionen Einwohnern. Die Bankenrettung nach der Finanzkrise 2008/2009 hat die USA und die EU-Staaten gezwungen, mehrere Billionen Euro bereitzustellen, um ihre Finanzindustrie und die Wirtschaft wieder zu stabilisieren. Allein Deutschland musste aufgrund der Bankenrettung 300 Milliarden Euro neue Schulden aufnehmen.

Eine Energierevolution in rund 150 Staaten, die etwa 6 Milliarden Menschen beheimaten, braucht natürlich deutlich mehr Finanzmittel als die Wiedervereinigung und die Bankenrettung. Eine Untersuchung des Fraunhofer Instituts zeigt, dass allein die deutsche Energiewende bis zu 1100 Milliarden Euro an zusätzlichen Investitionen erfordert, um rund 600 Millionen Tonnen Kohlendioxid bis zur Jahrhundertmitte zu reduzieren. Daraus ergibt sich, dass die Minderung von einer Million Tonnen CO_2 rund 1,8 Milliarden Euro kosten wird. Die Entwicklungsländer müssen auf ihrem Peak in 2025 gemäß einem realistischen 2°C-Szenario circa 25 Milliarden

Tonnen energiebedingte Emissionen abbauen. Das wären gemessen an den Kosten der deutschen Energiewende 45 Billionen Euro in dreißig Jahren oder 1,5 Billion Euro jährlich.[225] Für die USA hat der Klimaökonom Robert Pollin einen jährlichen Aufwand von rund 500 Milliarden Dollar ermittelt.[226] Im Green New Deal von US-Präsidentschaftskandidat Joe Biden fand sich eine ähnliche Summe. Wenn man die US-Zahlen auf die globale Energiewende umrechnet, ergeben sich Kosten, die bereits 2009 vom Umweltprogramm der Vereinten Nationen (UNEP) prognostiziert und in einer aktuellen Studie der International Renewable Energy Agency (IRENA) bestätigt wurden. Danach erfordert der globale Infrastrukturumbau im Energiesektor allein zwischen 2010 bis 2025 insgesamt 45 Billionen Dollar, also 3 Billionen jährlich, wobei über die Hälfte davon für die Entwicklungsländer anfallen dürfte.[227]

Die Kluft oder besser: der Canyon zwischen Bedarf und Angebot bei der Klimafinanzierung ist kaum zu übersehen, aber wie gesagt kein Thema in den reichen Ländern, schon gar nicht ein Skandal. Im Moment geben die Entwicklungsländer selbst zwischen 130 und 170 Milliarden Dollar jährlich für Emissionsminderung aus. Selbst wenn man davon ausgeht, dass die Energierevolution in Asien, Lateinamerika und Afrika geringere Investitionskosten erforderlich macht als in Deutschland oder den USA, fehlen viele hundert Milliarden jedes Jahr für die Dekarbonisierung außerhalb der Industriestaaten.

Gleichwohl streiten die reichen Industriestaaten bis heute über die angebotene Unterstützung in Höhe von 100 Milliarden Dollar und wer wie viel dazu beitragen soll. Das liegt auch daran, dass die spezifische Konstruktion der Klimafinanzierung es schwer macht, das Versprechen nachzuvollziehen. Das Abkommen von Kopenhagen sah eine »breit gefächerte Palette« vor, »öffentliche und private, bilaterale und multilaterale sowie alternative Finanzierungsquellen«. Doch es gab für die Länder und Organisationen keine zwingende Festlegung auf eine bestimmte Methode. Daher herrschen heute

Intransparenz und ein Wirrwarr verschiedener Anrechnungsverfahren.[228]

Das ist auch der Grund, weshalb die offiziellen Zahlen die Mittelaufwendungen größer erscheinen lassen, als sie tatsächlich sind. So verkündete die OECD vor Paris stolz, dass bereits 62 Milliarden Dollar in 2014 zusammengekommen seien. Man befinde sich auf einem guten Weg in Richtung 100 Milliarden. Dem widersprachen Entwicklungsländer und NGOs. Indien veröffentlichte eine Entgegnung, die die Zahlen als »inflationiert« bezeichnete. Lediglich 2,2 Milliarden Dollar seien als Finanzierung tatsächlich ausgegeben worden, da man nur das Geld aus dem Klimafonds anrechnen dürfe und abgezweigte Entwicklungs- und Hilfsgelder nicht. Oxfam stellte fest, dass von den 68 Milliarden Dollar, die die OECD für 2016 angibt, nur 21 Milliarden tatsächlich öffentliche Zahlungen sind. Der Rest bestehe aus Krediten. Doch Kredite, so Oxfam und andere Entwicklungsorganisationen, dürften nicht einbezogen werden. Denn sie müssen ja von den Entwicklungsländern zurückgezahlt werden und erhöhen somit deren Schuldenlast.[229]

Die OECD-Länder haben von Anfang an eine Art Klimageld-Dschungel wuchern lassen, der verschleiert, was wirklich gezahlt wird. So versprachen sie in Kopenhagen, 30 Milliarden Dollar zusätzlich zur Entwicklungshilfe bereitzustellen. Die Summe wurde zwar, wenn auch zu spät, erreicht, aber nur auf dem Papier. Denn zusätzliche Zahlungen gab es praktisch nicht. Die Staaten fledderten die Entwicklungshilfe nach allen Regeln der Kunst. Man buchte doppelt und etikettierte um. Streng genommen lassen sich nur Länder, die die von den OECD-Staaten versprochene ODA-Quote (die offizielle Quote für die Entwicklungshilfe) von 0,7 Prozent des Bruttonationaleinkommens bereits erreicht haben und darüber hinaus Klimagelder mobilisieren, tatsächlich als Klimafinanzierer bezeichnen. Im Moment sind das Luxemburg, Dänemark, Norwegen, Schweden und Großbritannien.[230]

Die aktuellen Zahlen der OECD zeigen zudem, dass sich in den letzten Jahren nichts an der Anrechnungspraxis geändert hat. Von den 71 Milliarden Dollar für 2017 kommen 41 Milliarden aus öffentlichen Krediten und 2,1 Milliarden aus Exportkrediten. Nur knapp 13 Milliarden Dollar sind tatsächlich Zahlungen der Industriestaaten für die Entwicklungsländer.[231] Und selbst die bestehen aus ohnehin vorgesehenen Entwicklungshilfen, so dass man nicht von zusätzlichen Geldern sprechen kann.

Außerdem sind in der Klimafinanzierung noch rund 15 Milliarden sogenannte privat mobilisierte Gelder enthalten. Wenn zum Beispiel ein Unternehmen in emissionsarme Gasturbinen oder Staudämme für Entwicklungsländer investiert, dann können die Investitionen den Industriestaaten angerechnet werden, was Entwicklungsorganisationen kritisieren: »Wie die OECD-Abteilung, die die privaten Klimafinanzen nachverfolgt, selbst eingesteht, bestehen grundsätzliche Schwierigkeiten, die Ursache von privaten Investitionen zu eruieren, sowie praktische Probleme für die Öffentlichkeit, darüber Informationen zu erhalten (im besten Fall sind es Schätzungen). Die Absicht, private Investitionen, mobilisiert durch ›politische Maßnahmen, einschließlich technischer Unterstützung, um Reformen zu ermöglichen‹, auf die Klimafinanzierung anzurechnen, untergräbt ihre Glaubwürdigkeit. Wir fordern daher, dass das nicht weiter geschieht. Außerdem zielen private Finanzmittel auf etwas anderes: Ihr Hauptzweck sind definitionsgemäß Profite für Investoren und eben nicht die Bereitstellung von Hilfe oder Gerechtigkeit für geschädigte Menschen. Kommerzielle Investments können kein Ersatz für direkte öffentliche Unterstützung sein, vor allem in Hinsicht auf Anpassungsmaßnahmen.«[232]

Und natürlich müssen die Gewinne privater Investoren von den Entwicklungsländern in irgendeiner Form refinanziert werden. Zum Beispiel in Form von Strompreisen, Steuergeldern und Gebühren. Wie bei den Krediten kann man hier also nicht von Zahlungen sprechen, weil zum einen die reichen Länder gar keine Leistung erbringen und zum anderen für die armen Länder Zusatzkosten entstehen.

Ein Effekt der aufgeblähten Klimagelder auf die CO_2-Entwicklung ist daher bislang auch nicht feststellbar. So gehen laut OECD-Berichten seit einigen Jahren 50 bis 70 Milliarden Dollar an die armen Länder, während ihre Emissionen trotzdem weiter steigen. Es gibt keinen Grund anzunehmen, dass sich daran etwas ändert, wenn die Finanzierung 100 Milliarden Dollar erreichen wird. Denn, so Klimaökonom Ottmar Edenhofer: »Weder die Summe noch die Ausrichtung der Finanzierung ist geeignet, die Temperatur unter 2°C, ganz zu schweigen von 1,5°C, zu halten«.[233]

Umwelt- und Entwicklungshilfeorganisationen rund um den Globus fordern daher seit Jahren, dass die Klimagelder rein aus Haushaltsmitteln und zusätzlich zur Erfüllung der ODA-Quote aufgebracht werden sollen. Im Oktober 2015 veröffentlichte ein internationaler Verbund von 112 Organisationen einen gemeinsamen Brief an alle Regierungen der Industriestaaten. Sie mahnen darin, dass Kredite und private Investitionen nicht weiter angerechnet werden dürfen, die Klimafinanzierung zusätzlich zur Entwicklungshilfe bereitgestellt und die Summe insgesamt erhöht werden müsse.[234]

Doch solche Forderungen, auch in Deutschland immer wieder von NGOs erhoben, stoßen auf taube Ohren.[235] So stellte die Bundesregierung in der Antwort auf eine kleine Anfrage der Grünen im Bundestag im Dezember 2016, ob die Klimafinanzierung zusätzlich zur Entwicklungszusammenarbeit geleistet werde, fest, dass die »deutsche Klimafinanzierung (...) nahezu vollständig ODA-anrechenbar« ist. »Klima- und Entwicklungspolitik« seien »intrinsisch miteinander verzahnt«.[236]

Solch eine Verzahnung ergibt natürlich Sinn, wenn man nicht bereit ist, zusätzlich zu zahlen. Denn rechnet man die öffentlichen Klimagelder in Höhe von vier Milliarden Euro aus der deutschen Entwicklungshilfe heraus (wie auch die

Ausgaben für inländische Flüchtlingsversorgung, ein weiterer Trick, die ODA-Quote künstlich zu erhöhen), landet man bei einer Quote von 0,38 Prozent (Stand 2020). Rund 15 Milliarden Euro entfernt von der versprochenen ODA-Quote von 0,7 Prozent der Wirtschaftsleistung, deren Zahlung 1970 international vereinbart wurde und im Jahrestakt von der Bundesregierung zugesichert wird.

Wenn die Regierung tatsächlich bereit wäre, den fairen Anteil Deutschlands für die Klimafinanzierung in Höhe von 10 Milliarden Dollar zu zahlen, also nicht zu verleihen oder privat zu mobilisieren, müssten die Mittel um mindestens vier Milliarden Euro aufgestockt werden. Die Gelder dürften zudem nicht weiter in die Entwicklungshilfe gebucht werden. Solange das dadurch entstehende Loch bei den ODA-Mitteln aber nicht gestopft ist, lässt sich nicht behaupten, dass Deutschland überhaupt *zusätzlich* Klimaunterstützung bereitstellt und seinen internationalen Versprechen nachkommt. Letztlich fehlen also rund 20 Milliarden Euro, um den deutschen Anteil ab 2020 zu decken.

Eine Finanzierung, die dem Bedarf entspricht, müsste, wie schon gesehen, zudem wesentlich höher liegen als 100 Milliarden Dollar. Bei Kosten von rund einer Billion Dollar jährlich beliefe sich der Anteil für Deutschland auf über 80 Milliarden Euro. Gewiss eine Menge Geld, doch es gibt Wege zur Gegenfinanzierung. Denn die oberen 10 Prozent der deutschen Bevölkerung – mehr noch das obere 1 Prozent, von den oberen 0,1 ganz zu schweigen – sind mit ihrem Luxus-Energieverbrauch und den in ihren Vermögen gespeicherten Emissionen hauptverantwortlich für die deutsche Treibhausgas-Bilanz. Diese Geldvermögen sollte man daher über Steuern heranziehen – was bei Multimillionären und Milliardären nicht zum Wohlstandseinbruch führen wird.

Dem deutschen Staat entgehen zum Beispiel aufgrund von Steuerhinterziehung und -flucht von vermögenden Bürgern und Unternehmen jedes Jahr geschätzt 100 Milliarden

Euro. Auch die Kapitalflucht aus den Entwicklungsländern in den globalen Norden, durch große Privatbanken in der EU und den USA profitabel geschleust, könnte angezapft werden. Mittels einer Vermögenssteuer von 5 Prozent auf die reichsten Haushalte ließen sich zudem 140 Milliarden einnehmen. Führte die Bundesregierung die Militärausgaben auf das Niveau der 1990er und frühen 2000er Jahre zurück, stünden mindestens weitere 20 Milliarden Euro bereit. (Das gesamte Militärbudget der NATO-Staaten beträgt rund 1 Billion Dollar jährlich. Insgesamt eine gute Ressource für die notwendige Klimafinanzierung, mit der die Industrienationen tatsächlich einmal globale Verantwortung übernehmen könnten.) Auch bei der Steuer für die höchsten Einkommen ist viel Luft nach oben. Zudem werden vom Steuerzahler jedes Jahr 50 Milliarden Euro direkte Subventionen für die fossile Brennstoffindustrie gezahlt. Auch hier könnten Gelder freigesetzt werden. Eine Finanztransaktionssteuer schließlich dürfte weitere Mittel generieren.[237]

All das zeigt, dass allein in Deutschland relativ leicht 200 bis 300 Milliarden Euro pro Jahr mobilisiert werden können, wenn politisch gewollt. Und es macht zugleich deutlich, dass die Zahlungsverpflichtungen gegenüber dem globalen Süden keineswegs im Finanzierungskonflikt mit höheren Ausgaben für soziale Absicherung, Gesundheit, Pflege, Bildung und Infrastruktur im Inland stehen müssen.

Außerdem würde eine am tatsächlichen Bedarf orientierte Finanzierung der Entwicklungsländer nicht nur zur Folge haben, dass die weltweite Erosion der Lebensräume eingedämmt werden könnte, sondern auch, dass die Folgekosten dieser Erosion für den globalen Norden wesentlich geringer ausfielen. Es ist daher nicht allein politisch, sondern auch ökonomisch rational, die Unterstützung gerechter zu gestalten.[238]

Kenias Windpower: Klimagelder für Investoren

Nicht nur die Höhe der Klimafinanzierung ist jedoch entscheidend. Denn auch bei der Mittelverwendung läuft vieles in die falsche Richtung. Eigentlich sollten mit den Geldern vom Green Climate Fund (GCF) transformative Projekte gefördert werden. Aber das ist nicht unbedingt der Fall. 2017 zum Beispiel wurde der Ausbau einer großen Dammanlage in Tadschikistan mit 50 Millionen Dollar unterstützt. Kritiker wenden ein, dass die Region damit auf problematische Weise von Wasserkraft abhängig gemacht werde. Im Zuge des Klimawandels drohen in der Region nämlich Schnee und Eis, die die Turbinen des Damms speisen, stark abzunehmen. »Das Geld hätte benutzt werden sollen, um die Energiequellen zu diversifizieren«, sagt daher Liane Schalatek von der Heinrich-Böll-Stiftung in Washington D. C., die als Vertreterin der Zivilgesellschaft an Vorstandssitzungen des Fonds teilnimmt. Selbst die erste Direktorin des GCF Héla Cheikhrouhou stellt fest, dass der Fonds insgesamt keine »bahnbrechenden Projekte« unterstütze. Oft sei der politische Druck zu groß, vermutet Joe Thwaites, Klimafinanzanalyst des World Resources Institute.[239]

Zudem liegt der Fokus in den Entwicklungsländern vor allem auf profitablen Großprojekten, während Anpassungsmaßnahmen, die Förderung widerstandsfähiger Landwirtschaft oder Waldschutz kaum Unterstützung erhalten. Das hat vor allem mit der Konstruktion der Klimafinanzierung zu tun. So ist einer der durchführenden Akteure des Green Climate Fund die Deutsche Bank, ein multinationales privates Finanzinstitut, das sich auf große Investments mit Renditeorientierung spezialisiert hat. Das habe auch Auswirkungen auf die Mittelvergabe, schreibt die *Süddeutsche Zeitung*. »Sie (die Banken – D. G.) reichen die Anträge auf Förderung von Projekten und Programmen ein. Das gibt ihnen Entscheidungsspielraum, auch wenn am Ende das Direktorium des Fonds über die Bewilligung der Anträge entscheidet.«

Nun ist die Deutsche Bank mit 15 Milliarden Dollar, die sie 2014 in Kohleabbau und -verstromung investierte, auf Platz 10 der Kohlefinanzierer und macht auch sonst eine Reihe von »Dirty Profits« (schmutzige Profite), wie die gleichnamige Studienreihe seit Jahren immer wieder anprangert. Interessenkonflikte sind vorprogrammiert sowie eine Konzentration auf Großprojekte mit vielversprechendem »Return-on-Investment«. »Dass ausgerechnet eine Bank, die mit am stärksten zum Klimawandel beiträgt, nun Geld für Klimaschutzmaßnahmen verteilen soll, ist paradox«, klagt daher Regine Richter, Expertin der Organisation Urgewald.[240]

Klimafinanzierung ist längst zum großen Geschäft geworden. Die Dominanz von Krediten und privaten Investitionen sowie die Steuerung der Mittelvergabe durch die Industriestaaten führen jedoch zu zahlreichen Fehlentwicklungen und Kollateralschäden. So lässt sich beobachten, dass selbst bei den an sich sinnvoll ausgerichteten Investitionen in erneuerbare Energien die Interessen der meist westlichen Kreditgeber und profitorientierten Unternehmen mit den Bedürfnissen der Entwicklungsländer und ihrer Bewohner kollidieren.

Nehmen wir als Beispiel dafür den Bau des größten Windparks auf dem afrikanischen Kontinent in der Turkana Region im Norden Kenias. Das Projekt ist 2018 abgeschlossen worden und besitzt ein Finanzierungsvolumen von fast 700 Millionen Dollar. Ermöglicht wurde es unter anderem mit Krediten der Europäischen Investitionsbank, der Deutschen Investitions- und Entwicklungsgesellschaft (DEG), von dänischen und niederländischen Kreditgebern sowie privaten Investitionen. Betrieben wird es vom Konsortium Lake Turkana Wind Power Limited (LTWP), in das unter anderem Aldwych International mit Sitz in London, der Danish Investment Fund for Developing Countries (IFU), der Finnish Fund for Industrial Cooperation (Finnfund) und der Norwegian Investment Fund for Developing Countries (Norfund) ihre Mittel gesteckt haben. Die skandinavischen Kreditgeber holten den dänischen Windkraftanlagen-Hersteller Vestas und die DEG den deutschen Siemens-Konzern mit ins Boot. Siemens erhielt den Auftrag für die Umspannwerke und Netzleitstellen, Vestas den für die Windkraftanlagen. Das LTWP ist mit fast 400 Windkraftanlagen (je 850 Kilowatt Leistung) auf 160 km² das größte Investitionsprojekt seit der kenianischen Unabhängigkeit.[241] Stolz verkündeten die Betreiber, dass damit große Mengen an Treibhausgasen eingespart werden und Kenia so auf 100 Prozent Erneuerbare zusteuere. Der Windpark könne bis zu 300 Megawatt klimaneutral produzieren. Eine beachtliche Leistung. Doch hinter der glitzernden Fassade sieht es nicht ganz so rosig aus.

Das Konsortium hat nämlich eine Vereinbarung mit Kenya Power abgeschlossen, dem halbstaatlichen Stromversorger des Landes. Darin ist festgelegt, dass man den Strom des Windparks über 20 Jahre zu einem festgesetzten Preis abnehmen muss, auch wenn andere Produzenten billiger sind oder gar kein Strom gebraucht wird.[242] Der kenianische Staat und der afrikanische Entwicklungsfonds wurden außerdem gezwungen, Garantien zu übernehmen für diverse Geschäftsrisiken, zum Beispiel, wenn Kenya Power die fixierten Stromabnahmekosten nicht mehr tragen kann oder das Projekt teurer wird als erwartet. Dieser Fall trat dann auch unmittelbar ein. So waren die Generatoren längst installiert und betriebsbereit, die Übertragungsnetze aber noch nicht fertig. Die kenianischen Steuerzahler mussten hohe Entschädigungen an die Investoren zahlen – 127 Millionen Euro.[243]

Auch ansonsten wurde der rote Teppich für die Investoren ausgerollt. Der Staat verpflichtete sich, die 428 Kilometer lange Hochspannungsstromtrasse bis in die Nähe der Hauptstadt Nairobi zu finanzieren, wo der Windpark mit dem Stromnetz verbunden wird. Für die Trasse werden Kenya Power nun Transmissionsgebühren in Rechnung gestellt. Ferner baute man eine 200 Kilometer lange Straße zum

Windpark. Auch diese Kosten übernahm nicht das Konsortium, sondern der Steuerzahler.

Seit die Windkraftanlage 2018 in Betrieb genommen wurde, erhalten die kenianischen Stromkunden nun überhöhte Rechnungen. Überhaupt sind von insgesamt über 50 Millionen Kenianern bisher nur 6,7 Millionen vor allem in den Städten an das Stromnetz angeschlossen. Daher ist auch die Weltbank früh aus dem Großprojekt ausgestiegen.[244] Der Kenia-Direktor der Weltbank stellte 2012 fest, dass das Land mit dem Windpark auf überflüssigem Strom im Wert von 100 Millionen Dollar jedes Jahr sitzen bleiben könnte. Innerhalb der Stromübertragungsfirma Ketraco soll es daraufhin geheißen haben: »Wir sind froh, dass sich die Weltbank zurückgezogen hat. Sie hat uns eine Menge Hindernisse in den Weg gelegt. Aber jetzt können wir vorangehen.«[245]

Eine dieser Hürden war der Umgang mit Landrechten und der indigenen Bevölkerung in der Turkana Region. Die Ureinwohner wurden für das Projekt von ihrem Land verdrängt, was zu Klagen vor dem Meru High Court führte. Zoe Cormack von der Universität Oxford erklärt auf dem Nachrichtenportal *Quartz:* »Lake Turkana Wind Power – wie viele andere Unternehmen, die große Landkäufe in Afrika abwickeln – profitierte von den historisch schwachen kommunalen Landrechten.«[246]

Die Bevölkerung, so Cormacks Resümee, sei insgesamt von dem Projekt und seiner Durchführung ausgeschlossen worden. Über 2000 Arbeiter habe man von außerhalb in die abgeschiedene Region gebracht. Es kam zu Spannungen zwischen den einzelnen Kommunen infolge der Bautätigkeiten, während die Bewohner der Region noch nicht einmal zu dem Teil der Bevölkerung zählen, die an das Stromnetz und den Windpark angeschlossen sind.

Am Ende werden Hunderte Millionen Dollar für diesen Windpark in die OECD-Berichte zur Klimafinanzierung eingehen und den involvierten europäischen Staaten nach dem oben beschriebenen Prinzip gutgeschrieben werden, während die Kenianer das Projekt zu großen Teilen refinanzieren müssen.

Hätte Kenia das Geld von den Industriestaaten direkt bekommen, wären andere Lösungen möglich gewesen: Förderung einer eigenständigen Solar- oder Windkraftindustrie (wodurch die oft kostspielige Abhängigkeit von multinationalen Investoren vermieden würde); paralleler Ausbau der Stromnetze und Stromspeicher; Elektrifizierung des Transportwesens und Klimatisierung von Gebäuden (um die notwendige Infrastruktur für erneuerbaren Strom zu schaffen); Einbeziehung betroffener Kommunen bei der Installierung von Wind- und Solarparks; Ausweitung der Off-grid-Anlagen für die vom Stromnetz abgekoppelten Dörfer (zur Beschleunigung der Energiewende von unten jenseits der Monopolstrukturen, wie Hermann Scheer es vorschlägt). Letztlich stellt sich auch die Frage, warum Vestas den Auftrag für mindestens 15 Jahre Wartung und Betrieb der Turkana-Windkraftanlagen erhielt (wahrscheinlich zu garantierten Preisen inklusive Profitmarge). Dafür könnten doch auch Kenianer und kenianische Betriebe eingesetzt beziehungsweise ausgebildet werden.

Der Windpark zeigt zudem, dass Klimafinanzierung bis heute aus einem Flickenteppich von Einzelprojekten besteht. Es fehlt an übergreifenden Strategien und energetischen Gesamtkonzepten, so dass die Gefahr besteht, dass isolierte Investitionen verpuffen oder gar hemmend wirken. So seien die Schwierigkeiten und Kostensteigerungen beim Turkana-Projekt ein »Marktdämpfer« gewesen, bilanziert die Gesellschaft für Außenwirtschaft und Standortmarketing »Germany Trade and Invest« (GTAI) heute. Die Regierung in Nairobi hat den Ausbau von Windkraftanlagen seit 2019 sogar gestoppt und weitere Projekte auf Eis gelegt. Es fehlt nach wie vor an den Netzkapazitäten und Abnehmern für sauberen Strom. Das große Prestigeprojekt des amtierenden Präsidenten, die Eisenbahn, fährt zum Beispiel mit Diesellokomotiven und nicht wie ursprünglich geplant mit E-Loks. Währenddessen steigen die Treibhausgase Kenias weiter an, trotz Mega-Windpark Turkana.[247]

In der Vereinbarung von Cochabamba von 2009 heißt es zur Klimafinanzierung: »Die finanzielle Unterstützung soll direkt und bedingungslos sein. Sie darf nicht die nationale Souveränität und Selbstbestimmung der am stärksten betroffenen Gemeinden und Gruppen beeinträchtigen.« Davon ist die realexistierende Klimafinanzierung weit entfernt. Die Geberländer und ihre Institutionen steuern den Fluss der Gelder. Wie bei der Entwicklungshilfe tendiert die Klimafinanzierung dazu, als Export-Unterstützung für westliche Firmen und geostrategische Zwecke missbraucht zu werden. Im schlimmsten Fall werden die Mittel in Einzelprojekten verschleudert, anstatt eine sich selbst tragende Energiewende zu stimulieren. Den Empfängerländern die Kontrolle über die Klimagelder zu geben ist daher nicht nur eine Frage der Gerechtigkeit, sondern auch der Effektivität.

So wenig die fehlgeleitete Entwicklungshilfe in 50 Jahren Hunger und Armut auslöschen konnte, so sicher ist, dass die toxische Klimafinanzierung dabei versagen wird, den »Rest der Welt«, also den globalen Süden, binnen dreißig, vierzig Jahren in eine komplett neue Energie-Ära zu katapultieren und die Menschen in ihren bedrohten Lebensräumen gegen Dürren, steigende Meeresspiegel und Naturkatastrophen zu schützen. Ändert sich nichts an der Haltung der Gläubigerstaaten im Norden, wird selbst dann, wenn die Industriestaaten ihre Klimaziele verschärfen sollten, der Klimakollaps nicht zu vermeiden sein.

Die Neuerfindung der Klimapolitik
(2015–2020)

Nach Paris: Lunte an die Klimabombe legen

Es ist halb vier Uhr morgens, 13. Juli 2015. Graham Thompson, Edward Thacker, Alistair Tamlit, Melanie Strickland, Kara Moses, Danielle Paffard, Rebecca Sanderson, Sam Sender, Sheila Menon, Cameron Kaye, Richard Hawkins, Ella Gilbert und Robert Basto schneiden ein Loch in einen Metallzaun und klettern hindurch. Die dreizehn Engländer setzen sich auf die nördliche Startbahn vom Londoner Flughafen Heathrow und ketten sich untereinander an. 22 Flüge können wegen der Störung nicht starten und werden gestrichen.[248]

Ende Januar 2016, kurz nach Verabschiedung des Pariser Abkommens, werden die AktivistInnen vom Willesden Magistrates' Court für schuldig befunden, unerlaubt eine Sicherheitszone betreten zu haben. Ihnen drohen Gefängnisstrafen. Die Richterin Deborah Wright betont, dass die Angeklagten zwar »integre Menschen« seien, »die besorgt sind über den Klimawandel und die Erweiterung von Heathrow«. Aber die Kosten der Aktion seien »absolut astronomisch«. Am Tag des Protests hatte ein Sprecher von Heathrow mitgeteilt, dass die Demonstration lediglich einen »sehr minimalen Effekt auf die Abläufe« habe. Der Flughafen fertigt pro Tag schließlich durchschnittlich 1300 Flüge ab.[249]

Die Umweltinitiative Plane Stupid, die die Aktion organisiert hat, erklärt, dass man mit der Blockade gegen die Empfehlung der Flughafenkommission opponieren wollte, eine dritte Start- und Landebahn in Heathrow zu bauen. In einer Stellungnahme nach dem Schuldspruch heißt es: »Wenn die demokratischen, gesetzgeberischen Prozesse am Ende versagen, sind die Handlungen von Bürgern notwendig, um sie zu ändern. Klimawandel und Luftverschmutzung töten Menschen jetzt, und die Regierung antwortet darauf, indem sie Millionen ausgibt, um das Problem größer zu machen.« Unterstützer für den Ausbau nennen die Kampagne hingegen »undemokratisch«. Die Initiative repräsentiere nicht die Mehrheit der Bewohner vor Ort, die ein »größeres, besseres Heathrow« wollen, auch nicht die »Millionen von Menschen, die einfach nur den Flughafen ungestört und unbelästigt nutzen möchten«.

Die Klimaschützer werden im Februar zu sechs Wochen auf Bewährung verurteilt. Sie dürfen Heathrow nicht mehr betreten und müssen 120 bis 180 Stunden unbezahlte gemeinnützige Arbeit leisten.

Acht Monate später, am 25. Oktober, entscheidet die britische Regierung, dass die dritte Start- und Landebahn gebaut wird. Zudem soll ein sechstes Terminal dazu kommen. Hunderttausende Flüge würden damit am Flughafen Heathrow zusätzlich ermöglicht. Das Verkehrsministerium spricht von einem »enormen Schub für die britische Wirtschaft«. Damit werde Großbritanniens »Platz im globalen Flugverkehrsmarkt« gesichert, Arbeit geschaffen und Wachstum angekurbelt. Die Kosten belaufen sich auf über 20 Milliarden Euro. Die Luftfahrtindustrie, allen voran British Airways, mahnt, dass diese nicht den Fluglinien über höhere Gebühren aufgebürdet werden dürften.[250]

Der Bürgermeister von London Sadiq Khan, angetreten mit dem Versprechen, den Ausbau zu verhindern, spricht von einer völlig verfehlten Entscheidung, »die rücksichtslos die Ansichten der Londoner Bürger beiseite schiebe«. Mit der neuen Startbahn werden zusätzlich 200 000 Menschen, 124 Schulen mit über 43 000 Schulkindern gesundheitsschädigendem Lärm ausgesetzt. Schon jetzt müssten durch Heathrow mehr Menschen unerträglichen Flugzeuglärm ertragen als durch die Flughäfen von Paris, Frankfurt, Amsterdam, München und Madrid zusammengenommen.

Der Umweltjournalist George Monbiot vom *Guardian* rechnet vor, dass die projizierte Zunahme des Flugverkehrs durch die Erweiterung nicht mit der notwendigen Emissionsminderung im Sinne des Pariser Abkommens vereinbar ist. Selbst das offizielle Pariser Klimaziel der britischen Regierung von minus 80 Prozent an Treibhausgasen bis 2050 erfordere vor dem Hintergrund ansteigender Emissionen durch die dritte Start- und Landebahn stärkere Kürzungen an anderer Stelle. Das sei schwierig und zudem »fundamental ungerecht«: »Dreiviertel der internationalen Passagiere am größten Flughafen Großbritanniens reisen aus Freizeitgründen. Sie sind überproportional reich: Ihr Durchschnittseinkommen liegt bei 57 000 Pfund (über 63 000 Euro – D. G.). Lediglich 15 Prozent der Briten sind verantwortlich für 70 Prozent der Flüge. Also alle müssen bezahlen für die Urlaube, an denen sich die Bessergestellten erfreuen.«[251]

In Deutschland ein ähnliches Bild. Der Großflughafen Berlin-Brandenburg (BER) wurde durch Bauverzögerung nicht nur immer teurer (zurzeit liegen die Kosten bei 7,1 Milliarden Euro), sondern auch in der Projektion immer größer. Im Sommer 2017 stellte die Flughafenleitung einen Masterplan für 2040 vor. In gut zwanzig Jahren sollen danach die Passagierzahlen am BER durch Erweiterungen und ein drittes neues Terminal von 22 auf über 50 Millionen pro Jahr steigen. Der Aufsichtsrat stimmte dem Plan zu. In Kassel-Calden wurde bereits 2013 ein neuer Flughafen aus der Taufe gehoben. Die Bundesregierung hatte ihn als dringlich eingestuft. Die EU fördert Kassel-Calden mit Geldern des Programms »Leitschema Transeuropäische Netze – Horizont 2020«. Obwohl im gut erreichbaren Umkreis weitere Airports liegen: Hannover, Paderborn/Lippstadt, Osnabrück, Erfurt, Dortmund und Frankfurt. Insgesamt gibt es in Deutschland nun 25 Regionalflughäfen, die meist durch Steuergelder am Leben gehalten werden. Sie sollen, so das Flughafenkonzept der Bundesregierung, die Kapazitätsengpässe auf den großen Flughäfen ausgleichen, zusätzliche Slots schaffen und den anwachsenden Flugverkehr in der Zukunft bewerkstelligen helfen.[252]

Denn die Branche wächst unaufhörlich. Nicht aber aus eigener Kraft, sondern politisch gewollt. Mit vielen Milliarden Euro greift der Staat dem Flugzeugbau, der Airport-Wirtschaft, dem Kerosin und den Ticketpreisen kräftig unter die Arme – allein für Treibstoff und Tickets sind es jährlich zwölf Milliarden Euro an Steuergeldern. Umweltschäden werden dem Luftverkehr generös erlassen. Zudem verursacht Fluglärm bei Anwohnern Bluthochdruck, Infarkte, Depressionen, kognitive Schäden bei Kindern und Verkürzung gesunder Lebenszeit. Die Kosten, die dadurch im Gesundheitssystem entstehen, werden auf die Allgemeinheit abgewälzt. Dazu kommen noch viele Milliarden an Wertverlusten für Immobilien durch Lärmbelastungen. Bei all dem ist die Flugwirtschaft neben der Schifffahrt die einzige Branche, die sich zu keinen Emissionsminderungen verpflichten muss. Es sei durch die politische Subventionierungskultur, wie das Umweltbundesamt sich ausdrückt, eine »Flug-freundliche Welt« kreiert worden: mit Airports überall im Land, einem maßgeschneiderten Angebot von Hotel- und Freizeitinfrastruktur und vereinfachten Visabestimmungen.[253]

Das Ergebnis: Im Jahr 2009 prognostizierte die Bundesregierung eine Zunahme an Passagieren im deutschen Luftraum bis 2020 um jährlich 4,2 Prozent von 169 Millionen im Jahr 2005 auf rund 300 Millionen 2020. Das erwies sich als etwas zu optimistisch. 230 Millionen sind es tatsächlich 2019, immerhin eine Steigerung um über 36 Prozent. Internationale Studien zeigen zudem, dass sich die Treibhausgase im Luftverkehr bis 2050 verfünffachen könnten. Emissionen durch Flugzeuge machen zwar weltweit heute nur knapp vier Prozent der Treibhausgase aus, aber diese Emissionen sind nur extrem schwer zu vermeiden, selbst mit alternativen Treibstoffen.[254]

Die Tinte unter dem Pariser Klimaabkommen war noch nicht einmal richtig getrocknet, da legte die schwarz-rote Regierung im März 2016 ihren fossil ausgerichteten Bundesverkehrswegeplan 2030 vor. Nur gut 40 Prozent der Finanzmittel sollen danach in die Schienennetze investiert werden. Da die Gelder wieder einmal zum größten Teil in neue Straßen fließen, »zementiert der Entwurf weitgehend die nicht nachhaltige Verkehrspolitik der vergangenen Jahre«, beklagt die Präsidentin des Umweltbundesamtes (UBA) Maria Krautzberger. Das keineswegs radikale UBA fordert mindestens 60 Prozent für die öffentliche Verkehrsinfrastruktur. Auch die Umweltverbände sind fassungslos. Der Plan sei schlicht nicht kompatibel mit den Zielen des Pariser Klimavertrages oder dem Klimaschutzplan der Bundesregierung, heißt es. Der Bund für Umwelt und Naturschutz Deutschland (BUND) legte Beschwerde bei der EU-Kommission ein. Seit 1971 habe es keinen Fernstraßenplan gegeben, der derart dreist sämtliche Umweltziele ignoriere, so die Organisation.[255]

Im Regierungskonzept wird unter anderem der Ausbau der Berliner Stadtautobahn A100 aufgeführt. Angesetzte Kosten: 850 Millionen Euro. Die Gesamtstrecke ist mit »im Bau« gekennzeichnet. Bauarbeiten finden aber nur zwischen den Anschlussstellen Grenzallee und Am Treptower Park statt. Für die Weiterführung, den 17. Bauabschnitt, ist bis heute noch gar kein Genehmigungsverfahren eröffnet worden. Ein geschickter Schachzug der Regierung, beide Bauabschnitte zusammenzufassen, um klammheimlich die versprochene Beteiligung der Öffentlichkeit beim Aufstellen des Plans zu übergehen. Und eine Strategie, um Einwände leichter abschmettern zu können, so die Initiative »Aktionsbündnis A100 stoppen«, unterstützt von den Grünen, den Linken und vom BUND.[256]

Die taktische Nacht-und-Nebel-Aktion der Bundesregierung hat ihren Grund. Das Projekt stößt nämlich nicht nur bei den Anwohnern auf Ablehnung. Als es um den ersten Bauabschnitt ging, fand der damalige Bürgermeister Klaus Wowereit 2010 in der Berliner SPD nur eine knappe Mehrheit. Verkehrspolitisch ist die innerstädtische Autobahntrasse für eine wachsende Metropole, die in Staus versinkt und förmlich um eine Verkehrswende bettelt, auch unabhängig vom Klimaschutz eine Fehlinvestition. Zudem explodierten die Kosten wie bei allen politisch schwierigen Projekten, bei denen die angesetzten Mittel im Vorfeld künstlich niedrig gehalten werden, um die zahlenden Bürger nicht zu verschrecken. Der erste Bauabschnitt verschlang doppelt so viele Gelder wie angekündigt: rund 600 Millionen Euro. Eine Rekordsumme für 3,2 Kilometer. *Die Welt* spricht von der »teuersten Autobahn« Deutschlands. Ein Meter A100 Verlängerung kostet damit 175 000 Euro. Mit der Investitionssumme könnten 6000 Kilometer neu gebaute städtische Fahrradwege mit allen Sicherheitsmaßnahmen geschaffen werden oder 30 bis 60 Kilometer Straßenbahn-Schienentrassen, wie vom Bündnis Pro Straßenbahn gefordert. Selbst U-Bahnen in Röhren (Bahnhöfe inklusive) kosten pro Kilometer oft weniger Geld. Für den nächsten, noch nicht genehmigten Bauabschnitt der A100 geht man von 530 Millionen aus. Diese Prognose dürfte ebenfalls eher politisch zu verstehen sein.[257]

Auch im Energiesektor blieb nach Paris alles beim Alten. In Deutschland werden sogar neue Kohlekraftwerke durchgesetzt, gegen den Widerstand von Anwohnern und Umweltschützern. Dabei konnte der Bau des Kohlemeilers Datteln 4 am Dortmund-Ems-Kanal – Betreiber ist die Uniper Kraftwerke GmbH mit Sitz in Düsseldorf (eine Tochtergesellschaft des Energieriesen E.ON) – immer wieder gerichtlich gestoppt werden. Landwirte und Umweltverbände waren mehrmals erfolgreich mit Klagen, auch als die rot-grüne NRW-Landesregierung unter Hannelore Kraft (SPD) 2012 eine Sondergenehmigung erteilte. Im Januar 2019 empfahl die von der Bundesregierung eingesetzte Kohlekommission schließlich, Datteln nicht in Betrieb zu nehmen. Doch ein Jahr später bei den Beschlüssen zum Kohleausstieg brach sie ihr Versprechen, die Empfehlung der Kommission umzusetzen, vollzog eine Kehrtwende und bewilligte den Start des Kraftwerks. In einer Umfrage lehnten zu dieser Zeit 63 Prozent der Menschen in

NRW die Inbetriebnahme ab gegenüber 25 Prozent, die sich dafür aussprachen. 150 Aktivisten besetzten kurz darauf das Gelände, um die Inbetriebnahme zu verhindern. Uniper stellte gegen die Demonstranten Strafanzeige wegen Hausfriedensbruch und verbot selbst Journalisten, in die Nähe des Geländes zu kommen. Die Proteste gehen unvermindert weiter. In den Jahren zuvor konnten Kohlekraftwerke durch öffentlichen Druck und Klagen immer wieder verhindert werden.[258] Datteln 4 wird bis zu 8,4 Millionen Tonnen CO_2 jedes Jahr ausstoßen. Großabnehmer des Kohlestroms ist unter anderem die Deutsche Bahn AG. So viel zur Ambition, die Bahn CO_2-neutral zu machen. Deutlich mehr Emissionen zieht demgegenüber die Entscheidung nach sich, eine zweite 1200 Kilometer lange Ostseepipeline (Nord Stream 2) von Russland nach Lubmin in Mecklenburg-Vorpommern auf dem Meeresgrund zu verlegen. Zusammen mit Nord Stream 1, die ebenfalls aus zwei Röhren besteht, könnten nun pro Jahr 110 Millionen Kubikmeter Erdgas nach Deutschland und auf den europäischen Markt strömen. Die Verbrennung dieser Gasmenge erzeugt rund 220 Millionen Tonnen CO_2. Zum Vergleich: Deutschland emittiert heute jährlich rund 800 Millionen Tonnen insgesamt.[259]

Gerhard Schröder hatte bereits bei der ersten Pipeline eine entscheidende Rolle gespielt, damals als Bundeskanzler. Nunmehr auf der Gehaltsliste des russischen Konzerns Gazprom fädelte er nach dem Paris-Abkommen als Vorsitzender des Verwaltungsrats der Projektgesellschaft auch den Deal für Nord Stream 2 ein. Er organisierte mehrere Treffen zwischen dem Geschäftsführer von Nord Stream Matthias Warnig und seinem SPD-Kollegen und Außenminister Sigmar Gabriel sowie zwischen Gazprom-Chef Alexej Miller und Wirtschaftsministerin Brigitte Zypries (SPD). 2017 wurde die Pipeline von den deutschen Behörden genehmigt, seit 2018 befindet sie sich im Bau. Bald soll sie in Betrieb gehen.[260]

Als die Grünen im Bundestag im September letzten Jahres forderten, die Pipeline zu beerdigen, eilte die Ministerpräsidentin von Mecklenburg-Vorpommern Manuela Schwesig (SPD) vom Bundesrat zum Plenarsaal im Reichstag. Sie hielt dort, wie der *Nordkurier* es nennt, eine »Wut-Rede« und erteilte den Umweltschützern eine »Standpauke«. Endlich mal Leidenschaft im Plenarsaal, fanden auch andere Medien. Schwesig wird mit den Worten zitiert, dass der Antrag »den Bürgern in Mecklenburg-Vorpommern und Brandenburg« schade. »Riesenbeifall bei der SPD. Stimmung im Bundestag.« Für die Energiewende, so Schwesig, brauche man »zusätzlich Gas als Übergangstechnologie«.[261]

Das Argument, dass Gas weniger klimaschädlich sei als Kohle und als Brücke benötigt werde, ist aber seit langem überholt und war nie wirklich zutreffend. Studien zeigen, dass bei der Förderung von Erdgas unter anderem Methan freigesetzt wird. Je nachdem, wie hoch man das Entweichen des aggressiven Treibhausgases ansetzt, ist Erdgas kaum weniger klimaschädlich als Kohle. Inklusive der »indirekten Emissionen« werden durch die Gasmengen, die jährlich durch die Ostseepipelines strömen sollen, also deutlich mehr Treibhausgase ausgestoßen als durch den reinen Verbrennungsakt, eventuell bis zu 40 Prozent mehr, was insgesamt weit über 300 Millionen Tonnen CO_2-Äquivalente (Methan dabei in CO_2 umgerechnet) bedeutet. Auch das Argument, dass das russische Erdgas klimafreundlicher sei als das dreckige Fracking-Gas aus den USA – ein Kampf ausgetragen auf dem geopolitischen Schachbrett, inklusive Drohungen von Seiten der US-Regierung gegen beteiligte Unternehmen, während Untersuchungen zeigen, dass das Gazprom-Gas wahrscheinlich genauso klimaschädlich ist wie das US-amerikanische –, geht am eigentlichen Punkt vorbei.[262]

Denn es gibt längst keine fossile Gasbrücke mehr ins Klimaparadies. Das Budget reicht dafür nicht. So errechnet das Deutsche Institut für Wirtschaftsforschung (DIW), dass selbst wenn die Bundesrepublik ihr zu niedriges Klimaziel bis 2050 erreichen will, der Erdgasbedarf bis dahin um 73 Prozent sinken müsste. Für die anderen EU-Staaten gilt ähnliches. Allein die zweite Pipeline kostet im Bau aber schon 8 bis 10 Milliarden Euro. Hinzu kommen weitere Investitionen für Gazprom, um Zulieferpipelines zu bauen. Um diese Gesamtkosten, die sich auf 17 Milliarden Euro belaufen, zu amortisieren, sind nach einer Studie der russischen Staatsbank Sberbank mindestens 20 Jahre nötig. Grundsätzlich werden Gaspipelines für eine Betriebsdauer von 40 bis 50 Jahren ausgelegt. Gemessen am Treibhausgasbudget für die Industriestaaten, das bis 2035 reicht, dürfte aber schon in fünfzehn Jahren kein Gas mehr durch beide Pipelines fließen und der Verbrauch müsste bis dahin kontinuierlich gesenkt werden.[263]

Energieexperten weisen zwar darauf hin, dass in Deutschland und Europa der Gasbedarf tatsächlich tendenziell nach unten gehe und die zusätzliche Pipeline überhaupt nicht nötig sei. In Deutschland wird zum Beispiel 70 Prozent des Gases für die Wärmeerzeugung verwendet. Durch Sanierungen von Häusern und effizientere Heiztechnik wird sich die Nachfrage weiter abschwächen, so die Prognosen. Doch das könnte sich ändern. Denn die Pipelines und Investitionen erzeugen einen ökonomischen Druck.

Seit einiger Zeit lässt sich daher beobachten, dass Kohlekraftwerksprojekte umsatteln auf Gas. Uniper/E.ON – zusammen mit Gazprom, Wintershall/BASF, Gasunie und Engie an den Ostseepipelines beteiligt – plant zum Beispiel ein neues Gaskraftwerk in der Nähe von Ingolstadt. Es soll 2022 fertiggestellt sein. Der Bundestag hat zuletzt im Investitionsbeschleunigungsgesetz die Genehmigung für die Umrüstung von Kohle auf Gas erleichtert, in Form von Kraftwärmekopplung. Dabei ist die Alternative eindeutig: Entweder werden Nord Stream und die deutsche Gas-Offensive ein Investitionsgrab oder eine weitere Lunte, die an die globale Klimabombe gelegt wird.[264]

Eine der gefährlichsten Lunten ist die Keystone XL Pipeline. Und damit sind wir in den Vereinigten Staaten. Die Pipeline soll die Tarsands in Kanada mit den Raffinerien im Süden der USA verbinden und über den Golf von Mexiko verschiffen. Tarsands sind Ölvorkommen, die im Sand gebunden sind. Es bedarf großer Mengen an Energie und Chemikalien, um das Öl aus dem schwarzen Brei zu gewinnen. Der kanadische Schieferöl-Tagebau in der Region Alberta ist zudem eine Umweltkatastrophe. Wo einst Wälder standen, sieht man heute eine schwarz-klebrige Mondlandschaft.

Die kanadischen Ölsandvorräte sind der zweitgrößte Kohlenstoff-Speicher der Welt hinter den Ölfeldern von Saudi-Arabien. Der Klimatologe James Hansen hat berechnet, dass, wenn das Öl aus den Tarsands auf einmal verbrannt würde, die CO_2-Konzentration in der Atmosphäre um 150 Teilchen pro Millionen anstiege. Allein die kanadischen Ölsande reichen also, die Erde um rund 1,5°C weiter zu erhitzen. Es wäre das Ende des Klimas.[265]

Ohne die 1200 Kilometer lange Keystone XL Pipeline ist es aber unmöglich, die Reserven in Kanada wirtschaftlich zu fördern. 800 000 Barrel Öl (127 Millionen Liter) sollen täglich durch diese Pipeline strömen, über den Golf von Mexiko verschifft und verbrannt werden. Doch seit die Röhren 2010 in Auftrag gegeben wurden, finden massive Proteste gegen den Bau statt: organisiert von lokalen Farmern, indigenen Gruppen, Umweltinitiativen und Bewegungen. Im Herbst 2011 fanden schließlich zivil-ungehorsame Aktionen gegen die Pipeline rund um das Weiße Haus in Washington D.C. statt. 1253 Menschen wurden dabei verhaftet und mussten einige Tage im Gefängnis verbringen, darunter führende Klimawissenschaftler wie James Hansen, First-Nation-AnführerInnen aus Kanada, Umweltjournalisten und Aktivisten wie Bill McKibben, Josh Fox (bekannt geworden durch den Dokumentarfilm »Gasland«) und Naomi Klein. Es war der größte Akt zivilen Ungehorsams in den USA seit 35 Jahren. In einer weiteren Aktion umzingelten Zehntausende das Weiße Haus. Umfragen zu dieser Zeit zeigen, dass eine klare Mehrheit gegen die Pipeline ist. Im November 2015, kurz vor dem Klimagipfel in Paris, verweigerte US-Präsident Obama aufgrund des steigenden öffentlichen Drucks schließlich die Genehmigung für die Pipeline.[266] Auch bei einer anderen, der Dakota Access Pipeline, konnten Aktivisten einen Erfolg verbuchen. Mit der Rohrfernleitung soll das dreckige Schieferöl von North Dakota zu den Raffinerien nach Texas transportiert werden. Die maximale Kapazität liegt bei 570 000 Barrel Öl (90 Millionen Liter) pro Tag, was ein Desaster fürs Klima wäre. Daher versuchen Umweltschützer, den Bau zu verhindern. Vor allem indigene Gruppen – angeführt vom Sioux-Stamm, der besonders betroffen ist vom Pipelineverlauf und der drohenden Wasserverschmutzung – leisten Widerstand. Im Indianerreservat Standing Rock in North Dakota unweit des Missouri River richteten 15 000 Menschen aus aller Welt schließlich ein Protestcamp ein. Polizisten gingen hart gegen die Demonstranten vor. Ausgerüstet durch das Pentagon rückten sie wie Soldaten auf dem Schlachtfeld mit panzerartigen Fahrzeugen und Wasserwerfern an. Die Ölunternehmen hatten zudem private Sicherheitskräfte mit deutschen Schäferhunden engagiert, um die Proteste zu zerschlagen. Je mehr Gewalt aber in Standing Rock aufgefahren wurde, umso weniger funktionierte sie, sagt Bill McKibben. »An dem Tag, an dem sie die Hunde auf die friedlichen Demonstranten losließen, wurde Standing Rock zu einer Krise des Weißen Hauses. Jeder wusste, was die Bilder bedeuten – sie stellten eine direkte Beziehung her zu den symbolhaften Aufnahmen von Birmingham und der Bürgerrechtsbewegung.«[267] Damals, in den frühen 1960er Jahren, hatte man in Birmingham Schäferhunde gegen Schwarze losgelassen.

Der erste schwarze US-Präsident Barack Obama war durch die Proteste schließlich gezwungen, auch diese Pipeline auf Eis zu legen. Doch die Erfolge der Bewegung wurden nach der Wahl 2016 wieder einkassiert. Der neue Präsident Donald Trump trat nicht nur aus dem Pariser Abkommen aus, sondern unterzeichnete im Januar 2017 einen präsidialen Erlass, in dem die Regierung zusicherte, sowohl die Keystone XL als auch die Dakota Access Pipeline zu unterstützen. Das überraschte keineswegs. Schon im Wahlkampf war Trump mit dem Versprechen angetreten, der globalen Erwärmung als »chinesischer Verschwörung« keinerlei Beachtung zu schenken und die Kohle-, Öl- und Gasindustrie auf Teufel komm raus zu fördern. Das tat er dann auch, während er die Regulierungen der Umweltbehörde EPA aushöhlte.[268]

Von Trump zur AfD: Rechter Kulturkampf

Die Wahl 2016 sollte aber nicht missverstanden werden als grundsätzliche Abkehr der Amerikaner vom Klimaschutz. Das Ergebnis sagt wenig aus über das, was die US-Bürger in Bezug auf die Klimakrise und Energiepolitik für richtig erachten. Zunächst einmal hatten im sogenannten Popular Vote, also rein zahlenmäßig, fast 3 Millionen Menschen mehr für Hillary Clinton gestimmt als für Donald Trump. Er profitierte von der günstigen Verteilung seiner Stimmen auf die Bundesstaaten, die letztlich über den Wahlausgang entscheiden. Zudem gaben nur rund 60 Prozent der Berechtigten ihre Stimme ab. Die Nichtwählerschaft besteht aber zum größeren Teil aus politisch Frustrierten und Abgehängten, aus Schwarzen, Hispaniern sowie ArbeiterInnen der Unterschicht, die eher von progressiven Program angezogen werden.

Zugleich arbeitete das Establishment der Demokratischen Partei bei den Vorwahlen mit zum Teil intriganten Mitteln daran, den an der Basis populären Bernie Sanders als Gegenkandidaten zu verhindern. Denn Sanders vertrat ein für viele ArbeiterInnen attraktives Sozial- und Umweltprogramm, das vielen einflussreichen Demokraten viel zu weit ging. Die Parteiführung war letztlich erfolgreich, die von ihr unterstützte Favoritin Hillary Clinton, auch mit Hilfe der sogenannten Superdelegierten, beim Parteitag durchzusetzen. Damit konnten

Wall Street, die Konzerne und ihre Lobbyisten in Washington beruhigt werden, wie auch die liberalen Leitmedien, die Sanders herablassend behandelten und in einen Topf mit Trump steckten. Letztlich spielte das den Republikanern in die Hände. So schaffte es die Washington-Insiderin Clinton mit ihrer Nähe zur Wallstreet nicht, Menschen in ausreichender Zahl dazu zu bewegen, gegen Trump an die Urne zu gehen.[269] Zudem wurde mit Clinton die Möglichkeit eines Green New Deal vom demokratischen Establishment verhindert. Bernie Sanders hatte in seinem Wirtschafts- und Sozialprogramm die Notwendigkeit der Energiewende betont, Clinton nicht. Als Parteilinker und erfolgreicher Senator besaß er zudem eine hohe Glaubwürdigkeit, seine Versprechen auch gegen Widerstände durchsetzen zu können. So hatte er, unterstützt von Graswurzel-Bewegungen, im Bundesstaat Vermont eine staatlich garantierte, solidarische Krankenversicherung erstritten, wie sie in anderen Industriestaaten Standard ist. Letztlich entfremdete die Art, wie Sanders ausgebootet wurde, nicht nur die Bewegungen und Umweltschützer rund um seine Kampagne, sie sendete in die Bevölkerung auch das Signal, dass man von den Demokraten unter Clinton in Sachen Klimaschutz und grüne Jobs nicht viel erwarten konnte.

Die Wahl zwischen Trump und Clinton war also keine zwischen »Make America Great Again« (egal, was das für die Zukunft des Planeten bedeutet) und einem Green New Deal (der nachhaltige Arbeitsplätze schafft). Nach dem Sieg über Sanders sprach Clinton kaum noch vom Klimawandel, wie eine Studie dokumentiert. Selbst bei einer Rede vor Millennials (eine junge Generation, bei der Klima eines der größten Anliegen ist) kam Clinton nicht auf das Thema zu sprechen. Die Kampagne konzentrierte sich auf einen Anti-Trump- und Werte-Wahlkampf. Das war riskant und ging dann auch nicht auf.[270]

Außerdem war das Vertrauen vieler Bürger in die Demokratische Partei nach acht Jahren Obama deutlich gesunken.

Viele seiner Versprechen hatte er nicht eingelöst. Von Einzelmaßnahmen wie höheren Effizienzstandards bei Autos abgesehen betrifft das auch den Klimaschutz. Obama steigerte sogar US-Auslandinvestitionen in fossile Brennstoffe über die amerikanische Export-Import Bank. Vor allem stellt sich die versprochene Welle grüner Jobs nicht ein. In Mitteilungen des Weißen Hauses brüstete man sich zwar mit Erfolgen, doch handelte es sich dabei meist nur um ein paar saubere Jobs im Busgewerbe, in der Abwasserwirtschaft und der Gasindustrie. Letztere gingen zurück auf den von der Obama-Administration erzeugten Fracking-Boom. Das half aber weder dem Klima noch dem Arbeitsmarkt.[271]

Die Medien sorgten schließlich dafür, dass im Wahlkampf ein Green New Deal keine Rolle spielen konnte. In allen TV-Debatten wurde Klimaschutz von den Journalisten ignoriert. Und das, obwohl Umfragen zeigten, dass die meisten US-Bürger an der Klimakrise interessiert sind, aber beklagten, dass sie nichts davon hören würden. So antwortete eine große Mehrheit von US-Wählern während des Wahlkampfs 2016 auf die Frage des britischen *Guardian*, welches ihr Leben beeinflussende Thema sie »gern stärker von den Präsidentschaftskandidaten diskutiert« sähen mit »Klimawandel«. Sie kritisierten dabei vor allem, dass die Republikaner die globale Erwärmung leugneten, Obamas Versuche diffamierten und die demokratischen Kandidaten ebenfalls zu wenig über das Thema sprechen würden. Doch statt das Klimathema in den Wahlkampf zu holen, warnten die Medien unbeirrt vor Sanders grüner Planwirtschaft, die viele Jobs kosten werde.[272]

Demgegenüber erhielt der Klimaleugner Donald Trump über zwei Jahre seiner Kampagne ein enormes Forum in den Massenmedien. Jeder seiner Tweets bei Twitter wurde von den US-Networks zu einer journalistischen Nachricht aufgebauscht. Jede seiner Schlammschlachten diskutierte man ausgiebig. Auch die europäischen Medien machten mit, während sie nicht vergaßen, zugleich die Nase zu rümpften über den

dreckigen Wahlkampf. Der Vorstandsvorsitzende des TV-Networks CBS Leslie Moonves prahlte, dass es »vielleicht nicht gut für Amerika« sei, aber »verdammt gut für CBS«. Das Geld ströme nur so herein. Es werde ein sehr gutes Jahr für den Sender. Und Moonves fuhr fort: »Es ist schrecklich zu sagen, aber zeig es uns, Donald. Geh voran. Mach weiter so.«[273]
Wer mehr Klimaschutz forderte, wurde von der US-Presse ausgebremst. Die Grünen unter Jill Stein kamen in den Mainstreammedien praktisch nicht vor, obwohl sie in einzelnen Bundesstaaten in Umfragen gut abschnitten. 2015, als die Kandidaten Bernie Sanders und Donald Trump ähnlich hohe Zustimmungswerte in den USA hatten, erhielt Trump auf einem der größten TV-Networks, nämlich *ABC*, 240 Mal mehr Aufmerksamkeit als Sanders, über den im gesamten Jahr 2015 nur 20 Sekunden lang berichtet wurde. Auch für 2016 war das Verhältnis extrem ungleich: 434 Minuten vs. 26 Minuten. Die Nachrichten zum Wahlkampf blieben dabei von substantiellen Themen gereinigt. Das gilt auch für die deutschen Medien, die sich fast ausschließlich auf das »Horse Race« konzentrierten. Die Folge dieser »Election Extravaganza« (Noam Chomsky) war schließlich ein rassistischer, sexistischer und egomanischer Milliardär im mächtigsten Amt der Welt, der den Klimawandel für ein Märchen hält und jegliche Gegenmaßnahmen zu verhindern trachtet. Die liberalen Medien vergossen am Ende Tränen über ein Monster, das sie selbst genährt hatten.[274]

Unterstützt von der Republikanischen Partei konnte Trump daran gehen, seine Energiepolitik durchzusetzen: »Wir werden die in Amerika schlummernden Schiefer-, Erdgas-, Öl- sowie für Hunderte Jahre reichenden Kohlevorkommen im Wert von 50 Billionen Dollar fördern und nutzen.« Nach seiner Wahl gingen die Kurse für fossile Energieunternehmen in den USA steil nach oben. Die Botschaft war unmissverständlich: Die Trump-Regierung will den Planeten verbrennen. Eine gute Nachricht für die Profiteure von Exxon,

Chevron, General Motors & Co. wie auch die Finanziers der fossilen Brennstoffindustrie wie JP Morgan Chase, Bank of America oder die Deutsche Bank.[275]

Während Medien wie die *New York Times* sich über die infantilen Lügen des Präsidenten beschwerten, priesen sie auf den Wirtschaftsseiten das Anliegen der Regierung, die USA mit eigenen fossilen Ressourcen unabhängig zu machen. Auch Obama brüstete sich mit seinen Erfolgen. Im November 2018 verkündete er vor einem texanischen Publikum, dass die USA während seiner Amtszeit Russland und Saudi-Arabien als größter Öl- und Gasproduzent überholt hätten. »Das war ich, Leute!«[276]

Auch in Europa spielte Klimaschutz seit dem Paris-Abkommen weiter keine Rolle in der politischen Öffentlichkeit. Der damalige SPD-Abgeordnete Marco Bülow untersuchte zum Beispiel 204 Sendungen der fünf relevantesten Polit-Talkshows der öffentlich-rechtlichen Sender *(Maischberger, Anne Will, Hart aber fair, Jauch* und *Maybrit Illner)* für den Zeitraum von Oktober 2015 bis März 2017: »So wichtig einige Themen sicher waren und sind, niemand kann rechtfertigen, dass in 1,5 Jahren jede vierte Sendung speziell das Thema Flüchtlinge behandelt und sich fast jede zweite Sendung generell mit dem Themenkomplex Flüchtlinge, Islam, Terror/IS, Populismus/Extremismus befasst hat. (…) Klimawandel kam sogar gar nicht vor. Das ist nicht nur bedenklich, sondern prägt die öffentliche Debatte sehr einseitig. Die Themenauswahl spiegelt absolut nicht die tatsächlichen Probleme in unserer Gesellschaft wider und stellt damit ein Zerrbild der Wirklichkeit dar.«[277]

Auch im Bundestagswahlkampf 2017 war Klimapolitik so gut wie kein Thema. Von den 95 Minuten des TV-Duells zwischen Angela Merkel und Martin Schulz stellten die Journalisten die Hälfte der Zeit Fragen zur Flüchtlings- und Asylsituation. Klimaschutz kam dagegen gar nicht zur Sprache. In der Presse insgesamt wurde das Thema seit 2015 nur 230 000

Mal aufgebracht und damit etwa achtmal weniger als die sogenannte »Flüchtlingskrise«, auf die man im selben Zeitraum rund 1,8 Millionen Mal verwies. In den Sommerinterviews von *ARD* und *ZDF* 2018 nahm der Komplex Flucht, Asyl und Migration weiter mehr als ein Drittel der Redezeit ein. Die Journalisten stellten erneut keine einzige Frage zum Klimawandel (wie auch viele andere wichtige Themen, zum Beispiel Armut, kaum Aufmerksamkeit erhielten).[278]

Die AfD wurde zur großen Gewinnerin des politischmedialen Spektakels. Sie konnte sich bei der Wahl um rund 8 Prozent auf 12,6 steigern, obwohl sie sich Ende 2015 bereits auf dem Sinkflug befunden hatte. Was den Erfolg ermöglichte, war aber nicht der Flüchtlingszuzug, wie der Jahresbericht 2018 des Mercator Forums Migration und Demokratie (MIDEM) feststellt, sondern die anhaltend alarmistische Stimmung, die von Medien und Politik mit Blick auf unsichere Grenzen und Integrationsprobleme erzeugt wurde. Vor diesem Hintergrund konnte die AfD Wähler mobilisieren und sich dauerhaft in der politischen Landschaft etablieren, während der Zuzug der Flüchtlinge in den Jahren abnahm, Kriminalität weiter sank und alle wirtschaftlichen Indikatoren (Wachstum, Nettoreallöhne, Beschäftigung etc.) nach oben zeigten.[279]

Die AfD benutzte ihren gewachsenen Einfluss auch, um gegen die Klimaschutzpolitik mobil zu machen, Zweifel am anthropogenen Klimawandel zu säen, Halbwahrheiten zu verbreiten und Umweltschützer zu diffamieren. In den USA hatte die Trump-Kampagne vorgemacht, wie man eine reale durch eine Fake-Bedrohung ersetzt. Trump hetzte gegen Latinos und Muslime, die das Land überschwemmen und Verbrechen sowie Vergewaltigungen einschleppen. Er wusste aufgrund früherer Twitter-Testballons, dass damit Stimmung gemacht und Stimmen gewonnen werden konnten. Denn die neoliberale Politikwende seit Ronald Reagan in den 1980er Jahren hatte viel Frust in der Bevölkerung aufgestaut. Berechtigte

Wut gegenüber der politisch beschleunigten Ungleichheit, grassierenden Armut und Perspektivlosigkeit wurde jetzt auf Minderheiten und Andersdenkende umgelenkt. Klimaschutz erhielt das Image einer Marotte elitärer Ökos und linker Gutmenschen, die den einfachen ArbeiterInnen die Jobs wegnehmen. Der Republikaner Trump entzündete erfolgreich eine Art rechten Kulturkampf, der auch deswegen zu einem Flächenbrand führte, weil die Demokraten ihm nichts entgegensetzen konnten.

Vergleichbare Strategien waren in EU-Staaten bei rechtsradikalen Parteien, Populisten und ihren Wahlerfolgen zu erkennen, von Ungarn, Polen und Österreich über Italien und den Niederlanden bis hin zu Dänemark und Schweden. Auch dort herrschte sozialer Frust und politische Wut, die nun auf Flüchtlinge, Linke und »Umweltfuzzis« gerichtet wurde. Große Parteien wie Leitmedien akzeptierten nicht nur die Themensetzung der Populisten, sie wirkten aktiv an der politischen Verschiebung mit, um sich gleichzeitig über den Rechtsruck zu beklagen. Klimaschutz und Energiewende kamen dabei fast vollständig unter die Räder. Die Bürger, die Normalverdiener, die Unterschichten, das Land insgesamt hätten andere, dringendere Probleme, so die Behauptung. Wir befänden uns schließlich angesichts der Flüchtlinge in einer »Jahrhundertkrise«, wie selbst Heribert Prantl von der *Süddeutschen Zeitung* meinte.[280]

Spiel nicht mit den »Öko-Terroristen«

Aber auch die Klimabewegungen machten weiter Druck. Eine der erfolgreichsten, am schnellsten wachsenden Kampagnen, die auf »fossiles Divestment« abzielt, wurde 2012 von der Organisation 350.org gestartet. Wissenschaftler hatten Daten auf den Tisch gelegt, wonach die fossile Brennstoffindustrie weltweit fünf Mal mehr Kohlenstoff in Unternehmensreserven führt, als noch gefördert und verbrannt werden durfte. Der Wert dieser unter der Erde schlummernden Öl-, Gas- und Kohlevorräte, der den Aktienkurs der Konzerne an den Börsen mitbestimmt, liegt bei 27 Billionen Dollar. Es ist klar, dass die Unternehmen darauf nicht einfach verzichten werden. Die Kampagne forderte daher Universitäten, Stiftungen, Verbände und Privatpersonen auf, ihr Vermögen aus dem fossilen Geschäft abzuziehen.[281]

Was an einer kleinen Hochschule im Bundesstaat Maine mit einer Summe von 8 Millionen Dollar begann, steigerte sich in wenigen Jahren auf 1200 beteiligte Institutionen und rund 60 000 Personen auf der ganzen Welt, die 14 Billionen Dollar an Vermögens- und Anlagewerten repräsentieren. Studien zeigen, dass andere Investoren die Lücke zwar geschlossen haben, wie nicht anders zu erwarten war. Aber es gehe der Kampagne, so die Organisatoren, wie bei der Isolation des Apartheidregimes in Südafrika in den 1980er Jahren vor allem um den Imageschaden von stigmatisierten Unternehmen. Mitinitiator Bill McKibben wies darauf hin, dass man nicht auf den wirtschaftlichen sondern politischen Bankrott abziele sowie darauf, den Einfluss fossiler Unternehmen zu schmälern. Sie sollten zu Außenseitern gemacht werden. Das ist auch durchaus gelungen. Eine Untersuchung der Oxford Universität kommt sogar zu dem Schluss, dass es fossile Unternehmen aufgrund der Kampagne nun schwerer haben, Mitarbeiter zu finden, politischen Einfluss auszuüben und gelegentlich auch Kapital aufzutreiben.

Außerdem führte die Kampagne zu einer Einbeziehung von Menschen, die sonst kaum erreicht worden wären. Denn nicht jeder hat eine Pipeline, die durch seinen Hinterhof geht, oder ein Kohlekraftwerk in seiner Nachbarschaft. Aber jeder lebt in der Nähe einer Universität oder Kirche, die auf einem Berg von Geld sitzt, so die Aktivisten der Kampagne. Die Idee breitete sich mit hoher Geschwindigkeit aus. Die irische Republik machte alle ihre öffentlichen Anlagen und die Stadt

New York ihren Pensionsfonds in Höhe von 200 Milliarden Dollar »fossil free«, weil Initiativen vor Ort Druck erzeugt hatten. Zudem planen nun auch institutionelle Anleger, sich aus dem fossilen Geschäft zurückzuziehen. Die Angst vor einer Kohlenstoffblase nimmt stetig zu, bei der Investments in Öl, Kohle und Gas an Wert verlieren werden, ab dem Zeitpunkt, da die Politik die globale Energiewende einläutet, nicht nur auf dem Papier, sondern in der Realität.[282]

Auch in Deutschland stand das Rad nicht still. So begannen Klimaschützer nach Paris, ein bis zwei Mal im Jahr Braunkohlereviere im Rheinland und in der Lausitz zu besetzen. Denn Deutschland ist nach wie vor der größte Exporteur der besonders schädlichen Braunkohle. Sie ketten sich in weißen Overalls an Bagger, blockierten Schienen und Zufahrtswege. An dem zivilen Widerstand, organisiert von der Bewegung Ende Gelände, beteiligten sich etwa 6000 Menschen. Es waren friedliche Proteste. Die AktivistInnen kompensierten sogar Landwirte, deren Wiesen man auf dem Weg zum Tagebau betreten musste.

Doch die Polizei sowie die Sicherheitskräfte von RWE und der Lausitz Energie Verwaltungs GmbH (LEAG) setzten zunehmend auf Eskalation. Aus Sicht des Protestbündnisses kam es dabei zu Rechtsverstößen durch Polizei und Sicherheitskräfte: Verweigerung der Versammlungsfreiheit sowie unverhältnismäßige Gewaltanwendung (Schläge und Tritte, die Aktivisten zum Teil schwer verletzten, willkürlicher Einsatz von Schlagstöcken, Polizeihunden und -pferden). Einer Journalistin sprühte man zum Beispiel Pfefferspray in die Augen. Während sie versuchte zu fliehen, wurde sie von einem Pferd niedergetrampelt und brach sich dabei die Rippen. Andere Reporter beklagten, dass sie von Polizisten und Sicherheitskräften bedroht und eingeschüchtert worden seien. Man soll ihnen verboten haben, über die Besetzungen zu berichten.

Die Proteste endeten mit zahlreichen Festnahmen. Die Aktivisten wurden dabei über 13 Stunden in der prallen Sonne ohne Essen und Trinken festgehalten oder von der Polizei über längere Zeit ohne Versorgung eingekesselt, wie parlamentarische Beobachter berichteten. Eine Frau sei von fünf männlichen Beamten in der Sammelstelle Aachen genötigt worden, gegen den Grundsatz gleichgeschlechtlicher Kontrollen, sich vor ihnen auszuziehen.

Bei den Räumungen im Rheinland vom Juni 2019 gingen die Ordnungskräfte besonders rabiat vor. »Die Polizei hat schon vor, aber vor allem in den drei Tagen alles, aber auch alles versucht, um unsere Aktionen zu verhindern«, zog Nike Mahlhaus von Ende Gelände gegenüber *Klimareporter* Bilanz. »Die Zusagen, die die Versammlungsbehörde uns gegeben hat, sind von der Polizei de facto ausgehebelt worden. So etwas haben wir noch nie erlebt. Das alles passt leider zu der sich für dieses Jahr immer mehr abzeichnenden Tendenz, die berechtigten Kohleproteste kriminalisieren zu wollen.« Auch juristisch zog man die Daumenschrauben an. Im Rheinland wurde eine Umweltschützerin zu neun Monaten Haft verurteilt. RWE verlangt zudem zwei Millionen Euro Schadensersatz nach der Kraftwerksblockade. Im Februar 2019 verurteilte ein Gericht drei Mitglieder von Ende Gelände wegen Hausfriedensbruch im Lausitzer Tagebau zu zwei Monaten Haft. Drei Jahre zuvor hatte die Cottbuser Staatsanwaltschaft das Betreten des nicht umfriedeten Geländes ausdrücklich nicht als Straftat eingestuft.[283]

Seit 2015 besetzen KlimaschützerInnen zudem mit Baumhäusern und Zelten den Hambacher Forst. In den Jahren zuvor hatte es dort immer wieder Waldbesetzungen gegeben. Die Aktivisten wollten nun bis zum bitteren Ende bleiben, um das Roden des restlichen Forsts zu verhindern, der den Kohlebaggern des RWE-Tagebaus zwischen Köln und Aachen zunehmend zum Opfer fiel. Der Kampf ist zu einem Symbol geworden, ein Kampf David gegen Goliath. Es geht dabei nicht nur um ein Stück Wald, sondern auch um den Ausstieg aus der Kohle.

In der Öffentlichkeit wurden die Umweltschützer und Besetzerinnen oft pauschal als Gewalttäter, Gesetzesbrecher und aggressiv dargestellt. Sie würden sich, so der Vorwurf, auf undemokratische Weise selbst ermächtigen und setzten sich über politische Regelungen, gerichtliche Beschlüsse und Eigentumsrechte hinweg. In einem Interview mit der *BILD*-Zeitung nannte der Vorstandsvorsitzende von RWE die Demonstranten »Öko-Terroristen«. In der *FAZ* wurden die Waldbesetzer als gewaltbereite Linksextremisten diffamiert. Der Journalist Tomas Avenarius von der *Süddeutschen Zeitung* steckte sie in einen Topf mit »Reichsbürgern, Rechtsradikalen und anderen Rechtsbrechern«. Der *Spiegel* warf Greenpeace und dem BUND vor, durch ihre Solidarisierung »friedlichen Protest mit gewaltsamem« zu vermischen.

Obwohl es sich bei den verbliebenen Kohlevorräten im Hambacher Tagebau nur noch um einen kleinen Rest handelt und einer Studie des DIW zufolge energiepolitisch darauf verzichtet werden könnte, kündigte RWE 2018 die Rodung an. Die Polizei von NRW begann, beauftragt durch die schwarz-gelbe Landesregierung unter dem Vorwand von Brandschutz, am 13. September mit der Räumung der Camps, was sich über mehrere Tage hinzog. Protestantische sowie katholische Pfarrer und Gemeindemitglieder aus Düren und Buir – Gemeinden, die schon seit den 1970er Jahren gegen den Tagebau und die Rodung des Hambacher Forsts Widerstand leisteten – organisierten Sitzblockaden. Die Protestierenden mussten von der Polizei weggetragen werden, während in Köln 400 Menschen den Verkehr blockierten. An zwei Demonstrationen im Hambacher Forst nahmen jeweils rund 10 000 Menschen teil. Während der Räumung ereignete sich ein tragischer Unfall. Ein 27-jähriger Künstler und Journalist stürzte ohne Fremdverschulden von einer Hängebrücke und verstarb.

Claudia Kemfert, Energieexpertin beim DIW, sprach im *Deutschlandfunk* von einer unnötigen Eskalation, die dazu führen könne, dass die »Kohlekommission platzt«. Die beriet nämlich zur selben Zeit über einen vorgezogenen Kohleausstieg in Deutschland. Offenbar aber wolle RWE Fakten schaffen, um noch die letzten Profite aus dem Tagebau zu schaufeln, so Kemfert, anstatt eine politische Lösung abzuwarten. Auch die Landesregierung hatte kein Interesse, RWE in die Schranken zu weisen. Unterstützt wurde sie dabei von der SPD im Landtag.

Unmittelbar vor der geplanten Rodung Anfang Oktober erwirkte der BUND jedoch in einem Eilverfahren vor dem Oberverwaltungsgericht Münster ein einstweiliges Verbot. Es ging dabei um den Schutz von zwei Kolonien der vom Aussterben bedrohten Fledermausarten. Unmittelbar nach der Bekanntgabe des Beschlusses verlor die Aktie der RWE Power AG gut 8,5 Prozent an Wert, was rund 900 Millionen Euro entspricht. In den Folgetagen rutschte der Kurs weiter ab.

Nach dem Gerichtsbeschluss veranstalteten Umweltverbände, Landwirte, lokale Kirchengemeinden und Aktivistengruppen wie Ende Gelände eine Großdemonstration. Nach Angaben der Veranstalter beteiligten sich daran 50 000 Menschen. Diverse Musikbands traten auf. Es war die größte Demonstration zur Rettung des Hambacher Forsts, ein Festival, das eine kraftvolle Botschaft aussendete: Wir werden niemals aufgeben. In einer Umfrage des *WDR* einen Tag später gaben 79 Prozent der Befragten an, die Rodung für falsch zu halten. Selbst unter den Wählern der regierenden CDU lag die Ablehnung bei deutlichen 71 Prozent.

Seitdem sind die Rodungspläne ausgesetzt. Nordrhein-Westfalens Ministerpräsident Armin Laschet (CDU) erklärte im Februar 2019 vor dem Landtag, den Hambacher Forst erhalten zu wollen. Er kündigte vor dem Hintergrund der Ergebnisse der Kohlekommission zudem eine neue Leitentscheidung zur Braunkohle auf Landesebene an.[284]

Die »Öko-Terroristen« und »Gesetzesbrecher« schafften es aber nicht nur, den Hambacher Forst – vorerst wenigstens – zu retten und den Druck auf die Politik in punkto Kohleausstieg hochzuhalten. Sie erzeugten auch Aufmerksamkeit für mehr Klimaschutz, wenngleich viele Medien oft abfällig über die Proteste berichteten. Sogar einige Polittalksendungen griffen die globale Erderwärmung nun als Thema auf. Das lag jedoch auch daran, dass Deutschland, als die Proteste kulminierten, die Folgen des Klimawandels zum ersten Mal hautnah zu spüren bekam.

Denn 2018 und 2019 waren zusammen mit 2003 die heißesten Sommer seit Wetteraufzeichnung. 2019 wurden gleich zwei Temperaturrekorde eingestellt. Im Juli konnten in Lingen und Geilenkirchen mit 42,6°C und 40,5°C die höchsten Werte gemessen werden, die je in Deutschland erreicht wurden. Auch die Anzahl der Hitzetage (mit über 30°C) nahm stark zu. Für Berlin zum Beispiel verdoppelten sie sich in den letzten Jahrzehnten. Vor allem kranke und ältere Menschen leiden stark darunter. Hinzu kommt, dass die Sommer 2018 und 2019 extrem trocken ausfielen. Es gab kaum Niederschlag, was nicht nur zu Wasserstress bei Bäumen und Gewächsen, sondern auch zu großflächigen Waldbränden führte. Der sinkende Grundwasserspiegel schädigte die Wälder zusätzlich. Die Dürrejahre ließen außerdem die Ernten einbrechen, vor allem im Norden und Osten. In manchen Regionen wurden nicht mehr als 30 Prozent der Normalernte erzielt. Der Bund musste einspringen und im Jahr 2018 gemeinsam mit den Ländern 340 Millionen Euro für Landwirte bereitstellen. Manche Bauern seien durch die Dürren in ihrer Existenz bedroht, teilte der Bauernverband mit.[285]

Es ist derselbe Bauernverband, der seit Jahrzehnten zusammen mit Agrarlobbyisten in Ministerien und Parlamenten den Umstieg von der konventionellen zur klimaneutralen Landwirtschaft blockiert. Dabei bieten eine biologisch basierte Landnutzung und Düngung, extensive Bewirtschaftung sowie weniger Tierhaltung eine gangbare Alternative. Das würde zudem viel Geld einsparen, das jedes Jahr von den Steuerzahlern aufgewendet werden muss, um die Schäden der

Umwelt- und Grundwasserverschmutzung durch die konventionelle Landwirtschaft zu begleichen. Die Agrarlobbys verteidigen aber weiterhin die klimaschädlichen und teuren Privilegien wie verbilligten Diesel (500 Millionen Euro jährlich), Geld für Massentierställe oder die Ausnahme von der CO_2-Steuer. Davon profitieren allerdings nicht die Bauern, die mit 3000 Euro im Durchschnitt (also eingerechnet der Großbauern) keineswegs zu den Spitzenverdienern gehören. Es profitieren Agrarunternehmer und Konzerne, die Diesel-Traktoren, Düngemittel, Agrarchemie oder Viehfutter herstellen. Die Treibhausgase in der Landwirtschaft verharren daher seit 1994 mehr oder weniger auf gleichem Niveau. Lediglich in den vier Jahren nach der Wiedervereinigung fielen die Emissionswerte um rund 15 Prozent. Was an den Überbeständen beim Vieh in Ostdeutschland liegt, die in jenen Jahren abgebaut wurden. So konnte das Treibhausgas Methan, das bei der tierischen Verdauung entsteht, in Deutschland deutlich gemindert werden. Also bis heute faktisch null Klimaschutz im Agrarsektor, nur Wall-Fall-Profit.[286]

Generation Alarm: Kurswechsel Jetzt!

Doch weder Hitze, Dürresommer noch Kohleproteste führten dazu, dass den PolitikerInnen in den Sommerinterviews von *ARD* und *ZDF* Fragen zum Klima gestellt wurden. Was musste denn noch passieren, um die Krise auf die Agenda zu bringen oder gar Alarm zu schlagen?

Es sollte etwas passieren. Und es begann mit dem, woran wir uns alle längst gewöhnt haben: Stürme, Dürren, abschmelzende Gletscher und Eisberge, Anstieg des Meeresspiegels, Klimaflüchtlinge, Prognosen über den langsamen Zusammenbruch der Öko-Systeme und unbeirrt weiter steigende Treibhausgase. Eine achtjährige Schülerin erfuhr im Unterricht vom Klimawandel und konnte danach nicht mehr in ihr bisheriges Leben zurückkehren. Sie begann, sich Dokumentarfilme anzuschauen und wissenschaftliche Studien zur Klimakrise zu lesen. Ziemlich komplizierter Stoff für ein Mädchen, das noch nicht einmal im Teenageralter war. Die Schülerin lernte, dass die Staaten, die hauptverantwortlich für die drohende Katastrophe sind, seit Jahrzehnten fast nichts getan haben und weiterhin nichts tun wollen. Niemand um sie herum schien aber besorgt zu sein – ihre Eltern nicht, und keiner in der Schule. Man sagte ihr, dass sie keine Angst haben müsse, die Verantwortlichen werden das schon regeln.

Im Alter von 11, ein Jahr vor dem Pariser Abkommen, hörte sie auf, mit anderen Menschen als ihren Eltern und Familienangehörigen zu sprechen. Selektiver Mutismus, attestierten die Ärzte. Sie konnte fast nichts mehr essen und drohte zu verhungern, während sie in eine schwere Depression rutschte. Ihr Asperger-Autismus ist, wie oft bei dieser Diagnose, verbunden mit hohen kognitiven Fähigkeiten, was aber auch die Unfähigkeit einschließt, Widersprüche zu überspielen. Was nun folgte, war also eine Art Überlebensstrategie. Das Mädchen knipste das Licht im Haus aus, überzeugte die Eltern, Abstand zu nehmen vom Fliegen und Fleisch essen. Dann malte sie ein Schild und setzte sich am 20. August 2018, inmitten von Dürre- und Hitzewellen, Waldbränden und drei Wochen vor der Wahl zum schwedischen Reichstag, vor das Parlament in Stockholm. Auf dem Schild stand der einfache, heute weltbekannte Spruch: »SKOLSTREJK FÖR KLIMATET« (Schulstreik fürs Klima).[287]

Greta Thunberg war zu diesem Zeitpunkt gerade einmal 15 Jahre alt. Ihr persönlicher Streik entfachte einen Flächenbrand – aber einen anderen als den Trumpschen. Es war eine Art Gegenfeuer. Löschkräfte wenden diese Technik bei Waldbränden an, um der Brandwalze den Sauerstoff zu entziehen. Doch der Vergleich trifft nicht ganz zu. Denn als Thunberg sich allein mit dem Schild vors Parlament setzte, erwartete sie sich nicht viel davon. Ihre Eltern und Lehrer waren dagegen,

Passanten mokierten sich über sie. Thunberg streikte, weil sie nicht anders konnte, nicht, um eine politische Bewegung zu initiieren. Auf die Idee war sie durch SchülerInnen in Florida gekommen, die sich nach einem Amoklauf geweigert hatten, in die Schule zurückzukehren und ein härteres Waffengesetz forderten.

Der Brand entzündete sich in der Fläche auch nicht, weil sie etwas Neues und Besonderes tat. Schilder in die Luft halten, streiken, Monate in Baumhäusern ausharren, Haftstrafen oder gar den Tod riskieren – alle diese Formen des Widerstands hatte es schon lange gegeben. An Thunbergs Protest verdichtete sich vielmehr die Klimakrise wie durch ein Brennglas: das Versagen der Regierungen, politische Heuchelei, gesellschaftliches Wegschauen, Beschwichtigen, Hilflosigkeit angesichts des Erstarkens rechtsradikaler Kräfte, Ignoranz gegenüber der Wissenschaft. Der Zündfunke fand zudem Nahrung, weil die protestierende Generation entzündbar war. Junge Menschen hatten genug von netten Worten und Vertröstungen. Ähnlich fühlten auch viele Erwachsene. Es gab einen Hunger nach Wahrheit, der den Funken nicht verglühen ließ.

Denn die Illusion von »Alles wird am Ende gut« hatte starke Risse bekommen in den Jahren des Aufschiebens, es brodelte nicht mehr nur unter der Oberfläche. Vieles, was lange verdrängt wurde, kam ans Tageslicht, beschleunigt durch Proteste wie die von Occupy mit ihrem »Wir sind die 99 Prozent« bis zum Widerstand gegen die europäische Sparpolitik Made-in-Germany. Überall auf dem Globus erstarkten Gegenbewegungen und forderten eine Kursänderung. Und Greta Thunberg brachte es schnörkellos auf den Punkt: Wir müssen den Kompass umstellen, und zwar sofort. Das fordere nicht sie, das forderten Wissenschaft und CO_2-Budget: »Warum sollen wir«, sagt sie, »für eine Zukunft lernen, die es vielleicht bald nicht mehr gibt, weil niemand etwas unternimmt, um diese Zukunft zu retten? Und was für einen Sinn hat es, im Bildungssystem Dinge zu lernen, wenn die wichtigsten

Tatsachen, die uns die beste Wissenschaft in eben diesem Bildungssystem liefert, von unseren Politikern und unserer Gesellschaft ignoriert werden.«[288]

Die schwedischen Zeitungen berichteten vom ersten Tag an über Thunberg. Während sie noch allein vorm Parlament ausharrte, stand ihr Bild bereits auf der Titelseite der Stockholmer Ausgabe von *Dagens Nyheter*. Via Social Media verbreitete sich die Nachricht vom Streik viral. Die internationale Presse schloss an die schwedischen Berichte an. Am 27. August brachte die *Taz* in Deutschland einen Artikel über »Greta«, wie sie genannt wurde. Da saßen an ihrer Seite bereits 35 SchülerInnen, auch Erwachsene und ein Lehrer. Ein *BBC*-Bericht veranlasste Arnold Schwarzenegger Anfang September zu einem Tweet: »Ich finde es toll, wenn jemand sich nicht nur beschwert, sondern rausgeht und etwas unternimmt. Du inspirierst mich.« Schwarzenegger lud sie zu einem Treffen nach Wien ein. Sie antwortete: »Ich bin dabei. Hasta la vista baby!« Schwarzenegger hat 4,5 Millionen Follower auf Twitter.[289]

Greta Thunberg prägte den Begriff »Fridays For Future«, weil sie nach den Wahlen in ihrem Land nur noch am Freitag protestierte. Auch an anderen Schulen, zuerst in Schweden, begannen SchülerInnen für das Klima zu streiken. Es folgten nachahmende Aktionen in Belgien, Frankreich, Finnland und Dänemark. Am 30. November waren es schon 10000 Streikende in Australien. In den folgenden Monaten fanden überall auf der Welt Schulstreiks fürs Klima statt.

In Deutschland und der Schweiz kamen am 18. Januar 2019 schon rund 50000 Menschen zusammen, um auf die ungenügende Klimapolitik zu verweisen. Ihre Forderung war keineswegs revolutionär. Sie verlangten von den Regierungen schlicht, das umzusetzen, worauf sie sich selbst verpflichtet hatten: mindestens einen 2°C-Kurs. Der Zulauf war derart stark, dass aus den Kundgebungen globale Klimastreiks wurden, organisiert auch von anderen Klimagruppen, etwa

350.org, Extinction Rebellion, Sunrise Movement oder Ende Gelände. Am 15. März fanden parallel 2200 Veranstaltungen in 125 Ländern mit über einer Million TeilnehmerInnen statt. Am 24. Mai wurde weltweit in 1600 Städten gestreikt. Im Wochenrhythmus erhoben nun Menschen ihre Stimme, und es schallte durch die Straßen: »Wir sind hier, wir sind laut, weil ihr uns die Zukunft klaut!« Vom 20. bis zum 27. September kulminierten die Streiks in einer globalen Klimaaktionswoche. Allein an den beiden Freitagen versammelten sich insgesamt 6 Millionen Menschen bei 2000 Veranstaltungen auf der ganzen Welt. In Deutschland demonstrierten am 20. September 1,4 Millionen Menschen, davon 270000 in Berlin. Ein Klimaprotestrekord jagte den nächsten.[290]

Wissenschaftlerinnen, Prominente und sogar Unternehmer schlossen sich der Bewegung an. Als »Scientists for Future« unterzeichneten im März 2019 rund 27 000 ForscherInnen eine Stellungnahme, in der die Forderungen der Streikenden für berechtigt erklärt wurden. Die derzeitigen Maßnahmen seien aus wissenschaftlicher Sicht bei Weitem nicht ausreichend. Auch Eltern und Großeltern von SchülerInnen gründeten Ableger von Fridays for Future.[291]

Die politisch Verantwortlichen versuchten von Anfang an den Protesten den Wind aus den Segeln zu nehmen, nach dem traditionellen Muster des Krisenmanagements. Zunächst tat man die Streiks ab als nette Geschichte eines Mädchens, das fürs Klima protestiert. Als Thunberg dann auf Klimademos redete, etwa einem Protest von Extinction Rebellion in London, wurde sie, verstärkt durch ihre kompromisslose, weil wissenschaftsbasierte Anklage, zum Problem für Regierungen.

Der australische Premier Scott Morrison kommentierte die Schulstreiks im November 2018 mit den Worten: »Wir wollen mehr Lernen und weniger Aktivismus in der Schule.« Seine britische Amtskollegin Theresa May blies ins gleiche Horn. Der russische Präsident Wladimir Putin unterstellte Greta Thunberg, »schlecht informiert« zu sein, und mutmaßte, dass sie manipuliert wurde und »anderen Interessen« dient. Während auch in Deutschland SchülerInnen vom Unterricht fernblieben, betonte Bundeskanzlerin Angela Merkel im Februar 2019 am Rande der Münchener Sicherheitskonferenz, keinen Anlass zu sehen, »dass plötzlich alle deutschen Kinder – nach Jahren ohne sozusagen jeden äußeren Einfluss – auf die Idee kommen, dass man diesen Protest machen muss«. Sie stellte die Streiks dabei in Zusammenhang mit der »hybriden Kriegsführung« in Russland. Eine »unglückliche Formulierung«, antwortete Thunberg nüchtern. Es gebe sehr wohl einen »Anlass«, nämlich das Versagen der Regierungen, obwohl sie die »volle Bedeutung der Klimakrise gekannt haben, die unsere komplette Existenz bedroht«. Es sei interessant: »Immer wenn die Schulstreiks als Thema aufkommen, reden fast alle politischen Führer und viele Journalisten über alles Mögliche – außer über den Klimawandel.« Der deutsche Regierungssprecher Steffen Seibert ruderte daraufhin zurück.[292]

Auch die persönlichen Diffamierungen durch US-Präsident Donald Trump, den brasilianischen Staatschef Jair Bolsonaro und in den üblichen rechten Echokammern, das schwedische Mädchen sei nicht bei Verstand und krank, erreichten keineswegs ihr Ziel. Im Gegenteil. Als FDP-Chef Christian Lindner die klimastreikenden SchülerInnen abkanzelte, sie verstehen nicht, was machbar ist, und sollten daher die Klimaschutzpolitik den Profis überlassen, ging das Ganze nach hinten los. Denn die »Profis« hatten sich da längst hinter die SchülerInnen gestellt. Die Reaktion des Influencers Rezo auf die politische Bevormundung erreichte Millionen und sprach ihnen aus dem Herzen.

Auch der Versuch, die Streikenden durch Umarmung zu beschwichtigen, geriet zum PR-Desaster. So bekam Greta Thunberg zahlreiche Einladungen, Reden zu halten: bei der UN-Klimakonferenz in Katowice, bei der EU, vor dem britischen Parlament. Der französische Präsident lud sie in den Elysée Palast. Angela Merkel traf sich mit ihr. Selbst nach

Davos zum Weltwirtschaftsgipfel, dem Treffen der Reichen und Mächtigen, lud man sie ein. Und Thunberg segelte zwei Wochen lang über den Atlantik, um vor der UN-Vollversammlung in New York City zu sprechen. Man versicherte ihr: Wir finden ganz toll, wie ihr euch einsetzt. Wir versprechen, uns zu bessern. Merkel lobte im Video-Podcast die SchülerInnen für ihr Engagement. »Realsatire«, war die Antwort aus den Bewegungen. Die SchülerInnen wollten Taten, keine Worte.[293]

Von Politikern und Journalisten wurde schließlich der »Greta-Hype« kritisiert. Sie versuchten verzweifelt ein Feuer auszutreten, das sie selber unvorsichtigerweise durch ihre Umarmungsversuche mit verbreitet hatten. Parallel fanden endlose Debatten übers Schulschwänzen statt, man drohte mit Sanktionen. Über die Motive des Streiks und die verfehlte Klimapolitik sprach kaum jemand.

Bei der Europawahl 2019 wurde die Klimakrise aufgrund des öffentlichen Drucks erstmals zum zentralen Wahlkampfthema. Das Resultat: In Deutschland verloren CDU/CSU 6 Prozent, die SPD stürzte um 11 Prozentpunkte ab auf knapp 16. Gewinner waren die Grünen mit einer Verdopplung der Stimmen auf 21 Prozent. In einem Ranking zeigte sich, dass in der vorausgegangenen Legislaturperiode die Unionsparteien im EU-Parlament nur jeder achten, SPD und Linke lediglich jeder zweiten Vorlage für konsequenten Klimaschutz zugestimmt hatten, die Grünen aber bei fast 90 Prozent aller Abstimmungen. Auch europaweit wurden die Umweltparteien zum Gewinner, wobei in Italien, Frankreich und Österreich auch Klimaleugner-Parteien zulegen konnten.[294]

Die schwarz-rote Bundesregierung sah sich durch die Proteste letztlich gezwungen, klimapolitisch etwas anzubieten. Kurz vor dem historischen Klimastreiktag am 20. September verabschiedete das Kabinett unter Kanzlerin Merkel und Vizekanzler Olaf Scholz (SPD) ein hastig zusammengeschustertes Klimapaket. Es war wieder einmal ein Reförmchen ohne Lenkungswirkung. Aber diesmal kamen sie damit nicht so einfach davon. Nicht nur die 1,4 Millionen Streikenden kritisierten das als »politische Bankrotterklärung«. Zum ersten Mal in der Geschichte der deutschen Klimaschutzpolitik wurde ein Maßnahmenpaket der Bundesregierung in der breiten Öffentlichkeit unisono und schnörkellos als Komplettversagen gebrandmarkt. Das übliche Schönreden und Weichzeichnen blieb aus. Selbst die Medien, die sonst jeden klimapolitischen Murks durchwinkten, konnten nicht anders, als das wiederzugeben, was die »Profis« zu Protokoll gaben.

Scientists for Future zeigte sich »entsetzt über das Paket«. Auch der Klimaforscher Mojib Latif war »entsetzt ob der Tatsache, dass da so gut wie gar nichts beschlossen wurde«. Stefan Rahmstorf sprach von »Pillepalle« und kritisierte, dass wissenschaftliche Ratschläge durch die Regierung ignoriert worden seien. Es sei so, »als ob der Arzt bei einer akuten und lebensgefährlichen Infektion eine Kur mit Antibiotika verschreibt, ab sofort 5 Tabletten pro Woche, dann steigern. Und du tust erstmal eine Woche gar nichts, dann nimmst du eine Tablette in der Woche, und in der nächsten Woche 2.« Volker Quaschning sah »keine Logik und keinen Sachverstand«. Die Ergebnisse seien »existenzbedrohend«. Er twitterte, dass man als Wissenschaftler eigentlich sachlich bleiben müsse: »Aber jetzt kann ich gar nicht so viel essen, wie ich nach dem #Klimaschutzpaket kotzen möchte«.[295]

Eine Studie des DIW kam wie Wissenschaftler des Mercator-Instituts und des Potsdam-Instituts für Klimafolgenforschung zu dem Schluss, dass mit den Maßnahmen nicht einmal das offizielle Klimaziel der Bundesregierung im Rahmen der EU bis 2030 noch erreicht werden kann. Zudem sei das Paket unsozial. Es belaste die Haushalte mit niedrigem und mittlerem Einkommen deutlich mehr als die oberen Schichten. Die notwendige Kursänderung und eine frühere Dekarbonisierung, wie von den Protestbewegungen gefordert, um die Erde nicht über 2°C zu erhitzen, wurde durch das Klimapaket erneut zur unerreichbaren Vision erklärt, für die Politiker, so die frühere Umweltministerin Merkel, eben nicht zuständig sind.[296]

Die AfD kritisierte das Paket ebenfalls. Doch wenig überraschend von der anderen Seite. Der »geballte Irrsinn« der Merkel-Regierung, so Bundessprecher Jörg Meuthen, beruhe »auf der Klimareligion ökosozialistischer Schulschwänzer und deren linksgrüner Hintermänner«. Die *FAZ* zeigte sich erleichtert. Zwar kritisierten die Umweltverbände das Resultat, so Niklas Zábolji, aber »aus der Wirtschaft gibt es mehr Lob«. Man ließ den Industrieverband BDI kommentieren, dass die geplanten Entlastungen bei den Strompreisen »hinter den Erwartungen zurückblieben« und damit die, wie die *FAZ* titelte, »Wettbewerbsfähigkeit am Standort Deutschland gefährdet« sei.[297]

Auch wenn die Klimaproteste 2019 in Deutschland im ersten Anlauf keine Kursänderung erwirken konnten und abgespeist wurden mit dem üblichen »Weiter so!«: Die Schulstreiks waren keineswegs ein Misserfolg. Das öffentliche Spotlight auf das Versagen der Bundesregierung zeigt deutlich, dass sich der Klimadiskurs gedreht hat und die Politik in die Defensive geraten ist. Die Bundesregierung wirkte als unglaubwürdige Krisenmanagerin, die ihr Versagen nicht mehr kaschieren konnte. Zwar hielt sie vorerst am Kurs Klimakollaps fest, aber als Getriebene, während die großen Parteien im Zuge der Streiks einen Image- und sogar einen ersten Wählerverlust hinnehmen mussten.

Eine weitere Leistung von Fridays for Future und den Demonstrationen war, die Budgetrechnung in die öffentliche Debatte eingebracht zu haben. Denn eine ihrer Kernforderung ist neben einer klimagerechten und sozialen Lösung, dass aufgrund des dahinschwindenden Budgets die Dekarbonisierung der Industriestaaten nicht bis 2050, sondern bis 2035 abgeschlossen sein muss. Das erhöhte den Druck auf die Politik. Die EU-Kommission kündigte im Dezember an, die

Reduktionsziele der Mitgliedsstaaten für 2030 von 40 auf 50 bis 55 Prozent anzuheben. Eine Billionen Euro sollen dafür an Investitionen mobilisiert werden. Deutlich zu wenig – es bleiben viele Leerstellen und Schlupflöcher, der Kompass wird bei weitem nicht auf Kursänderung gestellt. Aber es ist ein Anfang, eine erste, vorsichtige Kurskorrektur. Die Bundesregierung wiederum musste angesichts der öffentlichen Reaktionen das Klimapaket nachbessern. Ein weiterer Beleg, dass beim Klimaschutz die Selbstherrlichkeit der politischen Klasse ins Wanken gerät.

Das Protestjahr 2019 zeigt aber auch, dass der Kampf um eine Kursänderung erst begonnen hat. Und er wird künftig mit härteren Bandagen ausgetragen. Als Greta Thunberg im September 2019 bei der UN in New York Beschwerde gegen die Klimapolitik von Deutschland und Frankreich einlegte, reagierten Macron und Merkel mit brüsken Zurechtweisungen auf das, was ein französischer Minister als »Verzweiflung (...) an Hass grenzend« bezeichnete.[298]

Doch nicht nur »Silikon-Merkel« und Co. können in Stürmen auf Kurs bleiben. Auf der UN-Klimakonferenz in Madrid drei Monate danach hielt Greta Thunberg erneut eine Rede. Sie verwies darauf, dass das CO_2-Budget für 1,5°C in Höhe von 420 Milliarden Tonnen spätestens in acht Jahren verbraucht ist, wenn nichts getan werde. Das sei keine Meinung, sondern Wissenschaft. »Sagen Sie mir also: Wie kann man angesichts dieser Zahlen keinerlei Panik empfinden? Wie soll man ohne einen Anflug von Zorn reagieren, wenn praktisch nichts getan wird? Und wie will man darüber reden, ohne alarmistisch zu klingen? Ich würde das wirklich gerne wissen.« Wirklich gefährlich sei nicht »Tatenlosigkeit. Die tatsächliche Gefahr besteht darin, wenn Politiker und Vorstandsvorsitzende vorgeben, etwas zu tun, wenn in Wahrheit fast nichts geschieht außer trickreicher Buchhaltung und kreativer PR.«

Das ist das Verdienst der neuen Klimabewegungen: Sie geben nicht nach und haben das Ziel fest im Blick. Sie greifen die Klimaschutz-Fassaden immer wieder an, konfrontieren Politik unbeirrt mit Wissenschaft, adressieren die Verantwortlichen in Regierung und Parlament direkt, drängen mit unmissverständlichen Forderungen zum Handeln, während sie gleichzeitig Alarm schlagen. Sie wissen genau, was die eigentliche Ressource für die Kursänderung ist. So erzählte Thunberg in Madrid, dass sie auf ihren Reisen genug an Hoffnung gesehen habe. Sie komme nicht von Regierungen, sondern von Menschen, die aufwachen und sich über die Lage bewusst werden: »Es ist die öffentliche Meinung, auf der die freie Welt ruht. Tatsächlich wurde jede große Veränderung in der Geschichte von den Menschen bewirkt. Wir müssen nicht warten. Wir können den Wandel sofort beginnen. Wir als Menschen.«[299]

Als Greta Thunberg diese Worte vor den Klimadelegierten der Welt sagte, war sie 16 Jahre alt. Nach ihrer Rede drängte eine große Gruppe von jungen AktivistInnen auf die Bühne, während Sicherheitskräfte versuchten, sie wegzuziehen. Doch sie blieben fest verwurzelt stehen, die Fäuste in der Luft riefen sie: »Man kann kein Öl trinken! Lasst es in der Erde!« Als sie die Bühne verließen, riefen sie: »Wir sind nicht zu stoppen! Eine andere Welt ist möglich!«

Klimanotstand und Sonnenaufgang

Es waren aber nicht nur SchülerInnen, die weltweit fürs Klima streikten. In Großbritannien hatte sich die Gruppe Extinction Rebellion (Rebellion gegen das Artensterben, kurz: XR) im Verlauf von 2018 gegründet. In ihr versammelten sich Umweltschützer, die in Folge von Paris begriffen hatten, dass die notwendige Kursänderung im politischen Normalbetrieb durch Umweltlobbyismus nicht zu erreichen sei. Daher wählte man eine andere Strategie, die in früheren Protestbewegungen oft erfolgreich war: den friedlichen, zivilen Ungehorsam.

Inspirieren ließ sich die Kampagne unter anderem durch die Politikwissenschaftlerin Erica Chenoweth von der Harvard Universität. Ihr Forscherteam fand heraus, dass eine kleine Minderheit die Welt verändern kann, wenn sie sich in gewaltfreien, das öffentliche Leben störenden Kampagnen organisiert. Chenoweth hat über dreihundert Widerstandsbewegungen im letzten Jahrhundert untersucht. Sie zeigt, dass friedliche Proteste doppelt so erfolgreich sind wie jene, die Gewalt anwenden. Denn ziviler Ungehorsam erreicht mehr Leute, lässt eine öffentliche Debatte zu und kann im Verlauf sogar Unterstützung bei Ordnungskräften (Polizei, Militär) gewinnen. Vor allem aber fanden die Forscher heraus, dass die Anzahl der Mobilisierten entscheidend ist. Erreichte die Zahl 3,5 Prozent der Gesamtbevölkerung in einem Land, die innerhalb eines Jahres aktiv an den Kampagnen teilnahmen, dann war Erfolg praktisch unvermeidbar: »Zahlen sind tatsächlich zentral, um eine Gegenmacht aufzubauen, die eine ernstzunehmende Herausforderung oder Gefährdung für etablierte Obrigkeiten und Besatzungsmächte darstellt.«

3,5 Prozent: In Großbritannien wären das über zwei Millionen Menschen, die sich aktiv in Bewegungen engagieren müssten, in den USA 11 Millionen, was der Einwohnerschaft von New York City entspricht. Für Deutschland wären es 2,8 Millionen Aktive, umgerechnet müssten also vier von fünf BerlinerInnen mitmachen.[300]

Nun erfordert die klimapolitische Wende nicht einen Regierungssturz wie in osteuropäischen Ländern Ende der 1980er Jahre oder der DDR – Fälle, die Erica Chenoweth untersucht hatte –, sondern einen wenn auch radikalen Politikwandel. Um den zu erreichen, machten sich die XR-OrganisatorInnen in Großbritannien ans Werk und entwickelten Strategien, ausgerichtet auf Ungehorsamsaktionen, die möglichst viel politische Sogwirkung erzeugen sollten. Sie konzentrierten sich daher nicht auf abgelegene Kohletagebauen oder Pipelines, sondern auf die Hauptstadt London und Großstädte, wo wichtige Entscheidungen getroffen werden sowie Massenmedien politische Öffentlichkeit herstellen. Zugleich konnten im urbanen Zentrum viele Menschen durch Störaktionen auf das Anliegen der Bewegung aufmerksam gemacht werden. Es ging ja darum, möglichst viele Köpfe und Herzen für eine radikale Kursänderung zu gewinnen. Denn, so Extinction Rebellion, nicht nur die Emissionen müssten schnell auf null gebracht, sondern auch das sich im Gang befindende sechste Artensterben gestoppt werden.

6000 AktivistInnen von Extinction Rebellion blockierten im November 2018 schließlich die Brücken der Londoner Themse. Sie entrollten Transparente mit ihrem Logo (einer stilisierten Sanduhr auf grünem Hintergrund), Slogans und Forderungen. Im April 2019 besetzten Tausende Menschen fünf prominente Plätze in der britischen Hauptstadt wie den Piccadilly Circus und den Parliament Square. Eine halbe Million Londoner waren von den Aktionen betroffen, rund 300 AktivistInnen wurden verhaftet. Die Protestierenden forderten die Ausrufung eines Klimanotstands durch die Regierung. Der CO_2-Austoß müsse bis 2025 auf Netto-Null gesenkt und alles unternommen werden, das Artensterben zu stoppen.[301]

Weitere Störaktionen und Proteste fanden im Verlauf von 2019 auch in anderen Ländern statt. Eine große internationale Kampagne ging schließlich über mehrere Tage vom 7. bis zum 19. Oktober, an der allein in London 30000 AktivistInnen beteiligt waren. Sie erzeugte im Oktober nicht weniger als 70000 Online-Medienberichte in Großbritannien, Deutschland, Australien und den USA. Angriffe, Diffamierungen oder Ablenkungsmanöver konnten, ähnlich wie bei den streikenden SchülerInnen, den Erfolg kaum schmälern.[302]

Vor allem die erste Forderung von XR verfing. Viele europäische Städte und Gemeinden riefen im Anschluss an die Proteste den Klimanotstand aus. Nachdem das schottische Parlament ihn als erstes Land erklärte, folgte das britische für ganz Großbritannien. Auch die EU schloss sich an, stellvertretend für die 27 Mitgliedstaaten. Weitere Erklärungen kamen von Papst Franziskus und einem Verbund von 11 000 Wissenschaftlern weltweit. Mit dem Ausdruck »Klimanotstand« wurde anerkannt, dass die Gesellschaft sich in einer Situation befindet, die irreversible Schäden hervorruft, wenn nichts getan wird. Das Oxford Dictionary stellte fest, dass der Gebrauch des Ausdrucks zwischen September 2018 und September 2019 kometenhaft um fast 11 000 Prozent angestiegen sei. Sie kürte den Begriff Klimanotstand zum Wort des Jahres 2019.[303]

Umfragen in Großbritannien dokumentieren, dass zur selben Zeit die Sorge der Briten in Bezug auf den Klimawandel einen Rekordwert erklomm. 80 Prozent der Befragten zeigten sich im Zuge der Proteste nun sehr bis ziemlich besorgt über die Krise. Andere Untersuchungen belegen, dass die große Mehrheit der britischen Bevölkerung die Befürchtungen von Extinction Rebellion teilt. 60 Prozent der Befragten unterstützen zudem die Forderung von XR, die Treibhausgase bis 2025 auf null zu fahren. 77 Prozent verlangen von der Regierung, weit stärker in Erneuerbare zu investieren, 57 Prozent wollen der Flugindustrie keine Steuererleichterung mehr zugestehen. Die Briten gaben auch zu Protokoll, dass sie bereit seien, Einschnitte hinzunehmen, sofern alle mitmachen und der Übergang fair gestaltet wird. Gleichzeitig schlossen sich zahlreiche Wissenschaftler und Prominente den Forderungen von Extinction Rebellion an.[304]

Nach der Rede von Queen Elizabeth zur Klimakrise versprach der damalige Labour-Chef Jeremy Corbyn im Oktober 2019, dass seine Partei »einen Green New Deal erstellen werde, um dem Klimanotstand zu begegnen«. Auf dem Parteitag im September hatte seine Partei einen Green New Deal fast einstimmig angenommen und das Ziel festgelegt, bis 2030 auf Netto-Null-Emissionen zu kommen. Eine Umfrage bestätigte, dass 56 Prozent der britischen Erwachsenen dieses Ziel unterstützen. Die Klimaschutz-Offensive von Labour ist das Verdienst einer Gruppe von Mitgliedern, die seit März 2019 ihre Partei dazu drängten, radikalere Schritte Richtung Dekarbonisierung zu unternehmen. Der Zusammenschluss nennt sich »Labour for a Green New Deal« und ist inspiriert von der US-amerikanischen Bewegung Sunrise Movement sowie der Arbeit der demokratischen Kongressabgeordneten Alexandria Ocasio-Cortez.[305]

Denn im Windschatten der Trumpschen Klimabarbarei hatte sich eine politische Gegenbewegung in den Vereinigten Staaten formiert. Mit Kampagnen unterstützte die sogenannte Sunrise-Gruppe seit 2017 Kongressabgeordnete bei Wahlen, die sich für erneuerbare Energien einsetzen, während sie zugleich versuchte, Kandidaten aus dem Amt zu drängen, die Geld von der fossilen Brennstoffindustrie erhalten. Bei den Kongresswahlen im Jahr 2018 schafften es die AktivistInnen, der Hälfte der von ihnen unterstützten KandidatInnen zum Wahlsieg zu verhelfen.

Eine der beiden Gründerinnen von Sunrise ist Varshini Prakash. Sie hatte das renommierte Massachusetts Institute of Technology (MIT) durch eine Divestment-Kampagne dazu gebracht, sein Stiftungsvermögen fossilfrei zu machen. Die AktivistInnen erkannten jedoch, dass das nicht reicht, die US-amerikanische Energiepolitik zu ändern. Neben Protesten und sozialer Organisation brauche es »Organisation rund um Wahlen, um nicht nur von außerhalb Druck zu machen, sondern Leute in politische Ämter zu bringen. Das macht alles viel einfacher. Eigentlich versteht sich das von selbst. Uns leuchtete es sofort ein.«[306] Es müssten Brücken zur institutionalisierten Politik geschlagen und Leute auf der anderen Seite gewonnen werden, jene also, die Entscheidungen im Politikbetrieb durchsetzen können. Diese Lücke besetze bislang niemand, so die Sunrise-Organisatoren. Denn es gebe bei vielen eine Art Allergie gegen das politische System, wie Prakash beklagt. Natürlich seien Klimaschützer nicht apolitisch, dennoch gingen sie die Zentren der Macht nicht direkt genug an. Letztlich übe man auf Politiker, die im Namen der Bürger wichtige Gesetze verabschieden, nicht genügend Druck aus. Das müsse sich ändern.

Vor allem der Sieg der jungen Kellnerin aus der Bronx Alexandria Ocasio-Cortez (von allen AOC genannt), die sich gegen den langjährigen Stammhalter der Demokraten in New York City, einem einflussreichen Wahlbezirk, durchsetzen konnte, zeigte schließlich, was möglich ist, wenn Engagement und Organisationsfähigkeit zusammenkommen. Ocasio-Cortez forderte im Wahlkampf unter anderem eine gesetzliche Krankenversicherung, eine Jobgarantie, die Streichung der 1,6 Billionen Dollar an Studienschulden und eine Energiepolitik fokussiert auf 100 Prozent Erneuerbare. Sie gewann, weil sie Missstände klar benannte, sich glaubwürdig vom Establishment und seiner Verlogenheit abhob sowie progressive, von den Bürgern mehrheitlich verlangte Lösungen anbot. Dabei verkörperte sie Durchsetzungsfähigkeit und Ehrlichkeit, versprühte Optimismus und Freude am politischen Geschäft. Wie Ocasio-Cortez später sagte: »Sie haben Geld, aber wir haben Menschen. Am Ende wählen nicht Dollarnoten, auch wenn sie es versuchen. Wir wählen. Menschen wählen. Junge Menschen wählen.«[307]

Während die progressiven Abgeordneten in den Kongress einzogen – viele Frauen darunter wie Deb Haaland, Rashida Tlaib und Ilhan Omar, später auch die Krankenschwester Cori Brown, die erste schwarze Kongressabgeordnete Missouris –, konzentrierte sich die Sunrise-Bewegung nun verstärkt darauf, einen Konsens innerhalb der Demokratischen Partei für einen Green New Deal zu erreichen. Die Kernprinzipien des Entwurfs waren: schnelle Dekarbonisierung, Jobs, soziale Gerechtigkeit. Der Übergang zu den Erneuerbaren sollte von einem Umbau der Infrastruktur begleitet werden und nachhaltige Arbeitsplätze schaffen.

Viele Organisationen (350.org, Sierra Club, Extinction Rebellion, Friends of the Earth) unterstützten das Vorhaben. Am 14. Dezember 2018 veröffentlichten schließlich 300 gewählte RegierungsvertreterInnen in vierzig Bundesstaaten den Plan. Eine Umfrage zur selben Zeit zeigt, dass, obwohl 81 Prozent der befragten WählerInnen in den USA noch nie von einem Green New Deal gehört hatten, die Ziele parteiübergreifend Zustimmung fanden. 40 Prozent der Befragten unterstützten einen solchen Plan »vehement«, 41 Prozent »einigermaßen«.[308]

Am 7. Februar 2019 stellte Ocasio-Cortez gemeinsam mit dem Senator Ed Markey eine 19-seitige Resolution für einen Green New Deal vor. Danach sollten die Vereinigten Staaten in zehn Jahren, also bis 2030, vollständig auf Erneuerbare umgestiegen sein. Zugleich müsse in öffentlichen Verkehr und Elektroautos investiert werden, um möglichst schnell auf Null-Emissionen zu kommen. Dabei sollten vom Staat Arbeitsplätze in nachhaltigen Branchen geschaffen werden, während ein Sozialprogramm den Armen und schwachen Kommunen unter die Arme greift. Auch eine allgemeine, staatlich garantierte Krankenversicherung, eine Anhebung der Mindestlöhne und mehr Schutz vor unternehmerischen Monopolen wurden gefordert. Es handelt sich also um ein Gesamtprogramm mit einem Katalog aus sozialen, ökonomischen und ökologischen Zielen (worauf wir im Epilog zurückkommen).[309]

Auch Bernie Sanders stellte sich an die Seite des Deals. Trotz Gegenwind aus der Demokratischen Partei und Attacken von Seiten der Medien (inklusive liberaler Medien wie der *New York Times*) konnte er sich als Anwärter bei den Vorwahlen lange halten, ehe sich mit Joe Biden wieder einmal der Kandidat der Parteiführung gegen den Favoriten der Basis durchsetzte. Doch auch Biden war gezwungen, sich mit den Anhängern des Green New Deals und Sunrise zu treffen, um ihre Wählerschaft mit ins Boot zu holen. Über 100 Abgeordnete und Senatoren der Demokraten hatten sich zudem bereits auf dem Kapitol hinter die Kampagne gestellt. Biden schloss sich daher vielen ihrer Forderungen an und sicherte zwei Billionen Dollar Investitionen in saubere Energien zu.

Kurz vor der Wahl ließ die Demokratische Parteiführung ihr Versprechen zwar fallen, die Subventionen für fossile Brennstoffe zu streichen. Bis 2030 schaffe man es nicht, aus den fossilen komplett auszusteigen, sagte Biden nun gegenüber Journalisten. Aber die Green-New-Deal-Unterstützer bei den Demokraten hatten nach der Präsidentschaftswahl, bei der auch der Senat und die Hälfte der Kongressabgeordneten neu gewählt worden waren, keineswegs an Kraft verloren, im Gegenteil. So gewannen laut einer Analyse 99 Prozent der Kandidaten, die den Green New Deal unterstützen, ihre Rennen in den Bundesstaaten. Nach der Wahl machten sie klar, dass sie, wie Ocasio-Cortez es formulierte, Biden nicht »vom Haken lassen« werden. »Wir werden sicher nicht die Vereinbarung vergessen, nur wegen einer Wahl. Wir werden die politische Organisationsarbeit weiter ausbauen und von der Regierung verlangen – von der ich glaube, dass sie anständig, menschlich und ehrenwert ist –, dass sie ihr Versprechen einhält.«[310]

All das zeigt: Klimabewegungen in den USA und Europa konnten die Notwendigkeit einer Kursänderung in den Jahren nach Paris machtvoll auf die politische Bühne bringen. In London wurde der Klage entsprochen, dass der Ausbau von Heathrow nicht mit den Pariser Klimazielen vereinbar sei und daher nicht umgesetzt werden dürfe. Das britische Verfassungsgericht hat im Dezember 2020 die Entscheidung zwar überstimmt, doch das Ausbauvorhaben muss weitere Hürden nehmen, die mit jedem Jahr schwerer zu überwinden sind. In den USA konnte der Bau der Dakota Access Pipeline juristisch erschwert werden.

Die Politik des Vertröstens geriet in den Industriestaaten mehr und mehr in die Defensive. Das gefiel nicht jedem. Die Bedrängten starteten neben den üblichen politischen Angriffen auch Diffamierungskampagnen. Die Trump-Administration, flankiert von einem Teil der Medien, brachte Vorwürfe gegen Alexandria Ocasio-Cortez, Ilhan Omar und Rashida Tlaib in Umlauf, sie seien antisemitisch, weil sie die Politik des Staates Israel kritisiert hatten. Jeremy Corbyn wurde, seit er zum Vorsitzenden der Labour-Partei gewählt worden war, der Vorwurf gemacht, er dulde Judenhass in der Partei und sei sogar selbst antisemitisch. Schließlich rückte man Roger Hallam, Mitbegründer von Extinction Rebellion, in die Nähe von Holocaust-Relativierern.

Es würde an dieser Stelle zu weit führen, die Vorwürfe im Einzelnen darzustellen und zu widerlegen. Es gibt genügend Analysen dazu, auch ich selbst habe die Anschuldigungen an anderer Stelle einer Prüfung unterzogen. Sie basieren nicht nur auf falschen Behauptungen und Doppelstandards, sie sind letztlich infam. Es gibt Antisemitismus – wie auch Rassismus, Fremdenfeindlichkeit, Islamophobie und Sexismus – überall in westlichen Gesellschaften, vor allem aber in rechten und konservativen Zirkeln. Ocasio-Cortez, Corbyn und Hallam haben nichts damit zu tun. Sie wurden zu Opfern von Schmutzkampagnen, die versuchten, ihre Politikangebote in den Dreck zu ziehen. Der durch die Vorwürfe verursachte Imageschaden für Corbyn führte schließlich (neben dem unglücklichen Umgang mit dem Brexit-Votum) dazu, dass er die Wahl gegen Boris Johnson verlor. Man versuchte ihn sogar, mit kurzzeitigem Erfolg, aus der Partei auszuschließen. Mit dem künstlich erzeugten Hallam-Skandal fiel ein Schatten auf die Klimaschutzbewegung. Auch weil viele Umweltschützer meinten – vor allem in Deutschland, wo der Skandal vom Wochenmagazin *Die Zeit* entfacht worden war –, sich von Hallam distanzieren zu müssen. In den USA zeigten die jungen Kongressabgeordneten dem gegenüber, dass man mit Fakten dagegenhalten und dadurch an Stärke gewinnen kann.[311]

Auch wenn die Attacken zum Teil erfolgreich waren, sind sie meines Erachtens ein Zeichen von Schwäche. Wie ein Spruch, der Mahatma Gandhi zugeschrieben wird, es ausdrückt: »Zuerst ignorieren sie dich, dann lachen sie dich aus, dann bekämpfen sie dich, dann gewinnst du.«

Epilog
Sind wir noch zu retten?

Von Gelber Wut zum Green New Deal

Sie stehen im Kreisverkehr oder in Zufahrten von Tankstellen und Einkaufzentren. Sie lassen keinen durch, versperren die Wege. Vom Atlantik bis zum Mittelmeer bleiben LKWs in Staus stecken, weil überall im Land Straßen blockiert werden. Die Verkaufsregale leeren sich daraufhin in manchen Regionen. Kunden kommen nicht mehr in die Shoppingmalls am Rande der Städte. Es wird über drastische Verkaufseinbußen geklagt.

Ausgelöst hat die Proteste die 33-jährige Priscillia Ludosky, geboren in der ehemaligen französischen Kolonie Martinique. Die ehemalige Bankangestellte, die nach der Entlassung ihren Unterhalt in einer der berüchtigten Pariser Vorstädte mit dem Verkauf von Kosmetik verdienen muss, ist aufs Auto angewiesen. Die seit Jahren steigenden Spritpreise in Frankreich machen es ihr aber immer schwerer, über die Runden zu kommen. Als die Macron-Regierung eine weitere Erhöhung ankündigt – verkauft als Öko-Steuer, obwohl das Geld einfach in den allgemeinen Staatshaushalt fließt –, fehlt Ludosky jedes Verständnis. Ende Mai 2018 stellt sie eine Petition ins Netz.[312]

Die Resonanz ist riesig. Tausende unterzeichnen. Ludosky fordert eine ökologische Verkehrswende, die aber sozial sein müsse. Umweltschutz sei wichtig, heißt es, aber nicht, indem vor allem die Schwachen belastet werden. Die Regierung solle vielmehr den Verkauf von Autos mit Verbrennungsmotor schrittweise einstellen und diese durch Elektroautos ersetzen. Zudem müsse man für Unternehmen Anreize schaffen, dass Mitarbeiter auch von zu Hause arbeiten können. Und es brauche mehr Geld für die Entwicklung von Biokraftstoffen.

In einer *Arte*-Reportage sagt Priscillia Ludosky später: »Ich wollte die Leute fragen, ob es normal ist, eine Steuer zu haben, die ständig steigt, ohne zu wissen, was sie finanziert. Ich fand diese Steuer ungerecht. Weil Autofahrer stärker besteuert werden, und andere gar nicht. Kerosin wird nicht besteuert. Schiffstreibstoff wird nicht besteuert. Der Fernverkehr ist zum Teil befreit. Die Landwirtschaft auch. Warum also immer dieselben, während auch andere die Umwelt stark verschmutzen?«[313]

Im November 2018 haben bereits über eine Millionen Franzosen die Petition unterzeichnet, während Hunderttausende den Verkehr blockieren, um ihrem Unmut Ausdruck zu verleihen. Die Protestierenden ziehen Warnwesten an. Das wird ihr Markenzeichen. Nun heißen sie »Gilets Jaunes« (Gelbwesten).

In der Öffentlichkeit wird derweil der Eindruck erweckt, als seien die Gelbwesten prinzipiell gegen Umweltschutz. Wer dieses Bild lanciert, habe, so Ludovsky, die Petition entweder nicht gelesen oder versuche, die öffentliche Meinung zu manipulieren. Auch eine Umfrage, die Ludovsky startet, um Forderungen zu sammeln, sei von den großen Medien ausgeblendet worden: »Bis heute wissen viele Menschen nicht einmal, dass es diese BürgerInnen-Befragung überhaupt gab. Alle diese Versuche waren erfolglos. Und die großen Medien tun weiterhin so, als wisse man nicht, was die Gelbwesten wollen.«

Ein Punkt in dem Forderungskatalog, der aus der Umfrage hervorging, ist – neben zahlreichen sozialen Reformen (bessere Arbeitsbedingungen, mehr Bildung und Demokratie) – eine ökologische Verkehrswende, inklusive klimaneutrale Autos, Verlagerung des Güterverkehrs auf die Schiene, eine

Treibstoffsteuer für Flugzeuge und Schiffe sowie Belebung der Dörfer und Innenstädte (Re-Regionalisierung).[314] Die Blockaden und Proteste gingen daher auch dann weiter, als Präsident Emmanuel Macron die »Öko-Steuer« längst gestrichen hatte. Auf den Demos fanden sich Slogans wie: »Fin du monde, fin du mois, même combat«, (Das Ende der Welt, das Ende des Monats, gleicher Kampf). Auf anderen Schildern war zu lesen: »Klima- und Sozialnotstand«. Die »Ökosteuer« auf Benzin, eingeführt von der französischen Regierung unter Staatspräsident Emmanuel Macron, wirkte letztlich wie ein sozialer Molotowcocktail. Polizeikräfte gingen brutal vor, eskalierten die Situation mit dem Einsatz von Tränengas, Wasserwerfern, Blendgranaten und Panzerfahrzeugen. Vor allem in Paris goss die Regierung Öl ins Feuer, während die berechtigten Forderungen der Protestierenden bis heute abgeblockt werden.[315]

Die Gelbwesten haben gezeigt, dass eine ökologische Wende nicht mit unsozialen und ineffizienten Einzelmaßnahmen auf dem Rücken der Schwachen ausgetragen werden kann. Das entfremdet Menschen und bringt sie gegen die Energiewende auf. Es braucht ein Gesamtpaket, das nicht nur der Herausforderung entspricht und die Emissionen tatsächlich schnell reduziert, sondern die Kursänderung akzeptabel und attraktiv für die Mehrheit macht. Ohne Fairness wird es keine Energierevolution geben.

Genau darauf geben die radikalen Green New Deals, die in Europa und den USA inzwischen auch politisch auf dem Tisch liegen, eine Antwort. Sie stützen sich auf Klimapläne, die von Wirtschaftswissenschaftlern entworfen wurden und an der Praxis orientiert sind. Ein Beispiel dafür sind die »Green Growth Programs for U.S. States«. Ein Team um den Ökonomen Robert Pollin von der University of Massachusetts in Amherst hat seit vielen Jahren eine Reihe von Saubere-Energie-Programmen für diverse Bundesstaaten (New York, Washington, Colorado, Maine u. a.) ausgearbeitet. Drei Ziele sollen dabei erreicht werden: Ein radikaler Rückgang der CO_2-Emissionen, der Ausbau von nachhaltigen Jobs und ein gerechter Übergang für ArbeiterInnen und Gemeinden, die derzeit abhängig sind von der fossilen Brennstoffindustrie. Der schnelle Wechsel zu Null-Emissionen sei auch ohne finanzielle Unterstützung aus dem Bundesetat erreichbar, so die Forscher. Bereits die Steigerung der Effizienzstandards und der Ausbau von Wind-, Sonnen- und geothermischer Energie, angetrieben von Städten, Gemeinden und dem jeweiligen Bundesstaat, könnten das bewirken.[316]

Auch für die USA insgesamt sowie für andere Staaten stellt das Team fest, dass ein Green New Deal absolut realistisch sowie ökonomisch und technisch umsetzbar ist. Erneuerbare seien am Markt längst konkurrenzfähig, oftmals sogar billiger. Zudem würde die Energiewende die Bürger nichts kosten. Die Mittel, die im Zuge von effizienterem Energieeinsatz und billigerer erneuerbarer Energie frei würden, müssten lediglich reinvestiert werden: »Meine Mitarbeiter und ich schätzen, dass der Aufbau eines 100 Prozent Saubere-Energien-Systems ungefähr 2,5 Prozent des jährlichen Bruttosozialprodukts für die nächsten dreißig Jahre benötigt. Das ist gewiss eine Menge Geld, rund 2 Billionen Dollar im Jahr 2021 und danach ansteigend. Aber es bedeutet auch, dass 97,5 Prozent der globalen ökonomischen Tätigkeit für andere Dinge als für Investitionen in saubere Energie verwendet werden können.«[317] Auch andere Ökonomen wie Jeremy Rifkin haben Energiewende-Programme entworfen und zum Teil auch schon erprobt. Auch sie zeigen, dass ein sozial gerechter Klimaschutzplan umsetzbar ist.[318]

An solche Berechnungen konnten Markey und Ocasio-Cortez anschließen. Was sie vorlegten, ist sicherlich vorerst »eine grobe Skizze der Eckpfeiler des Wandels«, wie Naomi Klein feststellt. Aber die dort angesetzten Emissionsreduktionen sowie die anvisierten Investitionen könnten die USA innerhalb von zehn Jahren auf 2°C-Kurs bringen. Ihr Plan gibt nämlich der Dekarbonisierung, orientiert am wissenschaftlichen CO_2-Budget, oberste Priorität. Nicht nur das stellt eine politische Revolution in den USA dar.[319] Der Plan für eine nationale Mobilisierung, die alle Sektoren (Stromerzeugung, Heizen, Verkehr und Landwirtschaft) umfasst, adressiert, wie erwähnt, zugleich auch die anderen Krisen in den USA: steigende Armut, sich ausweitende Ungleichheit, kaum mehr vorhandene soziale Absicherung, sinkende Lebenserwartung der Amerikaner. Der Deal verlangt daher Arbeitsplatzgarantien, faire Bezahlung, ein Anrecht auf bezahlten Urlaub, Schutz vor Altersarmut, eine kostenlose Gesundheitsversorgung, höhere Bildung für alle und mehr Umweltschutz für besonders betroffene Kommunen. Die Umlenkung von Investitionen in Erneuerbare und den notwendigen Infrastrukturumbau, von kohlenstoffintensiven in grüne Branchen, soll nämlich weder Einkommensverluste noch soziale Nachteile für Beschäftigte zur Folge haben.

In Europa entwickelte die Bewegung Democracy in Europe Movement 2025 (DiEM25), gegründet vom ehemaligen Finanzminister Griechenlands Yanis Varoufakis und dem Aktivisten Srecko Horvath, zur selben Zeit einen ambitionierten Klimaschutzplan, einen radikalen Green New Deal für Europa. Er ist detaillierter und genauer berechnet als der von Ocasio-Cortez und Markey. Eine ganze Reihe von ÖkonomInnen, Klimaforschern und Vertretern von NGOs und Bewegungen haben daran mitgearbeitet. Doch im Kern ist es dieselbe kompromisslose, auf Gerechtigkeit, Demokratie und Nachhaltigkeit fußende Antwort auf den Kurs Klimakollaps.

Der Plan sollte jedoch nicht verwechselt werden mit dem Green New Deal, den EU-Kommissionspräsidentin Ursula von der Leyen für die Europäische Union offiziell angeboten hat. Die Kommission plant demnach eine Billion Euro an Investitionen in Klimaschutz bis 2030 zu mobilisieren, also 100 Milliarden Euro pro Jahr. Diese Summe ist an sich viel zu gering und muss zudem mit Vorsicht genossen werden. So hat der EU-Rechnungshof festgestellt, dass die Höhe der als grün deklarierten Ausgaben im letzten Budget auf kreativer Buchführung beruht.[320]

Der Deal von DiEM25 umfasst demgegenüber ein großformatiges Investitionsprogramm. Fünf Prozent des europäischen Bruttoinlandsprodukts, das sind derzeit 700 Milliarden Euro, sollen jedes Jahr über grüne Anleihen bei der Europäischen Investitionsbank für die Kursänderung Richtung Null-Treibhausgase bereitgestellt werden. Dabei würden keine zusätzlichen Steuerbelastungen für die ArbeiterInnen entstehen, anders als bei den üblichen Klimaschutzplänen der EU-Staaten. Denn es versauerten momentan allein drei Billionen Euro im Finanzsektor, die auf Bankkonten geparkt oder für unnütze Dinge wie Aktienrückkäufe und Spekulationsgeschäfte verpulvert werden, argumentiert Varoufakis.

Die Entscheidungen über die Verwendung der Mittel sollten im Rahmen »Grüne Öffentliche Investitionen« von den jeweiligen Kommunen getroffen werden. Das hatte Hermann Scheer auch immer wieder betont. Denn die benötigte Dynamik für die Energiewende müsse aus allen Teilen der Gesellschaft kommen, getragen von Gemeinden, Bürgern und Unternehmen, die zugleich von der Wende profitieren, wodurch wiederum das Tempo hochgehalten werde. Für Varoufakis steht fest: »Ein Green New Deal in Europa wird uns aus dem Sumpf von fehlenden Investitionen, Arbeitslosigkeit und Klimazerstörung herausziehen in Richtung einer Zukunft der Nachhaltigkeit und geteilten Prosperität.«[321]

Mit der Förderung klimaneutraler Technologien könnten in ganz Europa zugleich Millionen grüne Arbeitsplätze geschaffen werden, so DiEM25.[322] Die europäische Initiative hatte eng mit der britischen Labour-Partei zusammengearbeitet, die, wie gesehen, zur selben Zeit einen 2030-Dekarbonisierungskurs verabschiedete. Nach Veröffentlichung des Plans schlossen sich Hunderte Politiker und prominente Vertreter aus der Zivilgesellschaft in Europa dem Vorhaben an. Die Europäischen Grünen in Brüssel stellten sich prinzipiell dahinter. Der Ökonom James Galbraith lobte das ökologische Investitionsprojekt: »Mit mutigem, unkonventionellem Handeln kann Europa aus dem Kreislauf von Austerität und Verfall ausbrechen, Hoffnung und Zuversicht wiederbeleben, während zugleich der gefährdete Planet gerettet wird.«[323]

Machbar? Ein paar Fakten zur Verhinderung der Katastrophe

Doch die Regierungen in den USA und Europa wehren sich weiter, den Kurs zu ändern. Sie bieten wie zuvor nur kleine Schritte an. Dabei behaupten sie, dass mehr nicht machbar sei. Der FDP-Vorsitzende Christian Lindner sprach es aus, als er den Streikenden vorhielt, das »technisch Sinnvolle und das ökonomisch Machbare« nicht zu sehen. Nach der Rede von Greta Thunberg bei der UN in New York City reagierte Bundeskanzlerin Angela Merkel ähnlich, wenn auch diplomatischer. Ihr sei in der »aufrüttelnden« Rede von Greta nicht ausreichend zum Ausdruck gekommen, »in welcher Weise Technologie, Innovation gerade im Energiebereich, aber auch im Energieeinsparbereich uns Möglichkeiten eröffnet, die Ziele zu erreichen«. Im *Tagesspiegel* kommentierte der Herausgeber Stephan-Andreas Casdorff, dass in dieser »aufgeheizten Lage« Merkel »dem Problem angemessen« und »sachlich« begegnet sei: »Sie hat sich in ihrer ruhigen Art um Hinweise auf das bemüht, was ihr gerade machbar zu sein scheint.«[324]

Einmal davon abgesehen, dass es unangemessen ist, einer 16-jährigen Schülerin detaillierte Lösungswege für die Klimakrise abzuverlangen: Seit Jahrzehnten wird behauptet, den Regierungen der Industriestaaten fehlen die Mittel, während dieselben in Wahrheit eine Energiewende aktiv blockieren oder abbremsen. Es waren nie Technik und Ökonomie, sondern eine von Interessen der fossilen Industrie geleitete Politik, die der Dekarbonisierung im Weg stand. Immer wieder wurden – auch von wissenschaftlicher Seite – Vorschläge, Konzepte und Modelle vorgebracht, die von den politischen Verantwortlichen dann in den Wind geschlagen oder blockiert wurden. Angela Merkel ist als Ministerin für Umwelt (1994–1998) und Bundeskanzlerin (2005–2021) vorne mit dabei gewesen. In ihre Amtszeiten fallen unter anderem das Abwracken der Energiewende oder die bis heute verhinderte Verkehrswende. Robert Pollin stellt daher zu Recht fest: »Die eigentliche Frage ist natürlich nicht, ob der Green New Deal ökonomisch oder technisch umsetzbar, sondern ob er politisch machbar ist.«[325]

Doch anstatt das politisch Machbare zu steigern, wird weiter Skepsis gegenüber einer beschleunigten Energiewende genährt. Diese Skepsis hat sich über die Jahre tief in die Gesellschaft eingegraben und scheint wirkmächtig auch deswegen, weil sie einen durchaus rationalen Kern besitzt. Denn natürlich ist nicht alles möglich. Und nicht alles, was technisch gemacht werden kann, ist auch zu begrüßen. Aber wie Klimaschützer dem heute kraftvoll entgegenhalten: Wir dürfen nicht mehr zulassen, dass die politischen Entscheider und Meinungsmacher definieren, was möglich ist.

Schaut man in die Geschichte, zeigt sich, dass die Energiewende-Skeptiker immer Unrecht behalten haben. Sie sind historisch widerlegt – auch wenn dieser Tatsache in der Öffentlichkeit keine Aufmerksamkeit geschenkt wird. So konnten wir schon sehen, wie sich die Wirtschaftsberater der Bundesregierung bereits 1977 irrten, als sie erklärten, ein Anteil von mehr als fünf Prozent Erneuerbare bei der Stromproduktion sei unmöglich. Ende der 1980er glaubten selbst Vordenker der Grünen nicht, so Hermann Scheer, dass mehr als zehn Prozent machbar sind. 2005 erklärte Kanzlerin Merkel: »Den Anteil erneuerbarer Energien am Stromverbrauch auf 20 Prozent zu steigern ist wenig realistisch.« Als Ratsvorsitzende der EU winkte sie zwei Jahre später jedoch selbst einen Beschluss durch, bis 2020 einen Anteil von 20 Prozent am gesamten Energieverbrauch zu erzielen. Bundesumweltminister Sigmar Gabriel ließ 2006 anhand von Gutachten feststellen, dass der Anteil erneuerbarer Energien an der Stromversorgung bis 2025 nur bei maximal 27 Prozent liegen könne. Die Entwicklung überholte die Prognose umgehend. Im SPD-Wahlprogramm 2009 wurde schließlich gefordert, den Anteil der Erneuerbaren bis 2020 auf mindestens 35 Prozent anzuheben. Heute wissen wir: Bereits 2019 konnten 46 Prozent für Deutschland erreicht werden – und das trotz blockierter Energiewende, die Gabriel, Merkel und Co. zu verantworten haben. Die Bundesregierung lag mit ihren Prognosen stets weit daneben.[326]

Aber nicht nur Regierungen und Parteien haben sich blamiert. Auch Wissenschaftler, wie schon Hermann Scheer zeigen konnte. Seit 1990 unterschätzten relevante Organisationen wie The European Wind Energy Association, die EU-Kommission, die sich auf renommierte Institute stützte, oder die Internationale Energieagentur (IEA) die Windkraft-Potenziale beträchtlich. In einem EU-Szenario von 1996 für das Jahr 2007 lag die Fehlerquote bei 732 Prozent. Die Windkraftrealität überrollte immer wieder die kühnsten Träume der Politikberater-Institute. Eine IEA-Studie zur Photovoltaik für die EU prognostizierte bis 2020 eine Kapazität von 4000 Megawatt, im Jahr 2008 waren es schon 9331.

Während die IEA die erneuerbaren Energien systematisch unterschätzte, überschätzte sie regelmäßig die fossilen. Das hatte fatale Konsequenzen. Als internationale Organisation der OECD-Staaten ist sie nicht nur für Regierungen eine Orientierung, sondern auch für investierende Unternehmen und Kreditinstitute. Das habe zu Fehlinvestitionen und unterlassenen Entscheidungen in Sachen Erneuerbare geführt, sagt Scheer. Dennoch gaben G8- und G20-Staaten weiterhin bei der IEA Studien in Auftrag.

Auch die Schätzungen der Erneuerbaren-Vertreter blieben hinter dem technisch Machbaren deutlich zurück, wie

Scheer mahnte: »Wenn nun neuere Prognosen von höheren Ausbauraten als bisher sprechen und diese wiederum als Grenze realer Möglichkeiten darstellen, müssen sie sich die Frage gefallen lassen, ob sie sich dabei nicht wiederum irren. Selbst die Prognose des deutschen Bundesverbandes Erneuerbare Energien (BEE), der zu den aktiven Vorreitern gehört, ist zurückhaltender, als sie sein könnte.«

Der Verband schätzte 2009 den möglichen Anteil der Erneuerbaren an der deutschen Stromproduktion bis 2020 auf maximal 47 Prozent. Selbst diese Prognose wurde übertroffen. Im Zeitraum von Januar bis Oktober 2020 lag der Wert bei 53 Prozent. Vor allem wäre weit mehr drin gewesen, wenn die Bundesregierung in den letzten zehn Jahren die Energiewende unterstützt und nicht abgewrackt hätte.[327]

So rechnete Scheer 2010 vor: Würde man die damals rund 21 000 bestehenden Windräder »re-powern« (also ersetzen durch leistungsstärkere Anlagen und damit die Kapazität von 1,2 auf 2,5 Megawatt anheben), die Genehmigungspraxis für Anlagen in Sachsen-Anhalt auf alle Bundesländer übertragen und die Potenziale von Solarstrom, Biogas, geothermischer Energie und Kleinwasseranlagen nutzen, dann wäre eine Steigerung der Erneuerbaren auf weit über 60 Prozent an der Stromversorgung innerhalb eines Jahrzehnts möglich. Steigerte man zugleich die Energieeffizienz um etwa 30 Prozent, könnte der Anteil der Erneuerbaren auf über 70 Prozent wachsen. In weiteren zehn Jahren, also bis 2030, wäre dann eine volle Umstellung der Energieversorgung auf nicht-fossil leicht zu erzielen.

Doch selbst dieses Szenario ist zwangsläufig konservativ, da es die technische und ökonomische Dynamik außen vor lassen musste. So sind bei Windrädern an Land (»onshore«) heute bis zu 4,5 Megawatt möglich (nicht mehr 2,5), »offshore« (auf dem Meer) sogar über 10. Die Erneuerbaren sind seit 2010 auf den Märkten immer billiger geworden. Studien zeigen zudem, dass heute die Energienachfrage durch Effizienzgewinne und Einsparungen um 50 bis 70 Prozent gesenkt werden kann.[328]

Die zahllosen 100-Prozent-Studien und -Initiativen in Städten und Landkreisen belegen zudem eindrücklich, trotz aller Unterschiede in Details, dass auch ein rapider Wechsel machbar ist. 2009 entwickelten die Forscher Mark Z. Jacobson von der Stanford University und Mark A. Delucchi von der University of California ein detailliertes Null-Emissionsszenario für die Welt, veröffentlicht im renommierten Wissenschaftsmagazin *Scientific American*. Es enthält eine vollständige Umstellung der Energieversorgung bis zum Jahr 2030. Windkrafträder, Solarpanels, Gezeiten- und Wellenkraftwerke sowie geothermische Anlagen könnten bis dahin die benötigte Globalenergie erzeugen, so die Forscher, billiger zudem, als die fossilen Energien. Die Investitionskosten schätzt die Studie auf 100 Billionen US-Dollar. Da Sonne, Wind und Wasser keine Rechnung schicken und die Förder- und Transportkosten für fossile Brennstoffe, Kraftstoffe und Strom zwischen 5,5 und 7,75 Milliarden Dollar pro Jahr liegen, bilanziert die Studie, dass der Energiewechsel selbst dann wirtschaftlicher sei, wenn nur die direkten Energiekosten angesetzt würden, exklusive der Klima-, Umwelt- und Gesundheitsschäden.[329]

Die neueste Untersuchung des Forscherteams rund um Jakobson, nun an der Stanford University, gibt ebenfalls keinen Grund, pessimistisch zu werden. Denn trotz der Jahre, die seit der ersten Machbarkeitsstudie der Wissenschaftler vertan wurden, könnten weiter alle Staaten bis 2030 mindestens 80 Prozent ihres Strombedarfs durch Erneuerbare abdecken, wenn sie wollten. Und das zu Preisen deutlich unter den Kosten, die für Klimaschäden zu bezahlen wären, wenn man weiterhin wartete. Aktuelle Daten von finnischen und deutschen Wissenschaftlern dokumentieren zudem, dass vor allem die stark gefallenen Preise für Stromspeicher-Batterien den Übergang zunehmend erleichtern.

Sie haben berechnet, dass ab spätestens 2050 die Energieproduktion weltweit nicht mehr auf Kohle, Gas und Öl angewiesen sein muss. Ihr 100-Prozent-Szenario beinhaltet dabei: 69 Prozent Solarenergie, 18 Prozent Windenergie und der Rest zu großen Teilen Wasserkraft. Die globale Energiewende würde 63 Millionen neue Jobs schaffen. Die Kosten für eine Megawattstunde fielen von gegenwärtig 82 auf 61 Dollar. Der deutsche Leitautor der internationalen Untersuchung Christian Beyer fasst die Ergebnisse der Studie mit folgenden Worten zusammen: »Die Energiewende ist längst keine Frage mehr der technischen Machbarkeit oder ökonomischen Durchführbarkeit, sondern des politischen Willens.«[330]

Die Weichen müssten nur anders gestellt werden. So schätzt der Internationale Währungsfonds (IWF), dass fossile Energien jedes Jahr bis zu 5,2 Billionen Dollar an direkten und indirekten staatlichen Hilfen erhalten (inklusive der Kosten für Umwelt- und Gesundheitsschäden etc.). Das macht Kohle, Öl und Gas deutlich billiger, als sie ohne die staatlichen Schutzschirme wären. Erneuerbare erhalten demgegenüber nur 110 Milliarden Dollar an direkten Subventionen. Ohne eine Umlenkung der Gelder für fossile Energien auf erneuerbare wird es schwierig bis unmöglich sein, das notwendige Tempo für die globale Energierevolution zu erzeugen.[331]

Für Energiewende-Skeptiker: Ökostrom oder Verzicht?

Trotz der zahlreichen Studien, Berechnungen und vorgelegten Dekarbonisierungspläne der »Profis« in Europa und den USA halten sich hartnäckig Bedenken. Und das gilt nicht nur für die, die gegen Klimaschutz sind oder die Energiewende »ökonomieverträglich« abbremsen wollen. Auch in Umweltbewegungen und bei grünen Journalisten sind sie vorhanden. So erklärte zum Beispiel Ulrike Herrmann von der *Taz* in einer gemeinsamen Veranstaltung, dass es für echten Klimaschutz einfach nicht genügend Ökostrom gebe. Das liege unter anderem daran, dass der Energieertrag – also die Energie, die man beispielsweise aus einem Windrad herausbekommt minus die Energie, die man hineinsteckt (für Herstellung und Betrieb) – deutlich schlechter sei als beim Öl. Ökoenergie sei somit immer ein knappes Gut.

Daher bringen auch Elektroautos nichts, so Herrmann weiter, weil sie am Ende mit fossilem Strom fahren müssen. Die Tesla-Fabrik in Grünheide könne man sich letztlich sparen. Denn der zusätzlich für E-Autos benötigte Strom könne von Wind und Sonne nicht in genügender Menge produziert werden. Somit bleibe zur Rettung des Planeten vor allem Verzicht, Schrumpfung der Volkswirtschaften und letztlich ein Ausstieg aus dem Kapitalismus, da er ohne Wachstum nicht funktioniere, wie Herrmann in ihren Artikeln und Kommentaren feststellt. Für solch eine gesellschaftliche Kehrtwende gebe es aber bisher gar keinen Plan.[332]

Allerdings ist Windkraft, anders als Herrmann meint, heute genauso ertragreich wie konventionelle fossile Energien und energieeffizienter als die unkonventionellen. Mit steigender Tendenz. Aber selbst wenn Erneuerbare weniger effizient wären, gäbe es keine Knappheit an Ökoenergie. Es ist schlicht ein Mengenproblem: Die Zahl der Windräder und Solarpanels entscheidet. Jeden Tag trifft 20 000 Mal mehr Sonnenenergie auf den Planeten Erde als die Menschen täglich benötigen (energetisch nutzbar als Licht, Wind und Biomasse). »Zweifel daran, dass dieses Potenzial für die Energieversorgung der Menschheit ausreichen könnte, sind lächerlich«, so Scheer. Die Windkraftpotenziale in Deutschland und Europa liegen um ein Vielfaches höher als der Bedarf, wie eine Reihe von Berechnungen zeigen. Eine aktuelle Untersuchung fand sogar heraus, dass das Potenzial allein von Onshore-Windenergie in Europa den globalen Energiebedarf aller Sektoren von jetzt an bis zum Jahr 2050 decken könnte.[333]

Auch die für Solarzellen, Windkraftanlagen oder Batterien benötigten Ressourcen und seltenen Erden sind nach Rohstoffanalysen ausreichend vorhanden, wenn auch jährliche Engpässe entstehen könnten. Sicherlich stimmt es, dass es dabei wie bei vielen Unternehmungen im globalen Süden zu gravierenden Menschenrechtsverletzungen und Umweltverschmutzungen kommt. Daran sollte man dringend etwas ändern anstatt zur Energiewende-Skepsis zu blasen. Natürlich kann man gegen Elektroautos und gegen Tesla eine Reihe von Argumenten anbringen. Eine radikale Verkehrswende wird den öffentlichen, schienengebundenen Verkehr stark ausbauen müssen. Denn aus Treibhausgas-Sicht ist es die effizientere Lösung. Aber Elektroautos können mit Ökostrom betrieben und hergestellt werden. Sie sind keine Sackgasse, sondern werden Teil der Lösung sein. In welchem Umfang, das muss auf Grundlage von CO_2-neutralen Verkehrsszenarien ausgehandelt werden.[334]

Die Batterien von E-Autos können, wie Untersuchungen zeigen, auch als Speicher im Stromnetz genutzt werden und bei erhöhtem Energiebedarf Strom wieder ans Netz abgeben (»Vehicle to Grid«). Denn Windräder drehen sich nicht durchgängig, auch die Sonne scheint nicht permanent. Das wird von Energiewende-Skeptikern auch immer wieder gegen einen Umstieg auf Erneuerbare vorgebracht. Man behauptet, zur Sicherstellung der »Grundlast« bedürfe es eines unerschwinglichen Aufwands für die Speicherung von Solar- und Windstrom. Aber ein Speicherproblem, wie immer wieder unterstellt, gibt es nicht. Auch heute schon muss Energie bei der Stromproduktion gespeichert werden, meist jedoch vorgelagert in Form von Kohlebergen. Und Schwankungen gibt es seit langem, etwa wenn ein Atomkraftwerk ausfällt. Die Schwankungen im 100-Prozent-Ökostrom-Netz können mit einem Mix aus »smart grids«, diversen Speichermöglichkeiten wie Pumpkraftwerken, Großbatterien, thermischen Speichern, flexiblen Biomasse-Anlagen, Wasserstoff- und

Methanumwandlung oder Langzeitspeichern (zum Beispiel Wasserkraftwerken in Norwegen) ausgeglichen werden. Damit sind natürlich Investitionen und Kosten verbunden. Aber ihnen stehen die Energieverluste, der geringe Effizienzgrad und die Kosten für nicht benötigte Reservekapazitäten der fossilen Grundlastkraftwerke gegenüber.[335]

Auch das Argument, eine wachsende Ökonomie sei nicht vereinbar mit einem Null-Emissions-Pfad, ist in dieser Form nicht richtig. In der Degrowth- beziehungsweise Postwachstumsdebatte wird zwar zu Recht darauf verwiesen, dass es bisher nur vereinzelte Fälle gibt, wo Wirtschaftswachstum und CO_2-Emissionen absolut entkoppelt werden konnten – also die Treibhausgasmenge absolut sank bei steigendem Bruttoinlandsprodukt. Selbst bei den »Klimavorreitern« Deutschland oder Dänemark konnten über längere Zeiträume durchschnittlich nur zwei bis drei Prozent weniger Emissionen erzielt werden. Global hat es in den letzten Jahrzehnten keine absolute Entkopplung gegeben, auch nicht für die Gruppe der Industriestaaten. Rezessionen – siehe die Weltwirtschaftskrise in den 1930er Jahren, der Zusammenbruch der Sowjetunion, die Finanzkrise 2008/2009 oder die Coronakrise – scheinen historisch betrachtet der einzige Weg, um den Kohlendioxid-Ausstoß deutlich nach unten zu bringen.[336]

Aber dieser Befund ist nicht überraschend. Denn es hat ja bisher noch keinen Klimaschutz gegeben, der diesen Namen verdient, schon gar nicht global. Aus der Geschichte lässt sich daher nicht einfach ableiten, was möglich ist. Die eigentliche Frage ist auch, wie die Industriestaaten das heute notwendig gewordene CO_2-Reduktionstempo erzielen können. Da durch viele Jahrzehnte Nichtstun das 2°C-Budget derart geschrumpft wurde, sind sie gezwungen, wie gesehen, bis 2035 zu dekarbonisieren. Das bedeutet, dass sie jedes Jahr ihre Treibhausgase um rund zehn Prozent gegenüber dem Vorjahr reduzieren müssen: eine enorme jährliche Reduktionsleistung, historisch einmalig und durchaus an der Grenze der Machbarkeit.

So hält der britische Klimaökonom Nicholas Stern in seiner Untersuchung von 2006 (»Stern-Report«) eine jährliche Steigerung der Kohlenstoffintensität um rund 6 Prozent für möglich. 10 Prozent wären selbst dann nicht zu erreichen, wenn eine Volkswirtschaft stagniert. Aber Stern teilt gar nicht mit, warum mehr nicht möglich sein soll. Seine Berechnung orientiert sich an historischen Fällen und ist relativ konservativ in ihren ökonomischen Annahmen. Zum Beispiel modelliert er die maximale Energiewende ohne stärkere Eingriffe des Staates und meist über Marktanreize. Die Bedingungen für eine rasante Energiewende haben sich zudem seit Veröffentlichung der Studie deutlich verbessert. In Deutschland sanken etwa die Treibhausgase 2019 gegenüber dem Vorjahr um 6,3 Prozent, während die deutsche Wirtschaft um 0,6 Prozent wuchs. Die Kohlenstoffintensität nahm also stark zu, um rund 7 Prozent, was eigentlich nach Stern nicht möglich ist. Und das sogar ohne wesentliche Klimaschutzmaßnahmen, zu großen Teilen ausgelöst durch günstige Preise für Erneuerbare auf den Märkten. Trotzdem sollte klar sein, dass die rasante Fahrt auf Null-Emissionen in fünfzehn Jahren kein Spaziergang werden wird. Es muss daher alles getan werden, um die Energiewende voranzutreiben.[337]

Eine aktuelle Studie vom Wuppertal Institut, in Auftrag gegeben von Fridays for Future und veröffentlicht im Oktober 2020, gibt Hoffnung, dass es gelingen kann. Sie zeigt, dass Deutschland bis 2035 dekarbonisieren könnte, wenn alle Möglichkeiten ausgeschöpft werden. Das bedeutet für die Bundesregierung jedoch: Kursänderung sofort. Den Ausbau von Windrädern und Solarpanels müsste man umgehend verstärken, das Tempo faktisch um das Zwei- bis Dreifache gegenüber den besten Ausbaujahren erhöhen. Der Umbau des Stromnetzes braucht darüber hinaus eine signifikante Beschleunigung. Unnötiger Auto- und Flugverkehr sollte vermieden (minus 20 Prozent), auf öffentlichen Verkehr verlagert und der Rest elektrifiziert beziehungsweise über Power-to-Gas

(Umwandlung von Strom in alternative Kraftstoffe unter anderem für Flugzeuge) betrieben werden. Beim Heizen kann auf Wärmepumpen, solarthermische Kollektoren und grüne Nah- beziehungsweise Fernwärme gesetzt werden. Auch das eine Herkulesaufgabe, aber zu stemmen, wenn die Ärmel hochgekrempelt werden, so die Studie.

Die Forscher machen dabei klar, dass die Kursänderung kein Selbstläufer ist, sondern eine politische Kehrtwende erfordert. Sie weisen auch darauf hin, dass je nachhaltiger der Lebensstil gestaltet werde, die Wende desto leichter zu meistern sei. Im Klartext: Je weniger in Summe geflogen, mit dem Auto gefahren, geheizt, unnötig und energieintensiv konsumiert wird und je weniger Nutztiere gehalten werden, umso einfacher ist es, die rasante Dekarbonisierung in hohem Tempo zum Erfolg zu bringen. Dafür braucht es sozial faire Regelungen, Anreize und auch Verbote von Seiten des Staates. Die Regierung muss den Rahmen setzen.[338]

Auch jenseits des Atlantik muss der Kopf nicht in den Sand gesteckt werden. Robert Pollin hält im Fall der USA minus 80 Prozent bis 2035 bei einer Green-Growth-Strategie für möglich. Weniger als benötigt, sicherlich. Die Umstände für eine schnelle Wende sind dort auch schlechter: kaum Klimaschutz und Infrastrukturumbau in der Vergangenheit, signifikant höhere pro-Kopf-Emissionen, klimaschädlichere Lebensstile und insgesamt weniger Bewusstsein für das Problem – ein Mangel, der über Jahrzehnte gesellschaftlich fabriziert wurde.

Aber sind die Vereinigten Staaten nicht das Land der unbegrenzten Möglichkeiten? Der Ingenieur Tom Solomon hat zum Beispiel berechnet, dass die USA 295 Solarpanel-Fabriken in der Größe der Tesla-Gigafabrik in Buffalo bauen müssen, um das Land auf Null-Emissionen zu bringen. »Gigafabrik« heißt sie, weil sie im Jahr so viele Solarmodule herstellt, um damit ein Gigawatt an Strom erzeugen zu können. Dazu müsste die gleiche Anzahl an Großbetrieben für Windräder entstehen. So könnte die für ein klimaneutrales Amerika benötigte Menge von 6448 Gigawatt bereitgestellt werden. Umgerechnet hätte also jeder Bundesstaat sechs Solar- und sechs Windrad-Fabriken für die Dekarbonisierung zu errichten.

So etwas Ähnliches haben die Amerikaner schon einmal hinbekommen, sagt Bill McKibben. Das war vor fast 80 Jahren, als das Land nach dem Angriff auf Pearl Harbor in den Zweiten Weltkrieg eintrat. In wenigen Monaten baute man die global größte Industriefabrik in Ypsilanti im Bundesstaat Michigan. Kurze Zeit später spuckte die Fabrik jede Stunde einen B-24 Kampfjet aus. Wohlgemerkt: Das sind große Flugzeuge »unendlich viel komplexer als Solarpanelen oder Turbinenblätter – jedes davon besteht aus 1 225 000 Teilen mit 313 237 Nieten«. Nebenan baute das US-Militär eine Panzerfabrik schneller auf als das dazu benötigte Kraftwerk. Also schob man eine Lokomotive in die Halle, um Hitze und Strom für die Produktion zu liefern. Allein diese Fabrik in Michigan stellte mehr Panzer her als die Deutschen im gesamten Kriegsverlauf produzierten.

Überall in den USA wurden Autofabriken und Industriebetriebe in rasantem Tempo konvertiert und stellten enorme Mengen an Stahlhelmen, Waffen, Propellern, Flugzeugmotoren oder Militärfahrzeugen her. Es war eine historische industrielle Mobilisierung von der Ost- bis zur Westküste. Eine ähnliche Kraftanstrengung braucht es jetzt, um die USA auf 2°C-Kurs zu bringen. Aber nicht, um in den Krieg zu ziehen. Kein Bürger müsste dafür geopfert werden. Tatsächlich, so zeigen die Daten nach Paris, würden mit der beschleunigten Energiewende 150 Millionen Menschen gerettet, ungefähr doppelt so viele, wie im Zweiten Weltkrieg starben.[339]

Zugleich beginnen in ganz Amerika immer mehr Haushalte und Hausbesitzer auf Solarenergie umzusteigen. Es handelt sich längst nicht mehr nur um eine »Ökomarotte« von Hollywood-Größen in Kalifornien. Ein Beispiel für die neue Dynamik ist Familie Borkowski. Sie lebt in dem Städtchen Rutland im Bundesstaat Vermont, dem »›Ground Zero‹ von Neuenglands Heroin-Epidemie«, wie die *New York Times* schreibt. Sara und Mark Borkowski – er Busfahrer, sie Büroassistentin – ließen sich vor einigen Jahren überzeugen, ihr Haus energetisch zu erneuern. Die Strom- und Heizkosten zehrten bis dahin einen großen Teil ihres gemeinsamen Einkommens auf. Nach dem Umbau konnten sie den Kohlenstoff-Fußabdruck des Gebäudes in wenigen Tagen um rund 90 Prozent senken, ohne einen Dollar netto draufzuzahlen.[340]

2018 kündigte Tesla an, das größte virtuelle Kraftwerk der Welt in Australien zu bauen. Auf 50 000 Häuser sollen Solarpanele montiert werden und im Verbund das Stromnetz beliefern. In Grünheide in Brandenburg plant das US-Unternehmen, das Fabrikdach mit Solarzellen zu bestücken und Windkraft einzukaufen. Audi hat vor, in Ungarn zwei Logistikzentren mit 35 000 Solarmodulen auszustatten. Es wäre mit 160 000 Quadratmetern die größte Photovoltaik-Anlage Europas und produziert dann jedes Jahr rund 9,5 Gigawatt-Stunden Energie. Bis 2030 will das Unternehmen alle seine Produktionsstätten komplett klimaneutral machen. Bei aller Vorsicht gegenüber solchen Ankündigungen: Wenn Audi das kann, warum dann nicht alle anderen Unternehmen, alle öffentlichen Anlagen, alle Gebäude in Deutschland? Und warum baut der deutsche Autohersteller nicht ebenso nur noch klimaneutrale E-Autos oder elektrifizierte Transportmittel? Volvo will ab 2030 ganz auf E-Autos umstellen, General Motors ab 2035. Ansätze für die schnelle Energiewende sind überall vorhanden. Entscheidend ist, ob sie durch einen entsprechenden 2°C-Verstärker geschickt werden.[341]

Alice Larkin und Kevin Anderson weisen zudem darauf hin, dass es noch große Potenziale auf der Nachfrageseite gibt, wie auch die Radical Emissions Conference der britischen Royal Society 2013 herausstellte. Sie fordern daher mehr Einsparungen und eine Art Energieausterität für Hochemittenten. Eine progressive Flugsteuer etwa könnte den Flugverkehr einschränken: erster Flug pro Jahr einfacher Preis, zweiter Flug doppelt so teuer, dritter Flug sechsmal so teuer und so weiter. Eine Urlaubsreise per Flugzeug wäre für eine Familie dann noch drin. Für Unternehmen, die ihre Manager hin und herjetten lassen, wird Vielfliegen jedoch unrentabel. Videokonferenzen und Homeoffice wären schließlich nicht mehr nur die Corona-Ausnahme, sondern die Energiewende-Regel. Auch könnten Flüge unter 1000 Kilometer ersetzt werden durch Bahnverbindungen. Somit fiele ein großer Teil des Luftverkehrs in Deutschland weg. Die Angestellten der Lufthansa werden dann bei der Bahn benötigt.[342]

An Ideen, die extremen Treibhausgas-Mengen zu reduzieren, wie sie von Milliardären und Multimillionären produziert werden, mangelt es ebenfalls nicht. Man könnte zum Beispiel die Nutzung von Privatjets, inakzeptable Luxus-Benzinverbräuche, CO_2-intensive Yacht- und Kreuzfahrtschifffahrten, die Beheizung von mehreren Häusern und Apartments während der rasanten Dekarbonisierungsphase bis 2035 begrenzen. Denn die Unterschichten sollten Spielraum für mehr Energiekonsum haben, der aber nur dann vorhanden ist, wenn oben stärker gespart wird.

Der Vorstandsvorsitzende von VW Herbert Diess prahlte einmal, dass er im Jahr 1300 Tonnen CO_2 ausstoße. Er besitzt somit den Fußabdruck von etwa 120 Durchschnitts-Deutschen. Setzt man einen ähnlichen Wert bei den oberen Zehntausend an, ergibt sich eine nicht unbeträchtliche Gesamtmenge, die eingespart werden könnte. Schon wenn man dieser Gruppe nur noch das Zehnfache vom Durchschnitt gestattet – was nach wie vor Luxus wäre –, spart man auf einen Schlag die Treibhausgasmenge von über einer Million Normaldeutschen ein.

Aber während VW-Chef Diess die langsame Energiewende bei der Kohle kritisierte und vermeintlich saubere Gaskraftwerke für den Standort in Wolfsburg bauen ließ, drohte er der EU-Kommission, dass die neuen CO_2-Vorgaben für Automobile bis 2030 Arbeitsplätze kosten werden. Die EU-Vorgabe sieht ein Ziel von minus 55 Prozent im Vergleich zu 1990 vor. Viel zu wenig, um bis 2035 dekarbonisieren zu können. Aber selbst dagegen wird von der deutschen Autoindustrie mobil gemacht. Man sollte dabei im Kopf haben: VW stellt weltweit jedes achte Auto her. Der Konzern ist für ungefähr zwei Prozent der globalen CO_2-Emissionen verantwortlich, so viel wie ganz Deutschland im Jahr produziert. Wenn Deutschland beim CO_2-Ausstoß der Autos bremst, bremst die ganze Autowelt mit.[343]

Wir sind die Energie-Revolution

Ob bei einem radikalen Green New Deal am Ende das Bruttoinlandsprodukt (BIP) – eine ohnehin abstruse Messeinheit für wirtschaftliche Gesundheit und Wachstum – sinkt, stagniert oder leicht steigt, ist letztlich unerheblich. Es kommt darauf an, dass die Emissionen runter gehen, und zwar nach strikten Budgetvorgaben. Das kann aber nur gelingen, wenn eine umfassende Energiewende politisch einleitet wird. Dabei würde weder der Kapitalismus überwunden – obgleich das aus diversen Gründen anzustreben ist – noch die Volkswirtschaft geschrottet. Dieses Märchen wird seit Jahrzehnten erzählt, es wird aber dadurch nicht wahrer. Denn die Wende ist nicht nur mit »Wohlstand für alle« vereinbar, sondern absolute Voraussetzung für Prosperität im 21. Jahrhundert. So würde eine ungebremste Klimakrise am Ende jegliche Wohlfahrt pulverisieren. Der Kurs Klimakollaps kostet die Weltwirtschaft schon jetzt jedes Jahr 1,2 Billionen US-Dollar (1,6 Prozent des BIP). Wirtschaftskraft, die für die Energiewende verloren geht. Allein ein sich erwärmender Arktischer Ozean könnte einer aktuellen Studie zufolge im Laufe des Jahrhunderts Wirtschaftsschäden von bis zu 90 Billionen US-Dollar erzeugen.[344]

Was auf jeden Fall wachsen muss, ist der politische Druck, die zivile Mobilisierung, begleitet von effektiven Energiewende-Strategien. Das ist das eigentliche Nadelöhr, die tatsächlich knappe, durch Illusionen und Beruhigungspillen künstlich verknappte Ressource. Denn überall lauern weiter Bremser, Fallstricke, bis hinein ins Planungsrecht. Die neue Abstandsregel von einem Kilometer bei Windrädern ist nur eines von vielen Beispielen, wodurch klar wird, wie hart sich der Kampf für eine Kursänderung gestaltet. Es sind Parteien, Minister und Politiker, die angeblich aus Lärmschutzgründen gegen Windräder vorgehen, während sie bei fossilen Projekten wie dem BER oder der A100 dergleichen für irrelevant erklären.

Umfragen zeigen, dass die BürgerInnen für eine beschleunigte Energiewende zu gewinnen sind. Seit die Erneuerbaren im Zuge des EEG in Deutschland verstärkt die Bühne betreten haben, ist das Vertrauen der Menschen in eine Zukunft ohne Kohle, Gas und Öl gewachsen. Schon 2009 sprachen sich 90 Prozent der Menschen in Deutschland für einen weiteren Ausbau von Sonnenkollektoren und Windrädern aus, 75 Prozent unterstützten das auch für ihre Heimatregion – und zeigten sich sogar bereit, höhere Energiekosten zu akzeptieren. Die Zustimmung für neue Atom- oder Kohlekraftwerke lag dagegen bei weniger als 10 Prozent.

Daran hat sich wenig geändert. Vor vier Jahren – also noch vor den Klimaprotesten – sagten 93 Prozent der Befragten, dass der weitere Ausbau der erneuerbaren Energien außerordentlich wichtig beziehungsweise wichtig sei. Für 62 Prozent der Bevölkerung wäre die Installierung von entsprechenden Anlagen auch am eigenen Wohnort eine gute Sache. 69 Prozent der Deutschen, die in ihrem Wohnumfeld Windräder haben, finden das sehr gut oder gut. Für Solarparks liegt diese Zustimmungsrate sogar bei 90 Prozent. Kohlekraftwerke wollen hingegen nur sechs Prozent in ihrer Nähe wissen.

Die hohe Popularität, so Hermann Scheer vor zehn Jahren, sei trotz »ausgiebiger Denunzierung erneuerbarer Energien«

entstanden, wie sie von »konventionellen Energieunternehmen und dem Gros der Energieexperten in der Öffentlichkeit jahrzehntelang mit hohem medialem Aufwand betrieben wurde und notorisch weiter betrieben wird«. Sie seien im Kampf um die öffentliche Meinung jedoch Stück für Stück »in Rückstand geraten«. Ihr Kampf halte an, »inzwischen jedoch mit subtileren Methoden«.[345]

Die heute politisch auf dem Tisch liegenden radikalen Green New Deals finden ebenfalls großen Zuspruch in der Bevölkerung, in Europa wie in den USA. Dass allerdings Klima-Barbar und Corona-Vandale Donald Trump in den USA von einer knappen Hälfte der Wahlbeteiligten gewählt wurde (von rund 74 Millionen WählerInnen bei einer Gesamtbevölkerung von etwa 330 Millionen), zeigt, dass Umfragen noch keine Wahlen sind. Und Meinungen noch keine politischen Bewegungen.

Scheer hat daher Recht, wenn er sagt, dass die Politik das hauptsächliche Kampffeld des Energiekonfliktes ist und der Kampf nicht isoliert betrachtet werden kann vom Ringen um die öffentliche Meinung. Regierungen müssten letztlich von einer demokratischen Öffentlichkeit und den wirtschaftlichen Akteuren der Energierevolution »zum Jagen getragen« werden. In einem seiner letzten Interviews vor seinem Tod 2010 mit dem US-Sender *Democracy Now* unterstrich Scheer: »Die Mobilisierung der Gesellschaft ist das Wichtigste.« Die Perspektive, auf 100 Prozent Erneuerbare zu gehen, motiviere die Leute. Aber: »Solange die Menschen denken, dass niemand die existierende Machtstruktur überwinden kann, wird niemand es tun können. Sie verlieren die Hoffnung. Man kann Menschen gesellschaftlich nur motivieren mit einer Perspektive, die umsetzbar ist.«[346]

Daher ist die Energiewende-Skepsis so schädlich. Prominent beobachten lässt sich das beim Umwelt-Dokumentarfilm »Planet of the Humans«. Er wurde am 21. April 2020 auf YouTube veröffentlicht (nicht wie geplant im Kino wegen der Coronakrise) – also am Vorabend vom 50. Jahrestag des Earth

Day in den USA. Sein Produzent ist Michael Moore, und Regie führte dessen langjähriger Kompagnon und Umweltaktivist Jeff Gibbs. In der Dokumentation werden Umweltbewegungen und Klimaaktivisten wie Bill McKibben angegriffen, mit Unternehmen, Milliardären und reichen Stiftungen zusammenzuarbeiten. Sie sollen sich korrumpiert und echten Klimaschutz verraten haben.

Die erneuerbaren Energietechnologien werden als Scheinlösungen diskreditiert, die die Klimakrise nicht lösen könnten. Sie seien nur ein weiteres Instrument von Kapitalisten, Profite zu machen. Zudem würden die ineffizienten grünen Technologien aufgrund der erforderlichen Ressourcen die Umwelt weiter zerstören, während sie Wirtschafts- und Bevölkerungswachstum, die Wurzel des Problems, zusätzlich antreiben. Der Film empfiehlt daher Bevölkerungsreduktion, Wirtschaftsschrumpfung, Konsumverzicht.

Dabei werden eine ganze Reihe von Halbwahrheiten, Lügen, veralteten und irreführenden Daten verwendet, um die Energiewende als Fake darzustellen. Entsprechend behauptet der Umweltpublizist und Co-Produzent Ozzie Zehner im Film: »Eine der gefährlichsten Annahmen im Moment ist die Illusion, dass alternative Technologien wie Wind und Solar verschieden sind von fossilen Brennstoffen.«

Bei der Solarenergie würden am Ende sogar mehr fossile Brennstoffe verbrannt, nämlich bei Herstellung und Transport. Tatsächlich sind heute 90 Prozent der Energie von Solarzellen emissionsfrei, wenn man eine Betriebszeit von 30 Jahren ansetzt. Oder es wird im Film behauptet, dass E-Autos mehr Treibhausgase erzeugen als Benziner – in Folge der energieintensiven Herstellung der Batterien und der Verwendung von Kohlestrom. Eine Ansicht, die auch in deutschen Umweltbewegungen zirkuliert. Auch das ist nicht richtig, wie neuere Studien zeigen. Vor allem: Es ist irrelevant, sobald E-Autos – wie ja auch Züge – ausschließlich mit erneuerbarem Strom hergestellt und betrieben werden.[347]

Die Fehler wurden von Klimawissenschaftlern wie Michael Mann umgehend entlarvt. Die Filmerzählung bestehe aus »einer Reihe von Verzerrungen, Halbwahrheiten und Lügen«. Die Macher »haben uns und dem Planeten großen Schaden zugefügt, indem sie die Rhetorik des ›Nichtstuns‹ in Sachen Klimawandel verbreiten«. Der Journalist Josh Fox fasste es in seiner detaillierten Analyse derart zusammen: »So etwas am Abend vom 50. Jahrestag des Earth Days zu veröffentlichen, ist so, als würde Bernie Sanders Donald Trump unterstützen, während er sich selbst Hydroxychloroquine hinein schüttet«. Die Macher von »Planet of the Humans« verbreiten trotz der Kritik weiter ihre fatalistischen Botschaften.

Im Magazin *Rolling Stone* entgegnete Bill McKibben: »Die Filmemacher haben nicht nur schlechten Journalismus betrieben (was sie natürlich taten), sondern agierten böswillig. Sie verhielten sich nicht nur unehrlich (was sie natürlich taten), sondern ehrlos.« Er werde aufgrund des Films nun in E-Mails als »Verräter« beschimpft. Um Schaden von der Bewegung fernzuhalten, erwog McKibben sogar, sich aus der vorderen Reihe des Klimakampfes zurückzuziehen.[348]

Der Film hat ein enormes Echo erzeugt. In nur drei Wochen wurde er rund 8 Millionen Mal auf YouTube angesehen. Nicht bloß Klimaskeptiker und Gegner der Energiewende teilten die Doku im Netz. Sie wurde auch in progressiven Milieus positiv aufgenommen. Und riss dabei Gräben auf. So nannte Peter Bradshaw den Film im *Guardian* »erfrischend querdenkend«, während sein Kollege George Monbiot im selben Blatt schrieb, dass er die »entlarvten Mythen« befördere, die Klimawandelleugner »über Jahre hinweg benutzt haben, ihre Position zu rechtfertigen«.[349]

Der Film ist eine bewusste Provokation und wirkt wie ein Spaltpilz. Radikaler Umweltschutz wird gegen vermeintlich technikorientiertes, mit Unternehmen kooperierendes Engagement ausgespielt. Dass eine prominente britische Klimaaktivistin von Extinction Rebellion mit Moore und Gibbs über den Film diskutiert, als ob nichts geschehen sei, oder der ansonsten exzellente Journalist Chris Hedges den Film über den grünen Klee lobt und Gibbs keine einzige kritische Frage stellt, mag man noch irgendwie wegdiskutieren. Aber dahinter verbirgt sich ein grundsätzlicheres Problem.

Denn Energiewende-Skepsis wabert seit geraumer Zeit im Hintergrund von Umweltbewegungen, genährt von Naturschützern und Vordenkern, die wie Serge Latouche seit den 1980er und 1990er Jahren aus der »Ökonomie aussteigen« wollen oder die industrielle Gesellschaft grundsätzlich als Fehlentwicklung ansehen. Und auch bei einigen Kapitalismuskritikern ist sie latent anwesend, wenn sie die Lösung der Klimakrise per se für unvereinbar halten mit dem gegenwärtigen Wirtschafts- sowie Politiksystem. Je näher der Abgrund im Zuge des Nichtstuns rückt, desto mehr könnten diverse Spielarten des Klimafatalismus an die Oberfläche gespült werden. Dabei wird aus berechtigter Kritik am Kapitalismus, an technischen Exzessen, falschen Industrialisierungen und Überproduktion wie Überkonsumption eine Sackgasse gezimmert. Das ist aber weder sachlich begründet noch politisch hilfreich. »System Change not Climate Change« ist als Slogan völlig richtig. Aber die Klimakrise wird entweder politisch gelöst – mehr oder weniger im gegenwärtigen ökonomischen System – oder eben nicht.

Die Energierevolution braucht sicherlich eine Systemänderung: Ein Zurückdrängen neoliberalen Vertrauens auf die freien Märkte und vor allem ein Ende der Zuschauerdemokratie. Denn wenn immer mehr Bürger und gesellschaftliche Gruppen sich zusammentun und die klimapolitische Wende einfordern, den radikalen Green New Deal ganz oben und dauerhaft auf die Tagesordnung setzen, dann werden Politiker, Parteien, Parlamente und schließlich auch Regierungen nicht anders können, als die notwendigen Maßnahmen zu ergreifen. Denn sie sind auf Wahlen angewiesen und müssen sich vor Bürgern und der Gesellschaft rechtfertigen. Die Macht von Regierungen ist tatsächlich fragiler als manche glauben. Wenn sich der Zeitgeist dreht, der Druck von organisierten Bewegungen wächst, dann gerät die politische Klimaschmutzfront am Ende ins Wanken. Die Geschichte ist voller nichtlinearer Ereignisse, die in kurzer Zeit Sogwirkung erzeugen konnten. So hat zum Beispiel niemand die Protestwelle von 2019 vorhersagen können.

Es gibt zudem positive Anzeichen für ein Umsteuern. China zum Beispiel kündigte jüngst an, vor 2060 klimaneutral zu werden. Einige Regierungen wie die in Norwegen, Finnland, Schweden, Island, Österreich und Dänemark haben zum ersten Mal radikalere Klimaschutzpläne vorgelegt und streben an, bis 2030, 2035, 2040 beziehungsweise vor 2050 zu dekarbonisieren. Im Verlauf der Corona-Pandemie wurde außerdem sichtbar, was möglich ist, wenn Regierungen der Wissenschaft folgen und Medien das unterstützen – auch wenn die Antwort auf die Krise wie so oft eine deutliche soziale Schlagseite aufweist und die Chance vertan wurde, die finanziellen Hilfsprogramme für einen radikalen Green New Deal zu nutzen.[350]

Auch bei der Vierten Gewalt gibt es, wenn auch vorsichtige, Wendesignale. So schaltet der britische *Guardian* seit den Klimaprotesten keine Werbung mehr von der fossilen Brennstoffindustrie. Was wäre, wenn alle Medien dem folgten? Beim *Spiegel* kommentiert nicht mehr Bojanowski die Klimakrise, sondern der früher als Alarmist gescholtene Rahmstorf sowie die Co-Autorin des Buchs »Die Klimaschmutzlobby« Susanne Götze. Die Berichterstattung scheint insgesamt besser geworden, was noch nicht heißt: gut. Vereinzelt findet sich in Pressekommentaren sogar Kritik an dem »ambitionierten« 2050-Klimaziel der Bundesregierung. In einem *ARD*-Themenschwerpunkt setzte ein Spielfilm sogar Angela Merkel und Gerhard Schröder wegen ihrer Klimapolitik auf die Anklagebank.

Mit dem erwartbaren Abflauen der Proteste Ende 2019 wurde Klimaschutzpolitik jedoch wieder zum Nebenthema.

Bei der 90-minütigen Sommerpressekonferenz von Angela Merkel im Juli 2020 stellten die Hauptstadt-Journalisten keine einzige Frage zur Klimakrise, abgesehen von den beiden Vertretern der Videoplattform *Jung & Naiv*. Sie zwangen mit ihrer Frage die Leitmedien dazu, Merkels gewundene Antwort am nächsten Tag ihren LeserInnen mitzuteilen. Es zeigt: Einzelne Journalisten können etwas bewegen. »Trickle-up-Journalism« nennt das Amy Goodman von *Democracy Now* in den USA.

Doch die Zeit für eine Kursänderung verrinnt schnell. Das ist das Kernproblem. Bill McKibben sieht die Welt in einer Art Belagerungszustand. »Was immer man unter Krieg versteht: Wir befinden uns in einem. Wir erleiden im wahrsten Sinne des Wortes Gebietsverluste. Inseln verschwinden buchstäblich vor unseren Augen. (…) Die Frage ist also nicht, ob wir uns in einem Konflikt befinden. Die Frage ist, ob wir dagegen ankämpfen oder weiter den Exxons dieser Welt zuhören und die Hände in den Schoß legen.«[351]

Der Kampf um die Kursänderung, die radikale Energiewende, wird nicht zu gewinnen sein, wenn alle warten, bis die anderen sich bewegen. Auch das sollte klar sein. Es gibt dafür zu viel Arbeit, zu viele Baustellen, zu wenig Zeit fürs Umsteuern. Eine angemessene Klimafinanzierung der Entwicklungsländer steht zum Beispiel nach wie vor nicht auf der politischen Agenda. Diese »Treibhausgas-Bombe« tickt still und leise weiter, außerhalb der Kameras, und sie kann nur ernsthaft entschärft werden, wenn die reichen Länder deutlich mehr Geld und Technologie bereitstellen. Die Biden-Regierung auf 2°C-Kurs zu bringen, benötigt viel Druck aus der Gesellschaft. Erste Erfolge geben Hoffnung. So kündigten die USA an, ihr Paris-Ziel für 2030 zu verdoppeln. Ein wichtiger Schritt, wenn auch nicht genug. Der neue US-Präsident wählte für sein Klima-Team – zuständig für die, wie er sich ausdrückte, »existenzielle« Bedrohung – durchaus progressive VertreterInnen mit Verbindung zu den Umweltbewegungen. Die Nominierung John Kerrys als Klimaschutzbeauftragten, der schon in Paris verhandelte, ist ebenfalls kein Grund zu verzagen, wenn auch keiner, Hurra zu schreien.

Und natürlich ist es richtig, Flugreisen zu vermeiden, das Auto öfter stehen zu lassen, weniger zu heizen und seltener Fleisch zu essen. Aber damit wird die Klimakrise nicht gelöst. Wir brauchen einen Politikwandel als Antwort auf den Klimawandel. Die Verantwortung darf dabei nicht weiter auf Regierungen, Parteien und die Klimaschmutzlobby delegiert werden. Vor allem die politisch-intellektuelle Klasse besitzt enorme Spielräume und Handlungsmöglichkeiten, auf eine Kursänderung zu drängen und sie einzuleiten. Journalistinnen, Wissenschaftler, Lehrerinnen, Verbandsfunktionäre, Managerinnen und Unternehmer können sehr viel bewirken, wenn sie sich für die politische Kehrtwende entschlossen einsetzen und der Dringlichkeit entsprechend handeln. Die notwendige Energierevolution, der radikale Green New Deal, wird nicht von oben dekretiert, sondern muss von unten erwirkt werden. Aus der Mitte der Gesellschaft. Von möglichst vielen BürgerInnen.

Es ist dabei klar, was getan werden muss. Bis heute haben sich selbst die Grünen davor gedrückt, das 2035-Ziel offiziell in ihr Klimaprogramm aufzunehmen. Niemand rechnet vor, was uns die Dekarbonisierung im »Rest der Welt« tatsächlich kosten wird. Dabei pfeifen es die Spatzen von den Dächern. Einige hundert Milliarden Tonnen Kohlendioxid bleiben global noch übrig. Wenn wir weitermachen wie bisher, ist in wenigen Jahren das 2°C-Budget aufgebraucht. Erinnern wir uns: Mitte der 1980er Jahre forderten die Klimawissenschaftler als Obergrenze nicht mehr als 1°C plus, mehr Erhitzung sei Russisch Roulette. Damals war das Limit noch erreichbar, heute liegen wir schon darüber. Jetzt droht in wenigen Jahren das Zeitalter gefährlicher Klimaerhitzung anzubrechen, in dem zum ersten Mal in der Menschheitsgeschichte das Überleben der Spezies Mensch zur Disposition stehen könnte. Dass man vor diesem Hintergrund die bange Frage stellen muss: »Welche Rolle wird ein Green New Deal bei der anstehenden Bundestagswahl spielen?«, ist Symbol eines politischen, aber auch gesellschaftlichen Komplettversagens. Erinnern wir uns an das, was die Kongressabgeordnete Alexandria Ocasio-Cortez in den USA sagt: Geld kann nicht wählen – auch wenn es das versucht. Menschen wählen. Oder rufen wir uns eine andere Einsicht ins Bewusstsein: »Es gibt keine Ohnmacht in der Demokratie«, wie der ehemalige UN-Sonderberichterstatter für das Recht auf Nahrung, der Schweizer Jean Ziegler feststellt: »Das Grundgesetz gibt uns alle Waffen, die wir benötigen, in die Hand – wir müssen uns nur bücken und sie aufheben. Wir haben ein Streikrecht, wir haben Wahlen, wir haben ein Demonstrationsrecht und viele Rechte mehr. Wir können die Regierungen zwingen, diese Strukturreformen durchzuführen.« Das gilt nicht nur für »Geierfonds«, die mit Nahrungsmitteln spekulieren, worauf Ziegler abzielte. Die Waffen für die Energierevolution werden die Bürger aber nur dann aufheben können, wenn sie wissen, worum es geht. Sie werden erst mobilisiert, wenn sie die Dimension des Problems, den aktuellen Crashkurs ihrer Regierung, die Machenschaften der fossilen Schurkenindustrie, die Verantwortung der reichen Staaten sowie faire, machbare Lösungswege erkennen.[352]

Die nächste Protestwelle wird kommen. Ob sie rechtzeitig kommt, die Kaimauer beim nächsten Mal schon überschlägt und die Klimaschmutzlobbys hinwegspülen kann, hängt davon ab, wie viele Menschen bereit sind, ihre Stimme zu erheben, sich zu organisieren und die Waffen der Demokratie vor ihren Füßen aufzuheben.

Dank

Mein Dank geht vor allem an meine Frau Antje, die mich ermutigte und unterstützte, das Buch zu schreiben. Wertvolle Anregungen erhielt ich vor allem von meinen Freunden Kristian Lüders und Fabian Scheidler, mit denen ich immer wieder zur Klimakrise recherchierte. Bedanken möchte ich mich auch bei Luisa Neubauer, die das Vorwort zum Buch beisteuerte, und ihrem Referenten Robert Schmale, der das ermöglichte. Nicht zuletzt ist es das Verdienst der Eulenspiegel Verlagsgruppe, dass das Buch seinen Weg in die Öffentlichkeit nehmen konnte.

Anmerkungen

1 Michael Dawson: The Consumer Trap. Big Business Marketing in American Life. Urbana / Chicago 2003.
2 Bill McKibben: Falter. Has the Human Game Begun to Play Itself Out? New York 2019, S. 22.
3 Gaia Vince: The Heat is on Over the Climate Crisis. Only Radical Measures Will Work. The Guardian, 18. Mai 2019 [https://tinyurl.com/y6bdqhr5].
4 Stefan Kreutzberger: Tanz auf dem Vulkan. Hintergrund, 12. September 2019 [https://tinyurl.com/y44kfgub].
5 Paul Heideman: Um rassistische Ungleichheit zu bekämpfen, müssen wir die Macht der Konzerne angreifen. Jacobin, 11. August 2020 [https://tinyurl.com/y3dzg6gs].
6 Spencer R. Weart: The Discovery of Global Warming. London 2008.
7 John Tyndall: Further Researches on the Absorption and Radiation of Heat by Gaseous Matter. Vorlesung vor der Royal Society. In: Contributions to Molecular Physics in the Domain of Radiant Heat. New York 1873, S. 117.
8 Gilbert N. Plass: The Carbon Dioxide Theory of Climatic Change. In: Tellus 8. 1956, S. 140–154 [https://tinyurl.com/y4ul45fl].
9 Spencer R. Weart: Roger Revelle's Discovery. Juli 2007 [https://history.aip.org/climate/Revelle.htm].
10 Time, 28. Mai 1956 [https://tinyurl.com/yxvud53z].
11 Spencer R. Weart: The Discovery of Global Warming. Online-Artikel. Januar 2020 [https://tinyurl.com/y94jowrs]. Siehe auch John Stanley Sawyer: Man-Made Carbon Dioxide and the »Greenhouse« Effect. Nature 239. 1972, S. 23–26 [https://www.nature.com/articles/239023a0]. Dort steht u. a.: »In spite of the enormous mass of the atmosphere and the very large energies involved in the weather systems which produce our climate, it is being realized that human activities are approaching a scale at which they cannot be completely ignored as possible contributors to climate and climatic change«.
12 Weart: The Discovery of Global Warming. A. a. O.
13 Ebd.
14 McKibben: Falter. A. a. O., S. 72 ff.
15 Donella H. Meadows et al.: The Limits to Growth. New York 1972, S. 81 [https://tinyurl.com/qxohw4h].
16 Donald F. Hornig et al.: Restoring the Quality of Our Environment. Report of the Environmental Pollution Panel. President's Science Advisory Committee. 1965 [https://tinyurl.com/y5ngvxpx].
17 Hornig et al.: Restoring the Quality of Our Environment. A. a. O., S. 111–131.
18 Nathaniel Rich: Losing Earth. Hamburg 2019, S. 53 u. 30.
19 Klimaforscher wussten es schon immer. MDR-Online, 19. November 2019 [https://tinyurl.com/y24metbz].
20 Philip D. Thompson et al.: Das Wetter. 1970, S. 174.
21 Colin P. Summerhayes: Earth's Climate Evolution. Cambridge 2015, S. 142 ff.
22 Harald Heinrichs: Politikberatung in der Wissensgesellschaft. Eine Analyse umweltpolitischer Beratungssysteme. Stuttgart 2002, S. 86 ff. Siehe auch: Gerhard Timm: Der Rat im Überblick. Organisation, Aufgaben, Kritik. In: Gerhard Timm

(Hrsg.): Im Dienst der Umwelt und der Politik. Zur Kritik der Arbeit des Sachverständigenrates für Umweltfragen. 1990.
23 Energie und Umwelt. Sondergutachten des Rats von Sachverständigen für Umweltfragen. Stuttgart 1981, S. 68 [https://tinyurl.com/yxvpyv75].
24 Ebd., S. 246–249.
25 Warnung vor drohenden weltweiten Klimaänderungen durch den Menschen. In: Deutsche Physikalische Gesellschaft, Arbeitskreis Energie (Hrsg.): Physikalische Blätter. Band 43, Nr. 8. August 1987 [https://tinyurl.com/y67hhnr3].
26 Daniela Russ: Die Entwicklung des Klimawandels als politisches Problem. Research Gate. November 2014, S. 362 [https://tinyurl.com/y389ello].
27 Wie der Bundestag den Klimawandel verdrängte. SZ-Online [https://tinyurl.com/y6qz64x8].
28 167. Sitzung des Deutschen Bundestages, 4. Juli 1979, Plenarprotokoll 8/167, S. 13321 [https://tinyurl.com/y6d25cka].
29 Ebd., S. 13322.
30 Ebd., S. 13346.
31 Energie und Umwelt. A. a. O., S. 20.
32 Rolf Wüstenhagen, Michael Bilharz: Green Energy Market Development in Germany. Effective Public Policy and Emerging Customer Demand. In: Energy Policy 32. September 2006, S. 1683.
33 Manuel Berkel: Energiepolitik. Informationen zur politischen Bildung Nr. 319/2013. Bundeszentrale für politische Bildung [https://tinyurl.com/yyrrhc3d].
34 Siehe Tabelle des Sachverständigenrats zu: Primärenergieverbrauch nach Energieträgern in Deutschland. Stand 9. Dezember 2015.
35 Der SRU hatte in »Energie und Umwelt« angesichts der diversen negativen Effekte der fossilen Verbrennung (Luftverschmutzung etc.) eine wenn auch schwammige Empfehlung abgegeben und forderte mehr Energieeffizienz, wie sie vom Ökoinstitut als Potenzial berechnet wurde: »Die Variationsspielräume der prognostizierten Energiestrukturen deuten auf erhebliche energie- und umweltpolitische Handlungsspielräume hin, die politische Handlungsmöglichkeiten eröffnen und damit auch einen Handlungsbedarf begründen.« (Energie und Umwelt. A. a. O., S. 21).
36 Ebd., S. 21.
37 Hermann Scheer: Der energethische Imperativ. 2010, S. 51–52.
38 Ebd., S. 45.
39 Ebd., S. 39 f.
40 Berkel: Energiepolitik. A. a. O.
41 Volker Quaschning: Ziel verfehlt. In: Sonne Wind & Wärme. Juni 2006, S. 32–36 [https://tinyurl.com/y43dasmk].
42 Dieter Rink: Umwelt. Dossier: Lange Wege der Deutschen Einheit. Bundeszentrale für politische Bildung. 19. Februar 2020 [https://tinyurl.com/y5rhlxuw].
43 Rich: Losing Earth. A. a. O., S. 68.
44 Memorandum by the Under Secretary of State (Acheson) to the Secretary of State, Washington. 9. Oktober 1945. In: Foreign Relations of the United States. Diplomatic Papers, 1945, The Near East and Africa, Volume VIII. 890.50/10–945 [https://tinyurl.com/ycjyceaj].
45 Noam Chomsky: World Orders Old and New. New York 1994, S. 222.
46 Siehe Edward Herman, Noam Chomsky: Manufacturing Consent. The Political Economy of the Mass Media. New York 2002 (überarbeitete Ausgabe), S. 12.
47 Siehe z. B. Liisa Antilla: Climate of Scepticism. US Newspaper Coverage of the Science of Climate Change. In: Global Environmental Change 15. 2005, S. 338–352 [https://tinyurl.com/y2u6dbgm].

48 Rich: Losing Earth. A. a. O., S. 206 ff.
49 Regierungserklärung des Bundeskanzlers vor dem deutschen Bundestag. Bulletin 27–87. 19. März 1987 [https://tinyurl.com/yyzpshcv].
50 Erster Zwischenbericht der Enquete-Kommission Vorsorge zum Schutz der Erdatmosphäre. Drucksache 11/3246, 2. November 1988, S. 235 [https://tinyurl.com/y6mb9dkj].
51 Dritter Bericht der Enquete-Kommission Vorsorge zum Schutz der Erdatmosphäre. Drucksache 11/8030, 24. Mai 1990, S. 55 [https://tinyurl.com/yxatyd5a].
52 Michael Müller: 30 Jahre Klimaschutzprogramm – 30 Jahre Verdrängen und Versagen. Naturfreunde. 1. Oktober 2020 [https://tinyurl.com/y5rcvu03]. Michael Müller: Die Zeit der Täuschungen ist vorbei. Klimareporter, 29. August 2020 [https://tinyurl.com/y4tz8s67]. Michael Müller: Verpasste Chancen. SZ-Online, 19. Juli 2020 [https://tinyurl.com/yyc48d4q].
53 Dritter Bericht. A. a. O., S. 52 und Fußnote.
54 Ebd., S. 840.
55 Ebd., S. 844 u. 862.
56 Ebd., S. 53.
57 Ebd., S. 750 ff.
58 Norbert Kostede: Weltuntergang vor leeren Bänken. Die Zeit, 26. Oktober 1990 [https://tinyurl.com/y4fdl2dw].
59 Mitspieler der Zerstörung. Der Spiegel, 5. November 1990 [https://tinyurl.com/yy8fzj25].
60 Ebd.
61 Müller: Verpasste Chancen. A. a. O.
62 Schlussbericht der Enquete-Kommission »Schutz der Erdatmosphäre«. Drucksache 12/8600. 31. Oktober 1994, S. 8 u. 518 ff. [https://tinyurl.com/y405g766].
63 Quaschning: Ziel verfehlt. A. a. O.
64 Schlussbericht. A. a. O., S. 487.
65 Susanne Böhler-Baedeker, Florian Mersmann: Ein Ziel, viele Strategien. Dossier Klimawandel, Bundeszentrale für politische Bildung [https://tinyurl.com/w50c7we].
66 Alexandra Böckem: Klimapolitik in Deutschland. Eine Problemanalyse aus Expertensicht, S. 11 ff.
67 Wolf von Fabeck: Historisches zur kostendeckenden Vergütung bis zu ihrer Aufnahme in das EEG vom 1. Aug. 2004. Solarenergie Förderverein. 20. Juli 2014 [https://tinyurl.com/y29e72u4]. Feuer und Flamme. Der Spiegel, 10. Januar 1994 [https://tinyurl.com/y5gv9u63].
68 Sebastian Kolb et al.: Deutschland ohne erneuerbare Energien? Ein Update für die Jahre 2014 bis 2018. Oktober 2019 [https://tinyurl.com/y6mesval].
69 Hans-Josef Fell: 20 Jahre EEG. Eine Erfolgsgeschichte mit großer Wirkung. 25. Februar 2020 [https://tinyurl.com/y35xhz6j].
70 Zahlen des Bundesamts für Wirtschaft und Ausfuhrkontrolle. In: Was ist die EEG-Umlage? Next-Kraftwerke [https://tinyurl.com/y20606nf].
71 Claudia Kemfert: Kampf um Strom. 2013, S. 83. Siehe auch: Peter Becker: Mit vollem Rohr dagegen: Die FAZ und die Energiewende [https://tinyurl.com/y539y3fx].
72 Machtkampf um den Energiemix. Netzzeitung, 5. April 2004. Darin ist der nicht gedruckte Artikel von Gerd Rosenkranz und Harald Schumann zu finden [https://tinyurl.com/y5kr5qls]. Eklat beim Spiegel. Redakteur Schumann wehrt sich gegen Aust. Netzzeitung, 5. April 2004 [https://tinyurl.com/y68mhxgv].
73 Der Spiegel. Luxusstrom. Ausgabe Nr. 36/ 2, September 2013.
74 Stefan Jessenberger: Das Quotenmodell ist ein vergifteter Köder. Eurosolar, 16. September 2013 [https://tinyurl.com/y4q7xspa].

75 Justus Haucap: Wenn einige profitieren und andere zahlen. Initiative Neue Soziale Marktwirtschaft. Ökonomenblog, 19. Juli 2013 [https://tinyurl.com/y4qbtbjw].
76 Fell: 20 Jahre EEG. A. a. O.
77 Stefan Rahmstorf: Alles nur Klimahysterie? In: Zeitschrift Universitas. September 2007 [https://tinyurl.com/2r52ay].
78 Ebd. Christian Bartsch, Matthias Horx, Dirk Maxeiner et al.: Wir müssen Urängste relativeren. FAZ, 5. September 2007 [https://tinyurl.com/y6xm8zfv]. Jan-Philipp Hein, Markus Becker: Die rabiaten Methoden des Klimaforschers Rahmstorf. Der Spiegel, 12. September 2007 [https://tinyurl.com/y62fytwf].
79 Stefan Rahmstorf: Fehler im Artikel »Rüpeleien unter Klimaforschern« von Axel Bojanowski. Offener Brief an den Chefredakteur von Spiegel Online. 1. August 2006 [https://tinyurl.com/y3t50g8f].
80 Axel Bojanowski: So irreführend sind die Wissenslücken der Klimaforscher. Spiegel Online, 8. September 2015 [https://tinyurl.com/y6zrmhoz].
81 Glen Scherer: Climate Science Predictions Prove Too Conservative. Daily Climate, 6. Dezember 2012 [https://tinyurl.com/mdgokkc].
82 Jules Boykoff: Journalistic Balance as Global Warming Bias. Fairness and Accuracy in Reporting, 1. November 2004 [https://tinyurl.com/y5xmwn3f].
83 Die Daten beziehen sich auf eine Auswertung der Genios-Pressedatenbank.
84 Siehe IFEM – Institut für empirische Medienforschung GmbH [https://www.ifem.de/infomonitor/jahr-2011].
85 Jörg Haas: Klimaschutz war Topthema 2007. Klima der Gerechtigkeit, 17. März 2008 [https://tinyurl.com/y4zcmcbl].
86 Media and Climate Change Observatory: 2004–2020 German Newspaper Coverage of Climate Change or Global Warming [https://tinyurl.com/y20umx9d].
87 Mehr als 300 000 Menschen sterben jährlich an den Folgen des Klimawandels. Zeit Online, 29. Mai 2009 [https://tinyurl.com/yxs28c4e].
88 Zu den Klimakonferenzen finden sich in den nachfolgenden Kapiteln ausführliche Analysen.
89 John Vidal: Margaret Thatcher. An Unlikely Green Hero? The Guardian, 9. April 2013 [https://tinyurl.com/yy2kcag7].
90 Dritter Bericht. A. a. O., S. 844 [https://tinyurl.com/plxdtfv].
91 Der Deutsche Bundestag hatte 2008 einen Entschluss zur Förderung der Yasuní-ITT-Initiative erwirkt. Der ehemalige Bundesentwicklungsminister Dirk Niebel (FDP) weigerte sich jedoch jahrelang, sie umzusetzen und in den Treuhandfonds der Vereinten Nationen, der die Gelder zur Finanzierung der Initiative verwaltete, einzuzahlen. Diese Haltung versetzte der Initiative weltweit einen deutlichen Dämpfer. Im August 2013 kündigte der ecuadorianische Präsident Rafael Correa die Initiative dann überraschend auf. Er begründete seine Entscheidung mit unzureichenden Einzahlungen in den Fonds, so dass die Perspektive Ecuadors, nennenswerte Mittel zur Armutsbekämpfung aus dem Fonds nutzen zu können, gescheitert sei.
92 Zahlen auf Grundlage des »Global Carbon Atlas« berechnet [https://tinyurl.com/y3mqt7pk]. Glen P. Peters, Otmar Edenhofer et al.: Growth in Emission Transfers via International Trade from 1990 to 2008. In: Proceedings of the National Academy of Sciences of the United States of America. 24. Mai 2011. 108 (21), S. 8903–8908 [https://tinyurl.com/y4rcoars]. Mojib Latif: Deutschland mutiert zum Klimaschutz-Blockierer. Der Spiegel, 19. November 2013 [https://tinyurl.com/l5wfvws]. Kassensturz für den Weltklimavertrag – Der Budgetansatz. Sondergutachten des Wissenschaftlichen Beirats der Bundesregierung Globale Umweltveränderung (WBGU). 2009 [https://tinyurl.com/y3albnxw].

93 Lili Fuhr: Capitan America – indischer Think Tank CSE kritisiert amerikanische Klimapolitik. Blog Klima der Gerechtigkeit, 7. Oktober 2015 [https://tinyurl.com/y4pna7al].
94 Ökologische Steuerreform auch im nationalen Alleingang! DIW Wochenbericht 24/94, S. 395 ff. [https://tinyurl.com/y5ubjza7].
95 Grüne schreiben höheren Sprit-Preis ins Wahlprogramm / Schröder: »Mit uns nicht«. Hamburger Morgenpost, 9. März 1998 [https://tinyurl.com/y6s863xh].
96 Kai Arzheimer, Markus Klein: Die Grünen und der Benzinpreis. Zentralarchiv für Empirische Sozialforschung 45. 1998, S. 20–43 [https://tinyurl.com/ydfkxc3p].
97 Christian Arns: Artist am Himmel, erfolglos. Taz, 28. März 1995 [https://tinyurl.com/yxukxhv2].
98 Tagesschau, 26. März 1995 [https://tinyurl.com/y4wxclwv].
99 Annette Jensen: Zu lahm, zu platt. Taz, 28. März 1995 [https://taz.de/!1514828/].
100 Dirk Maxeiner: Das Kunststück des Klimagipfels. Meinungsfreiheit, geteilt durch CO_2. Taz, 30. März 1995 [https://tinyurl.com/y6ojlofn].
101 Ernst nehmen. Der Spiegel, 10. April 1995 [https://tinyurl.com/yyvme2xu].
102 Felix Berth: Klimabündnis der neuen Art. Die Umweltgruppen sind auch nicht mehr das, was sie waren. Oder: Darf man Helmut Kohl tatsächlich loben? Taz, 7. April 1995 [https://taz.de/!1513432/].
103 Ebd.: Ein bißchen Theater, ein bißchen Politik. Taz, 8. April 1995 [https://taz.de/!1513216/].
104 Wolfgang Roth: Der Kongreß spielt Inselversenken. SZ, 04. April 1995.
105 Ernst nehmen. Der Spiegel. A. a. O.
106 Keine deutschen finanziellen Zusagen auf dem UNO-Klimagipfel. SZ, 24. März 1995.
107 Bill McKibben im Video auf der Website des Magazins Rolling Stone, ab 4'00 [https://tinyurl.com/y7gqrxjy].
108 Berth: Klimabündnis der neuen Art. A. a. O.
109 Daniel Bodansky: The History and Legal Structure of the Global Climate Change Regime. In: Detlev Sprinz, Urs Luterbacher: International Relations and Global Climate Change. PIK-Report Nr. 21. 1996, S. 16 [https://tinyurl.com/yxvyegu8].
110 Quirin Schiermeier: The Kyoto Protocol. Hot Air. Nature, 28. November 2012 [https://tinyurl.com/y5daqulr]. Jonathan Shaw: The Great Global Experiment. November/Dezember 2002 [https://tinyurl.com/y5njb6au].
111 Igor Shishlov, Romain Morel et al.: Compliance of the Parties to the Kyoto Protocol in the First Commitment Period. Climate Policy 6/2016, S. 768–782 [https://tinyurl.com/yxv23d2h].
112 Kevin Anderson: The Inconvenient Truth of Carbon Offsets. Nature 484/7, 5. April 2012 [https://tinyurl.com/y2oafuzy].
113 Development and Climate Change. World Development Report. 2010, S. 257 [https://tinyurl.com/y6mxrf6o].
114 Hermann Scheer: Solarzeitalter. 2005, S. 18 ff. Siehe Auszüge aus dem Kapitel »Das Kyoto-Syndrom und das Elend der Energie- und Umweltökonomie«. Solarenergie Förderverein [https://tinyurl.com/y4nyy6an].
115 Ebd.
116 Andrew Purvis: Angela Merkel. Leaders & Visionaries. 17. Oktober 2007 [https://tinyurl.com/y30p68nb]. Siehe auch: Kyoto Protocol Status of Ratification. Annexe Kyoto Protocol [https://tinyurl.com/y245cas7].
117 Roger Cohn: Interview mit Bill McKibben. Yale Environment 360 [https://tinyurl.com/y3bn4ts2].
118 McKibben: Falter. A. a. O., S. 220.
119 Tadzio Müller: Klimagerechtigkeit. Globaler Widerstand gegen den fossilen Kapitalismus. Degrowth, 26. Juli 2016 [https://tinyurl.com/yyl6o2kq].

120 Ebd.
121 McKibben: Falter. A. a. O., S. 221.
122 Kanzlerin will an Klimakonferenz in Kopenhagen teilnehmen. Die Welt, 11. November 2009 [https://tinyurl.com/yxwm9dpv].
123 Deutsche Klimaforscher verlangen Reformen. Spiegel Online, 5. Dezember 2009 [https://tinyurl.com/y2jfq9vu]. Skeptiker contra Alarmisten – Klima-Kampf im Netz. Focus-Online, 15. November 2013 [https://tinyurl.com/y2ebu8v4]. Riley E. Dunlap, Aaron M. McCright: Organized Climate Change Denial. In: John S. Dryzek et al. (Hrsg.): The Oxford Handbook of Climate Change and Society. 2011, S. 144–160, insbes. S. 144 u. 152 f.
124 John Vidal: China Leads Accusation that Rich Nations Are Trying to Sabotage Climate Treaty. The Guardian, 5. Oktober 2009 [https://tinyurl.com/y6s63foz].
125 Obama hat freie Hand beim Klimaschutz. Spiegel Online, 8. Dezember 2009 [https://tinyurl.com/y5f8pzfe].
126 Vidal: China Leads Accusation that Rich Nations Are Trying to Sabotage Climate Treaty. A. a. O.
127 Ebd.: Copenhagen Climate Summit in Disarray After »Danish Text« Leak. The Guardian, 8. Dezember 2009 [https://tinyurl.com/y44tnmlt].
128 Martin Khor: The Equitable Sharing of the Atmosphere and Development Space. Some Critical Aspects. South Centre, Research Paper Nr. 33. November 2010, S. 12 f. [https://tinyurl.com/y67kedcs].
129 Damian Carrington: WikiLeaks Cables Reveal How US Manipulated Climate Accord. The Guardian, 3. Dezember 2010 [https://tinyurl.com/gplmux5].
130 Reinhard Wolff: Massenverhaftungen waren illegal. Klimaretter, 16. Dezember 2010 [https://tinyurl.com/35fmkcq].
131 Climate Crackdown. UN Bars Friends of the Earth and Other Environmental Groups from Climate Talks. Democracy Now, 16. Dezember 2009 [https://tinyurl.com/yxofb4b3].
132 Susanne Götze: Sturm auf das Bella Center in Kopenhagen. Telepolis, 16. Dezember 2009 [https://tinyurl.com/y44465gt]. Wolff: Massenverhaftungen waren illegal. A. a. O.
133 Naomi Klein: This Changes Everything. Capitalism vs. The Climate, S. 12 f. Tadzio Müller: In Paris mal kurz die Welt retten? Blätter für deutsche und internationale Politik, 5/2015, S. 33–35 [https://tinyurl.com/y3sktml9].
134 George Monbiot: Who's the World's Leading Eco-Vandal? It's Angela Merkel. The Guardian, 19. Juli 2017 [https://tinyurl.com/y792xdd3].
135 Sonja Förster et al.: Erfüllt Deutschland die Treibhausgas-Emissionsziele. Ecofys-Studie im Auftrag von Greenpeace Deutschland. 25. November 2014 [https://tinyurl.com/y4akr5zg].
136 Alexander Fernahl et al.: Reduktion von CO_2-Emissionen in Deutschland durch Abschaltung von Kohlekraftwerken. Energy Brainpool Studie in Auftrag von Greenpeace Deutschland. 29. September 2015 [https://tinyurl.com/yy603dyk].
137 Malte Kreutzfeldt: Ein Etappensieg für Hendricks. Taz, 3. Dezember 2014 [https://tinyurl.com/y23b4943]. Malte Kreutzfeldt: Durchbruch gegen Klimakiller. Taz, 25. November 2015 [https://tinyurl.com/y56d2m6e].
138 Das integrierte Energie- und Klimaprogramm der Bundesregierung. Bundesumweltministerium, Dezember 2007 [https://tinyurl.com/yc3wb9ps].
139 Ending the Affair Between Polluters and Politicians. Corporate Europe Observatory, 19. März 2014 [https://tinyurl.com/y6stbae2].
140 Die Videos der jeweiligen Sitzungen sind auf der Website der EU-Kommission nicht mehr online verfügbar. Die Informationen basieren auf den heruntergeladenen Live-Stream-Videos.

141 Kasse machen mit dem Emissionshandel. WWF, 13. März 2014 [https://tinyurl.com/y66tey66]. Milliarden-Schaden durch CO_2-Emissions-Betrug. oe24, 9. Dezember 2009 [https://tinyurl.com/y2czybuq]. Damian Kahya: »30 Percent of Carbon Offsets« Spent on Reducing Emissions. BBC News, 7. Dezember 2009 [https://tinyurl.com/yjowfng]. George Monbiot: Selling Indulgences. The Guardian, 18. Oktober 2006. [https://tinyurl.com/yyah4c8g].
142 Letter to Barroso by IIGCC on 2030 Framework. CAN, 9. Januar 2014 [https://tinyurl.com/y2avg2pe].
143 Carbon Welfare. How Big Polluters Plan to Profit from EU Emissions Trading Reform. Corporate Europe Observatory, 2. Dezember 2016 [https://tinyurl.com/y2e9bfzv]. Martin Steinmüller: Intensives Lobbying in Brüssel. ORF, 6. Dezember 2016 [https://tinyurl.com/yxuc3hmg].
144 Kevin Anderson: Open Letter to the EU Commission President about the Unscientific Framing of Its 2030 Decarbonisation Target [https://tinyurl.com/y2gwmrzf].
145 Anderson: Open Letter. A. a. O.
146 Commission Staff Working Document Impact Assessment. EU-Kommission, 22. Januar 2014, S. 15, 52 u. Fußnote 61 [https://tinyurl.com/y5m9bgmf].
147 Sujata Gupta, Dennis A. Tirpak: Chapter 13. Policies, Instruments and Co-operative Arrangements. In: AR4 Climate Change 2007. Synthesis Report. IPCC. 2007, S. 776 [https://tinyurl.com/yxln3p7l].
148 Ebd., S. 776. Dort heißt es zum Szenario in einer Fußnote: »Additional extreme cases – in which Annex I undertakes all reductions, or non-Annex I undertakes all reductions – are not included«. Annex I sind im Wesentlichen die Industriestaaten. Für den zweiten Fall gibt es gar keine Beispiele, daher wurden nur die für die Industriestaaten nachteiligen Studien ausgefiltert.
149 Ebd., S. 776.
150 Anderson: Open Letter. A. a. O.
151 Michael D. Mastrandrea et al.: Guidance Note for Lead Authors of the IPCC Fifth Assessment Report on Consistent Treatment of Uncertainties. IPCC. 6./7. Juli 2010 [https://tinyurl.com/qlqxecr].
152 D. C. Fraser: Sask. Not Moving Forward on Carbon Capture Expansion. Regina Leader-Post, 10. Juli 2018 [https://tinyurl.com/y54n4nx9].
153 Chris Lang: »Nature Cannot Be Fooled.« Kevin Anderson on Mitigation as If Climate Mattered. REDD-Monitor, 5. September 2019 [https://tinyurl.com/y6pgudhp].
154 Kevin Anderson: The Hidden Agenda. How Veiled Techno-Utopias Shore Up the Paris Agreement. [https://tinyurl.com/y3dcouvj]. Lang: »Nature Cannot be Fooled«. A. a. O.
155 Jean-Francois Bastin et al.: Planting Trees and Restoring Forests Is Not Going to Stop Climate Breakdown. 8. August 2019 [https://tinyurl.com/yaz8drgs].
156 Kevin Anderson: Duality in Climate Science. Nature Geoscience, 2015 [https://tinyurl.com/y5tsxe4k].
157 Ebd.
158 Bastin: Planting Trees and Restoring Forests. A. a. O.
159 James Hansen et al.: Assessing »Dangerous Climate Change«. PLoS ONE 8(12). 3. Dezember 2013 [https://tinyurl.com/ybzsjckk].
160 Anderson: Duality in Climate Science. A. a. O.
161 Ebd., Open Letter. A. a. O.
162 Nicht veröffentlichter Teil eines Interviews mit Alice Larkin für Kontext TV.
163 Anderson: Open Letter. A. a. O.
164 Siehe Radical Emissions Reduction Conference. 10./11. Dezember 2013 [https://tinyurl.com/y5anjzm3].

165 Hans Joachim Müller-Jung: Europa auf der Klimaschutzbremse? »Ich bin nicht enttäuscht von Barroso.« Interview mit Hans Joachim Schellnhuber. FAZ-Online, 24. Januar 2014 [https://tinyurl.com/yyw82vl5].
166 Falsche Lösungen. Emissionshandel, Kohlenstoffabscheidung und Geo-Engineering. Kontext TV, 10. März 2016 [https://tinyurl.com/y4chrp4b].
167 Below 2°C or 1,5°C Depends on Rapid Action from Both Annex I and Non-annex I Countries. Pressemitteilung Climate Analytics. 4. Juni 2014 [https://tinyurl.com/yxefpkag]. Niklas Höhne et al.: Rapid Phase Out of Coal Essential, but Not Enough to Hold Warming Below 2°C. Climate Action Tracker. Policy Brief. 22. September 2014, S. 3 [https://tinyurl.com/y2d9kkaq]. Niklas Höhne et al.: Below 2°C or 1,5°C Depends on Rapid Action from Both Annex I and Non-annex I Countries. Climate Action Tracker. Policy Brief, 7. Juni 2014, S. 7 ff. [https://tinyurl.com/ya3rnw7z].
168 WBGU: Kassensturz für den Weltklimavertrag. A. a. O., S. 13 ff. Hans Joachim Schellnhuber: Selbstverbrennung. 2015, S. 606 ff. u. S. 558.
169 Antwort der Bundesregierung auf die Kleine Anfrage Fraktion Bündnis 90/Die Grünen. Drucksache 18/739. 10. März 2014 [https://tinyurl.com/y308kcyw].
170 Müller-Jung: Europa auf der Klimaschutzbremse? A. a. O.
171 EU-Kommission erntet viel Kritik für Klimapläne. FAZ 22, Januar 2014 [https://tinyurl.com/y8v59lxe]. Florian Eder: Die EU nimmt sich ein ehrgeiziges Klimaziel vor. Die Welt, 21. Januar 2014. [https://tinyurl.com/y634vac2]. EU will 40 Prozent weniger CO_2-Ausstoß. Tagesschau-Online, 9. September 2014. [https://tinyurl.com/yydfae3c]. EU will Treibhausgase um 40 Prozent reduzieren. Zeit-Online, 22. Januar 2014 [https://tinyurl.com/y2pwz4ns].
172 Bernhard Pötter: Gradwanderung in die Realität. Taz, 9. Mai 2015 [https://tinyurl.com/y2mx862s].
173 David Goeßmann: Die Klimagipfel-Truman-Show. Kontext TV, 14. Dezember 2015. [https://tinyurl.com/y4eyd3hg].
174 Joeri Rogelj et al.: Analysis of the Copenhagen Accord Pledges and Its Global Climatic Impacts – a Snapshot of Dissonant Ambitions. Environmental Research Letters 5, 034013. 2010, S. 7 [https://tinyurl.com/y3thu3nr].
175 Michel den Elzen, Nikolas Höhne et al.: Evaluation of the Copenhagen Accord: Chances and Risks for the 2°C Climate Goal. Ecofys. 2010, S. 38 [https://tinyurl.com/yxb2mr8u]. J. G. J. Olivier, J. A. H. W. Peters: Trends in Global CO_2 and Total Greenhouse Gas emissions. PBL Netherlands Environmental Assessment Agency. 2019, S. 4 [https://tinyurl.com/y6ph68oe].
176 Daniel Bodansky: Reflections on the Paris Conference. OpinioJuris, 15. Dezember 2015 [https://tinyurl.com/yx908kzl].
177 Ebd.
178 Ebd.
179 Interview mit Pablo Solón auf Kontext TV, 10. März 2016 [https://tinyurl.com/y458z4hc].
180 Bernhard Pötter: Kleiner Hammer, große Wirkung. Taz, 13. Dezember 2015 [https://tinyurl.com/y56j6ce6].
181 Internationales Lob für Klimaschutzabkommen von Paris. Welt Online, 13. Dezember 2015 [https://tinyurl.com/yataubux]. COP21 umsetzen. Ausbauziele für Erneuerbare Energien erhöhen. Pressemitteilung Bundesverband erneuerbare Energien e. V., 13. Dezember 2015 [https://tinyurl.com/ycm3cmhw]. Das Klima-Abkommen von Paris. WWF-Bewertung und Forderungen an die Klima- und Energiepolitik. WWF Positionspapier, 2015 [https://tinyurl.com/y6socczw].
182 Malte Kreutzfeldt: Kurzsichtige Klima-Nörgler. Taz, 23. Dezember 2015. [https://tinyurl.com/yyd42afn].
183 Oliver Milman: James Hansen. Father of Climate Change Awareness, Calls Paris Talks »a Fraud«. The Guardian, 12. Dezember 2015 [https://tinyurl.com/yac68a3e].

184 Ingo Arzt: Note Fünf, setzen! Taz, 11. Dezember 2015 [https://tinyurl.com/y4zg6jlg]. Die Taz zitiert darin auch Kevin Andersons Einschätzung, aber teilt nicht mit, auf welcher wissenschaftlichen Grundlage sie beruht. Zugleich wird seine Einschätzung als abwegige Minderheitsmeinung gerahmt: »Dieser drastischen Einschätzung folgen die anderen vier Wissenschaftler nicht.« Der Artikel orientiert sich insgesamt an den Aussagen von Hans Joachim Schellnhuber, der die Realität mit moderaten Statements (»Das ist eine gute Formulierung«) und geschönten Szenarien (»CCS/BECCS funktionieren«, obwohl Studien, an denen Schellnhuber teilgenommen hat, zur Skepsis mahnen) weichzeichnet. Zudem: Nadine Michel: Land unter in Kopenhagen. Taz, 20. Dezember 2009 [https://tinyurl.com/y5szdsdr].
185 Sarah Begley: Nicaragua Didn't Sign the Paris Agreement Because It Didn't Go Far Enough. Time, 31. Mai 2017 [https://tinyurl.com/yxcbfs3v].
186 Rede von Naomi Klein. In: Filip Antoni Malinowski: Guardians of the Earth. Als wir entschieden, die Erde zu retten. Dokumentarfilm, 2018, ab 01'08.
187 Naderev Sano. In: Guardians of the Earth. A. a. O., ab 49'20.
188 Saleemul Huq. In: Guardians of the Earth. A. a. O., ab 48'40 und 49'20. Key Outcomes Agreed at the UN Climate Talks in Madrid. Carbon Brief COP25, 15. Dezember 2019 [https://tinyurl.com/rl4p9gg]. Joydeep Gupta: No Money for Climate Loss and Damage. Even Six Years After the Warsaw International Mechanism for Loss and Damage was Established, There is Little Hope for Getting Funding for Climate Disasters. Thethirdpole, 10. Dezember 2019 [https://tinyurl.com/yygm3pmb].
189 Nadarev Sano. In: Guardians of the Earth. A. a. O., ab 49'20.
190 John Kerry. In: Ebd., ab 1'05'20.
191 Franziska Schütze, Darko Aleksovski et al.: Stock Market Reactions to International Climate Negotiation. SSRN. 24. Oktober 2020, S. 20 [https://tinyurl.com/y5f7ya4q].
192 Bernhard Pötter: Wir gehen volles Risiko. Taz, 16. Dezember 2019 [https://tinyurl.com/y3fn6m8n].
193 Andreas Mihm: Klima-Überstunden. FAZ, 11. Dezember 2015 [https://tinyurl.com/yckfeqt4]. Andreas Mihm: Scharfe Kritik am Klima-Vertrag von Paris. FAZ, 13. Dezember 2015 [https://tinyurl.com/ycsa9nu8].
194 Joachim Müller-Jung, Hans Joachim Schellnhuber: Der Widerstand in Paris war erstaunlich kraftlos. FAZ, 14. Dezember 2015 [https://tinyurl.com/yd6wqdff].
195 Andreas Mihm: Niemand schickt die Klima-Polizei. FAZ Wirtschaft Spezial, 30. November 2015.
196 Activists Dragged Out of Climate Expo for Protesting Corporate Influence over COP21 Negotiations. Democracy Now, 7. Dezember 2015 [https://tinyurl.com/y2yfjs2y].
197 Nadia Prupis: France Cancels Major Climate March, but Groups Say They Won't Be Silenced. Common Dreams, 18. November 2015 [https://tinyurl.com/yy6hdxhe].
198 David Goeßmann: Die gefährlichen Lügen von Paris. Kontext TV, 27. November 2015 [https://tinyurl.com/y3nbsb4k].
199 Trotz Verboten. Tausende protestieren in Paris gegen schwaches Klima-Abkommen. Kontext TV, 21. Dezember 2015 [https://tinyurl.com/y5wf7ovz].
200 Hermann Scheer: German Lawmaker, Leading Advocate for Solar Energy and »Hero for the Green Century« in One of His Final Interviews. Democracy Now, 15. Oktober 2010 [https://tinyurl.com/y5zrhx8p]. Scheer: Der energethische Imperativ. A. a. O., S. 73 ff.

201 Obama Accused of Giving Poor Nations a »Poison Chalice« by Skirting U.S. Climate Responsibility. Democracy Now, 10. Dezember 2015 [https://tinyurl.com/y6bg43j9].
202 Patricia Adams: The Truth about China. The Global Warming Policy Foundation. Report 19. 2015, S. XI [https://tinyurl.com/y5vxcg3y].
203 Khor: The Equitable Sharing of the Atmosphere and Development Space. A. a. O., S. 28.
204 Ebd., S. 7.
205 Fuzuo Wu: Energy and Climate Policies in China and India. A Two-Level Comparative Study. 2018, S. 232 ff.
206 Ebd., S. 204.
207 Joanna Lewis: China's Strategic Priorities in International Climate Change Negotiations. The Washington Quaterly. 2007/2008 [https://tinyurl.com/yybpbwso].
208 Clive L. Spash: This Changes Nothing: The Paris Agreement to Ignore Reality. In: Ken Conca, Geoffrey D. Dabelko (Hrsg.): Green Planet Blues. Critical Perspectives on Global Environmental Politics. 2019, S. 200.
209 Fair Shares. A Civil Society Equity Review of INDCS. Summary. Oktober 2015 [https://tinyurl.com/y5qrmm4q].
210 Extreme Klima-Ungerechtigkeit. Kontext TV, 10. März 2016 [https://tinyurl.com/y458z4hc]. Tim Gore: Extreme Carbon Inequality. Oxfam, 2. Dezember 2015 [https://tinyurl.com/y6yf7sdu].
211 People's Agreement of Cochabamba. World People's Conference on Climate Change and the Rights of Mother Earth. 22. April 2010 [https://tinyurl.com/n86pohf].
212 Hans Joachim Schellnhuber, Dirk Messner et al.: Kassensturz für den Weltklimavertrag – Der Budgetansatz. Sondergutachten Wissenschaftlicher Beirat der Bundesregierung Globale Umweltveränderungen (WBGU). 2009 [https://tinyurl.com/y3albnxw].
213 Ebd., S. 470 ff.
214 Tilman Santarius: Der Budgetansatz. Klima der Gerechtigkeit, 22. September 2009 [https://tinyurl.com/y4krw4ev].
215 Schellnhuber: Selbstverbrennung. A. a. O., S. 470 ff.
216 »Die Industrieländer stecken tief in der CO_2-Insolvenz.« Interview mit Hans Joachim Schellnhuber. Spiegel Online, 1. September 2009 [https://tinyurl.com/y4bnqaz8]. Spiegel Online bezeichnet den Ansatz als »idealistisch«, während Schellnhuber das Ziel der Industriestaaten, um 25 bis 40 Prozent zu reduzieren, als »nicht ehrgeizig genug« einschätzt und Deutschland ein 2020-Ziel von minus 60 statt minus 40 Prozent empfiehlt (»wäre angebracht«). Er lässt dabei aus, dass Deutschland (wie der WBGU feststellt) keinerlei Rechte besitzt, wenn das Budget von 1990 gerechnet wird. Würde man die Emissionsrechte ab 2010 verteilen, müsste die BRD im Jahr 2030 auf Null-Emissionen gelangen. Das heißt, minus 60 Prozent reichen bei Weitem nicht. Zudem wäre notwendig, dass Deutschland seinen Klimaplan revidiert, 2050 minus 80 bis 95 Prozent zu erzielen.
217 McKibben: Falter. A. a. O., S. 205.
218 United Nations Framework Convention on Climate Change. UN. 1992 [https://tinyurl.com/yyff2apx].
219 Global Warming of 1,5°C. IPCC Special Report. 2018, S. 24 [https://tinyurl.com/ydxvgtdl].
220 Khor: The Equitable Sharing of the Atmosphere and Development Space. A. a. O.
221 Martin Parry et al.: Assessing the Costs of Adaptation to Climate Change: A Critique of the UNFCCC Estimates. August 2009 [https://tinyurl.com/y3f27cef].

222 Meadows: The Limits to Growth. A. a. O., S. 81. Weart: The Dicovery of Global Warming. A. a. O. Nicholas Stern: The Global Deal. Climate Change and the Creation of a New Era of Progress and Prosperity. 2009.
223 Sophie Yeo: Where Climate Cash Is Flowing and Why It's Not Enough. Nature, 17. September 2019 [https://tinyurl.com/y3xamoy9].
224 WBGU: Kassensturz. A. a. O. Khor: The Equitable Sharing of the Atmosphere and Development Space. A. a. O.
225 Hans-Martin Henning, Andreas Palzer: Was kostet die Energiewende? Wege zur Transformation des deutschen Energiesystems bis 2050. November 2015, S. 8 [https://tinyurl.com/y3t2ry24].
226 Robert Pollin: Biden Not Phasing Out Fossil Fuel, Relies on Carbon Capture. ZNet, 9. September 2020 [https://tinyurl.com/y3f9jh4y].
227 Global Green New Deal. Policy Brief. UNEP. März 2019, S. 8 [https://tinyurl.com/y535b9cn]. A Roadmap to 2050. Global Energy Transformation. IRENA. 2019, S. 31 [https://tinyurl.com/y38c4xav]. Man rechnet für den Zeitraum 2020–2050 mit Kosten in Höhe von insgesamt 110 Billionen Dollar. Weil 20 davon umgelenkte Investitionen fossiler Energien sind, bedeutet es netto 90 Billionen für die Energiewende. Pro Jahr werden danach gut 3 Billionen Dollar benötigt, um das 2°C-Ziel halten zu können. In einem Artikel von Spiegel Online werden die gesamten Investitionskosten für die Energiewende irreführend mit nur 15 Billionen Dollar angesetzt. Das ist aber lediglich die Summe, die die Differenz zwischen dem sogenannten Referenzmodell und dem Irena-Recap-Modell ausgleicht. Das Referenzmodell schätzt die Kosten für die Umsetzung der Pläne ab, wie sie national und auf dem Pariser Gipfel bereits vereinbart wurden. Diese Pläne reichen aber nicht für das 2°C-Ziel. Das Recap-Modell füllt die Lücke auf, wobei, wie gesagt, 20 Billionen Dollar mindernd einfließen. Christian Stöcker: So lösen wir unser Klimaproblem. Spiegel Online, 14. April 2019 [https://tinyurl.com/y3mz8u3t].
228 Yeo: Where Climate Cash Is Flowing and Why It's Not Enough. A. a. O. Kopenhagen-Vereinbarung [https://tinyurl.com/y32pxe4k].
229 Yeo: Where Climate Cash Is Flowing and Why It's Not Enough. A. a. O.
230 The Climate »Fiscal Cliff«. An Evaluation of Fast Start Finance and Lessons for the Future. Oxfam, 25. November 2012 [https://tinyurl.com/yyuecomt]. Selling Old Wine in New Skins. Chancellor Merkel's Copenhagen Promise. €1.26bn in Fast Start Finance 2010–2012 for Poor Countries. Oxfam, 15. Juli 2011 [https://tinyurl.com/y5pbzf4m].
231 Climate Finance Provided and Mobilised by Developed Countries in 2013–17. OECD. 2019, S. 19 ff [https://tinyurl.com/y3gtdaef].
232 Karen Orenstein: 112 Groups Demand Grants and Honest Accounting for Rich Countries' Promised $100 Billion in Climate Finance. Friends of the Earth, 2015 [https://tinyurl.com/y4pwtqtj].
233 Yeo: Where Climate Cash Is Flowing and Why It's Not Enough. A. a. O.
234 Orenstein: 112 Groups Demand Grants. A. a. O.
235 Siehe zum Beispiel Christine Lottje: Klimafinanzierung in der Pflicht, Prinzipien, Instrumente und Handlungsoptionen. November 2011. Es ist eine gemeinsame Studie von EED, Misereor, VEM, Brot für die Welt, Evangelische Kirche von Westfalen und Kirche für Klima. Sie fordern darin unter anderem: »Als ›neu und zusätzlich‹ dürfen nur Gelder zählen, die nach dem Copenhagen-Accord von 2008 zugesagt wurden und zusätzlich zur ODA-Quote von 0,7 Prozent sind.« [https://tinyurl.com/y5lxdatm].
236 Antwort der Bundesregierung auf die kleine Anfrage der Fraktion Bündnis 90/Die Grünen. Drucksache 18/10685. 15. Dezember 2016 [https://tinyurl.com/y6ofpr5u].

237 Brigitte Unger: Steuerhinterziehung kostet 100 Milliarden. In: Magazin Mitbestimmung. Hans-Böckler-Stiftung. Oktober 2012 [https://tinyurl.com/yyn2agyf]. Zur Vermögenssteuer siehe: Fred Schmidt: Wirksame Vermögenssteuer – Jetzt! In: ISW-Wirtschaftsinfo. Nr. 50 »Bilanz«. April 2016 [https://tinyurl.com/y66om5hk]. Zu den Subventionen für fossile Energien siehe Florain Zerzawy et al.: Subventionen für fossile Energien in Deutschland. Greenpeace Deutschland. Juni 2017 [https://tinyurl.com/y5tqwx8x].
238 Für einen Überblick über die ökonomischen Folgen des Klimawandels siehe Kimberly Amadeo: Climate Change Facts and Effect on the Economy. The Balance, 3. November 2020 [https://tinyurl.com/ydbulu2o].
239 Yeo: Where Climate Cash Is Flowing and Why It's Not Enough. A. a. O.
240 Markus Balser: Schlechtes Klima. SZ-Online, 9. Juli 2015 [https://tinyurl.com/yysru6qe].
241 Lake Turkana Wind Farm. NS Energy [https://tinyurl.com/yxqnokgn].
242 Kenya Power's Deal That Forced World Bank Out of Wind Farm. Business Daily, 21. Oktober 2012 [https://tinyurl.com/yxjemolw].
243 Constant Munda: Sh1.16bn Payment to Turkana Wind Power Averts Sovereign Default Crisis. Business Daily, 24. Juni 2019 [https://tinyurl.com/y3g7wlmv].
244 Project Information Document. Lake Turkana Wind Project. World Bank. 31. Oktober 2011 [https://tinyurl.com/ybwkh9cj].
245 Kenya Power's Deal. A. a. O.
246 Zoe Cormack: Kenya's Huge Wind Power Project Might Be Great for the Environment but Not for Local Communities. Quarz Africa, 3. September 2019 [https://tinyurl.com/y2bc6a7k].
247 Martin Böll: Kenia plant Ausbaustopp für neue Windkraftwerke. Wenig Nachfrage für zusätzliche Stromerzeugung. Germany Trade & Invest (GTAI). 21. Februar 2019 [https://tinyurl.com/ycpmkbka]. People's Agreement of Cochabamba. A. a. O.
248 Jessica Elgot, Haroon Siddique: Heathrow Airport Disrupted as Climate Activists Protest on Northern Runway. The Guardian, 13. Juli 2015 [https://tinyurl.com/yyzkncz8].
249 Plane Stupid Activists Told to »Expect Jail« After Heathrow Protest. BBC News, 25. Januar 2016 [https://tinyurl.com/y65qyjhq]. »Heathrow 13« Climate Change Protesters Avoid Jail. BBC News, 24. Februar 2016 [https://tinyurl.com/yy39wrgc].
250 Gwyn Topham, Rowena Mason, Jessica Elgot: Heathrow Airport Expansion Gets Government Approval. The Guardian, 25. Oktober 2016 [https://tinyurl.com/gtsen2b].
251 George Monbiot: Climate Change Means No Airport Expansion – at Heathrow or Anywhere. ZNet, 21. Oktober 2016 [https://tinyurl.com/y49vzltk].
252 Klaus Kurbjuweit, Gerd Appenzeller: BER soll in fünf Etappen ausgebaut werden. 27. August 2017 [https://tinyurl.com/y4fpeaq6]. Starterlaubnis für Kassel-Calden. FAZ, 18. Juli 2007 [https://tinyurl.com/y6mdxp7r]. Jens Koenen, Daniel Delhaes: Pro und Contra: Steuergelder für Flughäfen. Angebracht oder überzogen? Handelsblatt, 5. November 2020 [https://tinyurl.com/y5m46dnr]. Leitlinien für den Aufbau eines transeuropäischen Verkehrsnetzes. Amtsblatt Europäische Union. Karte 6.1 zu Deutschland [https://tinyurl.com/y2ctvpje].
253 Eberhard Greiser: Soziale und ökonomische Folgen nächtlichen Fluglärms im Umfeld des Flughafens Köln-Bonn. Studie im Auftrag der Bundesvereinigung gegen Fluglärm e. V. 21. September 2013 [https://tinyurl.com/y3zj25nu]. Fluglärm und Gesundheit. Ausgabe 02. Oktober 2012 [https://tinyurl.com/y5vjhjw9].
254 Jörg Staude: Die grenzenlose Freiheit unter den Wolken. Klimareporter, 31. Oktober 2020 [https://tinyurl.com/y4tolcuc]. Flughafenkonzept der Bundesregierung 2009, S. 31 u. S. 10 [https://tinyurl.com/y5qwtz3j].

255 Bundesverkehrswegeplan besteht eigene Umweltprüfung nicht. Umweltbundesamt. 25. April 2016 [https://tinyurl.com/y5rfw7fv]. Bundesverkehrswegeplan 2030. Infrastrukturplanung fehlgeleitet. BUND. 1. Dezember 2016 [https://tinyurl.com/y27xcosr]. BUND legt bei EU Beschwerde gegen Bundesverkehrswegeplan ein. BUND. 26. August 2016 [https://tinyurl.com/y6jl7hhd].
256 Klaus Kurbjuweit: A100 zur Frankfurter Allee laut Ministerium schon »in Bau«. Tagesspiegel, 23. April 2016 [https://tinyurl.com/y6c27d9j].
257 Nina Kugler: Kosten bei A100-Ausbau steigen um bis zu 60 Millionen Euro. Berliner Morgenpost, 6. April 2019 [https://tinyurl.com/yxwegn96]. Deutschlands teuerste Autobahn entsteht in Berlin. Die Welt, 12. September 2017 [https://tinyurl.com/yb2y7z8w]. Kostenexplosion am 16. Bauabschnitt der A100 von Neukölln bis Treptower Park! Aktionsbündnis A100 stoppen! [https://tinyurl.com/yxbuz5gk]. Was kostet eigentlich ein Radweg? Initiative PlatzDA! 13. April 2016 [https://tinyurl.com/y40qq4gw]. Hans-Henning Romberg: Pro und Contra Tram-Ausbau. Mehr Straßenbahnen! Nein, mehr Busse! 30. August 2015 [https://tinyurl.com/y2smbvfn].
258 Umweltschützer werfen Grünen »Kniefall vor Kohlelobby« vor. Finanzen Net, 14. Dezember 2013 [https://tinyurl.com/y7cb6acu]. Thomas Drescher: Worum es bei dem Streit um Datteln 4 geht. 24. Januar 2020 [https://tinyurl.com/tdltdu7]. NRW bekommt mit Datteln 4 neues Kohlekraftwerk. Tagesspiegel, 16. Januar 2020 [https://tinyurl.com/yyowat8s]. Geplante und im Bau befindliche Kohlekraftwerke. BUND. 9. Mai 2016 [https://tinyurl.com/y7chr4wl]. Anett Selle: Verantwortungslosigkeit in Zement. Taz, 20. Mai 2020 [https://tinyurl.com/y5l3vgf9]. Helma Nehrlich: Datteln IV und der Journalist als Störer. M – Menschen Machen Medien, 22. Mai 2020 [https://tinyurl.com/y49q9gnd].
259 BUND: Geplante und im Bau befindliche Kohlekraftwerke. A. a. O. Datteln 4. Spart das neue Kohlekraftwerk wirklich CO_2? Quarks, 30. Mai 2020 [https://tinyurl.com/vegypqt]. Anne Neumann, Claudia Kemfert et al.: Erdgasversorgung. Weitere Ostsee-Pipeline ist überflüssig. DIW Wochenbericht. Vol. 85, Iss. 27, S. 589–597 [https://tinyurl.com/yxwv95tq]. Berechnung von Treibhausgas (THG)-Emissionen verschiedener Energieträger. Umweltbundesamt Österreich. Oktober 2019 [https://tinyurl.com/yxq6w3s9]. Robert Sperfeld: Acht grüne Gründe gegen Nord Stream II. Heinrich-Böll-Stiftung. 11. Juni 2018 [https://tinyurl.com/y63f8lfx].
260 Achim Pollmeier, Christina Zühlke: Nord Stream 2. Putins Pipeline dank deutscher Lobbyarbeit. ARD Monitor, 7. Juni 2018 [https://tinyurl.com/y57gtkup]. Claudia von Salzen: Wie Gerhard Schröder als Türöffner für Gazprom agiert. Tagesspiegel, 20. Dezember 2017 [https://tinyurl.com/ybt97vam].
261 Andreas Becker: Grüne attackiert. Schwesig hält im Bundestag Wut-Rede zu Nord Stream 2. Nordkurier, 18. September 2020 [https://tinyurl.com/yxv88xd8].
262 Katharina Wolf: Erdgas verstärkt Treibhauseffekt um 40 Prozent. Energy Watch Group warnt vor weiterer Nutzung des Klimakillers. Hohe Methanemissionen übertreffen CO_2-Einsparung. Erneuerbare Energien. 20. September 2019 [https://tinyurl.com/y62lhxbb]. Paul Bedsoe: Gazprom's »Fugitive Emissions« Are a Problem for Europe. Financial Times, 15. August 2018 [https://tinyurl.com/y692x24d]. McKibben: Falter. A. a. O., S. 68 ff.
263 Neumann et al.: Weitere Ostsee-Pipeline ist überflüssig. A. a. O. Andreas Rostek-Buetti: Braucht Europa überhaupt das Nord-Stream-Gas? Deutsche Welle, 8. Februar 2019. [https://tinyurl.com/y3h8ylc6]. Sperfeld: Acht grüne Gründe gegen Nord Stream II. A. a. O. Christian Steiner: Was Trump an Nord Stream 2 auszusetzen hat und wer für die Röhre bezahlen muss. Neue Zürcher Zeitung, 12. Juli 2018 [https://tinyurl.com/ybtj4fzj]. Russian Oil and Gas. Tickling Giants. Sberbank CIB. Investment Research. Mai 2018 [https://tinyurl.com/y6xbseva].

264 Ebd. BUND: Geplante und im Bau befindliche Kohlekraftwerke. A. a. O. Steven Hanke: Bundestag beschleunigt Bau von Gaskraftwerken. Tagesspiegel, 6. November 2020 [https://tinyurl.com/create.php].
265 »Die Lunte zur größten CO_2-Bombe des Kontinents.« Die Keystone XL Pipeline von Kanadas Ölsanden. Kontext TV, 28. Oktober 2011 [https://tinyurl.com/y6j37uv4].
266 Stop the Keystone XL Pipeline. 350.org [https://350.org/stop-keystone-xl/]. 1252 Arrested at White House Pipeline Protest. Climate and Capitalism, 3. September 2011 [https://tinyurl.com/y7pv4hzz]. McKibben: Falter. A. a. O., S. 223. Coral Davenport: Citing Climate Change. Obama Rejects Construction of Keystone XL Oil Pipeline. New York Times. 6. November 2015 [https://tinyurl.com/y999wemg].
267 McKibben: Falter. A. a. O., S. 224.
268 Athena Jones, Jeremy Diamond et al.: Trump Advances Controversial Oil Pipelines with Executive Action. CNN, 24. Januar 2017 [https://tinyurl.com/y3s-28wyq].
269 Heather Gautney: Dear Democratic Party. It's Time to Stop Rigging the Primaries. The Guardian, 11. Juni 2018 [https://tinyurl.com/yblsaqd6]. Julie Hollar: Corporate Media Equate Sanders to Trump – Because for Them, Sanders Is the Bigger Threat. Fairness and Accuracy in Reporting, 24. Januar 2020 [https://tinyurl.com/y2h8wvvb].
270 Karl Mathiesen: Hillary Clinton »Dropped Climate Change from Speeches after Bernie Sanders Endorsement«. The Guardian, 20. September 2016 [https://tinyurl.com/gwxyz26].
271 Ira Boudeway: The 5 Million Green Jobs That Weren't. Bloomberg Businessweek, 12. Oktober 2012 [https://tinyurl.com/j66g9m9]. Andrea Germanos: Obama Quietly Undercutting Climate Legacy with Foreign Fossil Fuel Investments. Investigation. Common Dreams, 30. November 2016 [https://tinyurl.com/y65eqc5x]. McKibben: Falter. A. a. O., S. 68 ff.
272 Mathiesen: Hillary Clinton. A. a. O. Brian Kahn: The Biggest Loser in Last Night's Debate? Climate Change. Climate Central, 27. September 2016 [https://tinyurl.com/y6cdjyhx]. John Schwartz, Tatiana Schlussberg: For Clinton and Trump There's Little Debating a Climate Change Divide. New York Times, 18. Oktober 2016 [https://tinyurl.com/yyecoev4]. Ed Pilkington, Mona Chalabi: Climate Change. The Missing Issue of the 2016 Campaign. The Guardian, 5. Juli 2016 [https://tinyurl.com/h42d07g].
273 Paul Bond: Leslie Moonves on Donald Trump: »It May Not Be Good for America, but It's Damn Good for CBS«. Hollywood Reporter, 29. Februar 2016 [https://tinyurl.com/y28vseu8].
274 Eric Boehlert: ABC World News Tonight Has Devoted Less Than One Minute to Bernie Sanders' Campaign This Year. Media Matter for America, 11. Dezember 2015. [https://tinyurl.com/yxbhubkb]. Tyndall Report 2016 [https://tinyurl.com/yyjm4rvs]. Amy Goodman, Denis Moynihan: How the Media Iced Out Bernie Sanders and Helped Donald Trump Win. Common Dreams, 3. Dezember 2016 [https://tinyurl.com/yysa6rk9].
275 Michael Klare: Donald Trump Wants to Drown the World in Oil. Mother Jones, 17. Dezember 2016 [https://tinyurl.com/y4lhcvno].
276 McKibben: Falter. A. a. O., S. 69.
277 Marco Bülow: Talkshows. Einseitig und verzerrend. In: Marco Bülow. Klartext Haltung, 22. März 2017 [https://tinyurl.com/y8utke99].
278 David Goeßmann: Die Erfindung der bedrohten Republik. 2019, S. 17 ff. Marie Segger et al.: Daten-Auswertung zum TV-Duell. 31 Prozent Abschiebung, 9 Prozent Diesel – 0 Prozent Bildung. Spiegel, 4. September 2017 [https://tinyurl.com/y6bs5f7s].

279 Ebd., S. 328.
280 Marcel Pauly: Wo Populisten in Europa auftrumpfen. Spiegel Online, 29. April 2019 [https://tinyurl.com/y3gzectl]. Die AfD behauptet, gegen den Klimawandel könne man nichts tun. Faktenfunk SPD [https://tinyurl.com/y6mdw89a].
281 Bill McKibben: Global Warming's Terrifying New Math. Rolling Stone, 19. Juli 2012 [https://tinyurl.com/y8pqynss].
282 Steve Curwood: Bill McKibben on the Divestment Movement. The Allegheny Front, 9. Juli 2020 [https://tinyurl.com/y355r3af]. David Gelles: Fossil Fuel Divestment Movement Harnesses the Power of Shame. 13. Juli 2015 [https://tinyurl.com/y2sbanfb]. Bill McKibben: Money Is the Oxygen On Which The Fire Of Global Warming Burns. 17. September 2019 [https://tinyurl.com/y5larbm5]. Atif Ansar et al.: Stranded Assets and the Fossil Fuel Divestment Campaign. What Does Divestment Mean for the Valuation of Fossil Fuel Assets? Oktober 2013 [https://tinyurl.com/y8pl5rt5]. Ale Rolandi: Investors to Triple Fossil Fuel Divestment, Survey Finds. Funds Europe, 16. Oktober 2019 [https://tinyurl.com/y58a82md].
283 Lausitz 2019. Ende Gelände [https://tinyurl.com/y5x2bq5j]. Jörg Staude: Kohle-Aktion soll kriminalisiert werden. Klimareporter, 23. Juni 2019 [https://tinyurl.com/y6eyb49n]. Michael Merz: Prügeltruppe für RWE. Junge Welt, 28. September 2020 [https://tinyurl.com/yyz7g3e9]. Gitta Düperthal: »Die Polizei eskalierte ständig, ohne jeden Anlass«. Junge Welt, 29. September 2020 [https://tinyurl.com/yy4ajksz]. Ende Gelände kritisiert Polizei wegen Verstößen gegen Grundrechte. »Polizeiproblem in Deutschland ist nicht mehr zu vertuschen«. Ende Gelände, 28. September 2020 [https://tinyurl.com/y3duarvz]. Ende Gelände kritisiert politisch motivierte Gerichtsentscheidung. Pressemitteilung. Ende Gelände, 25. Februar 2019 [https://tinyurl.com/y6zneq76].
284 Wilfried Pastors: »Gegen Öko-Terroristen sind wir allein überfordert.« Bild, 2. August 2017 [https://tinyurl.com/y2r8wvdj]. Thomas Avenarius: Votum gegen die Justiz. SZ, 9. Oktober 2018 [https://tinyurl.com/y2zyd2bl]. Stefan Schulz: Der falsche Kampf. Spiegel Online, 13. August 2018 [https://tinyurl.com/y3j4vt77]. Bernd Mullender: Längst verheizte Heimat. Taz, 4. Dezember 2018 [https://tinyurl.com/y5meqj77]. Mitteilung Pfarrkolleg der Evangelischen Gemeinde zu Düren. 16. September 2018 [https://tinyurl.com/y69dhajq]. Dirk Müller: »Erst reden, dann roden.« Interview mit Claudia Kemfert. Deutschlandfunk, 13. September 2018 [https://tinyurl.com/y63dxr3g]. Frank Dohmen et al.: Schwarzer Tag für RWE. Spiegel Online, 5. Oktober 2018 [https://tinyurl.com/y597f52p].
285 Aus extrem wurde normal. Sommer in Deutschland, der Schweiz und Österreich immer heißer. Deutscher Wetterdienst (DWD). 2. Juli 2020 [https://tinyurl.com/y3pa776a]. Ernteausfälle sind 2018 »existenzbedrohend«. Wirtschaftswoche, 18. Juli 2018 [https://tinyurl.com/y4r8seg3]. Susanne Götze, Annika Joeres: Die Klimaschmutzlobby. 2020, S. 83.
286 Hans-Dieter Haenel, Claus Röseman et al.: Berechnung von gas- und partikelförmigen Emissionen aus der deutschen Landwirtschaft 1990–2018. Thünen Report 77. März 2020 [https://tinyurl.com/y55268xa]. Götze et al.: Die Klimaschmutzlobby. A. a. O., S. 78 ff., 81 u. 83.
287 Naomi Klein: Warum nur ein Green New Deal unseren Planeten retten kann. 2019, S. 18 ff. Nathan Grossman: Ich bin Greta. Dokumentarfilm [https://tinyurl.com/y2cb5pb2].
288 Ebd., S. 21.
289 Reinhard Wolff: Greta schwänzt die Schule – fürs Klima. Taz, 27. August 2018 [https://tinyurl.com/y9kcav9g]. Ameer Ahmed, Jewan Abdi: Swedish Teen Greta Thunberg Skips School for Climate Protest. BBC, 6. September 2018 [https://tinyurl.com/y54pkosq]. Greta Thunberg: Twittermeldung, 9. September 2018 [https://tinyurl.com/y56axuxh].

290 Maria Hendrischke: Schüler streiken für Klimaschutz. »It's Our Fucking Future«. MDR Sachsen Anhalt, 18. Januar 2019 [https://tinyurl.com/y62fml9p]. Damian Carrington: School Climate Strikes. 1.4 Million People Took Part, Say Campaigners. The Guardian, 19. März 2019 [https://tinyurl.com/y38afccl]. Matthew Taylor et al.: Climate Crisis. 6 Million People Join Latest Wave of Global Protests. The Guardian, 27. September 2019 [https://tinyurl.com/y5h899g5].
291 Scientists for Future [https://www.scientists4future.org/].
292 Claus Hecking: Gretas Aufstand. Spiegel Online, 30. November 2018 [https://tinyurl.com/y4q4zgxx]. Ania Snuggs: Putin: »I'm Not Excited by ›Poorly Informed‹ Greta Thunberg«. Sky News, 3. Oktober 2019 [https://tinyurl.com/yxwoe2hb]. Eleanor Steafel et al.: Thousands of Children Stage School Walk Out to Protest Climate Change. The Telegraph, 15. Februar 2019 [https://tinyurl.com/y6mfxrsv]. Wolfgang Pomrehn: Schulstreiks. Merkel sieht Russland am Werk. Telepolis, 17. Februar 2019 [https://tinyurl.com/y6rtokym]. Claus Hecking, Helene Flachsenberg: Das hat Greta Thunberg Angela Merkel zu sagen. Spiegel Online, 18. Februar 2019 [https://tinyurl.com/y54qgxls].
293 Jakob Blasel. In: NDR-Talkshow, 29. März 2019.
294 Fredericke Meier: Europawahl. Grüne in Deutschland zweitstärkste Partei. Klimareporter, 26. Mai 2019 [https://tinyurl.com/y3t64xpy].
295 Scientists for Future zum Klimapaket – Zu wenig, zu langsam, zu spät. Pressemitteilung SFF. 23. September 2019 [https://tinyurl.com/yxskz370]. Stefan Rahmstorf: Twittermeldung, 20. September 2019 [https://tinyurl.com/y6a9xolu]. Viel Kritik am Klimapaket der großen Koalition. SZ, 22. September 2019 [https://tinyurl.com/y3y9oneq]. Jan Sternberg: »Waren noch nie so viele«. Klimaproteste erfassen ganzen Planeten. Märkische Allgemeine/RND, 20. September 2019 [https://tinyurl.com/y6fvxunr].
296 Claudia Kemfert et al.: Lenkung, Aufkommen, Verteilung. Wirkungen von CO_2-Bepreisung und Rückvergütung des Klimapakets. DIW Aktuell 24. 2019 [https://tinyurl.com/y3w7w69v].
297 Jörg Meuthen: Klimakabinett beschließt geballten Irrsinn. Presseportal, 20. September 2019 [https://tinyurl.com/y69x7nwo]. Niklas Záboji: Ist das Klimapaket eine Mogelpackung? FAZ, 21. September 2019 [https://tinyurl.com/yyy7vd2d].
298 Palola Tamma et al.: Europe's Green Deal Plan Unveiled. 11. Dezember 2019 [https://tinyurl.com/y365dxlk]. Oliver Moody: World's Leaders Turn on Greta Thunberg After Legal Move over Carbon Emissions. The Times, 26. September 2019 [https://tinyurl.com/y603j6zp].
299 Greta Thunberg Slams COP25, Says Response to Climate Crisis Is »Clever Accounting and Creative PR«. Democracy Now, 12. Dezember 2019 [https://tinyurl.com/wk7vkau].
300 David Robson: The »3.5 percent rule«. How a Small Minority Can Change the World. BBC, 14. Mai 2019 [https://tinyurl.com/y2vra84j].
301 Matthew Taylor et al.: Dozens Arrested After Climate Protest Blocks Five London Bridges. The Guardian, 17. November 2018 [https://tinyurl.com/y9veb2z6]. Matthew Taylor et al.: Thousands Block Roads in Extinction Rebellion Protests Across London. The Guardian, 15. April 2019 [https://tinyurl.com/y67ansjk].
302 Mark Townsend: Tube Protest Was a Mistake, Admit Leading Extinction Rebellion Members. The Guardian, 20. Oktober 2019 [https://tinyurl.com/y67laf9x].
303 Dolre Rice: »Climate Emergency« Is Oxford Dictionary's Word of the Year. USA Today, 21. November 2019 [https://tinyurl.com/y4gmw8f3].
304 Leo Barasi: Polls Reveal Surge in Concern in UK About Climate Change. Carbon Brief, 10. Mai 2019 [https://tinyurl.com/yxc3nsq8].
305 Corbyn Shows Support for Green New Deal Campaigners. Pressemitteilung Labour for a Green New Deal, 16. Oktober 2019 [https://tinyurl.com/y5wwasaf].

Matthew Taylor: Majority of UK Public Back 2030 Zero-Carbon Target – Poll. The Guardian, 7. November 2019 [https://tinyurl.com/yyanj70y].

306 Naomi Klein, Varshini Prakash: On the Green New Deal. Live-Stream Buchvorstellung, 17. September 2019. ab 1'15'50 [https://tinyurl.com/y5bmrqct].

307 John Parkinson: Rep. Alexandria Ocasio-Cortez, Expanded »Squad« Demand Biden Deliver on Green New Deal. ABC News, 20. November 2020 [https://tinyurl.com/yxdcnrj6].

308 Catie Keck: Hundreds of Local and State Officials Just Endorsed Alexandria Ocasio-Cortez's Green New Deal. Gizmodo, 16. Dezember 2018 [https://tinyurl.com/y68pzjj5]. Abel Gustafson et al.: The Green New Deal Has Strong Bipartisan Support. Yale Program on Climate Change Communication. Climate Note, 14. Dezember 2018 [https://tinyurl.com/y2f7jwex]. Sean McElwee: People Actually Like the Green New Deal. 27. März 2019 [https://tinyurl.com/y60sytn2].

309 Recognizing the Duty of the Federal Government to Create a Green New Deal. Gesetzesvorlage für US-Kongress. 7. Februar 2019 [https://tinyurl.com/y6vq82g8].

310 John Parkinson: Rep. Alexandria Ocasio-Cortez, Expanded »Squad« Demand Biden Deliver on Green New Deal. A. a. O. Kenny Stancil: 99% of Green New Deal Co-Sponsors Won Their Races This Cycle: Analysis. Common Dreams, 9. November 2020 [https://tinyurl.com/53vpfn56].

311 Michael F. Brown: Trump Adviser Falsely Accuses Ocasio-Cortez of Anti-Semitism. Electronic Intifada, 22. September 2020 [https://tinyurl.com/y4hh4zua]. David Edwards: The Fake News Nazi. Corbyn, Williamson and the Anti-Semitism Scandal. Media Lens, 6. März 2019 [https://tinyurl.com/y5xwxwyu]. David Goeßmann: Open Letter to Roger Hallam. ZNet, 29. November 2019 [https://tinyurl.com/y4amx8ea].

312 Priscillia Ludosky: Pour une Baisse des Prix du Carburant à la Pompe! Change. [https://tinyurl.com/yyep75gw].

313 Susanne Erler, Aline Abboud: Und jetzt wir – eine Generation schlägt Alarm. Arte Doku, ab 37'00 [https://tinyurl.com/y3jdrx9t].

314 Ebd. Liste der 42 Forderungen der »Gelbwesten«. In: Infopartisan, 2. Dezember 2018 [https://tinyurl.com/yyof6xk2].

315 Bernd Pötter: Klassenkampf mit Klimaschutz. Taz, 25. April 2019 [https://tinyurl.com/y5a8vema]. Michael Kopatz: Klimaschutz für »Gelbwesten«. Klimareporter, 6. Dezember 2018 [https://tinyurl.com/yyy88e22]. Murielle Gagnebin, Patrick Graichen, Thorsten Lenck: Die Gelbwesten-Proteste. Eine (Fehler-)Analyse der französischen CO_2-Preispolitik. Agora Energiewende, 15. März 2019 [https://tinyurl.com/yxaor5zg].

316 Robert Pollin, Heidi Garrett-Peltier et al.: Green Growth Programs for U. S. States. Research Report 27. August 2020 [https://tinyurl.com/ybqzpmwy].

317 C. J. Polychroniou: Noam Chomsky and Robert Pollin. If We Want a Future, Green New Deal Is Key. Truthout, 18. September 2019 [https://tinyurl.com/yx9nuww7].

318 Hans-Jürgen Jakobs: US-Ökonom Jeremy Rifkin prognostiziert eine Revolution von unten. Handelsblatt, 31. Oktober 2019 [https://tinyurl.com/y4jwjxjr].

319 Klein: Warum nur ein Green New Deal unseren Planeten retten kann. A. a. O., S. 37 ff.

320 Joëlle Elvinger et al.: Verfolgung der Klimaschutzausgaben im EU-Haushalt. Europäischer Rechnungshof. Analyse 1. 2020 [https://tinyurl.com/y3h8fmv4].

321 Matthew Tayler et al.: Yanis Varoufakis. Green New Deal Can Unite Europe's Progressives. The Guardian, 22. Mai 2019 [https://tinyurl.com/yy3juuqs].

322 Reiner Trometer: Wir brauchen einen echten europäischen Green New Deal. Klimareporter, 29. Juli 2020 [https://tinyurl.com/y67m7z8x].

323 A Blueprint for Europe's Just Transition. Green New Deal for Europe. Dezember 2019 [https://www.gndforeurope.com/].

324 Felix Disselhoff: »Sache für Profis«. FDP-Chef Lindner tadelt Schülerdemos – und stolpert über frühere Aussagen. MEEDIA, 11. März 2019 [https://tinyurl.com/y5cznle7]. Florian Schimak, Marc Dimitriu: Angela Merkel kritisiert Greta Thunberg – doch das geht ordentlich nach hinten los. Merkur, 26. September 2019 [https://tinyurl.com/y3lkceka]. Stephan-Andreas Casdorff: Merkel und Maas finden für Greta die richtigen Worte. Tagesspiegel, 27. September 2019 [https://tinyurl.com/y6brnpy7].
325 C. J. Polychroniou: Noam Chomsky and Robert Pollin. A. a. O.
326 Scheer: Der energethische Imperativ. A. a. O., S. 45 ff. Nicole Weinhold: Sensationelle 46 Prozent Erneuerbare im Strommix 2019. Erneuerbare Energien, 4. Januar 2020 [https://tinyurl.com/ydaancza].
327 Frank-Thomas Wenzel: Erneuerbare. Ökostromanteil liegt in diesem Jahr bisher bei 53 Prozent. Redaktionsnetzwerk Deutschland, 2. Oktober 2020 [https://tinyurl.com/y3uhn46h].
328 Alice Hooker-Stroud: Zero Carbon Britain. Rethink the Future. Centre for Alternative Technology. Vortrag auf der Radical Emissions Reduction Conference. Royal Society. 11. Dezember 2013 [https://tinyurl.com/yypk8gka].
329 Scheer: Der energethische Imperativ. A. a. O., S. 55 ff.
330 McKibben: Falter. A. a. O., S. 211 ff. Lorraine Chow: 100 Percent Renewable Energy Worldwide Isn't Just Possible – It's Also More Cost-Effective. Ecowatch, 22. Dezember 2017. Daniela Dahn und Ulrike Herrmann über globale Gerechtigkeit. Kontext TV, 26. Mai 2020. ab 22'00 [https://tinyurl.com/y29tpnok].
331 David Coady, Ian Parry et al.: Global Fossil Fuel Subsidies Remain Large. An Update Based on Country-Level Estimates. IWF. 2. Mai 2019 [https://tinyurl.com/y2ccas4d]. Roadmap to 2050. IRENA. A. a. O., S. 31.
332 Daniela Dahn und Ulrike Herrmann über globale Gerechtigkeit. A. a. O.
333 Ida Kubiszewski, Cutler J. Cleveland: Meta-Analysis of Net Energy Return for Wind Power Systems. Renewable Energy 35 (1). Januar 2010, S. 218–225 [https://tinyurl.com/y7a5f7pj]. Scheer: Der energethische Imperativ. A. a. O., S. 43. Insa Lütkehus, Hanno Salecker et al.: Potential der Windenergie an Land. Studie zur Ermittlung des bundesweiten Flächen- und Leistungspotenzials der Windenergienutzung an Land. Bundesumweltamt. Juni 2013 [https://tinyurl.com/pzpjlgl]. Nadja Podbregar: Europa. Windkraft-Potenzial größer als gedacht. Onshore-Windenergie in Europa könnte den Weltenergiebedarf bis 2050 decken. Scinexx, 15. August 2019 [https://tinyurl.com/y36sejdz].
334 Gerhard Angerer, Peter Buchholz et al.: Rohstoffe für die Energieversorgung der Zukunft. Geologie – Märkte – Umwelteinflüsse. Schriftenreihe Energiesysteme der Zukunft. 2016 [https://tinyurl.com/y5rz7hvf].
335 Scheer: Der energethische Imperativ. A. a. O., S. 114 ff. Speichertechnologien. Bundeswirtschaftsministerium [https://tinyurl.com/yyw443vj]. Schellnhuber: Selbstverbrennung. A. a. O., S. 623.
336 Timothée Parrique et al.: Decoupling Debunked. Juli 2019 [https://tinyurl.com/yxdb4yah].
337 Nicholas Stern: Stern Review on the Economics of Climate Change. 2006 [https://tinyurl.com/yc8deus7]. Siehe auch die Kontroverse zwischen den Klimawissenschaftlern Kevin Anderson und Glen Peters. Es wird von Anderson ebenfalls herausgestellt, dass es keine zwingende Evidenz für Sterns Annahme gibt [https://tinyurl.com/y5yh9pgf].
338 Georg Kobiela, Sascha Samadi et al.: CO$_2$-neutral bis 2035: Eckpunkte eines deutschen Beitrags zur Einhaltung der 1,5-°C-Grenze. Wuppertal Institut. Studie im Auftrag von Fridays for Future. Oktober 2020 [https://tinyurl.com/y6mdts9p].
339 McKibben: Falter. A. a. O., S. 212 ff.
340 Ebd., S. 214 f.

341 Teslas Giga-Factory doch mit PV-Dach. Solarify, 16. Juli 2020 [https://tinyurl.com/y6b03p9m]. Audi baut größte Solar-Anlage Europas. RND, 21. Februar 2019 [https://tinyurl.com/y4s97qec].
342 Der große Umbau. Wie ein katastrophaler Klimawandel noch verhindert werden kann. Kontext TV, 21. Dezember 2015 [https://tinyurl.com/y3u3fwtk].
343 »Hart aber fair.« VW-Vorstand lebt so schmutzig wie 120 Normalos. RTL News, 26. März 2019 [https://tinyurl.com/y4520qat]. CO_2-Fußabdruck von VW vergleichbar mit dem Deutschlands. Solarify, 1. April 2019 [https://tinyurl.com/y3vy6uvu]. VW-Chef warnt vor Arbeitsplatzverlusten durch CO_2-Regeln der EU. FAZ, 20. September 2020 [https://tinyurl.com/y289zlcz]. »Energiewende paradox«. VW-Chef Diess kritisiert langsamen Kohleausstieg. FAZ, 14. Februar 2020 [https://tinyurl.com/yxrhwday].
344 Fiona Harvey: Climate Change Is Already Damaging World Economy. Report Finds. The Guardian, 25. September 2017. Alister Doyle: Arctic Thaw to Cause up to 90 Trillion Dollar Damage to Roads and Building. Independent, 25. April 2017.
345 Scheer: Der energethische Imperativ. A. a. O., S. 15. Repräsentative Umfrage. Weiterhin Rückenwind für Erneuerbare Energien. Agentur für Erneuerbare Energien. 2016 [https://tinyurl.com/yxodhrep].
346 Scheer: Interview. Democracy Now, A. a. O.
347 Auke Hoekstra, Maarten Steinbuch: Vergleich der lebenslangen Treibhausgasemissionen von Elektroautos mit den Emissionen von Fahrzeugen mit Benzin- oder Dieselmotoren. Eindhoven University of Technology. 2020 [https://tinyurl.com/y65p03l4].
348 Bill McKibben: »A Bomb in the Center of the Climate Movement«. Michael Moore Damages Our Most Important Goal. Rolling Stone, 1. Mai 2020 [https://tinyurl.com/y7gqrxjy].
349 George Monbiot: How Did Michael Moore Become a Hero to Climate Deniers and the Far Right? The Guardian, 7. Mai 2020 [https://tinyurl.com/yd88a2nx].
350 John Henly: Finland Pledges to Become Carbon Neutral by 2035. The Guardian, 4. Juni 2019 [https://tinyurl.com/y27kubgj]. Norway Climate Neutral 2030. Better World Solutions. 20. Juni 2020 [https://tinyurl.com/y30xcpv5]. Jonas Allerup: Sweden's Climate Act and Climate Policy Framework. Swedish Environmental Protection Agency [https://tinyurl.com/y4uzwlck]. Lowana Veal: How Iceland Is Undoing Carbon Emissions for Good. BBC Online, 17. Juni 2020 [https://tinyurl.com/yyst3pth]. Marian Willuhn: New Danish Government Roadmap Displays Climate Ambition. PV Magazine, 27. Juni 2019 [https://tinyurl.com/y4egcfx7].
351 David Goeßmann: Wir Schlafwandler. G-20 Fieberträume, Klimaretter-Halluzinationen und der allzu reale Crashkurs. Kontext TV, 5. Juli 2017 [https://tinyurl.com/yy2vxxke].
352 Wir leben unter einer Diktatur der Oligarchien des globalisierten Finanzkapitals. Interview mit Jean Ziegler. Nachdenkseiten, 27. Juni 2017 [https://tinyurl.com/y3jtxyoo].

Gelenkte Demokratie: Scheindebatte Flüchtlingskrise – Wie Politik und Medien eine Notstandssituation inszenieren

David Goeßmann
Die Erfindung der bedrohten Republik
Wie Flüchtlinge und Demokratie entsorgt werden
Mit einem Vorwort
von Konstantin Wecker

464 Seiten, Klappenbroschur
18,00 €
ISBN 978-3-360-01344-6

E-Book 14,99 €
ISBN 978-3-360-50158-5

Die »Flüchtlingskrise« war vielmehr eine gewaltige Medien- und Politikkrise. Fehldarstellungen, manipulierte Debatten, ideologische Einflussnahme und verlogene Inszenierungen sind eine verhängnisvolle Verbindung eingegangen. Von der Polit-PR-Show des »Willkommenssommers« 2015 zum »Sodom und Gomorrha« der Kölner Silvesternacht – ihre Orientierungslosigkeit und Hysterie haben die Medien mit der Politik der Bundesregierung gemeinsam. Diese pumpt heute enorme Mittel in Terrorabwehr und Grenzsicherung, statt sich den wahren Problemen zu widmen. David Goeßmann deckt in »Die Erfindung der bedrohten Republik« auf, wie innerhalb kurzer Zeit gegensätzliche mediale Konstruktionen von der Politik frag- und kritiklos übernommen wurden. Am Anfang standen die Flüchtlinge – und am Ende unsere beschädigte Demokratie.

Das Neue Berlin –
eine Marke der Eulenspiegel Verlagsgruppe Buchverlage

ISBN 978-3-360-01364-4

1. Auflage 2021
© Eulenspiegel Verlagsgruppe Buchverlage GmbH, Berlin
Alle Rechte der Verbreitung vorbehalten.
Ohne ausdrückliche Genehmigung des Verlages ist nicht gestattet, dieses Werk oder Teile daraus auf fotomechanischem Weg zu vervielfältigen oder in Datenbanken aufzunehmen.

Umschlaggestaltung: Buchgut, Berlin,
unter Verwendung einer Illustration von © istock/habrda
Druck und Bindung: GGP Media GmbH, Pößneck

www.eulenspiegel.com